© Brian Jannsen/Age fotostock

Paris balades

2021/22

Cofondateurs : Philippe GLOAGUEN et Michel DUVAL

Directeur de collection et auteur
Philippe GLOAGUEN

Secrétaire général
Gavin's CLEMENTE-RUIZ

Rédacteurs en chef
Amanda KERAVEL (France)
Benoît LUCCHINI (Étranger)

Directrice administrative
Bénédicte GLOAGUEN

Conseiller à la rédaction
Pierre JOSSE

Responsable voyages
Carole BORDES

Direction éditoriale
Élise ERNEST

Rédaction
Isabelle AL SUBAIHI
Emmanuelle BAUQUIS
Mathilde de BOISGROLLIER
Thierry BROUARD
Marie BURIN des ROZIERS
Diane CAPRON
Véronique de CHARDON
Laura CHARLIER
Florence CHARMETANT
Fiona DEBRABANDER
Anne-Caroline DUMAS
Éléonore FRIESS
Géraldine LEMAUF-BEAUVOIS
Olivier PAGE
Alain PALLIER
Anne POINSOT
André PONCELET

hachette

TABLE DES MATIÈRES

PRÉAMBULE

UNE PANDÉMIE INOUÏE !

Depuis toujours, ***Le Routard*** **se plaît à dénicher hôteliers et restaurateurs** qui accueillent nos lecteurs avec sourire et professionnalisme. Malgré toute notre vigilance, certains d'entre eux auront malheureusement fermé quand ce livre sortira. De même, les horaires et modalités d'accueil de certains sites et musées auront été momentanément modifiés. Cette terrible **pandémie de Coronavirus** a, on le sait, des conséquences importantes pour tous les professionnels du tourisme. **Nous sommes de tout cœur avec eux !**

Dans le quartier du Marais

© Danièle Schneider/Photononstop

Cafés à Montmartre

Balades

1. Le Paris gallo-romain
2. Le Paris médiéval : île de la Cité et rive gauche
3. Le Paris médiéval : rive droite
4. Le Paris insulaire : du pont de Sully au Pont-Neuf
5. Le Paris de l'alchimie et de l'ésotérisme
6. La prise de la Bastille et la Révolution dans le Marais
7. La Révolution française au Quartier latin
8. La Révolution française au Palais-Royal
9. La Révolution française autour du Louvre et des Tuileries
10. Le Paris égyptien
11. La Commune de Paris à Montmartre
12. Le Paris des écrivains : les quartiers du Luxembourg et de l'Odéon
13. Le Paris coquin et libertin : rive droite
14. Le Paris coquin et libertin : des Tuileries à Montparnasse
15. Le Paris des passages les plus insolites et mystérieux
16. Le Paris criminel, glauque et morbide : du square Louvois à la place Maubert
17. Le Paris criminel, glauque et morbide : du Louvre au Marais
18. Le Paris existentialiste : Saint-Germain-des-Prés
19. Le Paris de la bohème à Montparnasse
20. À travers l'architecture contemporaine : autour du bassin de la Villette
21. À travers l'architecture contemporaine : Cité des Sciences – Parc de la Villette – Archives de Paris
22. À travers l'architecture contemporaine : Opéra-Bastille – Bercy – Tolbiac – Masséna
23. Le Paris asiatique : le « Chinatown » du 13e

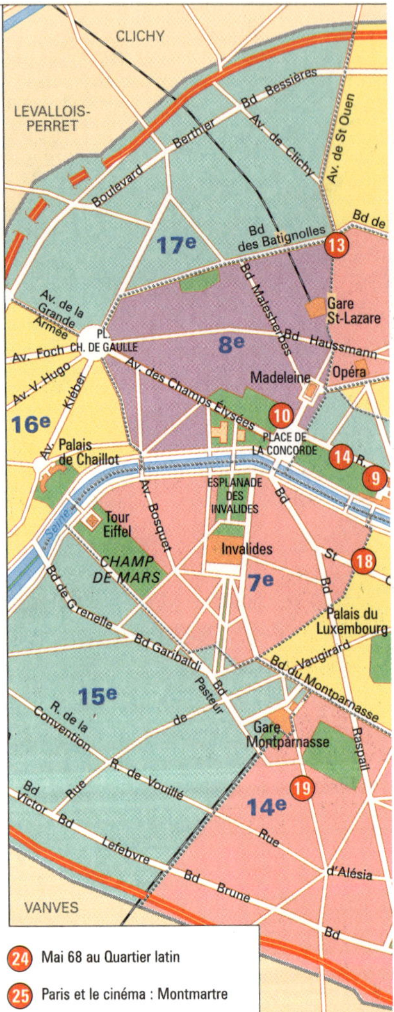

24. Mai 68 au Quartier latin
25. Paris et le cinéma : Montmartre

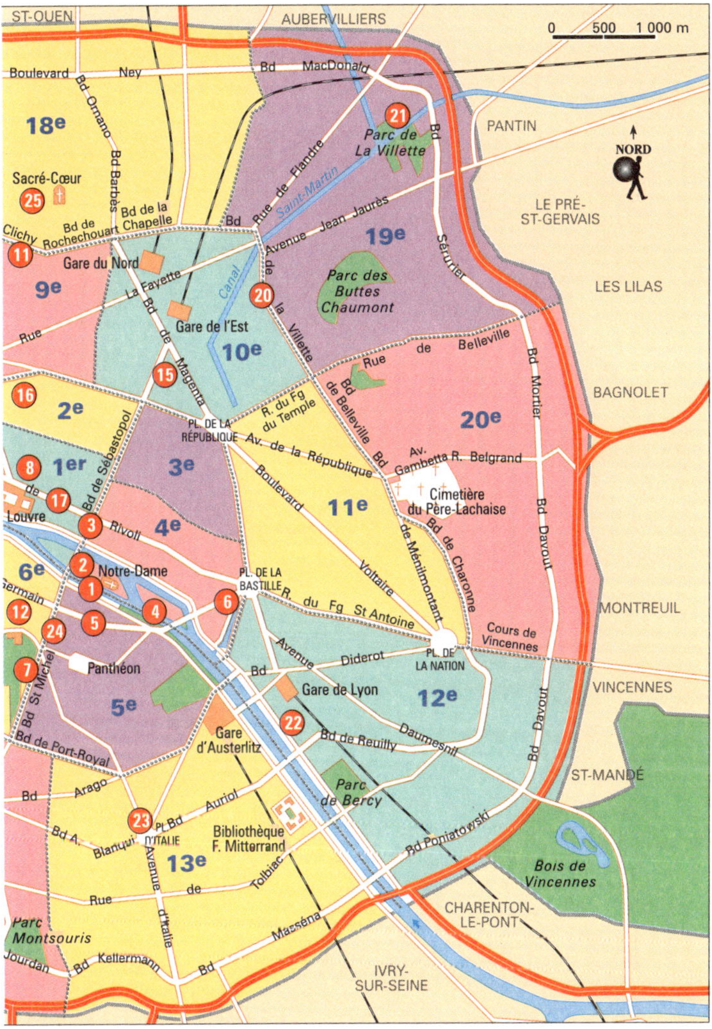

PARIS, LES BALADES

M RER T
Paris
RATP
ratp.fr
Légende
Correspondances
Fin de lignes en correspondance
Pôle d'échange multimodal, métro, RER, tramway
Liaison urbaine
Comptoir-Club
Pontoise
Épinay Orgemont
Le Bourget
Épinay sur-Seine
Les Courtilles
Gennevilliers
Les Grésillons
Asnières Quatre Routes
Les Agnettes
Gabriel Péri
Saint-Ouen
Ouverture courant 2020
Mairie de Saint-Ouen*
Carrefour Pleyel
St-Denis
Mairie de Clichy*
Garibaldi
Pont de Bezons
La Garenne Colombes
Asnières sur-Seine
Clichy Levallois
Porte de Clichy
Porte de Clignancourt
Porte de Saint-Ouen
Guy Môquet*
Lamarck Caulaincourt*
Cergy
Poissy
St-Germain en-Laye*
Pont de Levallois Bécon*
Anatole France
Louise Michel
Porte de Champerret*
Pereire – Levallois
Porte d'Asnières Marguerite Long
Brochant
La Fourche
Abbesses
La Défense Grande Arche
Pereire
Pont Cardinet
Blanche
Esplanade de La Défense*
Pont de Neuilly*
Wagram
Malesherbes
Villiers*
Rome*
Place de Clichy
Pigalle*
Liège
Saint-Georges
Les Sablons
Monceau*
Europe
Trinité d'Estienne d'Orves
Notre-Dame de-Lorette*
Porte Maillot
Neuilly – Porte Maillot
Courcelles
Gare Saint-Lazare
Saint-Lazare*
Haussmann Saint-Lazare
Ternes
Argentine*
Charles de Gaulle Étoile
Saint-Augustin
Chaussée d'Antin La Fayette
Richelieu Drouot*
Avenue Foch
Porte Dauphine*
Miromesnil
Saint-Philippe du-Roule
Havre Caumartin
Opéra*
RoissyBus
Victor Hugo
Kléber*
George V
Auber
Quatre Septembre
Bourse
Franklin D. Roosevelt
Madeleine*
Boissière
Alma Marceau*
Champs Élysées Clemenceau
Pyramides
Palais Royal Musée du Louvre
Louvre Rivoli*
Concorde
Rue de la Pompe
Avenue Henri Martin
Iéna
Trocadéro
Tuileries
Pont de l'Alma
Invalides*
Musée d'Orsay
Pont Neuf
La Muette*
Passy
La Tour Maubourg
Assemblée Nationale
Boulainvilliers
Solférino
Champ de Mars Tour Eiffel
Bir-Hakeim
Varenne
Rue du Bac
Saint Germain des-Prés
St-Michel
Ranelagh
Avenue du Pdt Kennedy
École Militaire
Saint François Xavier*
Sèvres Babylone*
Mabillon
Odéon
Dupleix
La Motte Picquet Grenelle*
Vaneau
Saint-Sulpice
Jasmin
Avenue Émile Zola
Rennes
Michel Ange Auteuil*
Église d'Auteuil
Javel
Cambronne
Ségur
Duroc*
St-Placide*
Notre-Dame des-Champs
Porte d'Auteuil*
Mirabeau
Javel André Citroën
Charles Michels*
Commerce
Montparnasse Bienvenüe*
Falguière
Vavin
Boulogne Jean Jaurès
Michel Ange Molitor
Chardon Lagache
Sèvres Lecourbe
Pasteur*
Gare Montparnasse
Edgar Quinet*
Raspail
Exelmans
Félix Faure
Boulogne Pont de St-Cloud*
Volontaires
Gaîté
Pont du Garigliano
Porte de St-Cloud
Boucicaut*
Vaugirard*
Mouton Duvernet
Lourmel
Pernety
Marcel Sembat*
Balard*
Convention
Plaisance*
Alésia*
Billancourt
Porte de Versailles
Parc des Expositions
Porte de Vanves
Porte d'Orléans
Pont de Sèvres
Issy Val de Seine
Malakoff Plateau de Vanves
Mairie de Montrouge*
Issy
Corentin Celton*
Barbara
Viroflay Rive Droite
Malakoff Rue Étienne Dolet*
Mairie d'Issy
Bagneux Lucie Aubrac*
Meudon Val-Fleury
Châtillon – Montrouge
Viroflay Rive Gauche
Chaville – Vélizy
Robinson
Bourg-la-Reine
Versailles Château
Antony*
Massy – Palaiseau*
St-Quentin en-Yvelines
Saint-Rémy lès-Chevreuse

Villetaneuse Université
Creil
Garges Sarcelles
Épinay-sur-Seine
RoissyBus
Aéroport Charles de Gaulle
13 Saint-Denis – Université
Parc des Expositions
Marché de St-Denis
Basilique de St-Denis
Cimetière de St-Denis
Hôpital Delafontaine
Cosmonautes
La Courneuve 6 Routes
Hôtel de Ville de La Courneuve
Dugny La Courneuve
Le Bourget
Aulnay sous-Bois
Mitry – Claye
Saint-Denis Porte de Paris*
La Courneuve Aubervilliers
Stade Géo André
Danton
Maurice Lachâtre
Drancy – Avenir
Hôpital Avicenne
Gaston Roulaud
Escadrille Normandie-Niémen
La Ferme
Libération
Hôtel de Ville de Bobigny
Rougemont - Chanteloup
Freinville - Sevran
L'Abbaye
Montfermeil
Bondy
Stade de France Saint-Denis
La Plaine Stade de France
La Courneuve 8 Mai 1945
Fort d'Aubervilliers
Aubervilliers Front Populaire*
Aubervilliers Pantin Quatre Chemins
Porte de la Chapelle
5 Bobigny Pablo Picasso
Jean Rostand
Auguste Delaune
Simplon*
Jules Joffrin*
Marcadet Poissonniers*
Marx Dormoy*
Rosa Parks
Canal St-Denis
Pte de la Villette*
Pantin
Bobigny – Pantin Raymond Queneau
Pont de Bondy
Petit Noisy
Chelles Gournay
Funiculaire de Montmartre
Château Rouge
Barbès Rochechouart
Corentin Cariou
Crimée*
Église de Pantin*
Delphine Seyrig
Ella Fitzgerald
Riquet
Stalingrad*
Ourcq
Porte de Pantin
Hoche
Noisy-le-Sec
Anvers
La Chapelle
Laumière
Pré St-Gervais
Tournan
Gare du Nord
Magenta
Jaurès*
Danube
Louis Blanc
Bolivar
Hôpital Robert Debré
11 Mairie des Lilas*
Château Landon*
Botzaris
Buttes Chaumont
Colonel Fabien*
Cadet
Poissonnière*
Gare de l'Est
Pyrénées
Jourdain
Place des Fêtes*
Télégraphe
3bis Porte des Lilas
Le Peletier
Château d'Eau*
Jacques Bonsergent
Belleville
Saint-Fargeau
Adrienne Bolland
Couronnes
Strasbourg Saint-Denis
Goncourt*
Séverine
Grands Boulevards
Bonne Nouvelle
Temple
Ménilmontant
Pelleport
République*
Oberkampf*
Arts et Métiers
Réaumur Sébastopol*
Sentier
Parmentier
Père Lachaise
Gambetta*
3 Gallieni
Porte de Bagnolet
Filles du Calvaire
Étienne Marcel
Rue Saint-Maur*
Châtelet Les Halles
Les Halles*
Rambuteau*
St-Sébastien Froissart
Saint-Ambroise
Philippe Auguste*
9 Mairie de Montreuil
Marie de Miribel
Croix de Chavaux*
Richard Lenoir
Hôtel de Ville
Voltaire*
Alexandre Dumas
Robespierre
Châtelet
Chemin Vert
Bréguet Sabin
Porte de Montreuil
Cité*
Pont Marie
St-Paul
Charonne
Maraîchers
Marne-la-Vallée*
Parcs Disneyland
Bastille*
Rue des Boulets
Avron
St-Michel Notre-Dame
Ledru-Rollin*
Buzenval
Sully Morland*
Faidherbe Chaligny
Nation
Vincennes
Cluny La Sorbonne
Porte de Vincennes*
St-Mandé*
Boissy-St-Léger*
Maubert Mutualité
Reuilly – Diderot
Alexandra David-Néel
Cardinal Lemoine
Quai de la Rapée
Montgallet
Picpus
Bérault
1 Château de Vincennes*
Gare de Lyon
Bel-Air*
Montempoivre
Jussieu*
Gare d'Austerlitz
Daumesnil*
Michel Bizot
Place Monge
Censier Daubenton*
Port-Royal
Dugommier
Porte Dorée
Saint Marcel
Bercy
OrlyBus
Denfert Rochereau*
Les Gobelins
Porte de Charenton
Campo Formio
Quai de la Gare*
Cour St-Émilion
Saint-Jacques
Corvisart
Place d'Italie
Chevaleret
Baron Le Roy
Liberté
Glacière
Nationale*
Bibliothèque Fr. Mitterrand*
Charenton – Écoles
Tolbiac
Olympiades
Cité Universitaire*
Maison Blanche*
Avenue de France
Porte d'Italie
Porte de Choisy
Porte d'Ivry*
Maryse Bastié
École Vétérinaire de Maisons-Alfort*
Maisons-Alfort – Stade
Stade Charléty
Poterne des Peupliers
Ivry sur-Seine
Pierre et Marie Curie
Le Kremlin Bicêtre
Maisons-Alfort Alfortville
Maisons-Alfort Les Juilliottes
Gentilly
Vitry sur-Seine
Villejuif Léo Lagrange
Mairie d'Ivry
Laplace*
Les Ardoines
Créteil – L'Échat
Ouverture fin 2020
Villejuif Paul Vaillant-Couturier
Arcueil – Cachan
Choisy-le-Roi
Le Vert de Maisons
Créteil – Université
Créteil – Préfecture
Villejuif – Louis Aragon*
Les Saules
Créteil – Pompadour
8 Créteil Pointe du Lac*
La Fraternelle
Orly Gaston Viens
Orly Ville
OrlyBus
Aéroport d'Orly
Orly 1, 2, 3
Orly 4
Athis-Mons
Versailles – Chantiers
Dourdan
St-Martin-d'Étampes
Malesherbes
Melun

LA RÉDACTION DU ROUTARD

(sans oublier nos 50 enquêteurs, aussi sur le terrain)

© R. Delalande et E. Dessons

Jean-Sébastien, Olivier, Mathilde, Thierry, Alain, Gavin's, Éléonore, Anne-Caroline, André, Laura, Florence, Véronique, Isabelle, Géraldine, Fiona, Amanda, Benoît, Emmanuelle, Bénédicte, Philippe, Carole, Diane, Anne, Marie.

La saga du *Routard* : en 1971, deux étudiants, Philippe et Michel, avaient une furieuse envie de découvrir le monde. De retour du Népal germe l'idée d'un guide différent qui regrouperait tuyaux malins et itinéraires sympa, destiné aux jeunes fauchés en quête de liberté. 1973. Après 19 refus d'éditeurs et la faillite de leur première maison d'édition, l'aventure commence vraiment avec Hachette. Aujourd'hui, le *Routard*, c'est plus d'une cinquantaine d'enquêteurs impliqués et sincères. Ils parcourent le monde toute l'année dans l'anonymat et s'acharnent à restituer leurs coups de cœur avec passion.

Merci à tous les Routards qui sont solidaires nos convictions : liberté et indépendance d'esprit ; découverte et partage ; sincérité, tolérance et respect des autres.

NOS SPÉCIALISTES PARIS BALADES

Florence Charmetant : très tôt le voyage est devenu une nécessité, quelle que soit la destination. Le voyage pour les personnes, les rencontres, les liens, les lieux, les cultures, les langues, les valeurs, les goûts, les parfums, les différences… 30 années ont passé, son appétit demeure et son envie de transmettre, à vous lecteurs du *Routard*, tout autant.

Éléonore Friess : de ses escapades au coin de la rue ou un peu plus loin, la benjamine de l'équipe ne veut pas perdre une miette. Elle explore le monde à la recherche de rencontres joyeuses, de beaux panoramas, de fêtes inoubliables ou simplement d'un bon petit plat. Depuis l'école de journalisme, sa curiosité est en éveil, et son calepin ne la quitte plus.

Amanda, Mathilde et Marie : quand l'une arpente les routes bretonnes en quête de la meilleure pâte à crêpes, l'autre explore le bocage normand à coups de gorgées de cidre, pendant que la troisième chausse les skis pour dégoter le meilleur refuge alpin. La curiosité, l'enthousiasme et la gourmandise sont leur meilleur sonar, que complètent 2 décennies d'expérience à user leurs semelles sur les routes de l'Hexagone. Un trio complice et indépendant qui essaie, entre 2 voyages, de garder la ligne.

Recommandation à ceux qui souhaitent profiter des réductions et avantages proposés dans le *Routard* par les hôteliers et les restaurateurs

À l'hôtel, pensez à les demander au moment de la **réservation** ou bien lors de votre **arrivée.** Ils ne sont valables que pour les réservations en direct et non cumulables avec d'autres offres promotionnelles (notamment sur internet). Au restaurant, parlez-en **au moment** de la commande et surtout **avant** que l'addition soit établie. Poser votre *Routard* sur la table ne suffit pas : le personnel de salle n'est pas toujours au courant et une fois le ticket de caisse imprimé, il est souvent difficile de modifier le total. En cas de doute, montrez la notice relative à l'établissement dans ***Le Routard* de l'année** et, bien sûr, ne manquez pas de nous faire part de toute difficulté rencontrée.

Pictogrammes du Routard

Établissements

- Hôtel, auberge, chambre d'hôtes
- Camping
- Restaurant
- Terrasse
- Pizzeria
- Boulangerie, sandwicherie
- Pâtisserie
- Glacier
- Café, salon de thé
- Café, bar
- Bar musical
- Club, boîte de nuit
- Salle de spectacle
- Boutique, magasin, marché

Infos pratiques

- Office de tourisme
- Poste
- Accès Internet
- Hôpital, urgences
- Adapté aux personnes handicapées

Sites

- Présente un intérêt touristique
- Point de vue
- Plage
- Spot de surf
- Site de plongée
- Recommandé pour les enfants
- Inscrit au Patrimoine mondial de l'Unesco
- Pas de côté

Transports

- Aéroport
- Gare ferroviaire
- Gare routière, arrêt de bus
- Station de métro
- Station de tramway
- Parking
- Taxi
- Taxi collectif
- Bateau
- Bateau fluvial
- Piste cyclable, parcours à vélo

☎ **112 :** c'est le numéro d'urgence commun à la France et à tous les pays de l'UE, à composer en cas d'accident, d'agression ou de détresse. Il permet de se faire localiser et aider en français, tout en améliorant les délais d'intervention des services de secours.

Le *Routard* est imprimé sur un papier issu de forêts gérées.

I.S.B.N. 978-2-01-712963-9

Le Paris médiéval de l'île de la Cité

© Katina/Age fotostock

« Savez-vous pourquoi il y a tant d'églises à Paris ? C'est pour permettre aux piétions de prier avant de traverser la rue. »

Art Buchwald

Chaque rue de la vieille Lutèce raconte des histoires, petites ou grandes, sordides ou magnifiques, mais toujours passionnantes… En suivant ce guide, vous marcherez **sur les traces des fantômes du passé,** dans les pas des personnalités qui ont fait l'histoire de ce pays. Nous vous avons concocté des **balades thématiques,** afin que vous puissiez choisir les sujets qui vous intéressent. Il y en aura pour tous les goûts, tous les fantasmes.

Pour les férus d'histoire, des **parcours révolutionnaires** ! Pour les passionnés d'**architecture,** des itinéraires livrant les réalisations des architectes contemporains. Pour nos lecteurs pétris de littérature, des balades dans le **Paris existentialiste** ou sur les pas et les fonds de verre des écrivains américains qui adoptèrent joyeusement la ville. Sans oublier, afin de pimenter un peu l'histoire, quelques itinéraires dans le **Paris coquin et libertin** ou, pour les amateurs de frissons et d'ambiances glauques, quelques grandes affaires criminelles. Enfin, pour les **cinéphiles,** le parcours qui retrace certains moments de l'histoire du 7e art...

Malgré les grands programmes d'urbanisme du XIXe s et les spéculations immobilières des années 1960-1980, il subsiste, dans tous les quartiers, des coins qui respirent encore, des bribes, des vestiges, parfois un lambeau d'histoire.

Votre imagination sera souvent sollicitée quand les signes, les témoignages physiques ne seront pas au rendez-vous. Avec quelques anecdotes historiques ou inédites, on vous aide à reconstituer et à revivre l'histoire. En espérant que vous aurez le même plaisir à réaliser ces balades que celui que nous avons pris à les découvrir et à vous les communiquer. Bienvenue dans un Paris qui vous surprendra et vous enchantera toujours !

Et pour tenir bon la balade, nous avons sélectionné pour les petites faims quelques adresses pratiques, insolites, charmantes, qui vous permettront de reprendre des forces !

Les quais de Seine

NOS COUPS DE CŒUR

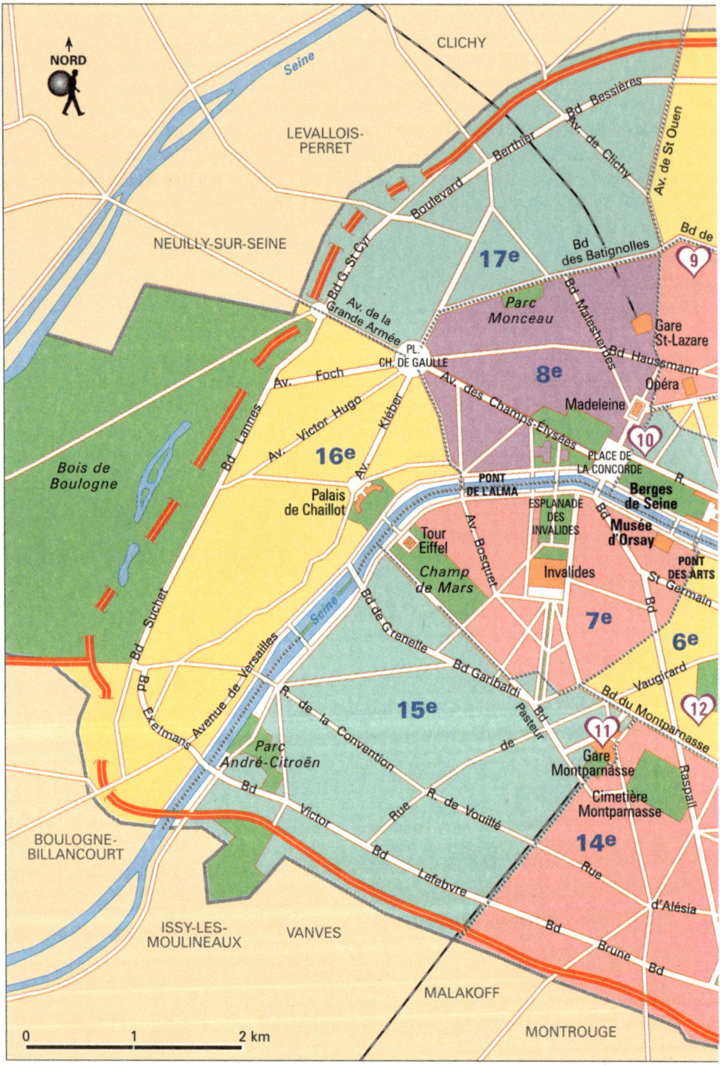

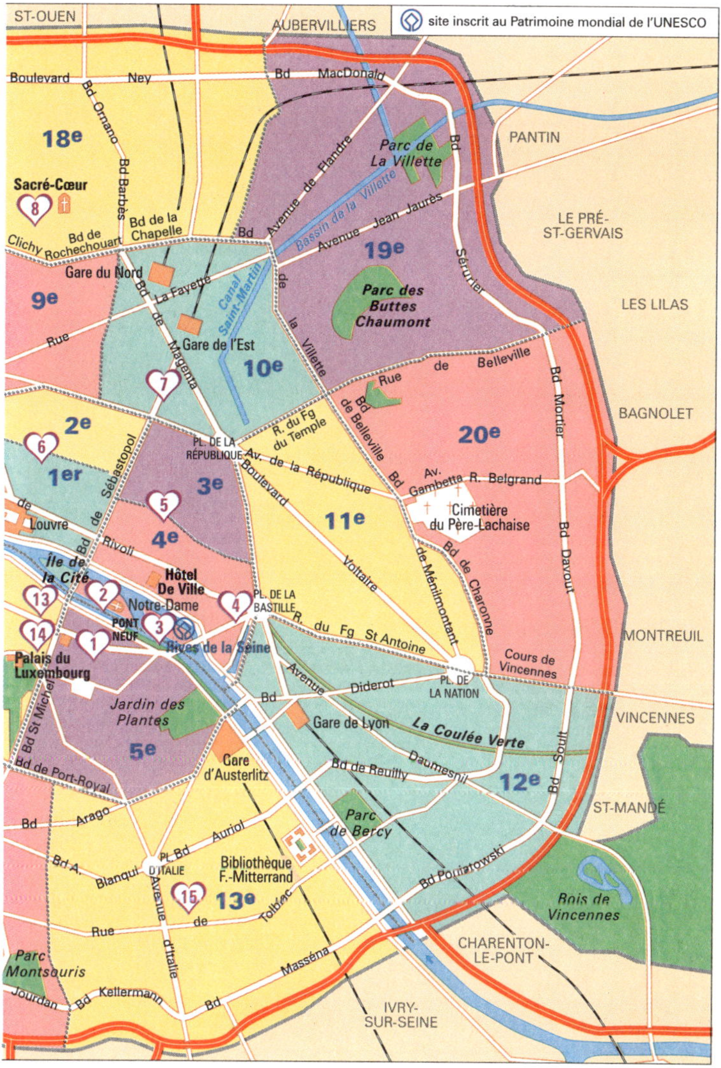
site inscrit au Patrimoine mondial de l'UNESCO
ST-OUEN
AUBERVILLIERS
PANTIN
LE PRÉ-ST-GERVAIS
LES LILAS
BAGNOLET
MONTREUIL
VINCENNES
ST-MANDÉ
CHARENTON-LE-PONT
IVRY-SUR-SEINE
Boulevard Ney
Bd MacDonald
Bd Ornano
Bd Barbès
18e
Sacré-Cœur
8
Bd de la Chapelle
Bd de Rochechouart
Clichy
Gare du Nord
9e
Rue La Fayette
Bd de Magenta
Canal Saint-Martin
Gare de l'Est
10e
7
Parc de La Villette
Avenue de Flandre
Bassin de la Villette
Avenue Jean Jaurès
Bd Sérurier
19e
Parc des Buttes Chaumont
Bd de la Villette
Rue de Belleville
Bd de Belleville
Bd Mortier
20e
R. du Fg du Temple
PL. DE LA RÉPUBLIQUE
Av. de la République
Boulevard Voltaire
2e
6
1er
Bd de Sébastopol
3e
5
Louvre
Rue de Rivoli
4e
11e
Av. Gambetta
R. Belgrand
Cimetière du Père-Lachaise
Bd de Ménilmontant
Bd de Charonne
Bd Davout
Île de la Cité
Hôtel De Ville
2
13
Notre-Dame
4
PL. DE LA BASTILLE
R. du Fg St Antoine
PONT NEUF
3
Rives de la Seine
14
1
Palais du Luxembourg
Cours de Vincennes
PL. DE LA NATION
Avenue Daumesnil
Bd Diderot
Jardin des Plantes
Gare de Lyon
La Coulée Verte
Bd St Michel
5e
Gare d'Austerlitz
Bd de Reuilly
12e
Bd Soult
Bd de Port-Royal
Bd Arago
Parc de Bercy
Bd Auriol
PL. D'ITALIE
Bd A. Blanqui
Bibliothèque F.-Mitterrand
15
13e
Avenue d'Italie
Rue de Tolbiac
Bd Poniatowski
Bois de Vincennes
Parc Montsouris
Rue Jourdan
Bd Kellermann
Bd Masséna

1 **Remonter le temps jusqu'à nos ancêtres les Gaulois, ou plus précisément les *Parisii*, qui édifièrent Lutèce au IIIe s.**

Découvrir, tout en se baladant, les derniers vestiges de cette urbanisation. De la crypte de Notre-Dame aux arènes de Lutèce, en passant par les thermes, où, pour une somme modique, les habitants de Lutèce se prélassaient de longues heures durant. *p. 34* (balade n° 1)

***Bon à savoir :** le centre des Arènes est occupé tous les week-ends par les joueurs de boules du quartier, qui ne rechignent jamais à accueillir de nouveaux partenaires.*

© Sonnet Sylvain/hemis.fr

2 **Découvrir le Paris médiéval avec la Conciergerie qui se reflète dans la Seine.**

Longer les vestiges encore visibles de l'enceinte de Philippe Auguste puis visiter la Sainte-Chapelle et l'intéressant jardin médiéval du musée du Moyen Âge. Découvrir le bel escalier à vis, avec sa voûte végétale, de la tour Jean-sans-Peur. *p. 41, 52* (balades n°s 2 et 3)

3 **Se balader sur l'île de la Cité, berceau de Lutèce, et sur l'île Saint-Louis, pour découvrir le Paris insulaire.**

Comprendre l'histoire de ces ponts qui relient solidement ces 2 vaisseaux aux rives de la Seine. Marcher sur les pas de personnages illustres qui ont vécu ici. Et terminer la balade à l'extrémité de l'île de la Cité, au square du Vert-Galant, du surnom donné à Henri IV qui passait pour un homme vigoureux auprès des femmes... Telle la proue d'un navire, c'est le point idéal pour observer le va-et-vient des bateaux-mouches sur la Seine. *p. 61* (balade n° 4)

Bon à savoir : les habitués viennent pique-niquer sur la pelouse du square du Vert-Galant, les soirs d'été.

4 Battre le pavé à la Bastille…

Retrouver tout au long de la balade les empreintes de cet assaut emblématique de la Révolution française, dont il subsiste des traces suffisantes pour exciter l'imagination des plus curieux. *p. 79, 95, 101* (balades nos 6, 8 et 9)

5 **Frissonner dans les lieux chargés d'alchimie et d'ésotérisme.**

L'église Saint-Merri, sujette aux interprétations ésotériques des alchimistes ; la colonne astrologique, utilisée par l'astrologue particulier de Catherine de Médicis ; la maison de Nicolas Flamel, cet alchimiste du XVe s, et l'hôtel de Cagliostro, où il avait installé son laboratoire et laissait entendre qu'il avait découvert l'élixir de longue vie et la pierre philosophale… *p. 72* (balade n° 5)

© Collection Artedia/Artedia/Leemage

6 **Les coins glauques et morbides fréquentés par les criminels, comme les très évocatrices rues Vide-Gousset, de la Grande et la Petite-Truanderie, des Mauvais-Garçons...**

D'autres, aux noms moins évocateurs, où l'on coupait les oreilles des serviteurs indélicats. Le *cabaret de l'Épée de Bois,* lié au meurtre de Lacroix ; l'hôtel de la marquise de Brinvilliers, célèbre empoisonneuse, décapitée en place de Grève, qui laissa derrière elle des adeptes, dont la veuve Voisin... et tant d'autres lieux. *p. 156, 162* (balades nos 16 et 17)

© Maurice Subervie/Onlyfrance.fr

7 **Les jours de pluie, se concocter un petit itinéraire à travers les passages couverts, insolites et mystérieux, où flotte encore le parfum d'une autre époque, à l'abri des regards... et des intempéries.**

Dans un Paris sans trottoirs ni électricité, le passage est bordé d'échoppes. Un véritable confort au début du XIXe s, qui voit éclore ces villes en miniature où foisonnent restaurants, cafés, théâtres, boutiques à la mode... Arpentez le très dépaysant passage Brady, devenu *Little India* depuis le milieu des années 1970 ; le passage du Désir, étonnamment tout proche de la rue de la Fidélité qui conduit à la rue de Paradis (!) ; le passage des Dames-de-Saint-Chamond, l'un des plus insolites... ; le passage du Caire, où se tenait la célèbre cour des Miracles. Aujourd'hui, plus d'aveugles qui voient clair... mais la fripe des grossistes. *p. 149* (balade n° 15)

***Bon à savoir :** les passages sont souvent fermés le soir, d'autres (ou les mêmes) le week-end, et d'autres, plus rares, nécessitent un code pour y accéder.*

© Renault Philippe/hemis.fr

8 Se prendre pour Antoine Doinel ou Amélie Poulain, entre autres, en parcourant les lieux de tournages à Montmartre.

Se poser à l'endroit exact où Antoine Doinel surprend sa mère en train d'embrasser un inconnu dans *Les 400 Coups*, repérer les façades de la brasserie le *Wepler* et du cinéma d'à côté qui en formèrent le décor très parisien des années 1950 ; passer avenue Junot et se souvenir du film de Clouzot *L'assassin habite au 21* ; découvrir le *Ciné 13 Théâtre* de Lelouch (aujourd'hui *Théâtre Lepic)* ou encore le restaurant *Le Consulat*, où Woody Allen a tourné une scène du film *Tout le monde dit I love you*. Revivre les aventures d'Amélie Poulain dans *Le Fabuleux Destin d'Amélie Poulain*, en suivant ses traces, du square Willette à l'épicerie fine *Chez Ali*. p. 218 (balade n° 25)

Bon à savoir : *s'installer pour une pause agréable, au* Café-tabac des 2 Moulins, *où Amélie Poulain était serveuse dans* Le Fabuleux Destin d'Amélie Poulain.

9 **Se laisser porter, du Palais-Royal au cimetière de Montmartre, au hasard des lieux et souvenirs d'un Paris coquin et libertin du XIXe s.**
Faites une halte au musée de la Vie romantique, petit bijou dans un nid de verdure. Ce n'est pas un musée, c'est tout à la fois une maison, un jardin, un havre de paix. En découvrant le passage bordé de robiniers centenaires menant à un pavillon aux allures italiennes, on est sous le charme. Le rez-de-chaussée du pavillon est consacré à George Sand, et le 1er étage à Ary Scheffer. L'été, le jardin est embaumé par les roses et le seringa, parfums surannés à l'image de ce lieu rare et séduisant. *p. 136* (balade n° 13)
Bon à savoir : *en été, achever la visite par une tasse de thé au milieu des massifs de dahlias, de rosiers et de vigne.* • *vie-romantique.paris.fr* •

© Xavier Richer/Photononstop

10 **S'évader quelques heures pour dénicher, au détour des rues, des jardins et des places, les héritages de la civilisation égyptienne présents dans les rues de Paris.**

De la place de la Concorde à l'hôtel Fieubet, en passant par le Louvre, la place du Châtelet et même Barbès, ce sont autant de témoignages de l'engouement pour cette civilisation millénaire, lancée par Napoléon Ier. *p. 110* (balade n° 10)

© Pietro Canali/Sime/Photononstop

© Petr Kovalenkov/Alamy/Hemis

11 Montparnasse, le quartier des artistes, mais aussi celui des Américains des années 1920.

Retrouvez le *Falstaff* où Hemingway venait boire un verre de temps en temps. Au 27, rue de Fleurus, Gertrude Stein (poétesse, écrivain et féministe américaine) tenait salon et le Tout-Paris artistique se pressait chez elle. *Le Dôme,* l'un des lieux favoris des Américains et artistes étrangers de cette époque. Modigliani, Picasso, Foujita et bien d'autres que vous découvrirez en étaient des habitués. *p. 168,177* (balades n°s 18 et 19)

12 Rejoindre le Luxembourg depuis les Tuileries en passant par le pont des Arts d'où la vue est exceptionnelle.

Musarder entre les bosquets, se poser sur une chaise au bord du grand bassin rond des Tuileries ou autour de la splendide fontaine Médicis du Luxembourg, et partir à la recherche des anciennes maisons closes que fréquentaient artistes, hommes politiques et... ecclésiastiques *p. 144* (balade n° 14)

13 **Retrouver les lieux, sur la rive gauche, où se prépara la Révolution française.**

Le café *Le Procope* fut le haut lieu de rendez-vous des révolutionnaires habitant le quartier (Danton, Marat, Camille Desmoulins). C'est d'ici que partirent les mots d'ordre d'attaque des Tuileries. En face, l'hôtel *La Fautrière,* dont la cave abrita la première imprimerie de Marat. Le club des Cordeliers, couvent désaffecté où fut créé l'un des plus importants clubs politiques de la Révolution. *p. 86* (balade n° 7)

14 Retrouver le Paris des écrivains, dans les quartiers de l'Odéon et du Luxembourg.

Le *Café Voltaire,* lieu de rendez-vous fréquenté par Balzac, Voltaire et bien d'autres ; la rue Monsieur-le-Prince, où vécurent bon nombre de gens de lettres (Pascal au n° 54 et ce jusqu'à sa mort) ; la rue de Vaugirard, où Prévert habita avec ses parents au n° 7 et fut élève à l'école du n° 9. Du côté de Saint-Sulpice, au coin de la rue des Canettes, le *Café de la Mairie,* fréquenté de tout temps par les étudiants en lettres et les écrivains (Georges Perec, Beckett, Hemingway…), sans oublier la rue Descartes, où mourut Verlaine. *p. 127* (balade n° 12)

15 S'imprégner de culture asiatique dans le Chinatown le plus grand d'Europe.

Admirer comment les Asiatiques ont subtilement détourné l'horreur du béton en y insufflant une vie et une intense activité commerçante. Les avenues de Choisy et d'Ivry, avec leurs successions de restaurants – chinois ou vietnamiens –, de supermarchés, comme ceux des frères Tang et *Paris-Store,* entre alimentation exotique et caverne de Marco Polo. Enfin, les galeries marchandes des Olympiades, avec leurs étonnantes boutiques de CD, DVD, karaokés, librairies, vêtements... Puis se recueillir dans l'église Notre-Dame-de-Chine ou dans le surprenant temple bouddhique. *p. 204* (balade n° 23)

Le jardin des Tuileries

LE PARIS GALLO-ROMAIN

• Plan *p. 35*

BALADE N° 1 : 3 km – 2h

UN PEU D'HISTOIRE

Au commencement était une île au milieu de la Seine. C'est là que nos ancêtres les Gaulois, plus précisément une peuplade celtique nommée les *Parisii,* s'installèrent vers le milieu du IIIe s av. J.-C. pour construire l'oppidum (agglomération fortifiée) de Lutèce. Grâce au commerce fluvial, les *Parisii* connaissent une remarquable prospérité économique et artistique. Lors de la conquête romaine, César, trop occupé à Gergovie avec Vercingétorix, confie à son fidèle lieutenant Labienus la prise de Lutèce. Malgré la résistance farouche des valeureux Gaulois, au printemps de l'année 52 av. J.-C., Labienus remporte la bataille de Lutèce. Après la perte de son indépendance, comme toute la Gaule (toute ? non ! un village peuplé d'irréductibles Gaulois résiste...), Lutèce devient gallo-romaine. La romanisation se fait en douceur. Rome n'étouffe pas la culture gauloise mais la laisse s'épanouir tout en l'enrichissant. Ce mélange culturel donnera naissance à la civilisation gallo-romaine, qui durera jusqu'à la grande invasion germanique de 406-407.
À l'instar des autres villes gauloises sous l'occupation romaine, Lutèce connaît un fort développement urbain. Les Romains construisent une ville nouvelle sur la rive gauche de l'île de la Cité. Les rives marécageuses de la Seine obligent les conquérants à bâtir sur les hauteurs. La ville, qui s'étendait sur 45 ha et comptait environ 8 000 habitants (soit 150 habitants en moyenne à l'hectare !), se développe principalement autour de la montagne Sainte-Geneviève. C'est un vaste chantier en construction d'où s'élèvent les quartiers d'habitation et les grands édifices publics romains : thermes, aqueducs, forum, temples, arènes et amphithéâtres.
À Paris, les vestiges visibles de cette urbanisation romaine sont rares. S'ils ne sont pas nombreux, les sites gallo-romains parisiens sont spectaculaires et superbement restaurés. Ils méritent qu'on s'y attarde. Bonne promenade dans Lutèce !

Départ

➢ *Début de l'itinéraire au* ***métro Cité.*** *Compter env 3 km et 2h de balade, voire plus si vous visitez les sites.*

À voir

La crypte archéologique de l'île de la Cité : *7, pl. Jean-Paul-II, parvis Notre-Dame, 75004. ☎ 01-55-42-50-10. • crypte.paris.fr • ♿ Tlj sauf lun et j. fériés 10h-18h ; fermeture des caisses 17h30. Fermé 1er janv, 1er mai et 25 déc. Entrée : 9 € ; tarif réduit 7 € ; gratuit moins de 18 ans. Audioguide : 5 €. Visites guidées sam-dim à 16h (7 € ; tarif réduit 5 €). Pas de toilettes.* L'entrée de la crypte est indiquée par

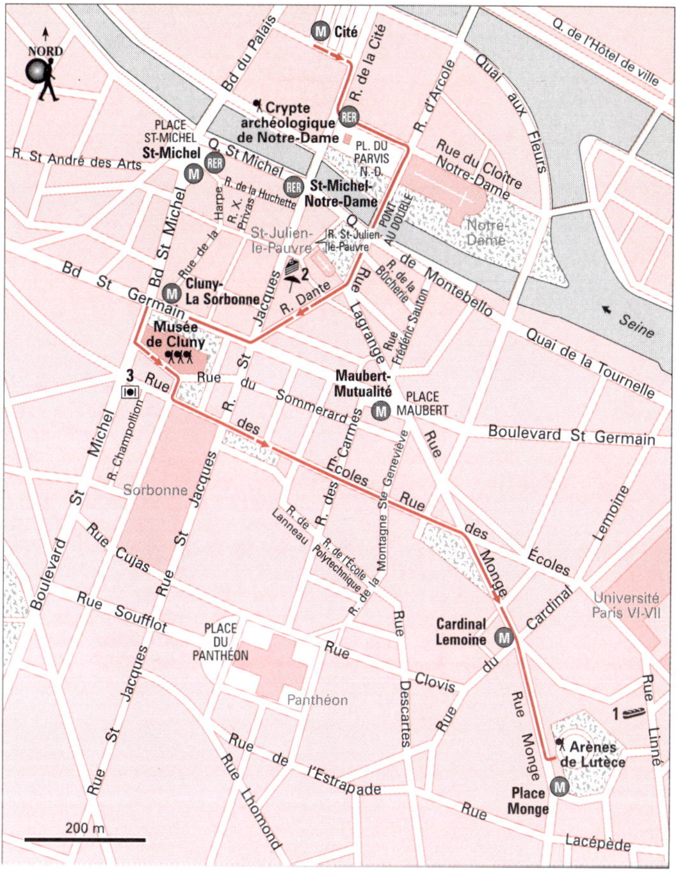

LE PARIS GALLO-ROMAIN

Où manger ?	
1 Filakia	**2** Odette
	3 Le Reflet

le moulage d'un des blocs du pilier des Nautes, cette corporation de bateliers dont les navires transportaient les marchandises entre l'île et la rive. Située sous le parvis (eh oui, autrefois, le niveau du sol était plus bas !), la crypte abrite les vestiges (les plus anciens remontent au IIIe s) résultant de fouilles du cœur historique de Paris. Si Lutèce s'est initialement développée du côté de la montagne Sainte-Geneviève (actuel 5e arrondissement), l'île, rempart naturel contre les invasions extérieures, devint rapidement le centre de la ville, le berceau de Paris. Les dalles que vous foulez à l'intérieur font partie des vestiges gallo-romains découverts en 1965 lors de la construction d'un parking souterrain. « Vous avez les pieds dans l'eau ! » vous avertit la dame de la billetterie. Le pavé est celui des quais du port aménagé sur le bord de l'île au Ier s, où venaient accoster les bateaux des Nautes.

La crypte a été construite en 1980 par la Ville de Paris pour abriter les vestiges qui auraient trop restreint la surface du parvis si on les avait laissés à l'air libre. Ouvrage de ce type unique au monde (117 m de longueur, 24 m de largeur), qui permet d'observer *in situ* les restes de l'architecture du passé. Avant le guichet, à travers une glace, la vision des ruines gallo-romaines baignant dans une lumière bleuâtre est impressionnante. On aperçoit les vestiges d'un petit édifice de bains et de son hypocauste (fourneau souterrain conducteur d'air chaud). Après la billetterie, des dioramas évoquent l'histoire de Paris depuis ses origines. De grandes maquettes représentent le parvis de Notre-Dame et la crypte. Les vestiges architecturaux (fondations, caves et sous-sols) qui jalonnent la crypte permettent au visiteur une véritable remontée dans le temps, de la Lutèce gallo-romaine jusqu'au Paris médiéval. La scénographie propose à la fois des images de synthèse interactives, un parcours sonore, ainsi que la mise en place de tablettes pour une meilleure lecture de l'ensemble. Expositions temporaires régulières.

Le musée national du Moyen Âge, thermes et hôtel de Cluny : *24, rue du Sommerard, 75005. ☎ 01-53-73-78-00 ou 16. • musee-moyenage.fr • Ⓜ Cluny-La Sorbonne. En sortant de la crypte, traverser le pont au Double, qui relie l'île de la Cité à la rive gauche, puis suivre la rue Dante, pour rejoindre l'angle des bd Saint-Germain et Saint-Michel. On accède à l'entrée du musée en traversant un jardin d'inspiration médiévale. Remonter le bd Saint-Michel jusqu'à l'angle de la rue du Sommerard, où le promeneur peut déjà admirer à l'air libre des pans des vestiges des thermes qui occupaient un quadrilatère de 100 m de long sur 65 m de large ! Suivre la rue du Sommerard jusqu'à l'entrée du musée, dont la visite est fortement recommandée. Tlj sauf mar 9h15-17h45. Fermé 1er mai. Entrée : 5 € (9 € expo temporaire) ; réduc ; gratuit moins de 26 ans, chômeurs et pour ts le 1er dim de chaque mois. Visites-conférences sam-dim et pdt vac scol. Visites thématiques de 1h-1h30 (3,50-6,50 € en plus de l'entrée du musée au tarif réduit ; réduc). Ateliers enfants. Régulièrement, concerts de musique médiévale. Visioguide : 3 €.* ***Attention, le musée est fermé jusqu'à début 2022.***

Fondé en 1843, le musée abrite non seulement l'un des plus prestigieux monuments gallo-romains visibles à Paris, les thermes du Nord, dits « de Cluny », mais également l'hôtel des abbés de Cluny et ses superbes collections médiévales, un ensemble exceptionnel de sculptures, peintures, vitraux, pièces d'orfèvrerie, d'émaillerie ou d'ivoire, ainsi que des tapisseries, dont la célèbre ***Dame à la licorne.*** Toutes les œuvres proviennent de l'aire dite aujourd'hui « européenne ».

La réputation des thermes gallo-romains de Cluny, construits aux Ier et IIe s, est due à leur remarquable état de conservation. En effet, les ruines, qui alternent brique et pierre, sont l'un des rares ensembles préservés de la ***Lutèce antique*** – avec les arènes de la rue Monge. Le bâtiment principal, ancien hôtel des abbés de Cluny, est lui du XVe s. Mais attention, ce que vous voyez n'est qu'une infime partie de l'ensemble plus vaste qui formait, alors, des ***thermes publics*** s'étendant du boulevard Saint-Germain à la rue des Écoles, et, d'est en ouest, du boulevard Saint-Michel au centre de la cour actuelle du musée national du Moyen Âge. La grande salle des bains froids, le frigidarium, avec sa voûte de 14 m de hauteur, est quasiment intacte. Il est facile d'imaginer l'ambiance de calme et de volupté qui devait régner dans ces ensembles thermaux, centres d'hygiène et de loisirs, où, pour un prix modique, les habitants de Lutèce se prélassaient de longues heures durant. Le fonctionnement des thermes, invention romaine, rappelle celui du hammam. Le client thermal passait successivement de la salle froide, le frigidarium, à la salle tiède, le tepidarium, avant de séjourner dans la grande salle chauffée par le sol et les murs, le caldarium.

Le musée poursuit sa métamorphose, et les travaux en cours rendent l'***hôtel médiéval des abbés de Cluny*** entièrement inaccessible – cour et chapelle incluses – jusqu'en 2022. Désormais, un nouveau bâtiment d'accueil, réalisé par l'architecte Bernard Desmoulin, fait le lien entre les vestiges des thermes – qu'on ne peut, à l'exception du frigidarium, approcher que dans le cadre d'une visite guidée – et le bâtiment principal. La façade aluminium s'inscrit harmonieusement

dans l'ensemble et reprend, comme en clin d'œil, un motif de l'escalier du bâtiment des abbés, quand la forme des pignons de la façade ouest s'inspire de celle du frigidarium. Le parcours de visite permet actuellement d'accéder au frigidarium (salle froide des thermes ; sans doute la plus grande salle sous voûte gallo-romaine d'Europe du Nord), qui accueille des expos temporaires, à une salle présentant les ***trésors du musée,*** illustrant la diversité des matières et des techniques, et, bien sûr, aux ***6 tapisseries*** millefleurs représentant les 5 sens (mais alors *quid* de la sixième, hé ! hé !), dites « de la Dame à la licorne ». 2 espaces de présentation temporaire (et thématique) d'œuvres des collections complètent l'ensemble. On sort par la librairie.

Les arènes de Lutèce : *rues Monge et de Navarre (entrée par la rue de Navarre), 75005. Tlj 8h (9h w-e)-21h30 (17h30 en hiver, 19h30 ou 20h30 à la mi-saison). GRATUIT.*

Des arbres dissimulent ce lieu magnifique, véritable havre de paix au cœur de la ville. Placez-vous au centre de la piste des arènes (souvent occupé par des joueurs de boules, d'apparence paisible mais parieurs invétérés...), le frisson est assuré tant la restauration parfaite est évocatrice. On a l'impression d'entendre le bourdonnement de la foule des spectateurs sur les gradins et le feulement des fauves en attente dans les cages... Dans ce type de monument, théâtre-amphithéâtre, très répandu en Gaule, les jeux du cirque côtoyaient ceux de la comédie, avec, au centre, l'arène de terre battue et, en retrait, la scène de théâtre, longue de plus de 40 m. L'édifice mesurait 130 m de long sur 100 m de large. Les gradins pouvaient accueillir jusqu'à 17 000 spectateurs ! Construites au Ier s, les arènes de Lutèce offraient au public les cruels combats de gladiateurs (interdits en 406) et d'animaux, mais aussi des pièces de théâtre (tragédies et comédies du répertoire romain), spectacles de mimes, d'acrobates et de danse.
Les vestiges des arènes furent ***découverts en 1869*** par l'archéologue Vacquer lors du percement de la rue Monge. Mais il y avait longtemps déjà que l'on soupçonnait leur existence, sans avoir cependant pu mettre la main sur les pierres élevées par les Gallo-Romains. L'amphithéâtre à peine restauré faillit disparaître sous les pioches des démolisseurs pour la Compagnie des omnibus, qui voulait y construire un dépôt. Une partie fut néanmoins détruite, jusqu'à une vaste mobilisation avec la création d'un Comité des arènes, dont le président d'honneur était un certain Victor Hugo, qui envoya une lettre au président du conseil municipal :

Monsieur le Président,
Il n'est pas possible que Paris, la ville de l'avenir, renonce à la preuve vivante qu'elle a été la ville du passé. Le passé amène l'avenir. Les arènes sont l'antique marque de la grande ville. Elles sont un monument unique. Le conseil municipal qui les détruirait se détruirait en quelque sorte lui-même. Conservez les arènes de Lutèce. Conservez-les à tout prix. Vous ferez une action utile et, ce qui vaut mieux, vous donnerez un grand exemple. Je vous serre les mains.
Victor Hugo.

Quelques jours plus tard, le conseil municipal se porta acquéreur des vestiges de l'amphithéâtre, qui fut classé Monument historique en 1884.
Un conseil au promeneur : visitez le site tôt le matin ou en fin de journée. Les rayons du soleil levant ou couchant (orientation souhaitée par les architectes de l'époque) qui caressent les pierres des gradins rendent le lieu encore plus magique.

Fin de la balade

Voilà, on ne vous emmène pas à Alésia, rues de Gergovie ou Vercingétorix dans le 14e... c'est trop loin et ça ne peut, de toute façon, faire l'objet d'un parcours, vu l'absence de vestiges. De plus, les restes de l'aqueduc gallo-romain, découverts

à l'occasion de l'opération immobilière de la ZAC Montsouris, ont disparu sous l'action de pelleteuses voraces (pléonasme ?), le classement du site n'ayant pas eu lieu. Engouffrons-nous alors dans le ***métro Place-Monge.***

Où manger ?

Important ! Voir aussi l'adresse sélectionnée pour la balade nº 24 « Mai 68 au Quartier latin » : ***Le Reflet*** *(plan, **3**).*

Sur le pouce

Filakia *(plan, **1**) : 31, rue Linné, 75005. ☎ 01-42-21-42-88. Ⓜ Jussieu. Lun-ven 11h30-15h, 18h30-22h30. Formules 12-16 € (9,90 € pour les étudiants).* Il est loin le temps où les étudiants du quartier remontaient vers Saint-Michel pour avaler sans prétention un « grec » entre 2 cours ! Tout comme le jambon-beurre en son temps, le souvlaki retrouve ici ses lettres de noblesse. Garnis de poulet, de poisson ou de bœuf et de produits frais, accompagnés de sauces maison et de délicieuses frites, ces incontournables sandwichs traditionnels sont un petit bout de Grèce en plein cœur de Paris. Également des desserts maison. Atmosphère joyeuse et accueillante.

Au goûter

Odette *(plan, **2**) : 77, rue Galande, 75005. ☎ 01-43-26-13-06. • fberthy@odette-paris.com • Ⓜ Cluny-La Sorbonne ; RER B et C : Saint-Michel-Notre-Dame. Tlj 12h (10h w-e)-19h30. Compter 1,90 € le chou, 10,90 € les 6.* Des p'tits choux, des p'tits choux, encore des p'tits choux ! Vous l'aurez compris, le chou ici est roi. Confectionné tous les matins dans les cuisines du sous-sol, il est fourré comme il se doit d'une onctueuse crème pâtissière aromatisée : chocolat, caramel, pistache, praliné... et, plus exotique, thé vert. À consommer avec un bon chocolat chaud ou une coupe de champagne dans le salon cosy à l'étage, ou sur la terrasse, avec vue unique sur Notre-Dame de Paris ! Sinon, jolies boîtes à emporter. Ah, ne cherchez pas Odette, c'est la grand-mère du patron : elle vit en Bretagne !

LE PARIS MÉDIÉVAL : ÎLE DE LA CITÉ ET RIVE GAUCHE

• Plan *p. 42-43*

BALADE N° 2 : 5 km – 3 à 4h

UN PEU D'HISTOIRE

Le Moyen Âge : que cette période de l'histoire n'a-t-elle charrié de fantasmes, alimentés par une vision revue et corrigée dans les images d'Épinal, les vieux manuels de la IIIe République ou les feuilletons télévisés (ah ! *Thierry la Fronde*) ! Les promenades que nous proposons n'ont pas la prétention de l'érudition scientifique, juste celle de donner à voir, d'inciter à explorer – de faire rêver aussi : les vestiges ont quelque chose de romantique, les traces du passé au milieu du tissu urbain sont une fenêtre ouverte sur la ville avant la ville, un voyage dans le temps...

Certains noms de rue n'ont pas changé depuis 700 ans, quand bien même les maisons qui bordaient celles-ci au XIVe s ont disparu. Faites de plâtre et de bois, matériaux par essence fragiles, elles n'ont pas résisté aux Normands, aux inondations, aux incendies, au baron Haussmann, aux bombardements de la dernière guerre... à l'affairisme. Subsistent du Moyen Âge, au sens féodal du terme, c'est-à-dire, grosso modo, du XIe à la fin du XVe s, principalement les vestiges de fortifications (l'enceinte de Philippe Auguste et celle de Charles V), des constructions (souvent encastrées dans des édifices plus tardifs) essentiellement royales ou religieuses, et c'est presque tout. Et pourtant, ce n'est pas rien : l'émotion est là quand on découvre un vestige dissimulé, chargé d'histoire (et quelle histoire !). Elle l'est encore plus devant des chefs-d'œuvre incomparables de l'architecture religieuse... que le monde entier nous envie (sauf peut-être nos voisins italiens, qui sont hors concours !). Hardi petit ! Notre bonne ville en ses murs nous attend : gaillardement, explorons-la !

QUAND LA RUE SE DÉ-CHAÎNE !

Les anneaux qui surmontent les grosses bornes, à l'entrée de certaines rues, n'étaient pas destinés à attacher les chevaux mais à tendre des chaînes en travers des rues. Au Moyen Âge, les rois craignaient beaucoup les émeutes parisiennes ; en cas de troubles, ils essayaient ainsi de réduire la liberté de circulation des piétons et des cavaliers. Quant au ruisseau central, il était plutôt difficile à traverser par temps de pluie pour les belles dames à larges robes et talons hauts. Aussi devaient-elles payer des hommes robustes qui les déposaient de l'autre côté.

Paris au Moyen Âge se découpe en 3 entités : la ***Cité,*** siège du pouvoir ; l'***Université,*** sur la rive gauche ; la ***ville,*** sur la rive droite. Nous avons donc divisé notre circuit en 2 balades d'inégale longueur. Les musées et les sites

Où manger ?
Où déguster une glace ?

1 L'Avant Comptoir et L'Avant Comptoir de la Mer
2 Cosi
3 Shakespeare & Co Café
4 Sugarplum Cake Shop
5 Grom
6 Odette
7 Le Reflet

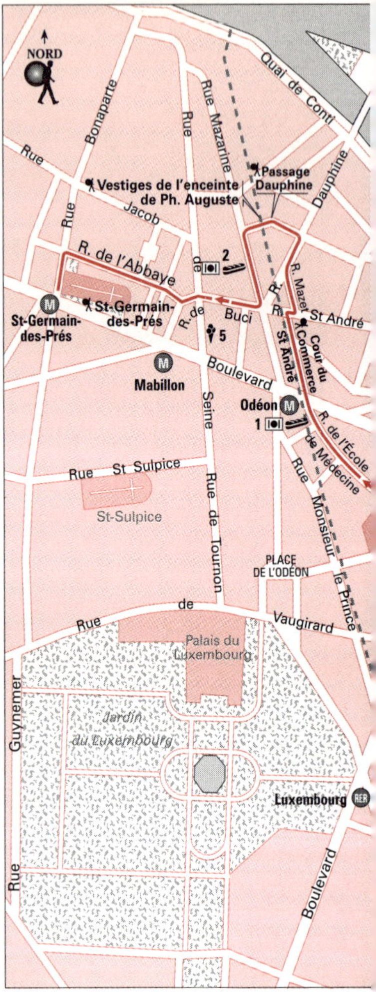

payants sont mentionnés pour info, mais leurs coûts se cumulent, et la durée de leur visite s'ajoute à celle de la promenade.

Départ

➢ *Au début était le commencement : à cheval, à pied ou en métro, le départ se fait de la station de* ***métro Cité,*** *face à la préfecture de police. À droite toute, vers le Palais de justice : à votre droite la Conciergerie, à gauche la Sainte-Chapelle.*

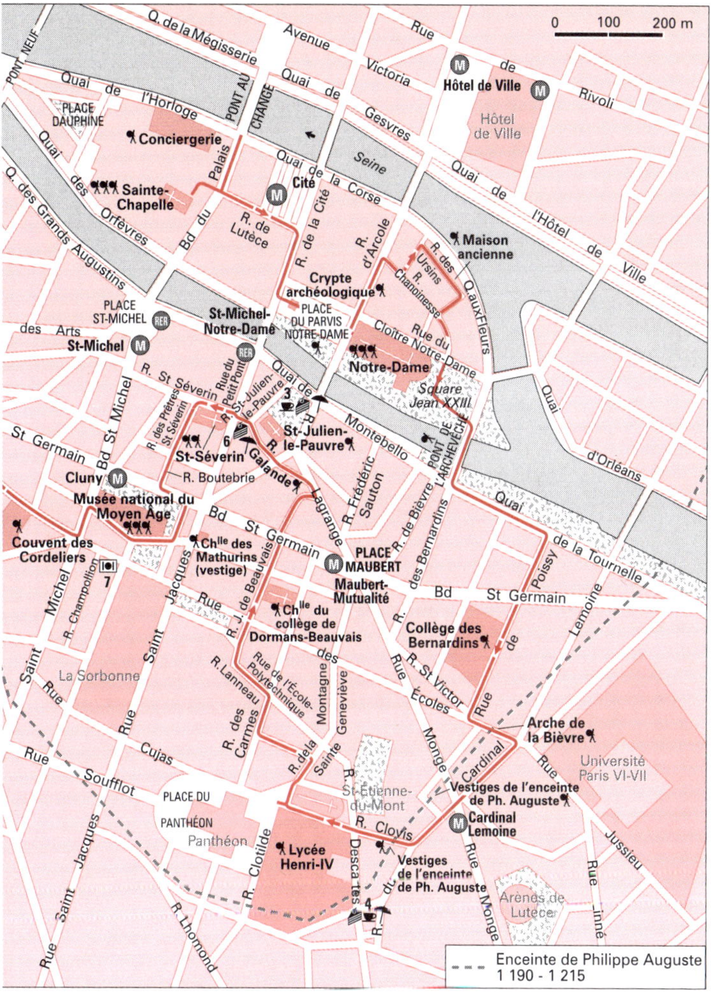

LE PARIS MÉDIÉVAL : ÎLE DE LA CITÉ ET RIVE GAUCHE

À voir

LA CITÉ

Empruntons le boulevard du Palais sur la droite, avançons sur le pont au Change (ancien Pont-aux-Changeurs, occupé par les maisons des orfèvres et des changeurs, reconstruit depuis) et retournons-nous. Pas mal, non ? C'est la

Conciergerie, avec sa tour de l'Horloge, dont la base date de Philippe le Bel, et ses 3 tours, dans l'ordre, de César, d'Argent et Bonbec. C'était là le siège du pouvoir, le palais royal, avant que le roi Charles V ne déménage au Louvre, plus confortable mais aussi plus sûr (il arrivait, mais oui, que les manants se révoltent...) ; voir la balade n° 3 « Le Paris médiéval : rive droite ».

HUMOUR NOIR

La tour Bonbec, à droite, est la plus ancienne, et la seule à être crénelée. On y pratiquait la « question ». On disait alors des prisonniers qui avouaient leurs fautes sous la torture qu'ils avaient « bon bec » (ils avaient parlé), d'où le nom de la tour. Spéciales, les blagues médiévales...

La Conciergerie : *2, bd du Palais, 75001. ☎ 01-53-40-60-80. • paris-conciergerie.fr • Ⓜ Cité ou Châtelet. Tte l'année, tlj 9h30-18h ; fermeture des caisses 30 mn avt. Fermé 1er mai et 25 déc. Entrée : 9 € ; réduc ; gratuit moins de 26 ans. Possibilité de billet jumelé avec la Sainte-Chapelle (visite dans la même journée) : 15 €. Acheter un e-billet sur • ticket.monuments-nationaux.fr • donne droit à l'accès coupe-file. HistoPad (tablette tactile permettant de découvrir chaque salle en réalité virtuelle : l'effet est aussi saisissant que ludique !) : 5 €.*

CONCIERGE, UNE CHARGE PRESTIGIEUSE

La Conciergerie tient son nom de son « concierge », ou gouverneur du Palais, nommé par le roi avec pouvoirs de basse et moyenne justices, qui percevait les loyers des boutiques installées au rez-de-chaussée du Palais. Une fonction que l'on peut décliner au féminin, puisque Isabeau de Bavière (femme de Charles VI) l'a occupée en son temps ! Plus tard, lorsque l'édifice fut partiellement transformé en prison, le gouverneur perçut également le loyer des cachots et du mobilier qu'ils renfermaient !

Il est possible de visiter les ***salles gothiques,*** auxquelles on accède par l'impressionnante *salle des Gens-d'Armes,* la plus grande salle gothique civile actuellement conservée en Europe (70 m de long sur près de 30 m de large). Ces espaces gothiques monumentaux possèdent de très belles voûtes sur croisées d'ogives. L'ensemble était autrefois éclairé, côté sud, par des baies qui ont été occultées depuis. Sur 2 piliers de la ***salle des Gens-d'Armes,*** on peut voir le niveau atteint par la Seine en 1910. Des renforts furent ajoutés au XIXe s sous certaines voûtes à la suite de la construction d'un escalier juste au-dessus, dans la ***salle des pas perdus.*** Cette salle servait de réfectoire au personnel de Philippe le Bel.

Par l'escalier en colimaçon (ajouté au XIXe s), on gagne les cuisines et leurs cheminées colossales aménagées à chaque angle (intéressante vidéo montrant une reconstitution en 3D du palais installée dans l'une d'entre elles). En redescendant, au fond à droite, la ***salle des Gardes*** et ses beaux piliers sculptés au XVe s avec un accès direct à la tour de César, où résidait le directeur de la prison *(fermée au public).* Elle se prolonge par la rue de Paris (couverte). Cette rue, tout comme la salle des Gardes, était utilisée comme dortoir par les « pailleux », les prisonniers pauvres qui dormaient sur la paille. Les plus riches, les « pistoliers », qui pouvaient se le payer avec des pistoles, louaient une cellule avec un lit. Cette justice de classe a d'ailleurs persisté jusqu'à la Révolution. La rue fut surélevée au XVe s, ce qui explique son niveau par rapport à la salle des Gens-d'Armes.

La Sainte-Chapelle : *quelques mètres plus loin sur le bd du Palais, accès à la Sainte-Chapelle juste à gauche des grilles du Palais de justice. Avr-sept, tlj 9h-19h ; oct-mars, tlj 9h-17h ; fermeture des caisses 30 mn avt (pas d'accès lun-ven 13h-14h15). Fermé 1er janv, 1er mai et 25 déc. Entrée : 10 € ; réduc ; gratuit moins de 26 ans. Acheter un e-billet sur • ticket.monuments-nationaux.fr • donne* *droit à l'accès coupe-file. Audioguide : 3 €. Possibilité de billet jumelé avec la Conciergerie : 15 €. Billet triple : Sainte-Chapelle + Conciergerie + HistoPad : 20 €. Beaucoup de monde (moins quand il fait gris...) !*

Un joyau de l'architecture gothique rayonnante, malheureusement coincé entre les murs austères du Palais de justice. Que cela ne vous empêche pas d'apprécier ce témoignage inestimable et unique de l'art médiéval, édifié par Saint Louis pour y placer la ***Couronne d'épines*** et un fragment de la ***Vraie Croix.*** Ce gigantesque reliquaire, sans doute l'œuvre la plus parfaite du Moyen Âge, fut achevé en 1248. Louis IX, futur Saint Louis, dut marchander avec son cousin, l'empereur de Byzance, pendant 2 ans pour obtenir ces reliques, aujourd'hui à Notre-Dame. À visiter de préférence un jour de grand beau temps (et si possible le matin), quand le soleil illumine les vitraux, magnifiques depuis leur récente rénovation. Les voilà désormais parés pour affronter le XXIe s ! L'appli *Vitraux Sainte-Chapelle* vous permet de comprendre les... 1 113 vitraux du bâtiment !

SAINT LOUIS LE MAL NOMMÉ

Louis IX (oui, Saint Louis !) eut une attitude ignoble vis-à-vis des juifs. Il fit brûler des Talmuds sur la place de Grève (aujourd'hui place de l'Hôtel-de-Ville) et obligea les juifs à porter visiblement un signe distinctif, une rouelle (pièce d'étoffe ronde) jaune, sur leurs vêtements. La couleur, symbole de l'or, sera copiée par les nazis.

À l'extérieur, ***aucun arc-boutant*** ne vient consolider les murs, et les architectes sont unanimes pour affirmer que c'est une véritable prouesse technique.

La Sainte-Chapelle se compose de 2 chapelles superposées : le rez-de-chaussée, pour les habitants du Palais, et l'étage supérieur, dévolu au souverain, qui communiquait autrefois directement avec les appartements royaux par une galerie. La Sainte-Chapelle est aussi chapelle palatine. On ne pouvait y pénétrer que sur invitation du roi. Chaque Vendredi saint, celui-ci y présentait les reliques à ses hôtes, en habit de sacre.

La chapelle basse

Son plafond est bas car la hauteur sous voûtes correspondait au rez-de-chaussée du palais, réservé aux serviteurs. Elle servait de paroisse aux soldats et au personnel du palais. Le contraste est d'autant plus frappant quand on grimpe ensuite dans la partie haute. Au XIXe s, lors de la grande campagne de restauration, on lui restitua son décor peint du Moyen Âge, les inondations régulières ayant largement détérioré les fresques. Dans l'abside à gauche, la plus ancienne peinture murale de Paris, une fresque du XIIIe s figurant l'Annonciation. Sur les colonnes, alternance de fleurs de lys et de tours, armes de Blanche de Castille, la mère de Saint Louis. En grimpant l'escalier à vis, on monte vers la lumière...

La chapelle haute

Lieu de culte de la famille royale et reliquaire monumental censé évoquer la Jérusalem céleste, elle est éclairée par une extraordinaire série de vitraux hauts de 15 m (et larges de 4,50 m dans la nef !), que rythment des faisceaux de fines colonnettes. En tout, plus de 600 m^{2} de verrières ! Les proportions, admirables de justesse, lui donnent toute son harmonie. Tous les supports structurels ont été reportés à l'extérieur pour accentuer l'impression de légèreté. Ces grandes verrières, que sublime la moindre irruption de lumière, représentent plus de 1 000 scènes de l'Ancien et du Nouveau Testament. C'est le triomphe symbolique de la lumière sur les ténèbres. Pour en suivre la chronologie, commencez par la 1re verrière à gauche quand vous êtes dos à la rose. Les ***vitraux*** se lisent en commençant par le bas et de la gauche vers la droite, jusqu'au sommet. La tonalité des couleurs et la finesse du trait en font la plus ancienne et la plus belle bande dessinée qu'on connaisse : la Genèse, l'Exode, les rois d'Israël, la Passion du Christ au-dessus de l'autel où étaient présentées les reliques, et, lui faisant face à l'autre bout, dans la grande rose, plus tardive (XVe s et de style flamboyant), l'Apocalypse. Quant au roi Saint

Louis, il apparaît sur la façade sud comme l'égal des rois d'Israël. Une dimension christique pas si étonnante quand on sait qu'en 1248, date d'achèvement de la chapelle, le monarque s'apprêtait à partir en croisade. Noter les dominantes de bleu et de rouge, sur les verrières du XIIIe s, et observer l'organisation de la décoration : sur les soubassements, un décor végétal et terrien (chaque chapiteau de colonnette est orné de motifs végétaux différents), au-dessus, l'humain avec la vie des saints et des martyrs, puis, au plafond, la voûte céleste étoilée. Adossées aux retombées des voûtes, les statues des 12 apôtres, piliers de l'église. C'est en ressortant, dans la cour du Palais de justice, qu'on a la plus belle vue sur l'édifice.

Empruntons en face la rue de Lutèce, tournons à droite rue de la Cité, puis traversons pour déboucher sur la ***place du Parvis... Notre-Dame.*** Jetons un œil dessus, mais sans oublier que ce n'est pas le point de vue des bâtisseurs de la cathédrale, mais la vision du baron Haussmann qui, là encore – plus qu'ailleurs peut-être –, a détruit l'environnement d'un monument, constitué initialement d'un lacis de constructions anciennes.

ON IRA TOUS AU PARVIS

Pour faciliter la compréhension des lectures évangéliques, les bénédictins commencèrent à en mimer les scènes devant les cathédrales. Apogée de cette pratique très populaire : l'histoire du Salut des hommes où la façade de l'église représentait le Paradis, d'où le nom de « parvis » qui en découla pour désigner le lieu de ces rites.

N'hésitons pas à descendre les quelques marches qui mènent à la ***crypte archéologique de l'île de la Cité*** *(tlj sauf lun et j. fériés 10h-18h ; fermeture des caisses à 17h30 ; fermé 1er janv, 1er mai et 25 déc ; entrée : 9 €, tarif réduit 7 €, gratuit moins de 18 ans ; audioguide : 5 € ; visites guidées sam-dim à 16h 7 €, tarif réduit 5 € ; pas de toilettes).* On a la surprise de découvrir des traces superposées ou enchevêtrées de constructions civiles et religieuses aussi bien gallo-romaines que médiévales, exhumées lors du creusement d'un inévitable parking, heureusement mises en valeur. Il s'en dégage une émotion certaine à imaginer la vie dans cette rue Neuve-Notre-Dame du XIIe s... Une scénographie propose à la fois des images de synthèse interactives, un parcours sonore, ainsi que la mise en place de tablettes pour une meilleure lecture de l'ensemble. Très intéressant. Voir aussi le texte consacré à la crypte archéologique dans la balade n° 1.

Notre-Dame : *pl. du Parvis-Notre-Dame, pl. Jean-Paul-II, 75004. Rens : ☎ 01-42-34-56-10. • notredamedeparis.fr • Ⓜ Cité ou Saint-Michel ; RER B et C : Saint-Michel-Notre-Dame.* ***Attention, la cathédrale est actuellement fermée au public.***

Près de 2 siècles furent nécessaires à la construction de l'édifice. Au milieu du XIIe s, l'évêque de Paris, Maurice de Sully, décida de bâtir une prestigieuse cathédrale. À l'époque, de récentes découvertes architecturales permirent de faire entrer davantage de lumière dans les édifices ; c'est ce qu'on a appelé ***le gothique.*** Des architectes anonymes, puis Jean de Chelles et Pierre de Montreuil (celui de la Sainte-Chapelle) furent chargés de diriger les travaux. Vers 1340, l'édifice était achevé. On pense qu'alors la cathédrale était ***peinte à l'intérieur et à l'extérieur*** jusqu'au niveau des rois de Juda. Elle fut achevée (!) par Viollet-le-Duc au XIXe s, qui se

RIEN N'EST PARFAIT !

Si vous comptez les statues des saints à la base de la tour gauche, vous en trouverez 10. En revanche, en bas du clocher droit, on n'en compte que 9. Pourquoi, alors que cette façade est un chef-d'œuvre de symétrie ? Parce que, selon les bâtisseurs de cathédrales, rien n'est parfait sur terre. La perfection n'existe qu'au Ciel...

confond dans notre imaginaire avec la création d'Hugo (Victor) et notamment avec l'adaptation du roman, entre autres, par Jean Delannoy en 1956 : Quasimodo (incarné par Anthony Quinn) et Esmeralda (incarnée par Gina Lollobrigida), les tours, la cloche, le pilori pour les voleurs, mais aussi le droit d'asile pour les démunis et les proscrits... Notre-Dame, donc, point zéro des indications de kilométrages depuis Paris, et point de repère architectural de notre itinéraire !

Bien entendu, de nombreux événements ont rythmé sa longue histoire : parmi les plus marquants, l'arrivée de la Couronne d'épines en 1239 rapportée par Saint Louis, le procès en réhabilitation de Jeanne d'Arc, le mariage entre Marguerite de Valois et Henri de Navarre. Pendant la Révolution, les cloches furent fondues, et les rois de Juda sur la façade décapités (on a depuis retrouvé les têtes... ailleurs dans Paris). Les révolutionnaires les avaient pris pour... les rois de France ! Puis le sacre de Napoléon en 1804. Enfin, la messe de Libération en août 1944, au cours de laquelle le général de Gaulle – qui chanta, faux paraît-il, un *Magnificat* – échappa à son 1er attentat. Et la tragédie de l'***incendie du 15 avril 2019...***

Le 15 avril 2019 à 18h15, un incendie se déclare dans la « forêt », la charpente de l'édifice constituée de 1 300 arbres vieux de près de 7 siècles. Le feu se propage rapidement et atteint la flèche, culminant à 93 m, qui s'effondre, ainsi que le toit. Une centaine de pompiers interviennent toute la nuit ; l'incendie ne sera complètement maîtrisé que le lendemain vers 10h.

Les flammes laissent une cathédrale meurtrie et fragilisée. Heureusement, tours et vitraux sont miraculeusement intacts, à l'instar de la majorité des œuvres d'art et du trésor, courageusement sauvés par les soldats du feu.

Les travaux ont commencé dans la foulée : démontage des échafaudages et d'une partie des vitraux...

Empruntons la rue d'Arcole, tournons à droite dans la ***rue Chanoinesse*** (qui abrita les amours – coupables, forcément coupables – d'Héloïse et d'Abélard) et immédiatement à gauche dans la ***rue de la Colombe*** – signalons en passant, à la hauteur du ***n° 6*** de la rue, les traces d'un ancien dallage au sol de l'enceinte gallo-romaine de la Cité, découvertes en 1898. Ensuite, continuons à droite dans la ***rue des Ursins.*** Nous avons là une idée de ce qu'étaient les ruelles entourant la cathédrale. Une curiosité au bout de la rue des Ursins : la ***maison ancienne*** qui fait l'angle aux ***nos 1-3*** est une fausse demeure médiévale, un pastiche habilement reconstitué par l'architecte Fernand Pouillon à la fin des années 1950, avant d'être habitée par un « seigneur féodal » richissime, l'Aga Khan...

Poursuivons par la ***rue des Chantres,*** pour déboucher sur le square Jean-XXIII, d'où la vue mérite le coup d'œil, avant de traverser le ***pont de l'Archevêché*** et de rejoindre le quai de la Tournelle.

L'UNIVERSITÉ, RIVE GAUCHE

Le quai de la Tournelle doit son nom au château du même nom, qui complétait l'enceinte de Philippe Auguste. Empruntons, un peu plus loin sur le quai, la rue de Poissy. Au n° 18 est visible depuis la rue la grande nef du ***collège des Bernardins,*** datant du XIVe s ; celui-ci constitue aujourd'hui le plus vaste édifice civil médiéval de la capitale. L'ensemble a subi une grande campagne de rénovation. *Entrée au 20, rue de Poissy. ♿ Lun-sam 10h-18h. GRATUIT. Visite guidée tlj à 16h : 6 € ; tarif réduit : 3 €. Certains événements sont payants. Également un café-resto dans un cadre gothique absolument magnifique, idéal pour faire une pause (fermé w-e).*

Fondé par les cisterciens au XIIIe s, l'ancien collège a formé les moines européens pendant 4 siècles avant de devenir successivement une boucherie, un dépôt de sel puis... une caserne de pompiers (après le goupillon, la lance !).

Les architectes Wilmotte et Baptiste n'ont pas boudé les technologies modernes, lesquelles côtoient ainsi 7 siècles d'histoire en toute harmonie. Ce sont aujourd'hui 5 000 m² et de superbes volumes qui abritent une structure assez unique en son genre, un lieu d'échanges entre l'Église et la société, sur les grandes questions contemporaines ; interdisciplinarité, dialogues entre experts et théologiens, rencontres entre chercheurs, praticiens et artistes forgent sa singularité. La nef est aussi blanche et épurée qu'au Moyen Âge : rien ne devait distraire les moines. Riche programmation : conférences, débats, échanges culturels, formations, mais aussi tout un aspect artistique avec des expos ou des concerts, parfois dans le grand auditorium (superbe) sous les toits mais surtout dans la nef. Derrière le café, on accède à l'ancienne sacristie qui, malgré son style gothique flamboyant, a seulement servi d'habitation au lieutenant de l'ancienne caserne. Remarquez d'ailleurs la porte au plafond.

Tournons à gauche dans la rue des Écoles, après avoir jeté un œil à la très ancienne rue Saint-Victor (façade du nº 14 de la rue classée Monument historique). Sous le bureau de poste qui fait l'angle avec la ***rue du Cardinal-Lemoine*** se trouve l'***arche*** spectaculaire qui laissait passer le canal de la Bièvre à travers l'enceinte de Philippe Auguste (toujours elle, mais nous la retrouverons encore de place en place ; normal, elle faisait le tour de la cité, afin de la protéger). Il est possible de voir l'arche seulement le 1er mercredi de chaque mois avec un conférencier de l'Association pour la sauvegarde et la mise en valeur du Paris historique *(rdv à 14h30 dans le bureau de poste, 30 bis, rue du Cardinal-Lemoine ; GRATUIT).*

Entreprenons l'ascension de la montagne Sainte-Geneviève. Dans ce périmètre, de nombreux ***vestiges de l'enceinte de Philippe Auguste*** ont été conservés, pas toujours bien visibles, ni même accessibles (immeubles à code, jardins privatifs, « le mur du fond est du XIIIe s »...). En plus du morceau enchâssé dans la vilaine caserne de pompiers, au fond à droite dans la rue Jacques-Henri-Lartigue, les 2 portions les plus intéressantes se trouvent rue Clovis, entre le ***nº 3*** et le ***nº 5,*** et surtout dans la cour de l'HLM du ***nº 7,*** où le chemin de ronde est en parfait état (digicode : appuyer sur *P*).

Allez, on continue le long de la rue Clovis, pour dépasser le ***lycée Henri-IV*** et prendre du recul sur la place du Panthéon. De là, on peut voir, hélas seulement de l'extérieur, le clocher dit « tour de Clovis » (XIIe-XVe s), seul reste visible de l'ancienne et importante ***abbaye Sainte-Geneviève.***

Amorçons la descente par les rues de la Montagne-Sainte-Geneviève, Laplace, Valette et de Lanneau (toutes très anciennes), pour arriver dans la rue Jean-de-Beauvais. Traversons la rue des Écoles, descendons quelques marches. Nous voici, au nº 9 bis, devant la ***chapelle du collège de Dormans-Beauvais,*** fondé en 1370 et dont la façade a été remaniée sans élégance, mais qui a conservé sa flèche d'origine. Signalons que la chapelle appartient à la Roumanie et qu'elle est une des églises orthodoxes de Paris (accessible le dimanche matin ; forte odeur d'encens, comme dans les églises au Moyen Âge...).

SUJET S(L)AVONNEUX...

Jusqu'au Moyen Âge, les offices religieux orthodoxes étaient prononcés dans la langue locale du pays, contrairement aux catholiques qui utilisaient traditionnellement le latin comme langue universelle. L'Église orthodoxe eut donc l'idée de créer une langue codifiée, le slavon. Cette langue reconstituée, psalmodiée par les popes, pioche ses racines dans les langues slaves (bulgare, russe, slovaque...) de façon à ce que tout orthodoxe puisse non pas comprendre la langue, mais reconnaître certains mots-clés, et suivre l'office.

Poursuivons, de l'autre côté du boulevard Saint-Germain, par la rue des Anglais, du nom des étudiants de la « langue angloise » qui l'habitaient aux XIIIe et XIVe s, et tournons à gauche dans la ***rue Galande,*** ancienne voie romaine au tracé sinueux, qui doit son appellation à la propriété de Mathilde de Garlande et qui prit son nom... en 1202. Au ***n° 42,*** bas-relief du XIVe s représentant saint Julien l'Hospitalier, la plus vieille ***enseigne*** de Paris, dit-on. À l'arrière de l'***église Saint-Julien-le-Pauvre,*** justement, signalons la rue du Fouarre, qui tire son nom de la paille (*fouarre* en vieux français) sur laquelle s'asseyaient les *escholiers.* La présence de ribaudes et les désordres amenèrent les autorités, en 1358, à en fermer l'accès la nuit par des chaînes. L'église attenante, Saint-Julien donc, est l'une des plus anciennes de Paris (1160-1180). Bien qu'elle ait été en partie complétée et reconstruite, l'influence romane est encore nettement perceptible. Admirable décor sculpté, les chapiteaux de colonnes principalement. Puits du XIIe s. Une particularité : elle est aujourd'hui dédiée au rite gréco-catholique.

La ***rue du Petit-Pont*** et la ***rue Saint-Jacques,*** qui la prolonge, suivent le tracé de l'ancienne voie gallo-romaine. On peut dire d'elles qu'elles furent les 1res rues de Paris et les plus anciennes voies de circulation de la capitale, et même de Lutèce. Le boulevard Saint-Germain, qui les coupe, fut percé, ainsi que le boulevard Saint-Michel, sous Napoléon III.

PÉAGE AU PETIT PONT

Pendant tout le Moyen Âge, ce pont qui donnait accès à l'île de la Cité était payant. Une tradition permettait aux troubadours, jongleurs ou acrobates de le traverser gratuitement à condition de faire une démonstration de leur talent aux gens d'armes. Certains dompteurs utilisaient des singes. D'où l'expression « payer en monnaie de singe »... quand on ne paie pas.

Traversons maintenant la rue Saint-Jacques et contournons l'***église Saint-Séverin*** (*• saint-severin.com • ; lun-sam 11h-19h30, dim 9h-20h30 ; nombreux concerts*) par la rue du même nom et la rue des Prêtres-Saint-Séverin. Construite au XIIIe s, l'église fut agrandie et achevée tout au long des XIVe et XVe s, et constitue, malgré ses éléments disparates, un magnifique résumé de l'architecture gothique. Le clocher abrite l'une des plus vieilles cloches de Paris, la Macée, fondue en 1412. Sur le côté et dans la rue de la Parcheminerie (nom du XIVe s), ancien cimetière et restes des galeries (en partie reconstruites) qui abritaient les charniers (on y entassait les ossements extraits périodiquement des fosses communes, pour gagner de la place, mais aussi pour rappeler aux pécheurs qu'ils sont bien peu de chose...).

Remontons la rue Boutebrie (au XIVe s : rue des Enlumineurs) dans la continuité de la rue des Prêtres-Saint-Séverin, traversons le boulevard Saint-Germain (attention aux palefrois et autres carrioles) et contournons, après nous y être promenés et reposés, le jardin... médiéval, dont une partie (la forêt de la Licorne, la terrasse et ses 4 carrés) est fermée pour rénovation. En remontant la rue de Cluny, au n° 7, on peut voir un reste d'arcade de la ***chapelle des Mathurins*** (XIIIe s).

Tournons à droite et nous voici, au 6, place Paul-Painlevé, devant le ***musée national du... Moyen Âge*** (thermes et hôtel de Cluny). Pas de doute, nous sommes en plein dans notre sujet. À visiter, bien sûr. Signalons cependant que, si les thermes sont gallo-romains, l'hôtel des abbés de Cluny date, lui, de la fin du XVe s, mélange d'architecture défensive médiévale et d'élégante construction Renaissance. En effet, les abbés de Cluny en Bourgogne ont fait construire cette résidence dès le XIIIe s, mais l'abbé Jacques d'Amboise l'a fait reconstruire pour obtenir l'actuel hôtel de Cluny dans les années 1490. Dans la cour, très beau puits. À l'intérieur, un ensemble exceptionnel de sculptures, peintures, vitraux, pièces d'orfèvrerie, d'émaillerie ou d'ivoire, ainsi que des tapisseries, dont la célèbre *Dame à la licorne.* Toutes les œuvres proviennent de l'aire dite aujourd'hui « européenne ». Passionnant.
Plus de texte plus haut, dans la balade n° 1 « Paris gallo-romain »).

Après avoir longé le musée, traversons le ***boulevard Saint-Michel,*** qui a éventré d'un grand coup d'épée, d'un seul, le lacis de ruelles et venelles dont les tracés et les noms nous viennent tout droit des XIIe et XIIIe s : rue de la Harpe, rue Hautefeuille, rue de l'Hirondelle, rue Serpente... Par la rue de l'École-de-Médecine (autrefois rue des Cordèles), on arrive, au no 15, au réfectoire du grand ***couvent des Cordeliers*** (ne se visite pas). Commencé dans la 2de moitié du XIVe s, ce bâtiment ne fut achevé qu'au tout début du XVIe s. Le couvent – de l'ordre des Franciscains, auquel il appartenait – occupa une place prépondérante dans l'histoire, religieuse d'abord, mais surtout révolutionnaire, en abritant les séances du fameux club des Cordeliers (voir la balade no 7 « La Révolution française au Quartier latin »).

Poursuivons dans la rue de l'École-de-Médecine, retraversons le boulevard Saint-Germain et pénétrons plus à gauche dans la ***cour du Commerce-Saint-André.*** Au no 4, dans les locaux du salon de thé *Un Dimanche à Paris,* nous retrouvons, sérieusement restaurée, une tour de notre bonne vieille enceinte de Philippe Auguste. Celle-ci avait 2 portes, l'une côté campagne donc, l'autre côté ville, aujourd'hui dans la délicieuse cour de Rohan, attenante, malheureusement fermée dorénavant par un digicode. Des chambres – circulaires, bien évidemment – y ont même été aménagées.

Quittons le passage, suivons la rue André-Mazet, ancienne rue de la Contrescarpe, tournons à droite rue Dauphine, et glissons-nous dans le charmant, bien que très rénové, ***passage Dauphine.*** Dans les différents bâtiments, encastrés, subsistent des ***vestiges de l'enceinte de Philippe Auguste.*** Les plus accessibles – les plus spectaculaires aussi –, bien que l'endroit soit tout sauf propice à la promenade, sont situés dans le parking (niveau 1) à gauche ***rue Mazarine,*** ancienne rue des Fossés-de-Nesle. Continuons dans la rue Mazarine, où une nouvelle tour de l'enceinte a été découverte dans l'Institut de France, puis à droite dans la rue de Buci, la rue Bourbon-le-Château, la rue de l'Abbaye, et abordons le territoire de l'***abbaye de Saint-Germain-des-Prés.*** Pour l'essentiel construite entre les Xe et XIIe s, elle était alors pourvue de 2 autres tours, arasées au XIXe. Du XIIe subsistent la grande tour et le chœur, mais on n'a aujourd'hui qu'une faible idée de l'étendue de son domaine, délimité, dans sa partie bâtie, par des fossés mis en eau (située hors les murs, l'abbaye devait assurer sa propre défense). Quelques vestiges visibles de la chapelle de la Vierge dans le petit square archéologique, au coin de la place. Après la visite de l'église, fin de la balade.

Fin de la balade

Retour par le ***métro,*** station... ***Saint-Germain-des-Prés.***

Où manger ? Où déguster une glace ?

Important ! Voir aussi les adresses sélectionnées :
– pour la balade no 1 « Le Paris gallo-romain » : ***Odette*** *(plan,* ***6****)* ;
– pour la balade no 24 « Mai 68 au Quartier latin » : ***Le Reflet*** *(plan,* ***7****).*

Sur le pouce ou sur un plateau

L'Avant Comptoir et L'Avant Comptoir de la Mer *(plan,* ***1****)* **:** *3, carrefour de l'Odéon, 75006. ☎ 01-44-27-07-97 ou 01-42-38-47-55. Ⓜ Odéon. Tlj 12h-22h30 (dernière commande). Hors-d'œuvre, tapas, pintxos chauds ou froids : compter env 15-20 €, un peu plus au* Comptoir de la Mer. Yves Camdeborde a ouvert ces 2 lieux gourmets et atypiques, accolés à son *Comptoir,* véritables repaires de gourmands qui s'y pressent à toute heure. 2 zincs, 2 couloirs, où l'on joue des coudes pour commander son verre, attraper son assiette. Le concept est le même : pas de table, pas de chaise, ni même de tabouret ! Et la même impression de se trouver dans le métro à l'heure de pointe, un jour de grève... Mais qu'on se rassure, nul besoin d'arborer une carrure de rugbyman pour défendre son bout de gras. Ici, tout se passe dans la joie et la bonne humeur. D'un côté, des saveurs marines, de l'autre, des saveurs plus cochonnes (en fait, des saveurs mêlées, comme souvent au Pays basque). Dans les 2 cas, les meilleurs pains, beurres, huîtres, charcuteries, vins, en provenance des meilleurs artisans, des meilleurs fournisseurs. Et autant de bouchées parfaites, à partager, à multiplier. Bon sang ne saurait mentir !

À l'italienne

Cosi (*plan*, **2**) **:** *54, rue de Seine, 75006. ☎ 01-46-33-35-36. • cosi@wanadoo.fr • Ⓜ Mabillon. Tlj 12h-23h. Sandwichs 6,50-9 €, salades 8,50-10 € ; menus salade ou sandwich + boisson + dessert 10,50-13,50 €.* Cadre et musique de circonstance très *cosi (fan tutte),* pour soigner l'entrée en scène de la diva des lieux. Le pain sort du four sous vos yeux. Plusieurs formules, du « Naked Willi », à base de ricotta et légumes rôtis, à la « Perfide Albion », qui s'accommode naturellement de rosbif, tomates confites à la coriandre et oignons rôtis. Également les traditionnels crumbles et tiramisù. Le tout à déguster au 1er étage ou à emporter. Vin au verre et thés de qualité.

Au goûter

Shakespeare & Co Café (*plan*, **3**) **:** *37, rue de la Bûcherie, 75005. ☎ 01-43-25-95-95. Ⓜ Saint-Michel. Tlj 10h-19h.* C'est le café littéraire de la mythique librairie *Shakespeare & Company* en plein cœur du Quartier latin ! Au programme, du café torréfié dans le 18e *(Café Lomi),* du thé pour s'accorder un *afternoon tea* digne de ce nom, de savoureux bagels et des pâtisseries version *US* de chez *Bob's Bake Shop...* Une excellente adresse, doublée d'une agréable terrasse au calme, dans un coin qui en manque cruellement. Ne ratez surtout pas la librairie attenante, qui fait partie de l'histoire littéraire parisienne...

L'Enclos de Ninon – Sugarplum Cake Shop (*plan*, **4**) **:** *66-68, rue du Cardinal-Lemoine, 75005. ☎ 01-46-34-07-43. Ⓜ Cardinal-Lemoine ou Place-Monge. Tlj sauf lun 10h-20h (19h dim). Thés bio et cafés 2,50-6 € ; gâteaux 3-5 €.* L'une des belles terrasses du coin, au calme, pour un p'tit déj, un brunch ou une pause 4-heures gourmande : *cream cake, pecan pie,* brownies au beurre de cacahuètes et autres pâtisseries maison originales. On ajoute un *chaï* ou un jus de fruits pressés pour faire glisser le tout. Le top ! Accueil chaleureux et atmosphère conviviale.

Une petite glace

Grom (*plan*, **5**) **:** *81, rue de Seine, 75006. ☎ 01-40-46-92-60. • parigiseine@grom.it • Ⓜ Odéon. Tlj 12h-23h30 (0h30 ven-sam). Pots et cornets 3,70 € (2 parfums)-7,70 €.* Si vous aimez les *gelati,* rendez-vous chez *Grom,* le célèbre glacier de Turin, membre du mouvement *Slow Food* et adepte des produits bio de qualité. Parfums savoureux et texture parfaite. Difficile d'ailleurs de choisir parmi les différentes crèmes glacées, les sorbets ou les granités... tout est bon ! Essayez donc la *pistacchio* ou la *gianduja* (noisette et chocolat) et savourez-les en terrasse (au même prix qu'à emporter) ! Également des *pangelato* (brioche garnie de glace) et des chocolats chauds en hiver.

LE PARIS MÉDIÉVAL : RIVE DROITE

• Plan *p. 54-55*

BALADE N° 3 : 7 km – 4h

– Pour se resituer dans le contexte, ne pas hésiter à se reporter à la rubrique « Un peu d'histoire » de la balade n° 2 (« Le Paris médiéval : île de la Cité et rive gauche »).

Départ

➢ *Retrouvons-nous à la sortie du* ***métro Châtelet,*** *pl. du Châtelet.*

À voir

La ***place du Châtelet*** doit son nom au petit château fort en pierre qui assurait la défense du Grand-Pont (actuel pont au Change) et contrôlait l'accès à la Cité. Ici, rien ne rappelle la sinistre prison du Châtelet, avec ses tours et ses cachots, rasée au XIXe s, à l'emplacement du théâtre du même nom (on peut voir le plan sur la façade de l'immeuble de la Chambre des notaires). Ni la Grande Boucherie, le plus ancien marché de la rive droite, animé comme son nom l'indique par la puissante corporation des bouchers (très craints avec leurs grands couteaux !). Elle contribua au rayonnement de l'église Saint-Jacques-de-la-Boucherie, dont il ne reste aujourd'hui que le clocher, la ***tour Saint-Jacques***. Pour la voir, prenons l'avenue Victoria à droite. Sa façade, témoin des derniers feux du style gothique, au tout début de la Renaissance, a été magnifiquement rénovée. Superbes statues de saints. Devenue orpheline à la suite de la destruction de l'église paroissiale, après la Révolution, la tour fut réquisitionnée à des fins scientifiques pour servir notamment d'observatoire météorologique ! Récemment rénovée, elle ne manque pas d'allure. *À nouveau accessible l'été, interdit aux moins de 10 ans (juin-oct, sam-dim 10h-17h – 1re et dernière visite – et parfois ven ; 12 €, réduc ; rens : ☎ 01-83-96-15-05), mais beaucoup d'amateurs et peu d'élus ! On achète son billet sur le site • desmotsetdesarts.com/offres/visites-guidees-paris/visite-de-la-tour-saint-jacques •* Après avoir gravi 300 marches, on découvre une bien belle vue sur la capitale.

Remontons, par les rues de la Tacherie (rue de la Juiverie en 1261) et Saint-Bon, jusqu'à la rue de la Verrerie (ainsi nommée dès le XIIe s, voir le nom gravé dans la pierre de l'immeuble du n° 78) et l'***église Saint-Merri*** *(entrée par le 78, rue Saint-Martin et par le 76, rue de la Verrerie. Tlj 12h-19h ; 9h30-19h dim. La crypte se visite ts les 1er et 3e dim du mois, sauf en août ; voir aussi plus loin la balade n° 5).* Construite en pleine Renaissance (entre 1510 et 1610), elle accuse néanmoins tous les traits de l'architecture gothique flamboyant et mérite de figurer dans notre parcours. Ici, pas de grand-place devant l'église, les maisons sont blotties tout autour, voire tout contre, comme cet immeuble qui recouvre le bas-côté sur la droite de la façade. Ainsi était Paris au Moyen Âge. Après l'avoir visitée, bien sûr, quittons-la par la rue des Lombards, ainsi nommée dès 1322 en raison de ses nombreux habitants banquiers et autres usuriers originaires de ce qui n'était pas encore l'Italie. Empruntons à gauche, sur quelques mètres seulement, la rue Saint-Denis, ancienne voie royale par excellence, par laquelle les souverains faisaient leur entrée triomphale à Paris après leur couronnement (et aussi celle qu'ils empruntaient pour être inhumés à la basilique Saint-Denis). Tournons tout de suite à droite rue Courtalon et à gauche rue des Lavandières-Sainte-Opportune, habitée, elle, dès 1244, par de simples... lavandières.

L'église Saint-Germain-l'Auxerrois : tournons à droite et, par les vieilles rues Jean-Lantier, Bertin-Poirée à gauche, Saint-Germain-l'Auxerrois à droite, Bourdonnais à gauche, puis le quai de la Mégisserie (traverser prudemment les rues du Pont-Neuf et de la Monnaie), enfin, place de l'École à droite, de l'Arbre-Sec et des Prêtres-Saint-Germain-l'Auxerrois à gauche, nous arrivons sur le parvis de l'église du même nom. Bien que complétée plus tardivement, elle date principalement des XIIe et XVe s. Signalons que ses cloches donnèrent le signal du début des massacres de la Saint-Barthélemy, le 24 août 1572... Le beffroi attenant, lui, est un pastiche du XIXe s, tout comme la mairie.
Les célébrations et activités de Notre-Dame y sont désormais délocalisées, et ce, jusqu'à la fin de la restauration de la cathédrale. De même, on peut y découvrir provisoirement des pièces de la salle du trésor de Notre-Dame : la Couronne d'épines, exposée le 1er vendredi de chaque mois, un anneau de jonc tressé de 21 cm de diamètre, protégé par un cylindre de cristal et d'or ; le joyau le plus précieux de Notre-Dame.

Le Louvre médiéval : nous arrivons maintenant à proximité du château royal, le Louvre médiéval, construit en 1189 par Philippe Auguste comme ouvrage de défense, extérieur à son enceinte, agrandi et agrémenté par Charles V ; ses spectaculaires vestiges, parfaitement conservés et superbement mis en valeur à l'occasion de l'aménagement du Grand Louvre, impressionnent et émeuvent. L'accès nécessite l'achat d'un billet, aux jours et heures d'ouverture habituels du musée *(tlj sauf mar et certains j. fériés 9h-18h ; pour des infos précises relatives aux éventuelles nocturnes – pas confirmées à l'heure où nous bouclons ce guide – consulter • louvre.fr/horaires-tarifs-acces • ; fermeture des caisses à 17h45, évacuation des salles 30 mn avt la fermeture ; entrée : 17 €, billet valable tte la journée mais tte sortie de la pyramide est définitive ; sous la pyramide, possibilité d'accéder une fois à chaque entrée – 3 entrées tolérées + expo ; accès gratuit aux collections permanentes pour les moins de 26 ans, les pers handicapées, les chômeurs... et pour ts le 14 juil).* À défaut, il est possible de voir (gratuitement) des vestiges importants de l'escarpe et de la contrescarpe (défenses) de l'enceinte construite par Charles V pour étendre les limites de la ville. Pour cela, descendons vers la galerie commerciale du Carrousel du Louvre par les escalators, à droite de l'***arc de triomphe du Carrousel.***

Revenons sur nos pas pour rejoindre, après avoir traversé le pavillon de Rohan, la rue Saint-Honoré, au tracé fort ancien. Au n° 161, marquant l'emplacement de la porte Saint-Honoré, dite « porte des Aveugles », un médaillon commémore la blessure que Jeanne d'Arc se fit en 1429 en tentant de prendre cette enceinte d'assaut. Tournons ensuite à gauche, dans la rue Jean-Jacques-Rousseau, qui longe l'emplacement extérieur de... l'***enceinte de Philippe Auguste,*** dont nous trouverons une empreinte en creux (parement intérieur d'une tour), immédiatement à droite,

FAIRE LA PIROUETTE

Au Moyen Âge, un pilori se tenait rue Pirouette (aujourd'hui disparue), à l'angle de la rue Rambuteau. Attachés, les condamnés étaient retournés toutes les demi-heures, sous les crachats du public. La torture n'existe heureusement plus mais l'expression est restée.

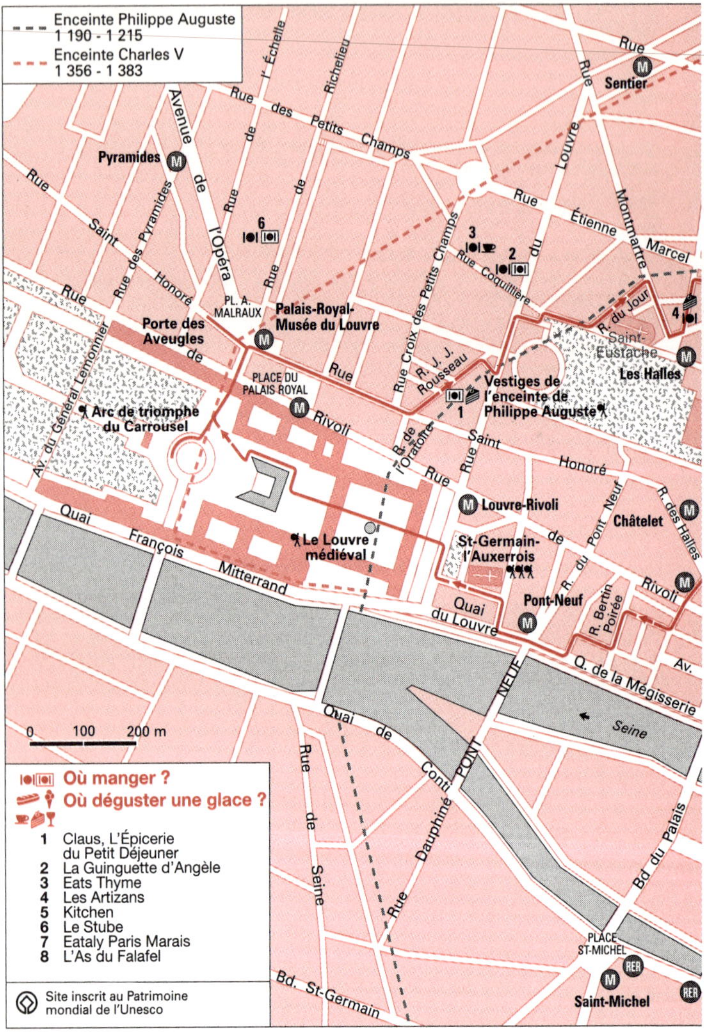

entre la rue Jean-Jacques-Rousseau et le n° 9 de la rue du Louvre. Poursuivons jusqu'à la rue Coquillière, du nom d'un riche bourgeois du XIIIe s, et la rue du Jour (ancienne rue du Séjour – champêtre – du roi Charles V), qui suit l'ancien chemin de ronde intérieur du rempart. À droite, la rue Montmartre (déjà ainsi nommée en 1200), à gauche, la rue Montorgueil (on croise la rue Mauconseil à droite, dont les tracés remontent au XIIIe s), et enfin la rue Française. Nous arrivons à la tour Jean-sans-Peur, au n° 20 de la rue Étienne-Marcel.

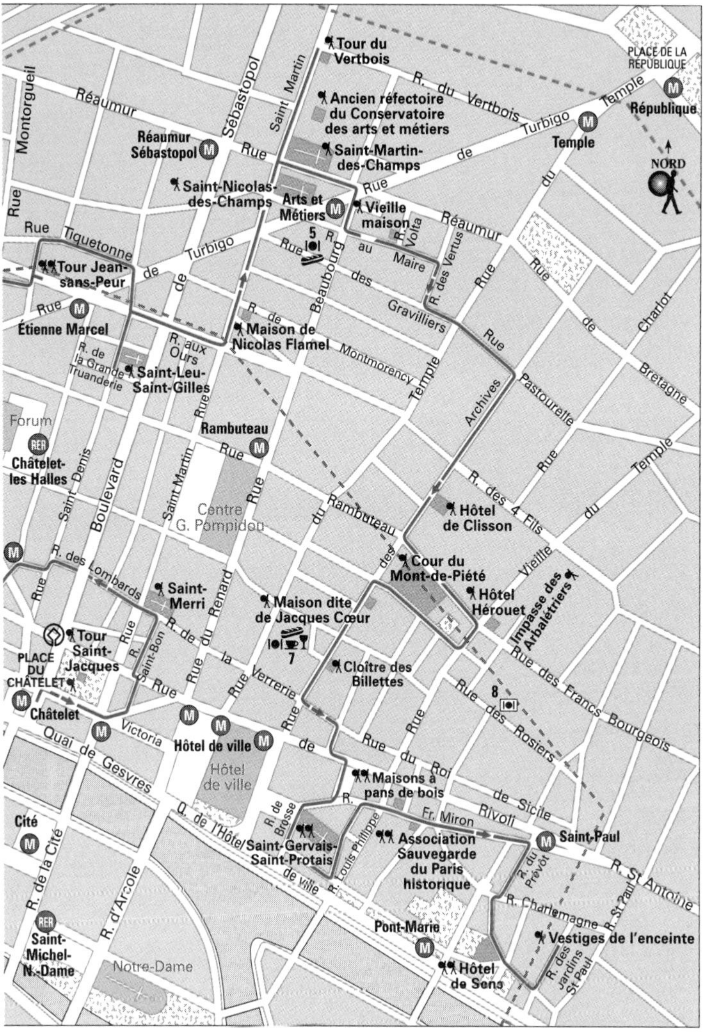

LE PARIS MÉDIÉVAL : RIVE DROITE

La tour Jean-sans-Peur : *20, rue Étienne-Marcel, 75002. Mer-dim 13h30-18h. Visite libre : 6 € ; 4 € sur présentation de ce guide. Visite guidée le w-e à 15h (5 pers min ou sur rdv) : 10 €. Parcours-jeux pour les enfants.*
Construite en 1411, elle est à 2 titres une rareté : un vestige du Paris féodal civil et un exemple parisien d'architecture médiévale fortifiée. Elle représente, surtout, le dernier témoignage de l'hôtel de Bourgogne, autrefois adossé à la muraille de Philippe Auguste. Elle aurait servi à la protection du duc de Bourgogne (Jean sans

Peur, mais pas très téméraire) de part et d'autre de la muraille de Philippe Auguste après qu'il eut fait assassiner son cousin, le duc d'Orléans, allié aux Armagnacs et prétendant au trône. Son bel escalier à vis, terminé par une voûte d'ogive sculptée de motifs végétaux unique en France, dessert les chambres hautes, dont une restituée dans son état originel et dans laquelle on trouve les plus vieilles latrines parisiennes (adossées à une cheminée, donc chauffées !).
Dans les étages, jusque sous la charpente, parcours muséographique sur l'histoire, l'architecture et la vie quotidienne au début du XVe s. Visite instructive, agrémentée de panneaux explicatifs sur le contexte historique. Au rez-de-chaussée et au sous-sol, bonnes expos temporaires sur la vie au Moyen Âge.

Bon, reprenons le fil de la balade par la toute petite rue Française ; à droite, la rue Tiquetonne, habitée dès 1292 par un boulanger nommé... Quiquetonne, et qui suit le tracé extérieur du rempart. Nous retrouvons la rue Saint-Denis, que nous redescendons jusqu'au n° 92, où se trouve depuis 1320 (avec restaurations du XIXe s cependant, comme le chœur de Baltard) l'***église Saint-Leu-Saint-Gilles.*** Quelques mètres plus loin, la rue Saint-Denis croise celle de la Grande-Truanderie. Ça ne s'invente pas ! Le nom ne date pas d'hier : il a un rapport avec la fameuse cour des Miracles, celle où, le soir venu, les « aveugles » voyaient, les « paralytiques » marchaient, les « muets » parlaient, et où chaque jour se renouvelait son lot de « miracles »...

Revenons sur nos pas et tournons à droite rue Étienne-Marcel, qui se prolonge en rue aux Ours. Son tracé date du Moyen Âge, et son nom vient en fait des oies (*oues* en vieux français) que l'on y faisait rôtir. Prenons à gauche la rue Saint-Martin, très vieil axe qui prolonge celui formé par la rue Saint-Jacques et dont le nom provient du prieuré de Saint-Martin-des-Champs. Dans la 1re rue à droite, celle de Montmorency, au n° 51, se trouve la ***maison du riche alchimiste Nicolas Flamel,*** longtemps considérée comme la plus ancienne maison de Paris (1407). En fait, la plus vieille maison de Paris a été récemment découverte lors de travaux effectués au 11, rue du Renard, près de l'Hôtel de Ville ; elle daterait du XIIIe s (malheureusement, pas visible de la rue). La maison de Nicolas Flamel comprenait une boutique au rez-de-chaussée, et le maître des lieux, aidé de sa femme Dame Pernelle, recueillait gratuitement dans les étages les sans-logis du quartier, en échange d'une prière pour les trépassés. Comme en témoigne d'ailleurs l'étonnante inscription en vieux français qui court sur la façade au décor intact.

QUAND LA FICTION REJOINT LA RÉALITÉ

Le nom de Nicolas Flamel évoquera sans doute quelque chose aux lecteurs de Harry Potter *: dans le roman, il est l'ami du professeur Dumbledore et il détient le secret de fabrication de la pierre philosophale, qui permet de changer les métaux vils, comme le plomb, en or.*

Revenons rue Saint-Martin, au n° 254, où nous rencontrons tout d'abord l'***église Saint-Nicolas-des-Champs,*** fondée au XIIe s mais entièrement reconstruite au XVe et agrandie ultérieurement. Entourée de maisons campagnardes, elle était la paroisse des paysans et des serviteurs du prieuré.

Le prieuré de Saint-Martin-des-Champs : le domaine était ceint d'un mur défensif (nous sommes hors du rempart) avec ***tours*** d'angle. Il en reste aujourd'hui deux, dont une, plus loin, à l'angle de la ***rue du Vertbois,*** est restée célèbre grâce à Victor Hugo, qui, suivant le vœu des « antiquaires parisiens », sut empêcher sa démolition par un propos bien senti : « Démolir la tour ? Non. Démolir l'architecte ? Oui. [...] Sur pied la tour. À terre l'architecte ! » Bravo, Victor ! Que n'étais-tu là lors de la démolition des Halles...

Revenons sur nos pas et pénétrons dans le ***Conservatoire national des arts et métiers*** : *tlj sauf lun 10h-18h (21h ven). Fermé 1er janv, 1er mai et 25 déc. Entrée collections permanentes : 8 € ; tarif réduit : 5,50 € (notamment sur présentation de ce guide) ; gratuit moins de 26 ans et ven 18h-21h, ainsi que le 1er dim du mois. Audioguide : 5 € (4 parcours différents selon temps disponible, dont parcours enfants et « parcours rapide » de 30 objets phares). Visites guidées gratuites : tlj à 14h45 pour tt public (un focus de 1h30 sur certains objets), dim à 11h pour les familles (parcours réduit de 1h). Café sur place.* À droite, depuis la cour, on peut apercevoir l'***ancien réfectoire,*** chef-d'œuvre absolu de l'architecture au temps de Saint Louis, édifié entre 1230 et 1240 probablement par Pierre de Montreuil, l'architecte de la Sainte-Chapelle, et qui a conservé son unité. Il abrite la bibliothèque du CNAM, avec ses 2 nefs voûtées, soutenues par 7 colonnes d'une finesse quasi céleste (malheureusement pas visibles du public). Ressortons et, en empruntant la rue Réaumur, jetons un œil sur l'***église de Saint-Martin-des-Champs*** des XIIe-XIIIe s, de style roman mais avec des ogives de style gothique à l'intérieur. Restaurées au XIXe s, puis lors de la rénovation du musée des Arts et Métiers, les peintures de la nef sont spectaculaires. C'est dans la collégiale que l'on peut voir, entre autres, au centre du chœur, le célèbre pendule de Foucault.

Descendons la rue Beaubourg et tournons à gauche dans la vieille rue au Maire (qui date de 1280 et qui doit son nom au bailli du domaine rural du prieuré), et encore à gauche dans la ***rue Volta.*** Au n° 3 se trouve la maison qui passa longtemps pour ***la plus vieille maison de Paris.*** En fait, malgré ses colombages, elle date de 1644, donc bien après celles de la rue de Montmorency et de la rue du Renard. Dommage, on aurait pu s'y laisser prendre... Allez, on reprend la rue au Maire, la rue des Vertus (habitée en son temps, est-il besoin de le préciser, par « moult ribaudes, filles de joye et autres femmes folieuses de leur corps... »), les rues des Gravilliers (1250), Pastourelle (1330) – après avoir traversé la rue du Temple – et des Archives (à cet endroit, ancienne rue de la Porte-du-Chaume), où nous tournons à droite. Au n° 58, portail, encastré, de l'ancien ***hôtel de Clisson*** (vers 1380). Le connétable Olivier de Clisson était le compagnon d'armes de Du Guesclin, qui réprima avec férocité (en 1383) la révolte populaire des Maillotins (ainsi appelés à cause des maillets dont ils s'étaient armés). La lutte des classes, quoi !

Continuons notre chemin, et tournons à gauche dans la ***rue des Francs-Bourgeois*** (ainsi appelée en raison de la présence d'une « maison d'aumône » ouverte aux pauvres exempts de taxes, en 1334). Réservée aux piétons le dimanche. Au n° 55, dans la ***cour de droite du Mont-de-Piété*** *(lun-sam 9h-18h)* – du *Crédit municipal* aujourd'hui –, on peut voir le tracé au sol et le vestige d'une tour de notre bonne vieille enceinte curieusement surmonté d'une tour en brique au XIXe s. Plus loin, au n° 42, nous pouvons admirer l'élégante tour d'angle de l'***hôtel Hérouet*** (construit vers 1500), qui abrite aujourd'hui une boutique de mode très courue *(Zadig et Voltaire).* Si nous poussons jusqu'au n° 38, n'hésitons pas à jeter un œil à l'ancienne ***impasse des Arbalétriers,*** qui conduisait, hors de l'enceinte, au terrain d'exercice de ceux-ci, au pied de la muraille de Philippe Auguste. Bien étroite, façades à encorbellement, atmosphère médiévale à souhait. C'est là que fut assassiné le duc d'Orléans, le 23 novembre 1407, sur l'ordre probable de Jean sans Peur (voir la balade n° 17 « Le Paris criminel, glauque et morbide : du Louvre au Marais »). Prenons garde, on n'est jamais trop prudent...

Par la rue Vieille-du-Temple (ainsi nommée dès 1270 en raison de la proximité du 1er établissement des templiers, actuelle rue de Lobau) et, à droite, par la rue des Blancs-Manteaux (du nom des moines mendiants qui y furent installés par Saint Louis en 1258), retrouvons la rue des Archives. Au n° 40, ***maison dite « de Jacques Cœur »,*** érigée vers 1440 (donc l'une des plus anciennes de Paris), étonnante en raison de sa construction, peu usuelle pour l'époque, en brique et pierre. Lors d'un ravalement, on découvrit avec étonnement que sous l'enduit qui la recouvrait complètement se cachait un ensemble de briques rouges, briques noires en losanges, traces de moulures et fenêtres à meneaux. Cela permit de dater la maison du XVe s et d'en trouver le propriétaire : Jacques Cœur, grand argentier du roi Charles VII, ou son fils. Elle abrite aujourd'hui une école maternelle. Plus bas dans la rue, aux n°s 22-26, le ***cloître des Billettes,*** le seul conservé intact à Paris, achevé en 1427, avec de belles arcades à voûtes d'ogives. Il n'est pas inutile de rappeler qu'il a été construit au-dessus d'une « chapelle expiatoire », érigée en réparation d'une profanation d'hostie prétendument commise par le juif Jonathas à la fin du XIIIe s – de l'hostie aurait coulé du sang, elle aurait refusé de brûler, et même de bouillir dans de l'eau, changée en sang. Le pauvre, lui, ne refusa pas de brûler dans « l'île aux Juifs » (à l'emplacement actuel du square du Vert-Galant) : on y voyait mieux les bûchers des 2 côtés de la Seine ! Philippe le Bel, quant à lui, confisqua les biens et la maison : toujours ça de pris... et y installa les frères hospitaliers de la Charité Notre-Dame (également appelés billettes), pour assurer les services. L'église devint un lieu de pèlerinage très important.

🚶🚶 Allez, on continue ! À gauche, rue de la Verrerie ; à droite, rue des Mauvais-Garçons (ancienne rue Chartron en 1300, mais surtout peuplée de « mauvaises » filles) ; traversée, périlleuse, de la rue de Rivoli, place Baudoyer ; à droite, début de la rue François-Miron (en 1300, rue du Cimetière-Saint-Gervais) ; à gauche, place Saint-Gervais, puis rue de Brosse ; à gauche, rue de l'Hôtel-de-Ville (ancienne rue de la Mortellerie au XIIIe s, c'est-à-dire des maçons et autres gâcheurs de mortier). À gauche, dans la rue des Barres (nom attesté en 1152, peut-être à cause d'une barrière de la vieille enceinte), point de vue fort intéressant sur l'***église Saint-Gervais-Saint-Protais,*** commencée au XVe s (une partie du clocher notamment) mais achevée au XVIIe. Au 12, rue des Barres, la maison à pans de bois abrite la *MIJE* – une vraie aubaine pour les jeunes voyageurs, de trouver une chambre ici !

🚶🚶 En remontant la rue des Barres, nous retournons dans la ***rue François-Miron,*** où, aux n°s 11-13, à l'angle de la rue Cloche-Perce (datant de 1250 mais dont le nom est plus tardif – *perce* (perse) signifiant « bleue »), nous apercevons 2 anciennes ***maisons à pans de bois,*** probablement du XVIe s. De nombreuses fois remaniées et restaurées, ces maisons évoquent à bon droit le Paris médiéval que nous arpentons... Au n° 44 de la même rue, nous n'hésiterons pas à entrer dans les locaux de l'***Association pour la sauvegarde et la mise en valeur du Paris historique,*** où se trouve, accessible au public *(lun-ven 11h-18h, sam 11h-19h, dim 14h-19h),* une cave dont la voûte en ogive repose sur 6 colonnes. Attention, l'escalier est raide ! Construite au XIIIe s, elle servait de cellier à la maison de ville de l'abbaye d'Ourscamp, près de Noyon, dans l'Oise. Ne pas hésiter à demander à voir la cour Renaissance à pans de bois, très bien restaurée par l'association. Empruntons, plus loin sur la droite, la rue du Prévôt (ancienne rue Percée au XIIIe s) et la rue du Figuier (au nom et au tracé aussi anciens) ; voir les 2 figuiers, au bout de la rue, dans la cour du bâtiment administratif de la mairie de Paris. On aperçoit, au n° 1, l'hôtel des archevêques de Sens.

🚶🚶 ***L'hôtel de Sens :*** construit essentiellement de 1500 à 1507, donc au début de la Renaissance, mais sa structure, mi-civile, mi-militaire, et son style en partie encore gothique l'inscrivent sans conteste dans le paysage médiéval de la capitale. Il abrite la bibliothèque Forney, spécialisée dans l'art en général, et dans les métiers d'art et les arts graphiques en particulier (expos thématiques).

🚶 Par la rue de l'Ave-Maria, nous rejoignons la rue des Jardins-Saint-Paul, où se trouve, à l'intérieur du terrain de sport des Jardins-Saint-Paul, la partie la plus visible, la plus importante et aussi la plus intéressante de l'***enceinte de Philippe Auguste,*** avec ses 2 tours, dont celle de la rue Charlemagne (ancienne rue des Poulies-Saint-Paul au XIIIe s), qui défendait la poterne Saint-Paul.

Fin de la balade

Ici s'achève notre itinéraire. Retour par le ***métro Saint-Paul*** ou ***Sully-Morland,*** près duquel, plus précisément dans le square Henri-Galli, nous pouvons voir un vestige, déplacé, de l'une des tours du château qui défendait la partie orientale de l'enceinte de Charles V, dite « tour de la Liberté » (celle où fut enfermé le marquis de Sade). La ***bastille Saint-Antoine*** – plus connue ultérieurement sous l'appellation de Bastille – devait faire une entrée fracassante dans l'Histoire, mais c'est une autre... histoire, une autre balade aussi...

Où manger ?

Important ! Voir aussi l'adresse sélectionnée pour la balade nº 10 « Le Paris égyptien » : ***L'As du Falafel*** *(plan, **8**).*

À table, sur un plateau, sur le pouce ou au goûter

Claus, L'Épicerie du Petit Déjeuner *(plan, **1**)* **:** *14-15, rue Jean-Jacques-Rousseau, 75001. ☎ 01-42-33-55-10. • contact@clausparis.com • Ⓜ Louvre-Rivoli. Lun-ven 8h-17h, w-e et j. fériés 9h30-17h. Résa fortement conseillée, surtout pour le brunch sam. Formules 14-25 €.* D'un côté de la rue, une adorable épicerie fine-pâtisserie avec de superbes produits à emporter : soupes, sandwichs, gâteaux et autres victuailles. De l'autre, un petit salon de thé ouvert en continu avec petite restauration le midi. Déco vraiment sympa, avec, à l'étage, un petit salon très cosy et des banquettes confortables que l'on peine à quitter ! Les pâtisseries sont extra.

La Guinguette d'Angèle *(plan, **2**)* **:** *34, rue Coquillière, 75001. Pas de tél. Ⓜ Les Halles, Louvre-Rivoli ou Palais-Royal-Musée-du-Louvre. Tlj sauf sam-dim 11h30-15h. Congés : août. Lunch box ou plat chaud 7 €.* Cette petite échoppe à la devanture champêtre, ouverte sur la rue, ne propose que de la vente à emporter... Cela limite l'expérience aux beaux jours (le jardin des Halles est à 2 enjambées), à moins de rentrer avec son panier garni chez soi ou à l'hôtel ! Sur l'ardoise, les propositions variées changent tous les jours : plats, soupes et *lunch box* à base de super aliments, desserts végans ou pas (tartes, crèmes et généreux cookies), jus et smoothies détox (préparés à l'avance, c'est moins top). Un bain de verdure et de fraîcheur revigorant.

Eats Thyme *(plan, **3**)* **:** *44, rue Coquillière, 75001. ☎ 01-42-33-21-15. • contact@eatsthyme.com • Ⓜ Palais-Royal ou Sentier. Lun-sam 8h30-23h, dim 10h-16h. Formule déj 13 € ; repas env 15 € ; brunch dim.* Carla, après une carrière dans la finance, s'est reconvertie en restauratrice hors pair en mettant à l'honneur la cuisine de son pays. Moult *mezze* libanais (houmous, *moudardara,* falafel) aux douces saveurs épicées. Spécialité de la maison : la *mann'oushe,* sorte de pizza libanaise à base de farine bio, déclinée en plusieurs versions. Accueil attentionné. Longue vie à cette enclave libanaise drôlement sympathique !

Les Artizans *(plan, **4**)* **:** *30, rue de Montorgueil, 75001. ☎ 01-40-28-44-74. Ⓜ Les Halles ou Étienne-Marcel. Tlj service 12h-23h. Assiettes à partager 7,50-8,50 €, pâtisserie env 8 €.* On aime bien ce concept original de « bistrot-gâteaux », fruit d'une association – bienfaitrice – entre un chef cuisinier (Patrick Canal) et un « champion de France du dessert » (Mathieu Mandard). Dans un joli décor d'aujourd'hui, on savoure, à toute heure (important de le préciser), une bonne cuisine de marché, suivie de succulentes pâtisseries : traditionnels éclairs au chocolat (ou autres parfums), babas au rhum et millefeuilles montés à la minute, ou créations du moment. On peut aussi s'asseoir juste pour un dessert. Généreux... et diablement bon.

Kitchen *(plan, **5**)* **:** *74, rue des Gravilliers, 75003. ☎ 09-52-55-11-66. Ⓜ Arts-et-Métiers. Tlj 8h-15h (16h* *sam-dim). Congés : Noël-lun suivant le Jour de l'an. Compter 15 € ; plats 7,50-14 €, sandwichs 7-8 €, pancake 9,50 €.* Un bastion new-yorkais grand comme un mouchoir de poche. Bon plan pour le petit déj : muesli, cookies, pancakes, muffins et autres douceurs *gluten free.* À moins que tout ça ne fasse office de dessert... Pour le déjeuner, *veggie stew* (riz complet, légumes, graines germées et sauce du jour), *futomaki* au radis japonais ou à la mangue, bagels, soupes, salades... À déguster sur de grandes tables dans une ambiance relax. Très bon, bio et bobo en diable !

Le Stube *(plan, **6**) : 31, rue de Richelieu, 75001. ☎ 01-42-60-09-85. Ⓜ Palais-Royal-Musée-du-Louvre ou Pyramides. Lun-ven 11h30-15h30, sam 11h30-19h. Formules déj 14,50-20 € ; en-cas et plats 6,50-18 €.* Dans cette petite enclave germanique à deux pas du Louvre, on savoure, sur le pouce ou confortablement installé au resto, une choucroute garnie avec une saucisse artisanale, une *Currywurst* ou encore des harengs Bismack. Côté liquides, une Beck's, un verre de pinot gris de Baden ou un Fritz-Cola feront bien l'affaire. Pour conclure (ou pour le goûter), beau choix de pâtisseries traditionnelles : strudel, forêt-noire, épais cheese-cake...

Avec un p'tit verre

Eataly Paris Marais *(plan, **7**) : 37, rue Sainte-Croix-de-la-Bretonnerie, 75004. ☎ 01-83-65-81-00. Ⓜ Hôtel-de-Ville. Tlj 8h30-22h (selon les stands) ; resto tlj midi et soir jusqu'à 23h, en continu sam-dim.* Plus qu'un supermarché majoritairement bio, ici, on mange frais, bio et sain en privilégiant les produits régionaux. Différents comptoirs de pâtes, poissons, viandes, charcuterie, pizzas, qu'on déguste dans l'atrium coiffé d'une immense verrière. Tout est vraiment à l'italienne, du croustillant de la pâte à pizza à la perfection de la cuisson des pâtes en passant par l'accent chantant du personnel. À l'heure du déjeuner et du dîner, il vous faudra jouer des coudes car les places sont chères !

LE PARIS INSULAIRE : DU PONT DE SULLY AU PONT-NEUF

• Plan *p. 63*

BALADE N° 4 : 5 km – 3h

UN PEU D'HISTOIRE

Voici une balade presque bucolique, hors du tumulte parisien, mais au cœur de son histoire...
Personne ne l'ignore, ***Lutèce*** est née sur l'île de la Cité. C'est le cœur de Paris ancré au milieu du fleuve, comme un vaisseau bien profilé, dont la proue, dotée d'un Henri IV équestre, pointe vers le couchant et la poupe, tournée vers l'amont, se pare d'un gaillard d'arrière à la forme imposante : Notre-Dame de Paris. Dans son sillage, on trouvait autrefois l'***île Notre-Dame*** et l'***île aux Vaches,*** des îlots limoneux périodiquement recouverts par les crues du fleuve, où s'affairaient les lavandières et où se déroulaient les duels. Au XVIIe s, ces tronçons de terres incertaines ont été remblayés et reliés entre eux pour former l'île Saint-Louis. Sur la remorque, en quelque sorte, de l'île de la Cité s'est construit le 1er lotissement immobilier de Paris à la belle ordonnance régulière, en opposition à l'anarchie médiévale de l'île de la Cité. Cela a permis de conserver à ce quartier de privilégiés un caractère intime loin de l'agitation environnante. Au fil des siècles, ces 2 vaisseaux fluviaux ont été arrimés aux rives par des ponts solides ou précaires, qui ont chacun leur histoire. Et, au fil de l'eau, cet itinéraire nous permettra d'approcher la destinée de quantité de personnages illustres qui ont habité (ou habitent toujours) les lieux, et d'exhumer le souvenir de quelques autres depuis longtemps tombés dans l'oubli.

Départ

➢ *Du **métro Sully-Morland.** Compter bien 5 km et 3h de marche, sans les arrêts.*

À voir

Le pavillon de l'Arsenal : *21, bd Morland, 75004. ☎ 01-42-76-33-97. • pavillon-arsenal.com • Ⓜ Sully-Morland. ♿ Mar-dim 11h-19h. GRATUIT. Visite guidée gratuite des expos temporaires et de l'expo permanente sam-dim à 15h et 17h ; résas : • infopa@pavillon-arsenal.com • Conférences, visites guidées, ateliers... tt le programme sur le site internet.*
Un excellent préambule à notre balade consiste à faire une petite visite au rez-de-chaussée du pavillon de l'Arsenal (face à la sortie du métro Sully-Morland). Ce bâtiment, surmonté d'une verrière caractéristique de la fin du XIXe s, est dédié à l'architecture et à l'urbanisme, et a pour vocation (entre autres) de présenter le développement de la capitale depuis le XIIe s. Une belle expo permanente intitulée

« Paris, la métropole et ses projets » retrace l'évolution de la ville de Paris au travers des siècles, son actualité et ses perspectives d'évolution, le tout grâce à des maquettes, des films, des plans, des gravures et de très belles photos. Au cœur de l'exposition, une maquette numérique interactive aux dimensions exceptionnelles (40 m²) permet de comprendre ce territoire selon différentes échelles. Ainsi, chacun peut, par une navigation simple, géographique, thématique et prospective, ou par mots-clés, rechercher l'ensemble des projets ou des réalisations, découvrir les futures infrastructures du Grand Paris ou plus simplement ce qui va se passer à côté de chez lui.
Devant le pavillon, une statue de Jean-Robert Ipoustéguy, *L'Homme aux semelles devant,* représente le poète Arthur Rimbaud.
Et pour info, puisque vous êtes là, sachez que le boulevard Morland reprend le tracé d'un ancien bras de la Seine – le bras de Grammont –, qui délimitait l'île Louviers au nord ; ce bras sera comblé en 1844.

L'ÎLE SAINT-LOUIS

D'abord nommée île Notre-Dame au temps où Saint Louis y rendait la justice, elle est, vers 1360, scindée en deux par un canal (sous l'actuelle rue Poulletier), afin d'entrer dans l'enceinte de Charles V. Les 2 parties de l'île, facilement inondables, restent en friche, fréquentées par les lavandières et les amoureux jusqu'au début du XVIIe s, quand le canal est comblé et que, sur un projet d'Henri IV, l'île se couvre d'hôtels particuliers construits autour d'un plan à rues perpendiculaires. C'est le 1er lotissement immobilier de Paris. À partir de 1725, elle reçoit le nom d'île Saint-Louis.
Son seul monument public est l'église éponyme, dont on aperçoit la grosse horloge accrochée comme une enseigne au-dessus de l'artère principale, la rue Saint-Louis-en-l'Île. Ses habitants – les Ludoviciens –, dont les appartements se négocient aujourd'hui à coups de millions, jouissent encore d'une atmosphère paisible de village, avec ses petits commerces et l'absence de monuments, bien que les galeries d'art et autres boutiques de produits du terroir attirent aussi nombre de badauds, touristes ou Parisiens, du moins dans l'artère principale. Au début du XXe s, un groupe d'amis, de joyeux drilles, proclamèrent l'indépendance de l'île et la dotèrent d'une Constitution !
Les quais sont plus calmes et révèlent une exceptionnelle unité architecturale, surtout côté nord – les quais d'Anjou et de Bourbon –, ils datent en totalité ou presque du XVIIe s. La classe, quoi ! Malheureusement, toutes les portes des hôtels particuliers étant équipées de digicodes, inutile de décrire les cours, escaliers ou autres détails architecturaux. Heureusement, nombreuses sont les jolies façades quai d'Anjou et de Bourbon. Alors à vous de musarder le nez au vent (et en l'air !) !

Le quai d'Anjou

– ***L'hôtel Lambert*** *(plan,* ***80****)* : *1, quai d'Anjou. Ne se visite pas.* Construit par Louis Le Vau (à l'âge de 28 ans), architecte talentueux qui conféra son style à l'île et réalisa bien d'autres projets (dont Vaux-le-Vicomte). Son frère, François, participa également à d'autres réalisations sur l'île. L'hôtel Lambert porte le nom de son 1er propriétaire, conseiller du roi Louis XIII, et est sans doute la plus belle demeure parisienne. Sa rotonde (avec terrasse et frise sculptée), dominant la Seine, ne peut être visitée puisque l'hôtel, privatisé, est devenu tour à tour le domicile de Michèle Morgan, celui de Guy de Rothschild et, tout récemment, celui du frère de l'émir du Qatar. Celui-ci suscite d'ailleurs de nombreuses polémiques puisqu'il avait l'intention de moderniser le monument historique en y incluant climatisation, ascenseur et garage. Sacrilège, pour certains ! Surtout lorsqu'on

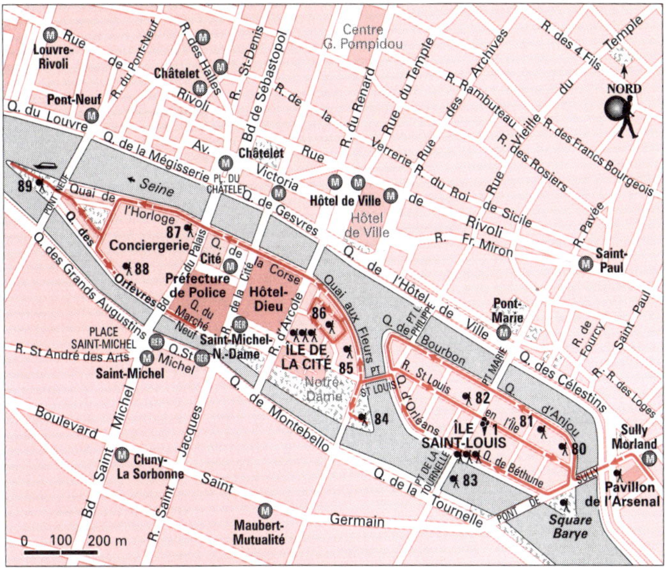

LE PARIS INSULAIRE : DU PONT DE SULLY AU PONT-NEUF

À voir

- **80** Hôtel Lambert
- **81** Hôtel de Lauzun
- **82** Hôtel du Jeu de Paume
- **83** Statue de sainte Geneviève
- **84** Mémorial des Martyrs de la Déportation
- **85** Ancienne maison d'Héloïse et Abélard
- **86** Hôtel du Grand Chantre
- **87** Horloge du Palais de justice
- **88** Quai des Orfèvres
- **89** Statue équestre d'Henri IV

À faire

Bateaux-vedettes du Pont-Neuf

Où déguster une glace ?

- **1** Berthillon

sait que l'intérieur a été décoré par les peintres Lebrun et Lesueur. Au XIXe s, ce fut un foyer culturel polonais où se sont croisés Delacroix, Chopin et, bien sûr, George Sand.

– Sur le parapet du quai, une ligne trace la hauteur de la crue de 1910. On dit qu'elle se reproduit tous les 100 ans mais celle de 2010 n'a pas eu lieu, ce sera donc pour 2110 !

– Au nº 5, petit ***hôtel de Marigny*** (belle grille en fer forgé) habité par Rennequin, descendant du Liégeois qui inventa pour Louis XIV la machine de Marly servant à alimenter les fontaines de Versailles.

– Au nº 7, ***siège du syndicat des maîtres boulangers de Paris.*** Dans le hall d'entrée, à droite,

BAGUETTE MAGIQUE

Autrefois, la boule était le pain traditionnel français. En 1919, une loi interdit aux boulangers de travailler avant 4h du matin. La boule prit alors une forme allongée, permettant une cuisson plus rapide. La baguette commença ainsi sa carrière.

d'intéressants commentaires historiques et une collection de vieux pétrins. De bonnes odeurs de pain cuit s'en dégagent dans la journée.
– Au n° 9 vécut, durant 17 ans, le caricaturiste ***Honoré Daumier.*** Il connut les tribunaux pour avoir croqué un Louis-Philippe à la tête en forme de poire en ***Gargantua dévorant ses sujets.***
– Au n° 15 vivait un président de la Chambre des comptes, héritier du Lambert du n° 1. Le Vau en est également l'architecte présumé.
– Ne pas manquer, au n° 17, l'***hôtel de Lauzun*** *(plan, **81**),* un des joyaux de l'île. Il porte le nom d'un comte, favori de Louis XIV, qui fut l'amant de la Grande Mademoiselle, cousine du roi. Édifié en 1656 (et attribué à Le Vau), il contient toujours de magnifiques boiseries et plafonds peints. Au XIXe s, c'est le lieu de réunion du « club des haschischins », où figuraient Baudelaire, Théophile Gautier et Balzac. On n'y fumait pas, mais on absorbait une mélasse au miel et aux pistaches mélangés à du chanvre indien, provoquant « une digestion faite de délicieuse hébétude », dixit l'auteur de ***la Momie.*** En attendant de pouvoir l'admirer de l'intérieur, on remarque déjà les ferronneries du large balcon et les gouttières dorées en forme de dauphins (mais datant de 1910). *Rares visites guidées ; • billetreduc.com •*
– Au n° 23 habita un maronite du Liban qui exerça au Collège de France comme professeur d'arabe (en 1642 !).
– Au n° 39, le ***théâtre de l'Île-Saint-Louis,*** installé dans les anciennes remises à carrosses, un adorable petit théâtre « création et découverte », présentant de jeunes auteurs et musiciens du monde entier. Intéressante programmation (théâtre et concerts) et bienheureuse intimité.
– Les amateurs de ***Balzac*** seront heureux d'apprendre qu'aux n°s 41 et 43 se situait le magasin ***Le Petit Matelot,*** évoqué dans ***César Birotteau.***
– Le ***Pont-Marie*** est l'un des plus vieux de Paris puisque Louis XIII en pose la 1re pierre en 1614. C'est l'ingénieur Christophe Marie qui supporte les frais de sa construction en échange d'une concession sur l'île. Des maisons s'y trouvaient accrochées, et en 1658 un dégel brutal en précipita 22 dans le fleuve. Des niches surmontent les piliers. Elles n'ont jamais été garnies.

Le quai de Bourbon

Il fut rebaptisé quai de la République pendant la Révolution. De nos jours, la plupart des portes sont équipées de digicode... sale manie ! Mais quelques curiosités quand même, pour le cas où s'entrouvrirait un portail...
– Au n° 1, débit de vins, ***Le Franc Pinot,*** décoré de pampres. Au début du XVIIIe s s'y tenait un cabaret qui fut fermé par la police du régent Philippe d'Orléans. On y avait découvert quantité de libelles et pamphlets raillant sa conduite dissolue.
– Au n° 11, ***hôtel de Philippe de Champaigne,*** très grand peintre portraitiste sous Louis XIII et... valet de chambre de Marie de Médicis. Dans la cour, escalier à balustre.
– Au n° 15, ***hôtel Le Charron,*** de 1637, avec un porche orné de masques. Cour intéressante, avec, de chaque côté, d'élégants escaliers à la rampe en fer forgé. L'édifice en fond de cour possède une mansarde à poulie, pittoresque. Au-dessus du porche, côté cour, tourelle d'angle sur trompe. Y vécut le peintre et poète ***Émile Bernard,*** créateur du synthétisme et initiateur du groupe des peintres de Pont-Aven. Avant lui, le peintre des batailles napoléoniennes, ***Jean-Louis-Ernest Meissonier,*** y avait son atelier.
– Au n° 19, harmonieuse façade de l'***hôtel de Jassaud*** avec 3 frontons et beau portail. Là aussi, découvrons la cour avec son jardinet et sa statue au fond. ***Camille Claudel,*** maîtresse de ***Rodin*** et sculpteur elle-même, y travailla de 1899 à 1913, avant d'être internée jusqu'à sa mort en 1943.
– À l'angle de la *rue Legrattier,* une niche contient une statue de saint Nicolas, décapitée pendant la Révolution par une figure lugubre de juge, ***Jean-Baptiste Coffinhal,*** qui habitait l'île. On lui attribue cette phrase prononcée lors du procès

de Lavoisier, qu'il présidait : « La République n'a pas besoin de savants et de chimistes. » À la chute de ***Robespierre,*** c'est sa tête qui roula sous l'échafaud.
– Au n° 25, ***hôtel de Nevers,*** nommé à l'origine « maison d'Henri III ». ***Léon Blum*** y a vécu.
– Au n° 29, le porche est surmonté d'un curieux mascaron qui évoque une tête de chat.
– Au n° 31, une plaque rappelle que la maison a appartenu au fils de ***Théophraste Renaudot,*** médecin de Louis XIII, fondateur du 1er journal en langue française (*La Gazette,* 1631) et dont le nom a été donné à un prix littéraire créé en 1925. L'immeuble a été habité également par ***Charles-Louis Philippe,*** romancier des humbles qui laissa ***Bubu de Montparnasse*** à la postérité.
– Le **pont Louis-Philippe** fut inauguré en 1833 par le roi des Français en personne. En 1848, on le rebaptisa « pont de la Réforme ». Descendre les escaliers pour se rendre en contrebas à la pointe de l'île et se laisser aller à contempler sur un banc le magnifique décor urbain et le trafic des bateaux-mouches et des péniches sur la Seine.
– Le quai de Bourbon contourne la pointe face à l'île de la Cité.
– Sur le coin, aux nos 45 et 47, sur la façade de l'hôtel construit par François Le Vau, 2 médaillons représentant Hercule combattant Nessus ont contribué à renommer l'immeuble en « maison du Centaure ». La ***princesse de Bibesco,*** femme de lettres d'origine roumaine, y a tenu salon littéraire jusqu'en 1973.

La rue Saint-Louis-en-l'Île

Véritable épine dorsale de l'île, longue de 540 m, elle était habitée autrefois par des commerçants et des artisans. Elle recèle peu de beaux édifices.
– Une exception : l'***hôtel de Chemizot,*** au n° 51. Remarquable par sa façade rocaille : portail surmonté d'un tympan sculpté, en haut duquel trône une tête de faune, balcon en fer forgé porté par des chimères. Dans la cour, on retrouve le même foisonnement végétal sur la façade en compagnie d'un cadran solaire. À droite, escalier E, jolie rampe d'escalier. Mme Tallien y résida avant que l'archevêché de Paris ne le loue à l'État en 1840.
– Au n° 54, l'***hôtel du Jeu de Paume*** (*plan,* ***82***) a la chance d'abriter la dernière salle de jeu de paume de Paris (celle des Tuileries est devenue un musée). Ouvert en 1634, il a été désaffecté en 1754. Le jeu a connu une énorme popularité du XVIe s à la fin du XVIIIe s. Sous Louis XIII, on en comptait 150. L'accès à la salle est limité aux clients de cet hôtel.
– Au n° 31, **Berthillon** (*plan,* ***1***), le plus célèbre glacier de Paris. Plusieurs comptoirs de vente répartis sur l'île.

PAUME ET LANGUE FRANÇAISE

Plusieurs expressions dérivent de la pratique du jeu de paume. Ainsi, « épater la galerie », pour les jolis coups appréciés depuis la tribune. « Prendre la balle au bond » : frapper à la volée et montrer sa vivacité. Le proverbe « Jeux de mains, jeux de vilains » rappelle que la pratique de ce jeu avec une coûteuse raquette était réservée à la noblesse, les manants se contentant de la main nue.

– Au n° 26, la librairie ***Ulysse*** est bien connue des voyageurs et routards de tout poil. L'entassement de 20 000 bouquins sur 27 m^2 a de quoi dérouter.
– Au n° 19, dans l'alignement des immeubles voisins, l'***église Saint-Louis-en-l'Île,*** construite en 1644 à partir d'un projet de Le Vau, mort avant la fin des travaux. Son successeur, Gabriel Leduc, fut moins habile puisque la nef s'effondra en 1701, tuant plusieurs fidèles durant l'office. Il fallut 62 ans pour achever la construction. Intéressant décor intérieur, représentatif du baroque français. Le pape Pie VII lui fit l'honneur d'une messe lors de son séjour à Paris pour le couronnement de Napoléon Ier. À côté de l'entrée, chapelle des fonts baptismaux avec scènes de la

vie du Christ sur bois (école flamande, XVIe s). ***Baptême du Christ*** par Stella. En suivant le côté gauche (vers le chœur), ***Saint Jean et saint Pierre guérissant un paralytique*** par ***Van Loo.*** Enfin, dans la 3e chapelle, splendide bas-relief en bois doré et polychrome, ***La Mort de la Vierge*** (école flamande, XVIe s). L'église offre une excellente acoustique, on y donne des concerts d'orgue du répertoire baroque.
– Au no 12 vivait à la fin du XVIIIe s un ingénieur chimiste, ***Philippe Lebon,*** qui inventa un système d'éclairage public à partir des gaz résultant de la combustion du bois. Son brevet profita aux rues de Londres, et, lui, mourut assassiné à 35 ans sur les Champs-Élysées !
– De l'autre côté du boulevard Henri-IV qui relie les 2 parties du pont de Sully, le petit ***square Barye*** peut constituer un joli arrêt pique-nique si le temps s'y prête.

Le quai de Béthune

Le côté sud de l'île propose également son lot d'élégants hôtels. Jusqu'au XVIIIe s, il était appelé quai des Balcons.
– Au no 3 de la *rue Bretonvilliers*, perpendiculaire au quai, vécut l'historien et philosophe ***Hippolyte Taine,*** dont une partie de l'œuvre est consacrée à l'histoire de la Révolution. Au coin de cette rue avec le quai, la façade se pare d'une alternance de masques masculins et féminins.
– Aux nos 16 et 18 du quai, ***hôtel de Comans d'Astry*** ou ***de Richelieu*** (le maréchal, pas le cardinal), qui en fut propriétaire. Le romancier ***Francis Carco*** y vécut 10 ans. Jolies fenêtres fleuries.
– Aux nos 20 et 22, ***hôtels jumeaux. Baudelaire*** y résida en 1842 et 1843.
– Au no 24 vécut et mourut le président ***Georges Pompidou*** en 1974. Autre résidente : ***Helena Rubinstein.*** Très belle porte.
– Au no 28, la façade s'orne d'une série de bas-reliefs représentant la Musique, la Sculpture et la Peinture.
– Le no 36 a la particularité rare d'avoir hébergé 2 célébrités qui ont chacune reçu le Prix Nobel dans leur domaine respectif : Marie Curie, qui, après y avoir vécu 22 ans, est morte en 1934 à la suite d'une leucémie consécutive à son exposition à la radioactivité, et René Cassin, Prix Nobel de la paix en 1968, père spirituel des Droits de l'homme. Ils poursuivent en quelque sorte la cohabitation puisque leurs cendres sont à présent au Panthéon.

BONJOUR L'ARNAQUE !

Grâce à Pierre et Marie Curie, le radium bénéficia d'une énorme notoriété. D'ailleurs, des charlatans commercialisèrent des crèmes au radium pour combler les rides dès 1934. On se rendit compte de la dangerosité de ces soins en 1937. Heureusement que les doses étaient bien trop faibles pour avoir un effet nocif !

– La ***rue des Deux-Ponts,*** qui traverse l'île de part en part, a été élargie en 1930. Restif de La Bretonne (grand écrivain parisien de la fin du XVIIIe s, pour les incultes !) y habita.
– Le ***pont de la Tournelle,*** le pont actuel (c'est le quatrième à cet endroit), franchit le bras gauche de la Seine d'un bel élan vers l'illustre restaurant *La Tour d'Argent.* L'élan du pylône sur lequel est juchée ***sainte Geneviève*** *(plan,* ***83****)* est moins élégant ! Cette statue fut tellement décriée lors de son inauguration en 1928 que le président de l'époque, Gaston Doumergue, refusa d'y assister !

Le quai d'Orléans

Pour boucler la boucle.
– Au no 18, fort bel ***hôtel Rolland,*** avec fenêtres gothiques au rez-de-chaussée qui déparent un peu. Un ex-gouverneur de Guyane nommé Turgot y habita.

– Au n° 12, un bas-relief de bronze nous signale la naissance à cet endroit, en 1806, de ***Félix Arvers.*** Qui se souvient de Félix ? Il connut pourtant la gloire à son époque comme poète et dramaturge. *Sic transit...*
– Le n° 6 appartient à l'***Académie polonaise des sciences et des lettres.*** Dans la bibliothèque polonaise fondée en 1838, dont ***Adam Mickiewicz,*** grand poète et militant de la cause nationale, fut le conservateur, on trouve de nombreux manuscrits et cartes. Le ***musée Chopin*** conserve des souvenirs personnels du compositeur et de George Sand. Le ***musée Biegas*** est consacré à un sculpteur qui vécut 50 ans en France et dont les œuvres se vendaient mieux que celles de Rodin à l'époque. Visites guidées des musées à heures fixes.
– Le ***pont Saint-Louis,*** plusieurs fois reconstruit, se couvre aux beaux jours d'une foule bigarrée qui vient admirer les numéros de jongleurs et acrobates, et les tours de prestidigitation au son d'un jazz-band ou d'un quatuor à cordes.

L'ÎLE DE LA CITÉ

Le berceau historique de Paris, sa 1re enceinte, dès le Ier s et les guerres entre Vercingétorix et Jules César. La tribu des ***Parisii*** vivait alors dans les environs, même si son implantation sur l'île est encore discutée. Celle-ci constituait en tout cas une défense naturelle au milieu de la Seine, et Paris s'est développé au fil des siècles en cercles concentriques autour de la Cité. Le kilomètre zéro d'où partent toutes les routes de France est même matérialisé par une rosace de cuivre sur le parvis de Notre-Dame. L'île prit le nom de Cité quand le roi Clovis en fit sa capitale en 506. Son centre fut modernisé au XIXe s.
Comme Notre-Dame, la ***Conciergerie et la Sainte-Chapelle*** sont abordées dans la balade n° 2 « Le Paris médiéval : île de la Cité et rive gauche », cet itinéraire est à consulter si l'on désire en savoir plus sur ces lieux emblématiques.
La moitié est de l'île, qu'on aborde en premier en venant de l'île Saint-Louis, a été quasiment rayée de la carte par Haussmann pour y installer sa préfecture de police et son affreux tribunal de commerce.
– Le ***square de l'Île-de-France,*** le long du pont de l'Archevêché, derrière Notre-Dame, était à l'origine un îlot séparé, appelé à la fin du XIIIe s « la Motte aux Papelards », puis « le Terrain », où s'étaient accumulés gravats et déchets du chantier de construction de Notre-Dame. Il abrite, depuis 1962, le ***mémorial des Martyrs de la Déportation*** *(plan, **84** ; ☎ 01-46-33-87-56 ; ♿ ; tlj sauf lun 10h-19h – 17h oct-mars ; GRATUIT ; possibilité de visite guidée et audioguide).* C'est un lieu empreint de la sobriété indispensable au recueillement. Les 200 000 pointes lumineuses de cristal qui montent la garde dans la crypte autour du Déporté inconnu symbolisent les 200 000 morts de France (dont 76 000 juifs) de cette tragédie. Gravées sur les murs, des citations d'écrivains dont on ne retiendra que celle-ci : « Pardonne... mais n'oublie pas ! » Sur les quais de Seine, tout autour, l'été, on s'expose aux rayons du soleil avec ardeur.
– Charmant ***square Jean-XXIII*** aménagé par le préfet Rambuteau après l'incendie du palais épiscopal en 1831, qui en profita pour faire raser les dernières maisons moyenâgeuses accolées à la cathédrale. On y trouve un buste de Carlo Goldoni, le Molière italien. Salvador Dalí, un poil iconoclaste mais qui n'en ratait pas une, comparait la vue de l'arrière de Notre-Dame à « une carcasse de poulet renversé » !
– Le ***quai aux Fleurs*** borde quelques rues qui ont gardé leur tracé médiéval. Au n° 1, à côté de celle d'un écrivain juif nommé Edmond Fleg, on aperçoit une plaque qui indique le lieu de résidence du philosophe Vladimir Jankélévitch, mort en 1985. Héritier de Bergson et du mouvement existentialiste, il a exposé la nécessité d'une morale fondée sur l'altruisme. René Coty habitait au n° 5 avant son séjour à l'Élysée en 1954. Ce fut le dernier président de la IVe République ; en 1959, il laissait la place à Charles de Gaulle. Aux nos 9-11, on peut voir un immeuble où sont évoqués les personnages d'***Héloïse et Abélard*** *(plan, **85**),*

amants célèbres dont le souvenir est matérialisé par de petits bustes inscrits dans les ferronneries des portes. La maison où ils vécurent au XIIe s se trouvait à cet endroit. Leur liaison scandaleuse et secrète (20 ans séparaient le professeur de philo et de rhétorique de sa jeune élève) se termine par la naissance d'un fils. Héloïse refuse le mariage, et le châtiment infligé par l'oncle de la péronnelle, le chanoine Fulbert, est terrible : Abélard est castré et Héloïse reléguée au couvent. Ils continuent néanmoins à correspondre de longues années durant. Leurs restes ont été réunis depuis 1817 au Père-Lachaise pour faire un peu de promo à ce nouveau cimetière de Paris.

– Descendre les quelques marches pour se retrouver au niveau originel de l'île avant le remblayage des berges. Là encore, le niveau de la crue de 1910 est tracé sur un mur.

– Les ***rues des Ursins, Chanoinesse*** et ***de la Colombe,*** rescapées des massacres haussmanniens, donnent encore une petite idée de l'atmosphère de l'île de la Cité autrefois. Au coin de la rue Chanoinesse et de la rue des Chantres, une plaque évoque le souvenir d'un certain Pierre Trimouillet. Pas étonnant qu'avec un nom pareil il ait embrassé la carrière d'humoriste et de chansonnier.

Au no 12, avec un peu de chance, on peut pénétrer dans la jolie cour de l'***hôtel du Grand Chantre*** *(plan, **86**)*. Bel exemple de réhabilitation historiciste du XIXe s avec une maison à bardeaux et colonnades de bois sculpté. Sur la façade, frise animalière de facture romane, puits et jardinières avec anges.

En face, une plaque, au 1er étage d'une maison très moche, signale que là se trouvait la maison de ***Joachim Du Bellay,*** fondateur de la Pléiade, mais aussi chanoine de Notre-Dame. C'est le moment de se remémorer : « Heureux qui comme Ulysse a fait un beau voyage... »

Au 16, ***rue Chanoinesse*** vécut Racine (ainsi qu'au 7, rue des Ursins). Au no 26, dans le passage menant aux bâtiments intérieurs, on note par terre, de-ci, de-là, des vestiges de pierres tombales, avec inscriptions gothiques s'effaçant tout doucement.

Dans la petite rue de la Colombe, une bande de pavés marque l'emplacement de l'enceinte de la muraille gallo-romaine de la ville.

– Revenons par la rue des Ursins sur le quai aux Fleurs en grimpant les 9 marches. Au no 19, bel immeuble éclectique avec triple loggia en bow-window et déco florale qui annonce la Sécession.

– On franchit le carrefour du pont d'Arcole en longeant le trottoir de l'Hôtel-Dieu jusqu'au pont Notre-Dame.

Profitons de ce petit trajet sans attraits pour évoquer l'histoire des bateaux-lessive. Le blanchissage se fait à bord de simples barges à fond plat couvertes par une toiture de chaume, aux emplacements désignés par le prévôt. Elles sont encore 80 à la veille de la Révolution, installées sur la rive droite, mieux exposée au soleil. Supprimés en 1805 sous prétexte qu'ils gênent la navigation, ces bateaux-lessive réapparaissent à la Restauration. Pour concurrencer les blanchisseries industrielles, ils augmentent leur capacité, jusqu'à devenir de véritables cités flottantes : les lavandières travaillent désormais au ras de l'eau, abritées par des auvents. À l'étage, de vastes salles servent de séchoir.

MÈRE DENIS

Dès le Moyen Âge, le blanchissage du linge se faisait en bord de Seine, et les bateaux-lessive garnissaient les berges du fleuve, amarrés entre le pont d'Arcole et le pont Notre-Dame jusqu'en 1937. Le plus imposant d'entre eux était L'Arche Marion, *formé de 12 barges et long de 200 m ; 250 personnes y travaillaient.*

– ***Place Louis-Lépine,*** du nom de ce célèbre préfet de police à l'origine du concours des inventeurs qui porte son nom, on a les narines assaillies par les parfums du marché aux fleurs. On peut, de 8h à 19h, y choisir des orchidées ou demander conseil pour la plantation des azalées. Si vous ne sentez rien mais que vos oreilles sont chatouillées par de joyeux gazouillis, c'est qu'on est dimanche, le jour du marché aux oiseaux, et cela dure depuis le Moyen Âge. De l'autre côté de la place, la préfecture de police de Paris. Il vaut mieux ne pas avoir à y prendre des papiers officiels. Les queues sont interminables.

– À l'angle du ***pont au Change*** et du quai de l'Horloge, on ne peut manquer la monumentale ***horloge du Palais de justice*** *(plan, **87**).* Ce fut la 1re horloge publique de Paris en 1370. On dit que son tocsin sonna lors de la nuit de la Saint-Barthélemy en 1572. À hauteur du 1er étage de la tour, le cadran sculpté bleu et doré est une copie de celui placé par Henri III. Abrité par un auvent, le pendentif représente le Saint-Esprit, auquel ce roi a consacré un ordre de chevalerie. Le cadran, au diamètre de 1,50 m, est orné de rayons flamboyants ; les aiguilles en cuivre repoussé, la grande en fer de lance et la petite, qui se termine par une fleur de lys, marquent les heures sur des chiffres romains colorés. Les 2 statues qui bordent le cadran sont *La Force et la Loi* et *La Justice,* qui porte la balance et le glaive. Le fronton de l'édicule, surmonté des écus de France et de Pologne flanqués d'une couronne royale, contient une inscription latine qui se traduirait par : « Celui qui a déjà donné deux couronnes lui en donnera une troisième », allusion à Henri III, déjà roi de Pologne et de France, et qui n'a plus qu'à espérer... celle du Ciel. La délicate machinerie a été restaurée en 1852, mais son fonctionnement est incertain.

– Longeons la Conciergerie jusqu'à la rue de Harlay, du nom du président du parlement de Paris Achille de Harlay, qui fut le promoteur d'une des plus charmantes places de Paris, bâtie à l'emplacement d'un verger, la ***place Dauphine.*** Son nom est choisi pour rendre hommage au dauphin d'Henri IV, le futur Louis XIII. Il s'agit là de la 2e place royale de Paris, après la place des Vosges. De forme triangulaire, elle était à l'origine bordée de 32 maisons de brique et de pierre blanche avec 2 étages couverts de toits d'ardoises. Seules les maisons d'angle au débouché du Pont-Neuf ont gardé cette belle ordonnance, les autres ont été surélevées pour en augmenter les revenus. Une petite place charmante et agréable malgré tout, avec son gravier sous les arbres où se déroulent toujours de mémorables parties de boules auxquelles participait autrefois ***Yves Montand,*** lorsqu'il y habitait, au rez-de-chaussée du n° 15, avec ***Simone Signoret.*** Au n° 28 a grandi ***Mme Roland,*** haute figure de la Révolution, historienne, écrivain et égérie des Girondins. Arrêtée en 1793 avec ses amis politiques, elle est jugée et guillotinée le jour même. Juste avant la chute du couperet fatal, elle a le temps de s'écrier : « Ô liberté, que de crimes on commet en ton nom ! »

– Les amateurs de romans policiers feront une incursion vers la gauche le long du célèbre ***quai des Orfèvres*** *(plan, **88**),* où se trouve, au n° 36, le siège de la brigade criminelle de la police judiciaire (la Crim'). Pas la peine de demander le bureau du commissaire Maigret au policier de garde, les lieux ne se visitent pas !

– Le ***Pont-Neuf,*** comme son nom ne l'indique pas, est le plus vieux pont de Paris. Lorsque la 1re pierre est posée, le 31 mai 1578, Henri III, en pleurs et vêtu de noir, tient un chapelet aux grains d'ivoire en forme de tête de mort. Il vient d'assister à l'enterrement de ses mignons favoris, décédés après un duel.

LE RENDEZ-VOUS DES CONTESTATAIRES

Les chansonniers remarquèrent que le public les applaudissait bien davantage quand ils se moquaient des seigneurs de la Cour. D'autres les imitèrent, et bientôt le Pont-Neuf devint le seul endroit de Paris où l'on se moquait de tout : du roi, de ses ministres, du clergé, de la police... Le jeune Molière y a sûrement trouvé de quoi nourrir son imagination. Les favorites déchues venaient elles-mêmes encourager les chansonniers... Même la Révolution ne pourra décourager la verve populaire, et il faudra la police napoléonienne pour nettoyer le Pont-Neuf de ses contestataires.

On l'appelle donc d'abord le ***pont des Pleurs,*** mais il n'est achevé qu'en 1607. Bâti pour améliorer le transit entre le Louvre et l'abbaye de Saint-Germain, c'est le 1er pont sans maison, et le premier à inaugurer des trottoirs. On y exécute aussi les prisonniers par pendaison ou décapitation, et il est du plus grand chic de venir s'y battre en duel. Lieu de grand passage, c'est un endroit très à la mode. On y voit des marchands, des cracheurs de feu, des dompteurs d'ours, des arracheurs de dents, des chansonniers, et on est « toujours sûr d'y rencontrer, à n'importe quelle heure, un moine, un cheval blanc et une putain ». C'est là qu'est né l'art des chansonniers parisiens, critiques souvent féroces de la vie politique. Aujourd'hui, c'est aussi le plus long pont de Paris. En 1985, il a l'honneur d'être « empaqueté » 15 jours par l'artiste américain ***Christo.*** Avant lui, ***Pissarro, Derain*** ou encore ***Victor Hugo*** ont, par leur art, rendu hommage à ce surprenant monument et à ses « échancrures en demi-lune ». Après lui, les amants de ***Léo Carax*** se sont assis sur ses bancs en pierre (un décor, en fait) le temps d'un film qui ne passera peut-être pas forcément à la postérité. Et en 1999, il subit un toilettage qui fait resplendir sa pierre. C'est à nouveau un « Pont-Tout-Neuf » ! Sous le tablier, une rangée de têtes (des *grotesques*), toutes différentes.

En son milieu, face à l'entrée de la place Dauphine, la majestueuse ***statue équestre d'Henri IV*** *(plan,* ***89****).* En 1818, le Napoléon de la colonne Vendôme est déboulonné, et son bronze est utilisé pour la refonte de la précédente statue du roi (balayée par la Révolution), sur le terre-plein central. Envers et contre tout, le fondeur Mesnel, farouche bonapartiste, réussit à placer une petite statue de l'Empereur à l'intérieur du bras droit du roi ! En plus, il place dans le ventre du cheval une liasse de chansons et diatribes antiroyalistes. Et son complice, le ciseleur, dépose dans la tête de la bête le procès-verbal de leur forfait.

– ***Le square du Vert-Galant :*** à l'extrémité de l'île de la Cité. « Vert-Galant », du surnom donné à Henri IV, qui passait pour un homme vigoureux auprès des femmes... C'est un endroit de rendez-vous très apprécié des pêcheurs, des amoureux et des gens de la cloche. Le lieu provient de la réunion de 3 îlots où se trouvait au Moyen Âge un moulin dont la force hydraulique servait à battre la monnaie royale. L'un des îlots est resté célèbre : l'île aux Juifs, où les condamnés au bûcher étaient brûlés vifs. En 1314, Jacques de Molay, grand maître de l'ordre des Templiers, y grilla en lançant sa célèbre malédiction envers les descendants de Philippe le Bel, épisode raconté dans *Les Rois maudits* de Maurice Druon.

LA MALÉDICTION DES TEMPLIERS

Philippe IV le Bel fit disparaître les templiers afin de récupérer leurs biens. Le grand maître Jacques de Molay annonça une malédiction au pape et au roi, juste avant de brûler sur le bûcher, en mars 1314. En effet, le pape Clément V mourut 1 mois plus tard. Le roi, lui, périt avant la fin de l'année. Ses 3 fils n'eurent pas de descendance, et la lignée des Capétiens s'éteignit.

À faire

Bateaux-vedettes du Pont-Neuf : *embarcadère au sq. du Vert-Galant, 75001. ☎ 01-46-33-98-38. • vedettesdupontneuf.fr • Ⓜ Châtelet ou Saint-Michel. Départs tlj, ttes les 30 mn env, 10h30-22h30 (22h45 en saison). Tarifs : 12-14 € ; 6-8 € moins de 12 ans. Acheter plutôt ses billets sur Internet car c'est bien moins cher.* Connaissez-vous l'origine du mot « bateau-mouche » ? Les moteurs de ces embarcations imaginées par un constructeur naval lyonnais en 1860 étaient tout simplement fabriqués à la Mouche, un quartier au sud de Lyon.

Fin de la balade

S'il reste du temps, on peut poursuivre en descendant la Seine entre ses berges (ou remonter son cours). Voir la rubrique « À faire ». Sinon, rebroussons chemin en empruntant le quai des Orfèvres, puis le pont Saint-Michel à droite, et retour par le ***métro Saint-Michel,*** qui se trouve juste de l'autre côté.

DES INGÉNIEURS QUI N'AVAIENT PAS FROID AUX YEUX !

En 1908, on se décida à faire passer le métro sous la Seine, entre Saint-Michel et Cité (ligne 4). Très vite, le sol trop boueux empêcha la traversée. On décida alors de le geler à - 24 °C. Il fallut donc installer une usine à glaçons sur les quais. 10 mois furent nécessaires pour progresser de 14 m. Cette incroyable entreprise technique fut couronnée de succès.

Où déguster une glace ?

Berthillon *(plan,* ***1****)* ***:*** *31, rue Saint-Louis-en-l'Île, 75004. ☎ 01-43-54-31-61. Ⓜ Pont-Marie. ♿ Mer-dim 10h-20h. Congés : fin juil-fin août. Compter 3 €, 5 € et 6,50 € le cornet pour 1, 2 ou 3 boules de glace à emporter, plus cher sur place. CB acceptées à partir de 15 €.* Une vieille institution parisienne ! Plus de 60 ans au compteur, et les glaces et sorbets sont toujours délicieux : les classiques (fraise des bois, caramel au beurre salé, marron glacé...), d'autres plus audacieux (yaourt au *yuzu,* sésame noir, ananas rôti au basilic frais), et une indétrônable vanille. Au salon de thé, les coupes glacées ne sont pas tristes !

LE PARIS DE L'ALCHIMIE ET DE L'ÉSOTÉRISME

• Plan *p. 74-75*

BALADE N° 5 : 5 km – 3 à 4h

UN PEU D'HISTOIRE

Partons sur les traces des ***alchimistes*** parisiens, ces « faiseurs d'or » qui, dans leurs laboratoires clandestins, penchés sur leurs grimoires et alambics, éclairés par le foyer ardent des fours, consacraient leur vie à retrouver le secret des secrets : la ***transmutation des métaux*** ou l'art de ***changer le plomb en or.***
Avant cette promenade ésotérique, un peu d'histoire ! Étymologiquement, le mot « alchimie » vient de l'arabe *al-kymyâ,* qui lui-même est un dérivé du mot égyptien *Khem* (la « terre noire »), nom qui désignait l'Égypte antique. L'alchimie, définie communément comme « l'art de faire de l'or », est la pratique et l'application de la philosophie hermétique, du dieu grec Hermès, inventeur de toutes les sciences. La mise en pratique des théories de cette doctrine secrète avait pour but d'obtenir la fameuse ***pierre philosophale.*** Les propriétés magiques de cette pierre permettaient aux alchimistes d'opérer la transmutation des métaux en or ou en argent. La pierre liquéfiée devenait également un élixir de longue vie, la panacée, remède miraculeux et universel agissant sur toutes les maladies, assurant à son heureux possesseur une vie quasi éternelle. On comprend pourquoi rois et empereurs s'intéressèrent à cette science occulte, condamnée malgré tout par les théologiens, et dont certains des adeptes furent brûlés durant l'Inquisition.

Pour le véritable alchimiste, la transmutation des métaux n'est pas une fin en soi (même si la richesse subite permit à certains d'aider les pauvres), mais un moyen de s'élever spirituellement au-dessus de la condition ordinaire de l'homme. L'adepte de l'alchimie profonde cherche avant tout à se purifier physiquement et moralement jusqu'à atteindre un état de sainteté, proche de l'illumination du nirvana bouddhique. Venue d'Orient (Alexandrie et Byzance), l'alchimie prend son essor en Occident au XIIe s. En France, elle est à son apogée au XIIIe s avec l'achèvement de Notre-Dame de Paris, dont les ornementations sont pour les alchimistes une allégorie de l'art suprême. L'île de la Cité et le Marais seront jusqu'au XVIIIe s le creuset de l'alchimie parisienne.

Départ

➢ *Début de la promenade au **métro Maubert-Mutualité.** Compter env 5 km et 3-4h de pérégrinations ésotériques.*

À voir

*** ***La place Maubert :*** c'est ici, entre 1245 et 1248, que l'érudit ***Maître Albert (Albert le Grand)*** donnait ses cours de sciences naturelles devant un parterre de fidèles auditeurs que la place avait peine à contenir. Philosophe, kabbaliste et théologien dominicain, *Maître Albert,* à l'instar des alchimistes, prônait l'expérience dans l'étude des sciences. Certains affirment qu'il aurait reçu de saint Dominique le secret de la pierre philosophale. Dans son étonnant ***Livre des secrets,*** il établit une liste des vertus des herbes et des pierres précieuses. Canonisé en 1933 et déclaré « saint patron des savants chrétiens » en 1941 – donc patron des mineurs et des naturalistes –, on lui attribue la rédaction du *Grand* et du *Petit Albert,* livres culte de recettes de magie noire et de sorcellerie.

Le musée national du Moyen Âge, thermes et hôtel de Cluny : *24, rue du Sommerard, 75005. ☎ 01-53-73-78-00 ou 16. • musee-moyenage.fr • Ⓜ Cluny-La Sorbonne. Tlj sauf mar 9h15-17h45. Fermé 1er mai. Entrée : 5 € (9 € expo temporaire) ; réduc ; gratuit moins de 26 ans, chômeurs et pour ts le 1er dim de chaque mois. Visites-conférences sam-dim et pdt vac scol. Visites thématiques de 1h-1h30 (plein tarif : 3,50-6,50 € en plus de l'entrée du musée au tarif réduit ; réduc). Ateliers enfants. Régulièrement, concerts de musique médiévale. Visioguide : 3 €.* ***Attention, le musée est fermé jusqu'à début 2022.*** Ce musée du Moyen Âge est un lieu de pèlerinage de l'alchimie parisienne, puisque l'on y trouve la pierre tombale (sur le mur de l'escalier qui mène à la salle des tapisseries) de l'illustre alchimiste Nicolas Flamel, ainsi que la célèbre tapisserie de la *Dame à la licorne,* chef-d'œuvre allégorique de l'art alchimique. « De terre suis venus et en terre retourne [...] » : Flamel, qui écrivait des épitaphes, écrira lui-même la sienne pour sa dalle funéraire. Cette dalle, disparue en 1797 lors de la destruction de l'église Saint-Jacques-la-Boucherie, servira de support à une fruitière pour hacher les épinards, puis sera achetée par un « marchand de curiosités » en 1841. Ce dernier la revendra à un antiquaire de la rue de Seine, qui en fera donation au musée de Cluny. Quant aux 6 tapisseries de la *Dame à la licorne,* selon l'exégète alchimique Fulcanelli, elles représenteraient les étapes capitales de la transmutation. On peut voir également au musée de Cluny des vitraux où, parmi les scènes évangéliques, figurent des symboles alchimiques que les érudits prendront un malin plaisir à déchiffrer.

Notre-Dame de Paris : pour rejoindre la cathédrale, prenons la rue Dante. L'auteur de *La Divine Comédie* prit des cours en plein air dans la rue qui suit, la rue du Fouarre, nommée ainsi à cause du *fouarre,* la paille qu'on répandait sur le sol pour protéger les postérieurs des jeunes écoliers. Une fois arrivé ici, on croise la ***rue de la Bûcherie,*** dans laquelle ***Simone de Beauvoir*** louait en 1949 un petit appartement au ***nº 11.*** Traversons maintenant le pont au Double, qui mène au parvis de Notre-Dame, chef-d'œuvre de l'art gothique que Victor Hugo considérait également comme « l'abrégé le plus satisfaisant de la science hermétique ». Pour les adeptes, Notre-Dame est un livre ouvert de symboles alchimiques exposant les démarches à suivre pour arriver au Grand Œuvre : obtenir la pierre philosophale qui permet la transmutation. Levons les yeux pour contempler le portail central (ou portail du Jugement) et ses bas-reliefs sculptés, à l'intérieur desquels sont représentées les images symboliques les plus employées par les alchimistes. Dans le médaillon de la Justice, on peut voir, par exemple, l'image d'une salamandre, « l'or dans la fournaise ». À droite de la porte centrale se trouve le portail Sainte-Anne (ou portail de l'Alchimie), où l'on peut examiner la statue *Saint Marcel foulant au pied le dragon.* On aperçoit sous les pieds de l'évêque un dragon ailé, autre figure symbolique majeure de l'alchimie, mordant l'extrémité de la crosse épiscopale. On doit à Fulcanelli, l'énigmatique alchimiste contemporain, les interprétations ésotériques des sculptures de Notre-Dame, publiées dans un ouvrage désormais classique : *Le Mystère des cathédrales* (réédité chez Jean-Jacques Pauvert, Paris). Descendons la rue du Cloître-Notre-Dame sur le flanc ouest du monument, traversons le pont Saint-Louis pour rejoindre l'île du même nom, et prenons le quai de Bourbon sur la gauche. Avant de traverser, on peut faire une petite halte un peu plus loin ***quai de Bourbon.*** C'est ici que le ***dernier atelier de Camille Claudel*** se trouvait, au ***nº 19*** (une plaque rappelle le souvenir du lieu).

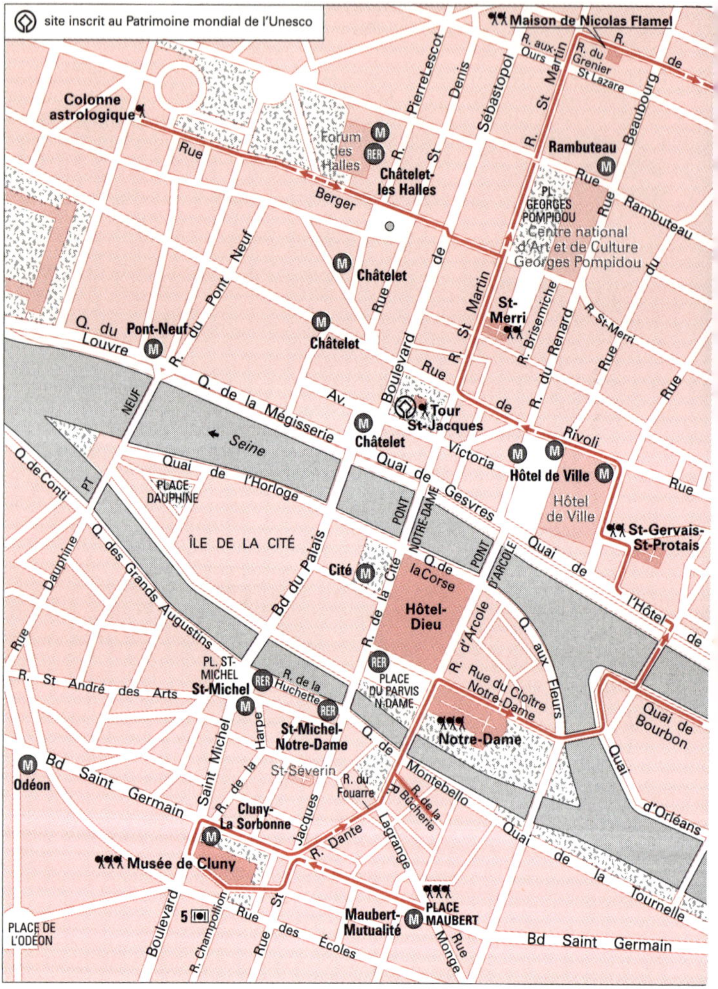

Où manger ? Où boire un verre ?	2 Stands
1 L'Estaminet	du marché

De là, revenons sur nos pas pour traverser la Seine par le pont Louis-Philippe et prenons à gauche sur les quais vers l'Hôtel de Ville. À quelques dizaines de mètres à droite (par la rue de Brosse) se trouve l'une des plus vieilles églises de Paris (VIe s), et certainement l'un des lieux alchimiques parisiens les plus courus.

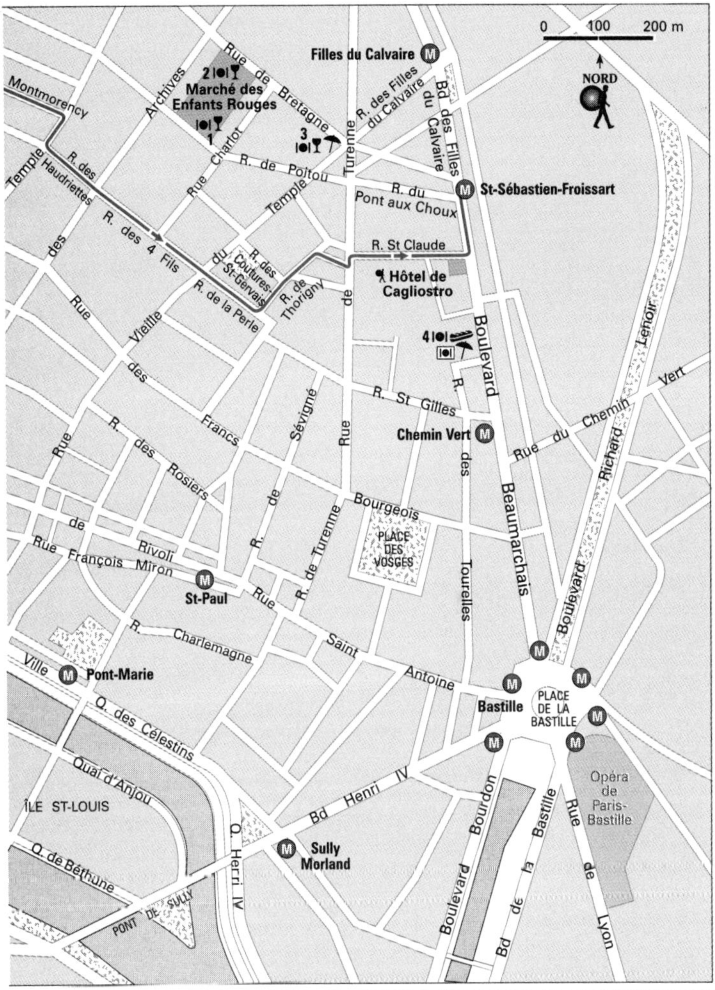

LE PARIS DE L'ALCHIMIE ET DE L'ÉSOTÉRISME

des Enfants-Rouges	**4** Neighbours
3 Le Progrès	**5** Le Reflet

L'église Saint-Gervais-Saint-Protais : *pl. Saint-Gervais, derrière l'Hôtel de Ville.* L'une des plus intéressantes étapes du parcours. Avant d'entrer dans l'église, reprenons nos forces sous le célèbre orme au pied du bâtiment religieux, ceint d'une guirlande de chaînes pour le protéger. Sous ses frondaisons s'échangeaient des promesses inviolables. L'arbre, dont le tronc porte de haut en bas une étrange cicatrice, comme s'il avait été frappé par la foudre, est réputé pour ses forces magnétiques bénéfiques. Essayez ! Il suffit d'apposer la main contre l'écorce. Au bout de quelques minutes, on se sent effectivement revigoré... L'église a été également, du temps de l'évêque saint Germain, le théâtre de faits miraculeux. Les sièges de bois autour du chœur portent de nombreuses figurations sculptées, lesquelles symboliseraient les différentes étapes de l'œuvre alchimique. Votre promenade s'achève là ? Si vous prenez la ligne de métro Château-de-Vincennes – La Défense, ayez une pensée émue pour Nicolas Flamel, dont le laboratoire souterrain, protégé par 7 portes, se trouvait entre les stations Hôtel-de-Ville et Châtelet. Là où, après une vie de travail acharné, à la lueur de son fourneau alchimique, il réussit enfin à « transmuer le plomb vil en or pur ».

La tour Saint-Jacques : *41, rue de Rivoli, 75004. Rens : ☎ 01-83-96-15-05. Résa en ligne obligatoire • desmotsetdesarts.com/offres/visites-guidees-paris/visite-de-la-tour-saint-jacques • De juin à oct, sam-dim 10h-17h (1re et dernière visites) et parfois ven. Entrée : 12 € ; réduc. Interdit aux moins de 10 ans.*

On ne peut pas la rater : haute de 58 m, la tour Saint-Jacques domine tout le quartier du Châtelet. Cette tour est en fait tout ce qui reste – un clocher – de l'église Saint-Jacques-la-Boucherie (les bouchers étaient nombreux aux alentours) construite en 1060 et détruite en 1797. En face de la tour, côté rue de Rivoli, se trouvait la maison, disparue depuis, où habitait le célèbre alchimiste Nicolas Flamel (1330-1418) et qui faisait l'angle de la rue Marivaux (aujourd'hui rue Nicolas-Flamel) et de la rue des Écrivains. De son échoppe d'écrivain public adossée à l'église Saint-Jacques-la-Boucherie, l'alchimiste n'avait que quelques mètres à faire pour rejoindre sa compagne Pernelle dans les caves de sa maison, qui lui servaient de laboratoire. C'est là, après 35 années de labeur, le 17 janvier 1382 vers 12h, qu'il réussit sa 1re transmutation. Avant d'arriver à ses fins, Flamel avait passé de longues années à tenter de déchiffrer le manuscrit enluminé d'un certain Abraham le Juif, ouvrage sans texte (livre muet) dont les illustrations représentaient le Grand Œuvre. Lors d'un voyage en Espagne, l'alchimiste, déguisé en pèlerin de Saint-Jacques-de-Compostelle, rencontra un savant vieillard qui lui confia le secret de l'énigmatique livre d'Abraham. La fortune subite du couple Flamel, qui possédait un important patrimoine immobilier, contribua à faire grossir la rumeur que l'alchimiste possédait la pierre philosophale. Nicolas Flamel ne fut pourtant pas avare de ses richesses. Généreux donateur, il n'oublia pas les pauvres de sa paroisse et fit construire à ses frais le portail de l'église Saint-Jacques-la-Boucherie, où il fut enterré. Quelques siècles plus tard, un certain Paul Lucas affirma avoir rencontré Flamel en Asie, devenu immortel grâce à l'élixir de longue vie...

Selon les adeptes de l'art hermétique, la tour Saint-Jacques serait un carrefour de courants telluriques dont les gargouilles indiqueraient les axes. Anecdote plus prosaïque : en 1797, la tour fut louée à un fabricant de plomb de chasse, qui jetait du sommet le plomb en fusion. En tombant, les gouttes de métal prenaient la forme d'une balle et se solidifiaient dans des baquets d'eau en bas de la tour. Fermez les yeux et imaginez le sifflement du métal incandescent dans l'air et le crépitement au contact de l'eau.

La tour reste un lieu de rendez-vous pour les pèlerins de Saint-Jacques-de-Compostelle : ce n'est rien de moins que le départ de l'un des chemins de Compostelle, la via Turonensis. Récemment rénovée, la tour ne manque pas d'allure et elle est désormais accessible (payant ; mais beaucoup d'amateurs et peu d'élus !). Après avoir gravi 300 marches, on découvre une bien belle vue sur la capitale. Son sommet abrite un observatoire météorologique.

L'église Saint-Merri : *entrée par le 78, rue Saint-Martin et par le 76, rue de la Verrerie. Tlj 12h-19h ; 9h30-19h dim. La crypte se visite ts les 1er et 3e dim du mois (sauf en août). Tte l'année, on peut assister à des concerts de musique classique sam à 20h et dim à 16h (programme sur Internet). « Et c'est gratuit ! » précise M. le curé.*

Quasiment dans le prolongement de la tour Saint-Jacques se trouvent la rue Saint-Martin et l'église Saint-Merri, ancienne chapelle dédiée à saint Pierre (le

portier du Paradis) et de tout temps haut lieu de rendez-vous des alchimistes. Comme Notre-Dame, cette église du XVIe s est sujette aux interprétations ésotériques des alchimistes. Ceux qui voudraient en savoir plus se reporteront à l'article d'Eugène Canseliet, élève et disciple de Fulcanelli, publié en 1964 dans le n° 223 de la revue *Atlantis*.
À l'extérieur de l'église, au sommet du portail central, est sculpté un petit démon cornu, ailé, avec des seins de femme et un sexe d'homme. L'inquiétant personnage, appelé aussi « le petit Baphomet » (figure des templiers), ainsi qu'un pentagramme inversé, donneront au lieu une réputation satanique injustifiée. Pour les alchimistes, le petit hermaphrodite ailé n'est que la représentation de la figure alchimique Rebis, être bisexué né des amours d'un vieillard et d'une jeune vierge, symbole du mercure, dont la mort donnera naissance au Phénix, personnage métaphorique de la pierre philosophale. Pour le truculent et sympathique curé actuel, ce serait la facétie d'un sculpteur qui aurait « tiré le portrait » d'un curé de l'époque. À gauche de l'église, sur une tour, un campanile en bois renferme la plus ancienne cloche de Paris ; c'est elle qui annonce les messes quotidiennes.
Entrons maintenant à l'intérieur de l'église pour observer les vitraux dont les ornements ont donné lieu également à de nombreuses interprétations à caractère alchimique. À gauche du chœur, sur un vitrail, serait inscrite en latin la définition de la pierre philosophale. La sacristie possédait aussi un étrange tableau, *Sainte Geneviève gardant ses moutons...* à l'intérieur d'une enceinte de pierre. Cette peinture, aujourd'hui au musée Carnavalet, serait en fait une allégorie de l'œuvre au blanc (opération de la transmutation des métaux en argent). Enfin, la crypte de l'église, pour certains adeptes, serait, par sa position géographique, le véritable centre occulte de Paris. On trouve dans l'église l'un des plus vieux bénitiers de la ville, aux armes d'Anne de Bretagne, récemment restauré. La vasque en pierre avait rendu l'âme sous le poids d'une bigote qui s'était assise dessus lors d'un jour d'affluence. Avant une grand-messe, un mécréant y avait également renversé une bouteille de mercurochrome. Le curé était un peu surpris de voir arriver ses paroissiens le visage peinturluré.

La colonne astrologique : accolée à l'arrière de la Bourse de commerce. Le bâtiment circulaire iconique du quartier des Halles a retrouvé un nouveau souffle et offre au regard du visiteur une partie de la ***collection d'art contemporain de François Pinault*** (Jeff Koons, Charles Ray, Philippe Parreno...), à qui la Ville de Paris a confié le bâtiment pour une concession de 50 ans. Cette colonne, collée à la Bourse de commerce, est l'unique vestige du grand hôtel de la Reine, construit pour Catherine de Médicis, qui s'élevait à cet emplacement. Troublée par les prédictions d'une diseuse de bonne aventure, la reine s'était réfugiée dans cet hôtel et fit ériger, en 1575, cette mystérieuse colonne de style toscan. Les 4 angles correspondent précisément aux 4 points cardinaux. Colonne, bien sûr, qui servit d'observatoire à Ruggieri, l'astrologue italien de la reine. Nos lecteurs curieux noteront encore quelques monogrammes composés des lettres *C* et *H* mélangées (*C* pour Catherine et *H* pour Henri II).

La maison de Nicolas Flamel : 51, rue de Montmorency, 75003. Longeons le parvis du Centre Georges-Pompidou (prévoir quelque menue monnaie pour les saltimbanques qui y sévissent), puis remontons la rue Saint-Martin jusqu'à la rue de Montmorency. Au n° 51 de cette rue est sise l'une des plus anciennes maisons de Paris. Nicolas Flamel l'a fait construire en 1407 pour y loger gratuitement les indigents (maraîchers et laboureurs). En contrepartie, ces derniers devaient réciter chaque matin un *Pater* et un *Ave* pour les morts. L'histoire ne dit pas si le pieux alchimiste passait dès potron-minet à l'improviste pour s'assurer de la ferveur de ses locataires. La façade de la maison est toujours ornée de figures et inscriptions, dont la devise alchimique (pas très réjouissante) : *ora et labora* (« prie et travaille »). On peut lire également au-dessus des fenêtres du rez-de-chaussée cette inscription en lettres gothiques qui rappelait à l'ordre les locataires : « *Nous homes et fèmes laboureurs demourans ou porche de ceste* *maison qui fu fée en l'an de grace mil quatre cens et sept : sommes tenu chacû en droit sou dire tous les jours une pastenotre et un ave maria...* »

On peut faire ici une pause gastronomique, la maison de l'alchimiste abrite aujourd'hui un restaurant de cuisine française traditionnelle *(tlj 12h-14h30, 19h-22h30 ; menus déj en sem 23-28 €, le soir 42-65 €).*

L'hôtel de Cagliostro : *1, rue Saint-Claude, 75003.* Petite traversée du Marais pour rejoindre la rue Saint-Claude. Au nº 1, l'ancien hôtel de Bouthillier, construit en 1719, qui fut le domicile du célèbre comte de Cagliostro. En 1785, l'alchimiste y aménagea son laboratoire ainsi qu'un cabinet de consultation pour les pauvres qu'il soignait gratuitement. En revanche, les nantis devaient payer le prix fort pour bénéficier des soins de l'illustre guérisseur. Le peuple parisien ne se montra pas ingrat envers lui. À sa sortie de la Bastille, où il avait été incarcéré à la suite de son implication dans l'affaire du Collier de la reine, c'est une foule en délire qui le porta jusqu'à la rue Saint-Claude. De la fenêtre du balcon de l'hôtel, Cagliostro remercia longuement la multitude qui l'acclamait. Ce succès populaire fit de l'ombre à Louis XVI, qui ordonna son expulsion de France. Cagliostro laissait entendre qu'il avait découvert l'élixir de longue vie et la pierre philosophale. Pour certains, il est un véritable maître alchimiste ; pour d'autres, un imposteur génial ; l'histoire universitaire l'assimile plutôt à un escroc de haute voltige...

Fin de la balade

Allez, vous en savez assez pour tenter à votre tour de transformer, après une telle balade, vos semelles de plomb en une retraite dorée bien méritée ! Le ***métro Saint-Sébastien-Froissart*** est là, tout proche !

Où manger ? Où boire un verre ?

Important ! Voir aussi les adresses sélectionnées :
- pour la balade nº 6 « La prise de la Bastille et la Révolution dans le Marais » : ***Le Progrès*** *(plan,* ***3****)* et ***Neighbours*** *(plan,* ***4****)* ;
- pour la balade nº 24 « Mai 68 au Quartier latin » : ***Le Reflet*** *(plan,* ***5****).*

Avec un p'tit verre

L'Estaminet *(plan,* ***1****)* **:** *marché des Enfants-Rouges, 39, rue de Bretagne, 75003. ☎ 01-42-72-28-12. • lestaminetdesenfantsrouges@gmail.com • Ⓜ Filles-du-Calvaire ou Saint-Sébastien-Froissart. Jeu 11h-16h, ven 11h-20h, sam 9h-20h (23h jeu-sam aux beaux jours), dim 9h-15h30. Résa conseillée. Plats du jour 14-16 € ; belles assiettes de charcuterie 9-18 € (petite ou grande) ; brunch sam-dim 24 €.* Un bistrot aménagé dans un angle, au cœur du marché des Enfants-Rouges (le plus vieux marché couvert de Paris). Pour grignoter, on s'installe sur les tables à l'extérieur (chauffé l'hiver) ou dans la salle, minuscule. La plupart des produits proviennent tout droit de nos régions. Quant aux vins, ils mettent eux aussi dans le mille ! Les prix sont « nets, sourire compris ».

Stands du marché des Enfants-Rouges *(plan,* ***2****)* **:** *39, rue de Bretagne, 75003. ☎ 01-48-04-34-59. Ⓜ Filles-du-Calvaire. Tlj sauf lun 8h30-19h (14h dim ; jusqu'à 23h en été). Plats ou formules du jour env 13-15 €.* C'est la cantine préférée des amoureux de ce quartier, qui viennent avant le service humer les parfums se dégageant des différents stands pour voir ce qui se prépare de bon. Sous la grande halle du marché couvert, l'un des plus vieux de Paris, vous avez le choix des régions et des nationalités. Juste quelques tables, par-ci par-là, ou des comptoirs où s'accouder en bonne compagnie. Vous êtes plus Japon que libanais, végétarien que burger, italien qu'antillais ? Explorez !

LA PRISE DE LA BASTILLE ET LA RÉVOLUTION DANS LE MARAIS

• Plan *p. 81*

BALADE N° 6 : 3 km – 2h

Voici un itinéraire qui ne devrait pas fatiguer vos gambettes. Nous allons partir sur les traces de la prise de la Bastille. Même s'il ne reste pas grand-chose de la célèbre forteresse, il subsiste cependant suffisamment de témoignages pour exciter votre imagination. Vous qui avez pourtant foulé cette place des dizaines de fois, certains détails insolites devraient quand même vous avoir échappé jusqu'à présent...

UN PEU D'HISTOIRE

Le château de la Bastille, poste avancé de la défense de Paris, fut construit à la fin du XIVe s, pendant la guerre de Cent Ans. Il devint ensuite au fil des siècles cette célèbre prison, symbole de l'absolutisme royal. Les « grands » s'y retrouvaient « embastillés » à cause des fameuses lettres de cachet signées par le roi. On ne pouvait espérer en sortir qu'avec une nouvelle lettre indiquant qu'on était libéré. Il arrivait parfois que des pensionnaires fussent oubliés. Voici quelques locataires célèbres : le surintendant des Finances Fouquet, la Voisin (l'empoisonneuse), le célèbre Masque de fer, Voltaire en 1717, accusé d'avoir fait circuler la rumeur que le régent avait des rapports incestueux avec sa fille, Latude en 1749 (recordman des évasions, 35 ans de prison en tout), le cardinal Louis de Rohan, Mme de La Motte et Cagliostro en 1785 (pour l'affaire du Collier de la reine), le marquis de Sade (il quitta la Bastille début 1789 pour une maison d'aliénés à Charenton)... Jamais beaucoup de monde en même temps (40 cn moyenne et 19 sous Louis XVI) et des conditions d'emprisonnement extrêmement confortables pour beaucoup d'entre eux ; certains prisonniers pouvaient avoir leur domestique, recevoir des amis (Rohan fit un soir un dîner de 20 personnes), se balader dans les jardins du gouverneur, se plaindre de la nourriture (Latude critiqua les poulets insuffisamment lardés !), etc.

L'entretien de la prison coûtait une fortune au roi. En outre, elle empêchait le développement de

> **LA RÉVOLUTION A COMMENCÉ ICI**
>
> *Au 31 bis, rue de Montreuil se trouvait la manufacture* Réveillon, *qui fabriquait du papier peint. Le 28 avril 1789, le patron eut la folle idée de baisser les salaires. Aussitôt, les ouvrières manifestèrent et la troupe chargea. Au total, 12 morts. La Révolution était en marche.*

la ville vers l'est, au point que le ministre Necker avait même envisagé sa démolition. Les rumeurs d'intervention de l'armée et les discours enflammés de Camille Desmoulins le 13 juillet 1789 au Palais-Royal se chargèrent du problème. La foule, dans sa quête d'armes, passa aux Invalides, puis à l'Arsenal, pour finir à la Bastille, ce symbole donc de l'arbitraire royal. Elle n'y trouva finalement que 7 prisonniers : 4 faussaires (qu'on remprisonna le lendemain d'ailleurs), 1 fou, 1 noble incestueux et 1 complice du régicide Damiens, oublié là depuis une trentaine d'années. On était loin de la geôle sordide gorgée de prisonniers enferrés, décrite avec horreur et honnie par l'opinion publique.

Pourtant, la prise de la Bastille reste emblématique de la Révolution française. Malgré les morts, il y eut au début, dans la chute de ce symbole de la tyrannie, encore un côté festif dans l'action, une joie immense de la conquête de la liberté. Surtout, le peuple apparut là vraiment comme acteur principal de l'histoire. Pour l'anecdote, 863 brevets de vainqueurs de la Bastille furent accordés aux participants. Sa démolition donna l'occasion à un petit malin, le citoyen Palloy, de faire fortune rapidement. Il s'imposa immédiatement comme opérateur principal du démantèlement et se mit à vendre des pierres souvenirs de la Bastille. 83 maquettes du château, sculptées dans des blocs, furent envoyées dans tous les départements pour « y perpétuer l'horreur du despotisme ». Pendant la démolition, des visites étaient organisées. Gag : le guide n'était autre que... le célèbre Latude (qui connaissait bien la maison !). En octobre, le boulot était achevé.

LA (SUR)PRISE DE LA BASTILLE

Palloy, entrepreneur en bâtiments, racheta les pierres de la forteresse de la Bastille à bas prix. Il en grava un certain nombre, les transforma en presse-papier et en revendit une grande quantité. Durant cette époque troublée et incertaine, il était prudent d'en acheter... Il fit fortune. Avec le retour des Bourbons en 1814, Palloy fut certainement pris de remords et devint... royaliste.

En 1791, le cercueil de Voltaire, en route pour le Panthéon, y fut déposé. En juin 1794, on y installa la guillotine. Devant les protestations des riverains, elle déménagea au bout de 3 jours place du Trône-Renversé (place de la Nation).

BALADE N° 6

Départ

➢ *Du **métro Bastille.** Compter... 900 m, allez, peut-être 1 km ! Un peu moins de 3 km si l'on effectue une petite extension au Marais. Durée : 1h30-2h.*

À voir

Le tracé de la Bastille *(plan, **80**)* **:** *rue Saint-Antoine, devant l'arrêt de bus qui se trouve à la hauteur de la rue Jacques-Cœur.* Tracé en pavés d'une des tours sur le sol, c'est le plus « visible ». Plus loin sur la place elle-même, à l'angle de la rue Saint-Antoine, ainsi qu'à la hauteur du 49, boulevard Henri-IV, on en voyait d'autres, mais plus tellement discernables aujourd'hui.

La statue de Beaumarchais *(plan, **81**)* **:** *à l'angle des rues Saint-Antoine et des Tournelles.* Normal que nous rendions hommage à Beaumarchais, qui, par ses écrits, fut l'un des prophètes de la Révolution ! En 1788, il avait pu s'offrir, aux abords de la Bastille, un bel hôtel particulier (aujourd'hui disparu). Avec sa pièce *Le Mariage de Figaro,* interdite pendant 6 ans par la censure, furent exprimées, pour la 1re fois sur une scène française, les doléances et revendications des opprimés.

La rue Jacques-Cœur *(plan, **82**)* **:** c'est ici, à l'angle avec la rue Saint-Antoine, que se situait l'avant-cour, la véritable entrée de la Bastille. En effet, le château

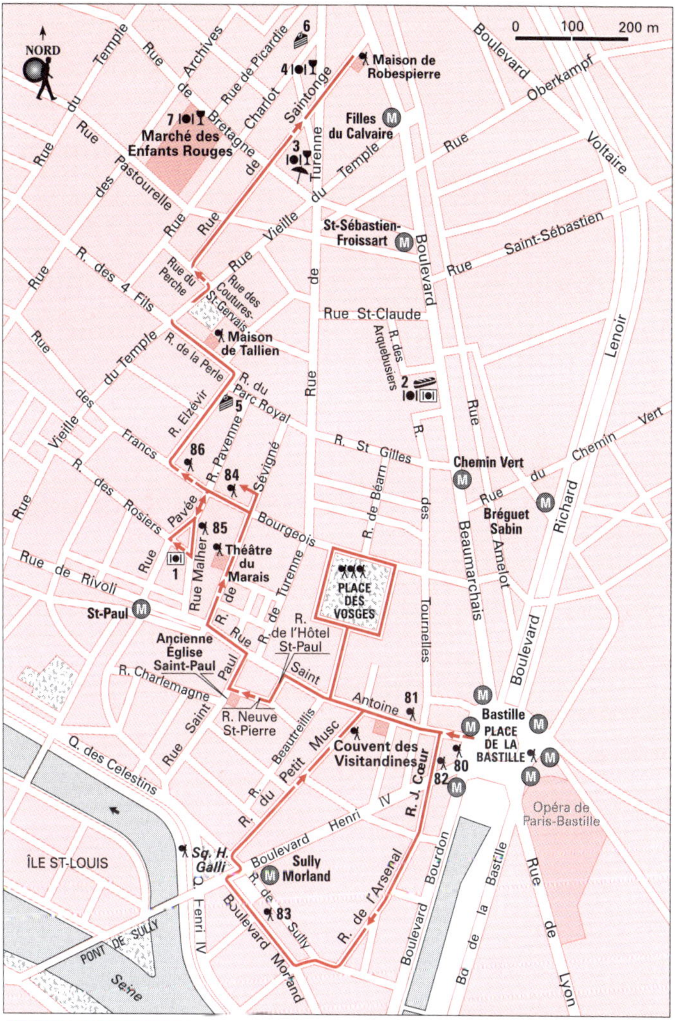

LA PRISE DE LA BASTILLE ET LA RÉVOLUTION DANS LE MARAIS

À voir

- **80** Tracé de la Bastille
- **81** Statue de Beaumarchais
- **82** Rue Jacques-Cœur
- **83** Arsenal
- **84** Musée Carnavalet – Histoire de Paris
- **85** Prison de la Force
- **86** Demeure de 1792

Où manger ?
Où déguster une bonne pâtisserie ?
Où boire un verre ?

- **1** Le Loir dans la Théière
- **2** Neighbours
- **3** Le Progrès
- **4** La Briciola
- **5** Pâtisserie Méert
- **6** Jacques Genin
- **7** Stands du marché des Enfants-Rouges et L'Estaminet

ne se trouvait pas sur la place proprement dite (comme beaucoup de gens le pensent), mais à l'emplacement des immeubles côté rue Saint-Antoine. La place actuelle ne prit son aspect définitif que dans la 2de moitié du XIXe s, avec le percement de la rue de Lyon, celui du boulevard Henri-IV et la construction de la gare de la Bastille (prédécesseur de l'Opéra).

Au ***nº 3*** de la ***place de la Bastille,*** immeuble reconstruit après la Commune de Paris (inscription), pour lequel on réutilisa une pierre qui reçut un boulet de 1789 (à hauteur du 1er étage, inscription). À côté, sur la même façade, plaque avec le plan de la Bastille. C'est là que l'on mesure que le château n'était pas si grand (environ 66 m par 30 m).

Le vestige de la contrescarpe : *dans le métro Bastille, sur le quai (ligne 5, direction Bobigny).* On découvre ce p'tit bout de la contrescarpe (mur du fossé côté extérieur), dont on peut suivre le tracé métallique au sol.

La fresque murale : *on reste dans le métro, changement de ligne, pour la nº 1 (Château-de-Vincennes – La Défense), sur le quai, direction La Défense.* Découvrez cette magnifique fresque murale en céramique sur la Révolution française. Elle est particulièrement animée et colorée. Quelques figures en relief, côté sortie boulevard Bourdon.

L'Arsenal *(plan,* ***83****)* ***:*** *bd Morland, 75004.* C'est là que les émeutiers du 14 juillet 1789 tentèrent de trouver des armes. Difficile de ne pas deviner la destination du bâtiment avec les bouches à feu crachant la poudre sur le toit, les canons sculptés sous la corniche, les boulets, affûts et autres symboles.

Le square Henri-Galli : *à l'angle des bd Henri-IV et Morland.* Pierres d'une des tours, dite « tour de la Liberté » (celle où fut enfermé le marquis de Sade), redécouvertes en 1899 et transportées ici. Cette tour était placée face à la ville ; on accordait à certains prisonniers la liberté de monter au sommet pour respirer un coup et dire bonjour aux amis.

➢ Fin de l'itinéraire « Prise de la Bastille ». Métro le plus proche : Sully-Morland. Mais on peut aussi continuer la balade jusqu'au bout, avec la ***rue Saint-Antoine*** pour quelques ultimes témoignages de la Révolution dans le Marais. Cette rue Saint-Antoine, l'une des plus anciennes de Paris, qui connut tant de mouvements de foule, qui vit passer tant de charrettes de condamnés vers la place de Grève (à l'Hôtel de Ville) ou du Trône-Renversé (la Nation). Du square Henri-Galli, prenons la rue du Petit-Musc jusqu'à la rue Saint-Antoine.

Le couvent des Visitandines : *17, rue Saint-Antoine, 75004.* Du couvent, détruit en 1792, ne subsiste que la chapelle sur rue, œuvre de Mansart (1632), transformée pendant la période révolutionnaire en club républicain animé par la célèbre Théroigne de Méricourt (voir la balade nº 7 « La Révolution française au Quartier latin. À voir. Les locataires de la rue de Tournon »). Insolite, cette pierre de l'époque, à droite de la façade, gravée de l'inscription quasi effacée « LOIX ET ACTES DE L'AUTORITÉ PUBLIQUE » (dans le texte). Au nº 19, à droite dans la cour, vestiges du cloître (plaque), mais il y a un digicode. Si vous êtes patient et poli, profitez de la présence de quelqu'un pour demander à jeter un œil (rapide et discret), dans la cour de l'immeuble, sur les vestiges du cloître !

La place des Vosges : construite par Henri IV, elle s'appela *Royale* jusqu'en 1792, puis *de l'Indivisibilité.* Elle ne prit son nom de place des Vosges qu'en 1800, pour honorer le 1er département français qui avait entièrement payé ses impôts. La statue de Louis XIII qui y trônait fut fondue en 1792 et on y planta un arbre de la Liberté. Une autre, en pierre, est venue la remplacer en 1829 et a dû être renforcée par un pilier sous le cheval. Utilisée comme champ de manœuvres pour la garde nationale, elle abrita aussi un bureau d'enrôlement de volontaires quand la patrie fut en danger. Pour l'anecdote, en février 1626, au ***nº 1*** de la place, Marie de Rabutin-Chantal, mieux connue sous le titre de ***marquise de Sévigné,***

vit le jour. La jeune aristocrate, familière du quartier du Marais, fut baptisée à deux pas de la place, en l'église Saint-Paul-Saint-Louis.

À l'angle des rues Saint-Paul et Neuve-Saint-Pierre, pan de mur de l'***ancienne église Saint-Paul,*** détruite après la Révolution. Ce qui reste est un vestige de la tour-clocher. Ici se trouvait aussi le ***cimetière Saint-Éloi.*** Fermé en 1791 pour permettre la construction de bâtiments, il ne fut pas déplacé. Si bien que sous vos pieds, des occupants aussi illustres que le Masque de fer, Jean Nicot (mort en 1600, dont le nom donna le mot « nicotine »), François Rabelais (mort en 1553) et Madeleine Béjart (maîtresse et non moins belle-mère de Molière) hantent encore les lieux.

Le théâtre du Marais : *11, rue de Sévigné, 75004.* Construit en 1791, en partie avec des pierres provenant de la Bastille, dit-on. Beaumarchais y monta sa pièce *La Mère coupable* (et on en joua bien d'autres). Fermé en 1809. Subsiste cette curieuse façade de style classique avec ses pilastres ornés de palmes et rinceaux.

Le musée Carnavalet – Histoire de Paris *(plan,* ***84****)* ***:*** *23, rue de Sévigné, 75004. ☎ 01-44-59-58-58. • carnavalet.paris.fr • Ⓜ Saint-Paul ou Chemin-Vert. ♿ (dont des dispositifs de médiation adaptés aux différentes formes de handicap). GRATUIT.* ***Attention, le musée ne rouvrira ses portes qu'au printemps 2021.*** Un des plus fascinants musées parisiens, composé de 2 beaux hôtels particuliers : Carnavalet et Le Peletier de Saint-Fargeau. Par une délicieuse ironie de l'histoire, les collections consacrées à la Révolution française sont abritées dans l'hôtel de Saint-Fargeau. Ce dernier, devenu citoyen Le Peletier après avoir épousé la cause de la Révolution (ou retourné sa veste, ça dépend où l'on se place !), avait même voté la mort du roi (et payé de sa vie ; voir la balade n° 8 « La Révolution française au Palais-Royal. À voir. La galerie de Valois »). Abondante iconographie et moult émouvants souvenirs. Entre autres, une pierre sculptée de la Bastille, des faïences patriotiques, les tables de la Constitution et des Droits de l'homme posées jadis derrière le président de la Convention, un vrai bonnet rouge de sans-culotte, des portraits de Danton, Robespierre, etc. Le musée est en train de se refaire une beauté : on attend avec impatience sa réouverture !

La prison de la Force *(plan,* ***85****)* ***:*** à l'époque, elle s'étendait de l'angle des rues Malher et du Roi-de-Sicile jusqu'à la rue Pavée, et était composée de la *Grande Force* (la prison des hommes) et de la *Petite Force* (celle des femmes), plus au nord, vers la rue des Francs-Bourgeois. Les 2 prisons fusionnèrent en 1792. Entre les n°s 22 et 24 de la rue Pavée, à la limite de l'*hôtel de Lamoignon,* noter ce chaînage de blocs de pierre qui dépasse, ultime vestige de la Petite Force. C'est ici qu'à partir du 10 août 1792 furent emprisonnés les membres et les familiers de la famille royale et qu'eurent lieu les trop célèbres massacres de septembre. Les 2 et 3 septembre, un tribunal siégeant à la Force rendit nombre de « jugements de libération », mais sitôt la porte passée, les relaxés se voyaient violemment assommés, puis exécutés à coups de bûche. C'est là que se situe l'épisode sanglant de la princesse de Lamballe, qui provoqua la fureur des bourreaux pour avoir protesté devant l'amoncellement des cadavres dans la rue. Elle fut rouée de coups, exposée nue 2h durant devant la foule, avant d'être décapitée. Le cortège partit ensuite vers le Temple, précédé de la tête de la princesse au bout d'une pique et de son cœur accroché à un sabre. Cette hystérie collective ne représente pas, il faut bien le reconnaître, la plus belle page de la Révolution à Paris ! Continuons, on ne peut rester sur une note aussi dramatique !

Au ***20, rue des Francs-Bourgeois*** *(plan,* ***86****),* l'une des rares bâtisses de l'époque de la Révolution. Sur le balcon en fer forgé, « 1792 », la date de construction.

Enfin, les robespierristes iront effectuer un pèlerinage au ***64, rue de Saintonge.*** Emplacement du lieu où l'Incorruptible habita à son arrivée à Paris, de 1789 à 1791 (aujourd'hui la poste). En passant par la ***rue de la Perle,*** au ***n° 14,*** en lieu et place de l'actuelle crèche, se trouvait la maison occupée par ***Tallien*** et où se tint la réunion qui prépara la chute de Robespierre. Quant au ***Temple,*** situé à l'emplacement du square et de la mairie du 3e, il n'en reste plus une seule trace. On doit cette disparition à Napoléon, qui ordonna sa destruction en 1808, en déclarant : « Cette prison-là renferme trop de souvenirs, il faut la démolir ! »

LA STATUE DE LOUIS XIV SAUVÉE PAR L'OUBLI !

Cette statue en bronze de Louis XIV, œuvre du grand Coysevox, qui se trouve au beau milieu de la cour pavée du musée Carnavalet, est la seule qui ait survécu à la fonte durant la période révolutionnaire. Alors qu'elle était installée dans l'Hôtel de Ville, siège de la Commune, la population ne pensa pas à venir vérifier s'il s'y trouvait du bronze royal à fondre. C'est ainsi que la statue traversa la tourmente à la barbe de tous... pour se retrouver paisiblement ici !

Fin de la balade

Pour ceux qui interrompent leur itinéraire au musée Carnavalet, retour vers le ***métro Saint-Paul*** et... rendez-vous à la prochaine révolution ! Pour les robespierristes, votre Thermidor, pardon terminus sera ***Filles-du-Calvaire*** (celles qu'on a envoyées place du Trône-Renversé ?).

Où manger ? Où déguster une bonne pâtisserie ? Où boire un verre ?

Important ! Voir aussi les adresses sélectionnées pour la balade n° 5 « Le Paris de l'alchimie et de l'ésotérisme » : les ***stands du marché des Enfants-Rouges*** *(plan,* ***7****)* et ***L'Estaminet*** *(plan,* ***7****)*, non loin.

Sur un plateau

Le Loir dans la Théière *(plan,* ***1****)* **:** *3, rue des Rosiers, 75004. ☎ 01-42-72-90-61. Ⓜ Saint-Paul. Tlj 9h-19h30. Tartes salées et plats du jour 10-14,50 € ; l'ap-m, formule 13 € (thé + une tarte ou un gâteau) ; brunch w-e 22,50 €.* Mieux vaut le savoir : on trouve souvent la queue à la porte de ce salon de thé à la déco hétéroclite. Rançon du succès donc, on peut avoir le sentiment d'être poussé vers la sortie pour laisser la place. Cela dit, une fois installé, les épaisses tourtes aux épinards *(pascualina)* ou les tartes salées, la tarte pommes-noix-cannelle ou celle au citron meringuée, donnent déjà envie de revenir. Quelques salades également et, salon de thé oblige, une bonne sélection de thés.

Neighbours *(plan,* ***2****)* **:** *89, bd Beaumarchais, 75003. 07-67-99-99-91. Ⓜ Saint-Sébastien-Froissart ou Chemin-Vert. Lun-ven 8h30-16h, sam-dim 9h-17h. Plats env 11-15 €.* Discret mais stratégiquement situé, ce petit local pimpant au mobilier rétro est une bonne halte à toute heure. Le matin, granola ou *banana bread* permettent de commencer la journée en fanfare, tandis qu'au déjeuner *crumpets* garnis et autres plats du jour sans frontière (les proprios sont Australiens) font mieux que caler un petit creux. Quant au café, spécialité de *Neighbours,* il est toujours au top. Et si l'inspiration survient pendant la dégustation, il y a quelques crayons pour pondre un dessin qu'on ira punaiser aux toilettes !

Avec un p'tit verre

Le Progrès *(plan,* ***3****)* **:** *1, rue de Bretagne, 75003. ☎ 01-42-72-01-44. Ⓜ Saint-Sébastien-Froissart* *ou Filles-du-Calvaire. Tlj 12h-minuit. Congés : vac de fin d'année. Plats 14-21 € ; carte 25-30 €. Café offert sur présentation de ce guide.* Une institution locale ! Ce bistrot de quartier typique, avec ses vieilles chaises et son lustre seventies, est un incontournable pour les habitués de toujours et les néobobos. Un conseil : commandez dès l'arrivée ! Cuisine généreuse de saison, bonnes viandes, et surtout accompagnements très réussis : le patron a fait ses classes chez Robuchon ! Bons desserts maison. Service sympa. Une adresse branchée, mais dont les prix restent raisonnables.

La Briciola *(plan,* **4***)* **:** *64, rue Charlot, 75003. ☎ 01-42-77-34-10. Ⓜ Filles-du-Calvaire ou République. Tlj sauf dim 12h-14h30 (15h sam), 19h30-23h (23h30 ven-sam). Congés : 2 sem mi-août et 1 sem pdt les fêtes de fin d'année. Pizzas 10-15 € ; carte env 25 €.* Limoncello *offert sur présentation de ce guide.* Une adresse discrète où les habitués venus en voisins investissent les tables en formica bien agencées. Côté cuisine, c'est du bon et de l'authentique, avec quelques *antipasti* en entrée, suivis d'un choix de pizzas garnies de produits bien frais ou de petits plats du jour italiens. Vins de toute l'Italie et *vino della casa.*

Au goûter

Pâtisserie Méert *(plan,* **5***)* **:** *16, rue Elzévir, 75003. ☎ 01-49-96-56-90. Ⓜ Saint-Paul. Lun 14h-19h30 ; mar-ven 10h30-13h30, 14h-19h30 ; sam 10h30-19h30 ; dim 10h30-18h30.* La fameuse pâtisserie lilloise a sa succursale dans la capitale. Ambiance style bonbonnière du XVIIIe s où s'alignent chocolats, pâtes de fruits, macarons, biscuits et autres douceurs à emporter. Mais c'est surtout pour ses fameuses gaufres à la vanille de Madagascar (vendues bien cher) que les Parisiens et les visiteurs de passage viennent s'y approvisionner. Miam, miam !

Jacques Genin *(plan,* **6***)* **:** *133, rue de Turenne, 75003. ☎ 01-45-77-29-01. Ⓜ Filles-du-Calvaire. Tlj sauf lun 11h-19h ; boutique mar-ven 11h-19h, sam 11h-19h30. Pâtisserie 9 €.* Une boutique de luxe où chocolats, pâtes de fruits et autres douceurs sont présentés comme des œuvres d'art. Autant le savoir d'entrée, les prix battent des records ! Mais on est ici chez un « fondeur en chocolat »... Tout un programme ! Les (fines) gueules sucrées se damnent pour le paris-brest, un must ! Sans oublier le fameux chocolat chaud, à savourer enfoncé dans un fauteuil en cuir dans le très chic salon de dégustation.

LA RÉVOLUTION FRANÇAISE AU QUARTIER LATIN

• Plan *p. 87*

BALADE N° 7 : 4 km – 2h à 3h30

UN PEU D'HISTOIRE

D'importants événements de la Révolution française se sont déroulés dans les 5e et 6e arrondissements. Ces derniers ont abrité, par ailleurs, quantité de ses illustres acteurs. En outre, berceau de l'*Encyclopédie,* le Quartier latin a eu un rôle prépondérant dans le mouvement des Lumières, période de riche vie intellectuelle. En 1791, sur 43 imprimeurs parisiens, plus de 30 travaillaient dans le coin. En 1789, lors des élections aux états généraux, le quartier révéla l'un des niveaux de conscience politique les plus élevés. Aujourd'hui, le quartier étant entièrement classé, il subsiste pas mal de témoignages architecturaux, signes, clins d'œil de cette époque (malgré les destructions haussmanniennes dans le secteur, notamment lors de la percée du boulevard Saint-Germain). La structure urbaine préservée (immeubles anciens, passages, ruelles étroites, cours pavées...) possède, en outre, un puissant pouvoir d'évocation. L'imagination vagabonde a tôt fait de recréer des ambiances et des couleurs...

Départ

➢ *Du* ***métro Maubert-Mutualité.*** *Env 4 km et 3h30 en prenant votre temps. Emprunter la rue de la Montagne-Sainte-Geneviève pour rejoindre la pl. du Panthéon.*

À voir

L'église Saint-Étienne-du-Mont : *pl. du Panthéon, 75005. Derrière le Panthéon. Lun 18h30-19h30 ; mar-ven 8h45-19h45 ; sam-dim 8h45-12h, 14h30-19h45.*
Commencée sous Louis XII en 1510, l'église fut achevée sous Louis XIII en 1626. Elle fut bâtie à l'emplacement d'une ancienne abbaye où l'on priait sainte Geneviève, patronne de Paris, qui prit la défense des habitants de Lutèce lors de l'invasion d'Attila et de son armée barbare, les Huns. Ses prières, dit-on, sauvèrent la cité. Cette abbaye englobait à la fois l'église actuelle, le lycée Henri-IV et la place du Panthéon. Lors de la Révolution, l'église, aux influences gothiques et italiennes, fut pratiquement vidée de toutes ses richesses. Les chanoines en ont été chassés et leur abbaye déclarée bien national en 1790. On fit brûler les ossements de sainte Geneviève place de Grève (actuelle place de l'Hôtel-de-Ville), jeter ses cendres dans la Seine, et fondre sa châsse à la Monnaie.

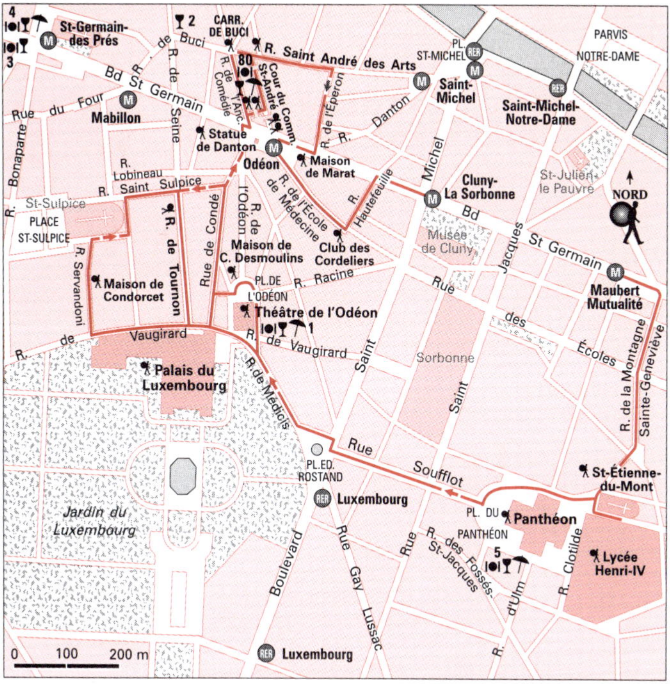

LA RÉVOLUTION FRANÇAISE AU QUARTIER LATIN

À voir

- **80** Café Le Procope

Où manger ? Où boire un verre ?

- **1** Au Petit Suisse
- **2** Le Bar du Marché
- **3** Brasserie Lipp
- **4** Le Café de Flore
- **5** Café de la Nouvelle Mairie
- **80** Le Procope

Fermée, puis débarrassée de toutes ses œuvres d'art en 1793, l'église fut donnée comme lieu de culte aux théophilanthropes (les adorateurs de Dieu) et prit le nom de *temple de la Piété familiale* ! En 1799, cette branche ultra-catholique ne comptait pas moins de 18 églises à Paris ; Marie-Joseph Chénier, Bernardin de Saint-Pierre et Louis Sébastien Mercier faisaient partie de ses adeptes. Bonaparte supprima ce culte en 1801 après la lecture du rapport antisectes du député Vivien. Aujourd'hui, on peut admirer le jubé (cloison) séparant le cœur de la nef, datant de 1541, le dernier à Paris. Juste à côté de l'église, un petit cimetière, que l'on ne peut malheureusement pas visiter, où Marat fut enterré après avoir été d'abord inhumé dans le jardin du couvent des Cordeliers, puis au Panthéon (voir plus loin).

Le ***lycée Henri-IV,*** qui faisait autrefois partie de l'abbaye Sainte-Geneviève, a connu également des déboires sous la Révolution avec notamment la confiscation de sa riche bibliothèque, la 3ᵉ d'Europe après celles d'Oxford et du Vatican. L'ancienne abbaye est alors remplacée par une école d'enseignement supérieur : l'École centrale du Panthéon en 1791, puis par le lycée Napoléon. Le lycée Henri-IV est historiquement le 1er lycée français.

Le Panthéon : *pl. du Panthéon (ça, c'est original), entrée rue Soufflot, 75005. ☎ 01-44-32-18-00. • paris-pantheon.fr • Ⓜ Maubert-Mutualité ou Cardinal-Lemoine ; RER B : Luxembourg. Tlj 10h-18h (18h30 avr-sept) ; fermeture des caisses 45 mn avt. Fermé 1er janv, 1er mai et 25 déc. Entrée : 9 € ; réduc ; gratuit moins de 26 ans ressortissants de l'UE. L'achat d'un e-billet sur • ticket.monuments-nationaux.fr • donne droit à un billet coupe-file. Audioguide : 3 €. Livret-jeu famille gratuit.*

À l'origine une église voulue par Louis XV à la suite d'un vœu, sa réalisation est confiée à Soufflot (qui y a été enterré... à sa demande !) et sa 1re pierre est posée par Louis XV en 1764. Par manque de financement, des loteries sont organisées et cette église en forme de croix grecque ne sera terminée qu'en 1790. 1 an plus tard, les plâtres à peine secs, la Constituante décida de la transformer en temple destiné à recevoir « les grands hommes de la Liberté ». Un panthéon, un Saint-Denis républicain en quelque sorte. On fit enlever les inscriptions religieuses et, sur le fronton, on écrivit : « Aux grands hommes, la patrie reconnaissante ». En dessous, le nouveau motif sculpté par Jean-Guillaume Moitte représente la Patrie écrasant le despotisme alors que la Liberté est représentée par 2 lions.

C'est Mirabeau qui y entra le premier, suivi de Voltaire, Le Peletier de Saint-Fargeau, Rousseau, Marat, Joseph Bara... Et puis les modes évoluent : Mirabeau et Marat, qui n'étaient plus en odeur de sainteté, durent déménager. Le 8 février 1795, la réaction thermidorienne fit voter un décret stipulant que les honneurs du Panthéon ne pourraient pas être conférés à n'importe quel citoyen, et qu'il faudrait attendre 10 ans minimum après sa mort. Les restes de Diderot (1713-1784), quant à eux, ne furent pas retrouvés et ne purent être transférés au Panthéon. On lui éleva cependant un monument avec cette devise : « L'*Encyclopédie* prépare l'idée de Révolution. » Plus tard, Condorcet et l'abbé Grégoire s'y retrouvèrent à leur tour. Dans le chœur, sculpture monumentale et pompeuse du début du XIXe s, en hommage à la Convention.

➢ Redescendons la rue Soufflot et contournons le jardin du Luxembourg par la rue de Médicis.

Le palais du Luxembourg : Marie de Médicis le fit construire en 1615 car elle s'ennuyait au Louvre après la mort d'Henri IV. Elle y emménagea en 1625, avant la fin des travaux (qui, eux, furent achevés en 1632). Bien plus tard (en 1778), Louis XVI l'offrit à son frère, le comte de Provence (futur Louis XVIII), qui en fut chassé pendant la Révolution française. Le palais devint alors une manufacture d'armes, « propriété nationale ». Puis, pendant la Terreur, une prison sous le nom de Maison nationale de sûreté. Camille Desmoulins, Fabre d'Églantine, Danton, Hébert, Joséphine de Beauharnais en furent de célèbres locataires. Le peintre David, chez qui la Révolution déclencha un sursaut républicain qui lui fit presque abandonner son art, y passa 7 mois après le 9 Thermidor (qui correspond au 27 juillet 1794 et à la chute de Robespierre). On dit que, quand il le reconnut comme étant le professeur de son fils, son geôlier accepta de lui fournir des pinceaux. David y peignit son plus bel autoportrait et son unique paysage (celui qu'il voyait de sa fenêtre), aujourd'hui au Louvre. Il y a connu le jeune général Bonaparte, qui voulait l'emmener avec lui en Égypte. Il refusa, car il était trop occupé à peindre son tableau *Les Sabines*. Le Directoire s'y installa en 1795. Le palais du Luxembourg devint le Sénat en 1799.

L'EMBONPOINT N'EXCLUT PAS LE CONFORT

Lorsqu'un nouveau sénateur est élu, on lui réclame ses mensurations exactes, afin de lui confectionner un siège sur mesure dans l'hémicycle.

ET MERDE !

Cette expression bizarre est toujours employée chez les comédiens pour souhaiter bonne chance. Autrefois, les spectateurs arrivaient en calèche. La quantité de crottin devant le théâtre était évidemment proportionnelle à l'affluence. Donc, un signe de succès pour le spectacle !

Le théâtre de l'Odéon : *pl. de l'Odéon, 75006.* Au centre d'un élégant plan architectural en étoile de 1780, bien représentatif de la philosophie des Lumières et de l'importance accordée au théâtre en cette fin de XVIIIe s. L'édifice fut achevé en 1782 et, inauguré en grande pompe par Marie-Antoinette en avril, prit le nom de Théâtre-Français. La 1re pièce portait un titre de circonstance : *L'Inauguration du Théâtre-Français* ! C'est là que, le 27 avril 1784, Beaumarchais fit jouer sa pièce *Le Mariage de Figaro,* ce qui lui valut de passer quelques jours à l'ombre... En 1789, le théâtre change de nom et devient théâtre de la Nation. L'acteur Talma y excella dans les pièces antimonarchiques, dont celle de Marie-Joseph Chénier, *Charles IX.* En 1791, une scission eut lieu chez les comédiens. Les républicains (dont Talma) partirent s'installer rive droite, rue Richelieu, au théâtre de la République (qui deviendra plus tard le théâtre du Palais-Royal). En septembre 1793, il est fermé sur ordre du Comité de salut public pour esprit réactionnaire. Les comédiens sont arrêtés et emprisonnés pour avoir représenté des pièces antipatriotiques, dont *Pamela ou la Vertu récompensée.* En mai 1794, il rouvre ses portes sous le nom de théâtre de l'Égalité. Libérés à la chute de Robespierre, les comédiens font un triomphe en août 1794, mais les discordes sont latentes. Le théâtre devient une salle pour rassemblements politiques. Il faudra attendre 1796, sous le Directoire, pour qu'il acquière son nom définitif qui rend hommage à la Grèce antique, le théâtre de l'Odéon. Comble de malchance, il brûle en 1799. Ce n'est qu'en 1808 qu'il renaît de ses cendres et prend sa configuration actuelle.

À la poursuite de Camille Desmoulins : *2, pl. de l'Odéon, 75006.* C'est ici qu'a vécu l'un des héros de 1789, Camille Desmoulins. En prenant la rue Regnard à droite, et encore à droite la rue de Condé, on peut voir au ***nº 22*** l'appartement de Lucile Duplessis et de sa famille avant son mariage avec Camille Desmoulins (plaque). Ils s'y installèrent en 1792. Camille Desmoulins, d'origine modeste, fut pourtant un brillant élève au collège Louis-le-Grand. Il devint avocat, et la Révolution lui donna l'occasion de vibrantes plaidoiries au club des Cordeliers. Homme de plume aussi, agitateur hors pair, il acquit rapidement une grande popularité. Aux yeux de Robespierre, il commit cependant l'erreur de réclamer la fin de la Terreur et la constitution d'un Comité de clémence. Dans son journal du 20 décembre 1793, il écrivait : « Le patriotisme est la plénitude de toutes les vertus et ne peut pas conséquemment exister là où il n'y a ni humanité ni philanthropie, mais une âme aride et desséchée par l'égoïsme. Ô mon cher Robespierre ! Ô mon vieux camarade de collège !... Souviens-toi de ces leçons de l'histoire et de la philosophie : que l'amour est plus fort, plus durable que la crainte ! » La réponse du « cher camarade » fut son arrestation le 31 mars 1794 et l'échafaud le 5 avril suivant. Lucile, son épouse, accusée de complicité, fut exécutée une semaine après.

Les locataires de la rue de Tournon : qu'est-ce qui amena ***John-Paul Jones,*** artisan de l'Indépendance des États-Unis, 1er amiral de la marine américaine, à venir habiter et mourir, en 1792, au ***nº 19*** de la rue de Tournon ? Au ***nº 13*** habita ***Pache,*** maire hébertiste de Paris. Au ***nº 8,*** en 1792-1793, vivait la fameuse ***Théroigne de Méricourt,*** surnommée « l'Amazone de la Liberté », héroïne de la lutte pour l'émancipation des femmes. Elle y fonda un club, *Les Amis de la Loi,* proche de la ligne politique des Cordeliers. Bien entendu, Danton, Fabre d'Églantine, Camille Desmoulins fréquentèrent assidûment son salon. Ses idées font d'elle une féministe avant l'heure, dont l'histoire inspira d'ailleurs Charles Baudelaire dans ses *Fleurs du mal.* Au **n° 5,** du beau linge. D'abord, jusqu'en 1792, le redouté ***Hébert,*** auteur du *Père Duchesne,* journal des révolutionnaires extrémistes (il partit ensuite avec son imprimerie rue de Damiette, rive droite). Il fut arrêté, tout comme les principaux chefs des Cordeliers, car trop extrémiste au goût de Robespierre. Il fut guillotiné en mars 1794. À cette même adresse officiait au rez-de-chaussée ***Mlle Lenormand,*** une tireuse de cartes qui n'avait pas choisi cette adresse par hasard. Grâce à son pendule, elle découvrit qu'il existait un passage secret reliant la cave du n° 5 aux nombreuses galeries souterraines du palais du Luxembourg, ce qui lui permettait (et à ses clients) de s'échapper en cas de danger ou de recherches de police. Le gratin révolutionnaire lui rendait visite, excusez du peu : Talma, qui venait en voisin, Saint-Just, Tallien, Paul Barras, le peintre David, Robespierre, Bonaparte, dit-on, et une certaine... Joséphine Tascher de La Pagerie, vicomtesse de Beauharnais, qui, devenue impératrice des Français, continua cependant à la consulter.

EXPRESSIONS MURALES

Au 36, rue de Vaugirard (sous l'arcade, près de la porte cochère) subsiste l'un des derniers mètres-étalon destinés à l'usage de tous. Il fut placé à hauteur d'homme à la Révolution, quand on a adopté le système métrique. Un peu plus loin, au 4, rue de Tournon, à droite du porche, une inscription, « MACL », qui signifiait « maison assurée contre l'incendie ». Cette abréviation, fréquente au XVIIIe s, fut vite détournée par les Parisiens pour devenir « Marie-Antoinette cocufie Louis ».

Sur les dernières traces de Condorcet : 15, rue Servandoni (ancienne rue des Fossoyeurs), 75006. Le grand mathématicien-philosophe y vécut de juillet 1793 à mars 1794, hébergé et caché par la veuve du sculpteur François Vernet (plaque sur le mur). Poursuivi pour ses sympathies girondines, dénoncé pour ne pas avoir voté la mort du roi, il profita de sa clandestinité pour écrire sa dernière œuvre, *Esquisse des progrès de l'esprit humain.* Toujours positif et optimiste, il concluait : « Nos espérances sur l'état à venir de l'espèce humaine peuvent se réduire à ces 3 points importants : la destruction de l'inégalité entre les nations, les progrès et l'égalité dans un même peuple, enfin le perfectionnement réel de l'homme. » Aujourd'hui, on n'oserait plus écrire un truc pareil... Pressentant une descente dans son logement et ne souhaitant pas exposer plus son hôtesse, il partit se mettre au vert à la campagne le 25 mars 1794. Reconnu, il fut incarcéré à la prison de Bourg-Égalité (Bourg-la-Reine). Quelques jours plus tard, il se suicidait dans sa cellule. Pour la petite histoire, il fut inhumé dans la fosse commune de Bourg-la-Reine, mais on ne retrouva jamais sa dépouille. Ses cendres furent transférées symboliquement au Panthéon en 1989, en présence de François Mitterrand. En face, au n° 18, maison où habita ***Olympe de Gouges*** (1748-1793), auteur de la *Déclaration des Droits de la femme et de la citoyenne.* Elle est devenue en quelque sorte l'emblème des 1res féministes. Pour la 1re fois en France, elle obtient que les femmes soient admises dans une cérémonie à caractère national, « la fête de la loi » le 3 juin 1792, puis à la commémoration de la prise de la Bastille le 14 juillet 1792. En 1793, elle s'en prit violemment à la puissance de la dictature montagnarde. Elle fut arrêtée et déférée au tribunal révolutionnaire en août 1793. Privée d'avocat, elle fut condamnée à mort et mourut sur l'échafaud le 3 novembre 1793.

La statue de Danton : dès la sortie du métro Odéon, rencontre nez à nez avec l'une des figures les plus marquantes de la Révolution française : Georges Danton ! Objet d'un concours, la statue de Danton fut sculptée par Auguste Paris pour le centenaire de la Révolution française en 1889. Elle fut inaugurée le 14 juillet 1891. Qualifié de « grand seigneur de la sans-culotterie » par Taine, qui le décrivait ainsi : « Un colosse à tête de Tartare couturée de petite vérole, d'une laideur tragique et terrible, un masque convulsé de bouledogue grondant... une voix tonnante, une déclamation effrénée, pareille aux mugissements d'un taureau... Il est entouré de 2 jeunes volontaires. Capable de réveiller des instincts féroces dans l'âme la plus pacifiste. » Aujourd'hui, point de rendez-vous pour amoureux ou cinéphiles attendant leurs compagnons des salles obscures. Érigée à l'emplacement exact de la maison où il occupait un appartement de 7 pièces. Sur le terre-plein du métro s'élevait d'ailleurs une rangée complète de demeures (liquidée lors des grands travaux haussmanniens). Sur le socle, vous retrouverez 2 des maximes les plus fameuses de Danton : « Pour vaincre les ennemis de la patrie, il nous faut de l'audace, encore de l'audace et toujours de l'audace » et « Avec le pain, l'éducation est le premier besoin du peuple ». Curieusement, rien sur la corruption ! Avant d'être guillotiné en même temps que Camille Desmoulins le 5 avril 1794, il lança ces derniers mots à son bourreau : « N'oublie pas surtout, n'oublie pas de montrer ma tête au peuple : elle en vaut la peine. »

La cour du Commerce-Saint-André : *accès juste en face, au niveau du 130, bd Saint-Germain.*
On adore ce vieux passage à la chaussée bombée et aux gros et rudes pavés. Il fut ouvert vers 1735, mais la plupart des maisons qui le bordent datent de 1776. À partir du n° 8 s'étend une longue demeure basse aux nombreuses lucarnes qui abrita l'imprimerie de Marat. C'est là qu'était réalisé *L'Ami du peuple* avec l'aide de Brune, à la fois étudiant en droit et journaliste. Ce dernier est aussi l'un des fondateurs du club des Cordeliers (avec Marat, Danton, Desmoulins et Hébert). Puis Brune troqua le plomb des caractères pour celui des balles et s'engagea dans l'armée révolutionnaire. Promotion plus rapide que dans l'imprimerie : général en 1796, maréchal de France en 1807... un vrai boulevard, sa carrière ! À signaler, dans le même corps de maison, au n° 4, à l'intérieur du restaurant-salon de thé *Un Dimanche à Paris*, une belle tour de l'enceinte de Philippe Auguste du XIIIe s. Au détour, si vous avez de la chance (car il y a dorénavant un digicode dans la journée en plus du soir et du week-end), essayez de traverser par les 3 ravissantes courettes de la cour de Rohan, menant à la rue de l'Éperon. Jules Vallès, déguisé en infirmier et traqué par les versaillais, se réfugia le 28 mai 1871 au n° 2 (chez Sainte-Beuve).
À l'emplacement du n° 9 se tenait l'atelier du charpentier allemand Schmidt. C'est lui qui eut l'honneur (ou la malchance ?) d'expérimenter sur des moutons la célèbre guillotine du brave docteur Guillotin. Ce dernier, député de Paris (qui habita un temps au n° 21 de la rue de l'Ancienne-Comédie), était un hygiéniste d'enfer. Après s'être battu pour de meilleures conditions de travail à l'Assemblée (sièges plus confortables, chauffage amélioré, etc.), il fit une proposition de loi tendant à mettre fin à la disparité des peines de mort dans le pays. En effet, les peines de mort étaient différentes selon le forfait et le rang social du condamné : les nobles étaient décapités à l'épée, les roturiers à la hache, les régicides écartelés, les hérétiques brûlés, les voleurs roués ou pendus. La proposition de Guillotin visait donc à supprimer toutes ces souffrances inutiles et à leur substituer la décapitation par couperet comme mode unique d'exécution capitale. Son discours de présentation resta longtemps dans les mémoires, et déclencha même de nombreux rires lorsqu'il s'exclama : « Le couperet siffle, la tête tombe, l'homme n'est plus ; avec ma machine, je ferai sauter vos têtes en un clin d'œil et vous ne sentirez qu'une très légère fraîcheur sur le cou ! » La loi fut votée le 25 mars 1792, et c'est le docteur Louis, secrétaire de l'Académie royale de chirurgie, qui fut chargé de la mise au point de la machine. À signaler qu'elle fut appelée d'abord « louison », avant de gagner définitivement le nom de « guillotine », parce que ça rimait mieux avec machine et que ça arrangeait les chansonniers de l'époque. C'est un voleur, Nicolas Pelletier, qui fut le 1er guillotiné en avril 1792. Le pauvre docteur Guillotin, emprisonné sous la Terreur, ne dut qu'à la chute de Robespierre de ne pas expérimenter sa propre invention et protesta jusqu'à sa mort, en 1814, de l'usage abusif de son nom. Quant au charpentier Schmidt, il gagna beaucoup d'argent à construire la « philanthropique machine à décapiter » (une par département) et, immense soiffard, but sa fortune et mourut de cirrhose sous l'Empire.

Le café Le Procope (plan, **80**) : *13, rue de l'Ancienne-Comédie, 75006.* Fondé en 1686 par Francesco Procopio Dei Coltelli, c'est le plus ancien café au monde, comme on peut le lire sur la plaque en marbre sur rue. 2 liens importants avec la Révolution française : d'abord, avant 1789, PC des encyclopédistes (d'Alembert, Diderot, Rousseau, Voltaire, Marmontel, Fréron, Piron...), dont on connaît l'apport primordial en matière de bouillonnement d'idées, annonciateur de la Révolution. Benjamin Franklin y rédigea le projet de la « Constitution des États-Unis ». L'*Encyclopédie* naquit ici d'un débat entre Diderot et d'Alembert, et Voltaire y composa le fameux poème contre son ennemi Fréron : « L'autre jour au fond d'un vallon / Un serpent piqua Fréron / Que pensez-vous qu'il arriva ? / Ce fut le serpent qui creva ! » Le 27 avril 1784, Beaumarchais s'y rongeait les ongles en attendant le verdict du public pour sa pièce *Le Mariage de Figaro.* On se rappelle que le verdict des autorités fut 3 jours de prison... Puis ce fut le rendez-vous des révolutionnaires habitant le quartier (Danton, Camille Desmoulins, Marat, Fabre d'Églantine). C'est d'ici que partirent les mots d'ordre d'attaque des Tuileries en août 1792 et que fut porté pour la 1re fois le bonnet phrygien.

En face du *Procope,* au n° 16, l'**hôtel La Fautrière** (1750) abrita en 1789, dans une cave, la 1re imprimerie de Marat (plaque). C'est dans cette maison que ce dernier échappa à une 1re arrestation en 1790, pour écrits et propos subversifs. Au n° 5, le conventionnel Cambacérès, qui devint le principal rédacteur du Code civil, vécut de 1795 à 1800.

Le carrefour de Buci : *à l'intersection des rues Saint-André-des-Arts, Dauphine, Mazarine, de l'Ancienne-Comédie et de Buci.* Le 2 septembre 1792 s'y ouvrit le 1er bureau de recrutement pour les armées révolutionnaires quand la patrie fut déclarée en danger. Le même jour, au même endroit, furent tués les 1ers prêtres réfractaires, en route pour la prison de l'abbaye, prélude aux massacres de septembre dans les prisons parisiennes.

La rue Saint-André-des-Arts : au débouché de la cour du Commerce-Saint-André, on tombe sur cette jolie rue où habitèrent de nombreux révolutionnaires de 1789, comme Billaud-Varenne (au n° 45, pas de plaque). Noter, à l'intersection de la rue des Grands-Augustins, cet élégant immeuble du XVIIIe s avec ses mascarons sculptés, les belles ferronneries et le balcon soutenu par des têtes de béliers. Le nom de la « rue des Augustins », gravé dans la pierre, a été martelé par les bouffeurs de curés de l'époque.

Prenons à droite la rue de l'Éperon : au bout, à l'angle du boulevard Saint-Germain – aujourd'hui au n° 20 de la rue de l'École-de-Médecine et anciennement au n° 30 de la rue des Cordeliers –, s'élevait la ***maison de Marat.*** Le « divin » Marat (comme l'appelait Desmoulins) eut de solennelles funérailles et le geste de Charlotte des conséquences immédiates. Elle fut jugée et condamnée à mort dès le 16 juillet. Quand le juge lui demanda les raisons de cet assassinat, elle répondit : « Je n'ai pas tué un homme, mais une bête féroce. » Elle mourut courageusement. Sur le chemin de l'échafaud, debout, les bras tendus sur la ridelle de la charrette, elle croisa fièrement les regards de Danton, Desmoulins et Robespierre, qui assistaient au passage du convoi. La maison de Marat fut démolie en 1876. C'est vrai qu'après la Commune de Paris il ne devait plus rester grand monde pour défendre la mémoire de Marat et

UNE RENCONTRE POIGNANTE

Le 13 juillet 1793, fraîchement débarquée de Caen, Charlotte de Corday d'Armont se rendit chez Marat avec un grand couteau de cuisine caché dans son sac. Victime d'une épouvantable maladie de peau, Marat passait des heures dans sa baignoire à tenter de se soigner. Charlotte lui planta un couteau dans la poitrine, toucha aussi la carotide, et attendit, sans tenter de s'enfuir.

protester contre ces crimes architecturaux ! Marat fut panthéonisé le 21 septembre 1794 mais, à la suite du nouveau décret de février 1795, son cercueil fut retiré du Panthéon... Sa tombe est maintenant dans le cimetière de l'église Saint-Étienne-du-Mont, à côté du Panthéon.

Le club des Cordeliers : *15, rue de l'École-de-Médecine (ancienne rue des Cordeliers), 75005.* Dans le couvent désaffecté des Cordeliers fut créé l'un des plus importants clubs politiques de la Révolution. Les cordeliers (en fait, les franciscains) étaient l'un des 4 grands ordres de moines mendiants (avec les dominicains, appelés jacobins, les carmes et les augustins). Le couvent fut bien sûr liquidé à la Révolution. C'est donc là que s'installa le *club des Cordeliers* (ou plus exactement la *Société des amis des Droits de l'homme et du citoyen*) créé par Camille Desmoulins, Danton, Hébert, Marat, le boucher Legendre... La chapelle du couvent fut réquisitionnée d'office par le club. Ces clubs répondaient à l'immense besoin d'expression politique du peuple parisien. Lieu de brassage de toutes les classes sociales et professions, prolétaires, bourgeois, commerçants, étudiants... Grande assemblée démocratique, véritable laboratoire d'idées et d'initiatives populaires. L'entrée y était libre : pas de cotisations à verser, contrairement aux jacobins. C'est ici qu'apparut, dès le 21 juin 1791, la 1re demande de déchéance de Louis XVI et que furent préparées la plupart des grandes journées révolutionnaires (entre autres la fameuse journée du 10 août 1792 et le signal de l'insurrection contre les Girondins, etc.). Le 14 juillet 1792, une partie du couvent fut transformée en hôpital pour le célèbre bataillon des Marseillais blessés lors de l'insurrection des Tuileries. Le club des Cordeliers perdit toute influence après la disparition de ses animateurs (Danton, Marat, les hébertistes, sorte d'extrême gauche de l'époque). D'ailleurs, pendant un temps, Marat y fut enterré dans le jardin, au pied d'un saule pleureur, avant son transfert au Panthéon en septembre 1794. En 1795, le club fut fermé, et les bâtiments furent transformés en hôpital. Entièrement démolis au début du XIXe s, à l'exception du réfectoire, dont on peut de nos jours admirer l'imposante structure, et du cloître, qui abrite aujourd'hui les services administratifs et le laboratoire de recherche de l'université Pierre-et-Marie-Curie, ainsi que les locaux de la faculté René-Descartes.

– Encore quelques mètres dans la ***rue de l'École-de-Médecine,*** et on arrive au ***n° 5*** devant la façade de la maison où l'actrice ***Sarah Bernhardt*** vit le jour le 22 octobre 1844 (plaque).

Fin de la balade

Voilà, fin de cet itinéraire Révolution de 1789 ! Il ne vous reste qu'à vous glisser dans le ***métro Odéon*** ou ***Cluny-La Sorbonne*** pour suivre celui du Palais-Royal révolutionnaire (voir la balade n° 8). Encore qu'à pied ça ne soit guère loin !

Où manger ? Où boire un verre ?

Important ! Voir aussi les adresses sélectionnées :
- pour la balade n° 18 « Le Paris existentialiste : Saint-Germain-des-Prés » : ***Le Bar du Marché*** *(plan,* ***2****)*, ***Brasserie Lipp*** *(plan,* ***3****)* et ***Le Café de Flore*** *(plan,* ***4****)* ;
- pour la balade n° 24 « Mai 68 au Quartier latin » : ***Café de la Nouvelle Mairie*** *(plan,* ***5****)*.

En terrasse

Au Petit Suisse *(plan,* ***1****)* ***:*** *16, rue de Vaugirard, 75006. ☎ 01-43-26-03-81. Ⓜ Odéon ; RER B : Luxembourg. Tlj 6h30-2h ; service 12h-23h30. Fermé 25 déc. Jus de fruits 4,90 € ; bières à partir de 4,90 €. Sandwich env 5 € (au bar) ; salade 11,20 € ; tartes à partir de 6,50 € ; plats 10-18 €.*

Un petit bistrot typique, l'un des plus anciens de Paris avec une jolie mezzanine à l'intérieur et une petite terrasse agréable aux beaux jours, à deux jets de pierre du jardin du Luxembourg. Jadis point de convergence des gardes suisses de Marie de Médicis, s'y mélangent aujourd'hui, dans une ambiance bon enfant, touristes et Parisiens. Petite restauration (salades, charcuterie auvergnate, croques au pain de campagne, plat du jour, vins de propriété) à des prix plus que modestes pour le coin.

Dans un lieu chargé d'histoire

Le Procope *(plan,* ***80****)* **:** *13, rue de l'Ancienne-Comédie, 75006. ☎ 01-40-46-79-00. Ⓜ Odéon. Tlj en continu 12h-23h. Menus « Procope » 19,50-26,50 € (sauf dim) ; menus « Philosophe » 31,50-38,50 € (tlj à partir de 19h) ; carte 50-60 €.* Offrez-vous une petite folie côté budget en poussant la porte du plus ancien café de Paris (se reporter à la rubrique « À voir »). En 1686, un certain Francesco Procopio Dei Coltelli vint d'Italie ouvrir un troquet à Paris, y introduisant un breuvage nouveau appelé à un fulgurant succès : le café. La proximité de l'ancienne Comédie-Française en fit d'emblée un lieu littéraire et artistique. Aujourd'hui, *Le Procope* garde son rôle de lieu de rencontres et dispose même d'une table présidentielle. Cuisine traditionnelle de brasserie et recettes ancestrales, comme la tête de veau en cocotte, dans un lieu historique !

LA RÉVOLUTION FRANÇAISE AU PALAIS-ROYAL

• Plan *p. 97*

BALADE N° 8 : moins de 1 km – moins de 1h

UN PEU D'HISTOIRE

Les galeries et le jardin du Palais-Royal eurent une importance considérable dans l'histoire de la Révolution française. On y trouvait des dizaines de cafés que Michelet appelait « les églises de la révolution naissante » et une atmosphère de liberté particulièrement propice aux idées nouvelles... Mais, d'abord, petit flash-back !

Ce fut en 1er lieu le somptueux ***palais Cardinal,*** construit par Richelieu en 1629. Il eut pour architecte le célèbre Jacques Lemercier, auteur du pavillon de l'Horloge du Louvre et de la Sorbonne. À sa mort, le palais (légué par Richelieu) revint au roi et prit le nom de Palais-Royal. Louis XIV y passa ses 1res années. Les ***jardins*** étaient si grands (333 m par 143 m) que Mazarin lui organisa en 1649, pour la Saint-Hubert, une minichasse où l'on traqua un lièvre, un cerf et un sanglier assez usé ! En 1692, Louis XIV le donna à son frère, Monsieur, le duc d'Orléans. Le fils de Monsieur, Philippe d'Orléans, en prit à son tour possession. Devenu régent en 1715, à la mort de Louis XIV, il y organisa de fameux ***soupers libertins*** et des fêtes éblouissantes. De la Régence à la Révolution, le palais conserva une tradition artistique et littéraire. En 1780, Philippe d'Orléans, duc de Chartres (futur Philippe Égalité), criblé de dettes, fit construire tout autour du jardin du Palais-Royal des ***appartements*** et des ***boutiques*** à des fins de location lucrative. Dès lors, le palais devint le lieu le plus animé de Paris et fort généreusement mal famé.

On y comptait des dizaines de tripots, maisons de plaisir, théâtres libertins, cafés et restaurants. Comme c'était la propriété de la famille royale, la police n'avait pas le droit d'y pénétrer. C'est là qu'en novembre 1787 le jeune Bonaparte fit sa 1re conquête. Bien entendu, cette atmosphère de liberté fut le terreau idéal pour la propagation des idées nouvelles. Dans cette véritable ruche où, comme

DRÔLE DE FAÇON D'AMUSER LA GALERIE !

Restif de La Bretonne, en sublime arpenteur des rues de Paris qu'il a été, n'a pas tari d'éloges sur les prostituées qui, pendant la Révolution, occupaient carrément les galeries de ce royal palais. La police y était interdite d'accès. Quantité de brochures parurent alors : des sortes de guides décrivaient en détail les belles et leurs tarifs. « Marie, grande blonde, teint livide, dents gâtées... 3 livres. En marchandant, 1 livre 4 sols. » Une demoiselle du bas pavé sûrement. Celle-ci est déjà un ton au-dessus : « Julie, brune assez jolie, gros tétons, faisant de tout... 6 livres. »

disait la chanson, « toutes les filles sont à marier », les esprits fermentaient sec. On y retrouvait, en plus de la foule des aigrefins, escrocs, dames galantes, joueurs décavés, riches oisifs, aristos décadents, artistes, bohèmes... tout ce que Paris comptait d'intellos, d'agitateurs et de contestataires de tout poil. La Révolution mûrit véritablement ici. Aussi, lorsque Camille Desmoulins, le 12 juillet 1789, monta sur une chaise pour protester du renvoi de Necker et dénoncer les mouvements de troupes autour de Paris, trouva-t-il une foule extrêmement réceptive pour l'écouter. Les têtes coupées de M. de Flesselles (prévôt des marchands) et du marquis de Launay (gouverneur de la Bastille) s'y promenèrent le 14 juillet, ainsi que celle de Foulon, gouverneur de l'armée, le 22 juillet, avec du foin dans la bouche. Il avait osé dire à propos du peuple en colère : « Si cette canaille n'a pas de pain, qu'elle mange du foin ! » Après la suppression, en juin 1790, des titres de noblesse, le Palais-Royal s'appela ***Palais Égalité,*** et Philippe d'Orléans prit le nom de Philippe Égalité. En 1793, 1 mois avant l'exécution de ce dernier (comme girondin), le palais fut confisqué et devint propriété de l'État. En 1795, Lakanal proposa de le démolir, mais il n'y eut heureusement pas de suite. Enfin, à la Restauration, Louis XVIII restitua le palais à Louis-Philippe, fils aîné de Philippe Égalité. La boucle était bouclée !

Départ

➢ *Du **métro Palais-Royal-Musée-du-Louvre.** Durée : env 45 mn.*

À voir

LA GALERIE DE MONTPENSIER

On y trouve l'atmosphère qui se révèle la plus proche de celle des galeries du Palais-Royal à l'époque. Essentiellement grâce à ses vieilles enseignes et à ses boutiques anachroniques (médailles, soldats de plomb, etc.).

– Au ***n° 2,*** vénérable ***inscription*** « Postiche d'Art – coiffeur – posticheur » qui s'estompe doucement.

– ***N° 6 et suivants :*** avant cette honorable boutique de médailles se trouvaient le ***Pince-cul,*** une salle de bal, et le café-glacier ***Corraza,*** créé en 1787, QG des jacobins. Également fréquenté par Talma, Barras et Bonaparte. Au-dessus, de célèbres maisons de jeu qui en ruinèrent plus d'un, dont beaucoup de Prussiens en 1815 après Waterloo. On raconte que les vainqueurs de Napoléon perdirent dans les tripots et les poches des filles du Palais-Royal presque autant que les indemnités que la France dut payer à l'époque !

– ***N° 17 :*** à partir de 1785 s'y installa le ***cabinet de figures de cire de Curtius,*** spécialisé dans les effigies des grands hommes. Ils changeaient au gré des événements politiques, bien sûr. En 1791, le pape ayant revendiqué des droits sur Avignon, la foule s'empara de son mannequin et le brûla dans les jardins. La nièce de Curtius épousa un certain Tussaud à Londres. Madame y ouvrit à son tour un cabinet de cire, qui allait devenir mondialement célèbre.

– ***N° 18 :*** siège du ***café du Lycée des Arts.*** Au-dessus vivait ***Chamfort,*** moraliste, académicien, directeur de la toute nouvelle Bibliothèque nationale. C'est lui qui avait suggéré à Sieyès le titre de son pamphlet, *Qu'est-ce que le tiers état ?* Arrêté sous la Terreur, en avril 1794, il tenta de se suicider, finit par réussir et échappa ainsi à la guillotine.

– ***N°s 19 et 20 :*** boutique de vieilles robes et habits qui auraient pu avoir été portés par les ***incroyables*** et les ***merveilleuses*** !

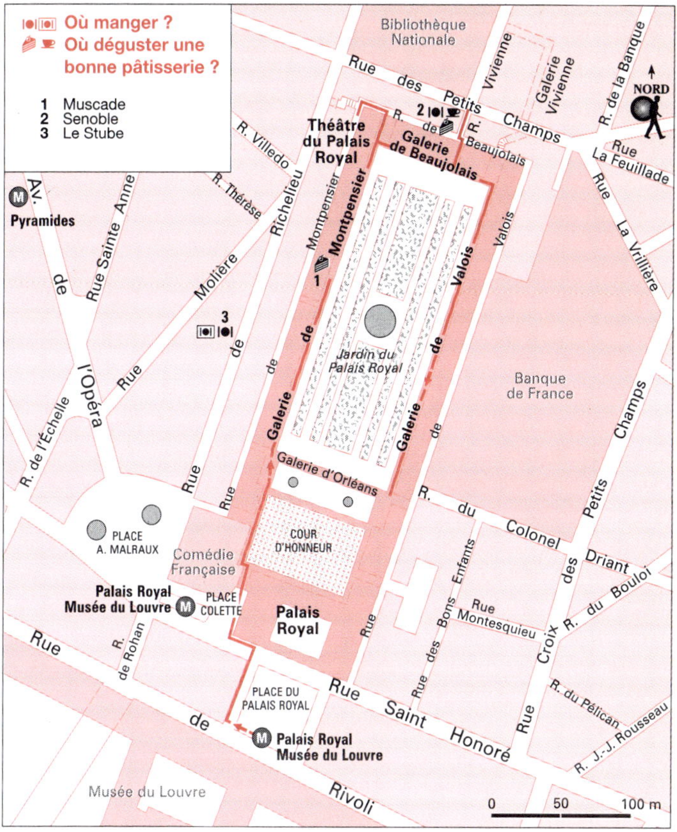

LA RÉVOLUTION FRANÇAISE AU PALAIS-ROYAL

– ***Nos 56 à 62 :*** ici se trouvait le fameux ***café de Foy.*** Son proprio l'avait payé très cher et était le seul à avoir le droit de servir boissons et glaces dans le jardin. Au début, il n'y avait pas encore de tables, uniquement des chaises. C'est sur l'une d'entre elles que, le 12 juillet 1789, ***Camille Desmoulins*** fit son fameux discours à la foule en appelant aux armes : « Citoyens, le renvoi de Necker est le tocsin d'une Saint-Barthélemy des patriotes. Ce soir même, tous les bataillons suisses et allemands sortiront du Champ-de-Mars pour nous égorger ; il ne nous reste qu'une ressource, c'est de recourir aux armes. » Comme signe de ralliement, dit-on, il proposa une feuille d'arbre, verte, couleur de l'espérance. La prise de la Bastille était déclenchée...

– ***Nos 68 à 78*** (et ***no 38 de la rue de Montpensier,*** entrée principale actuelle du théâtre du Palais-Royal) ***:*** il y eut depuis le début un théâtre à cet endroit. D'abord, en 1784, le petit ***théâtre de marionnettes des Beaujolais.*** Agrandi en 1790, sous la direction de Mlle Montansier. Grande nouveauté : les courtisanes furent admises pour la 1re fois au foyer, ce qui assura au théâtre un grand succès d'affluence. Mlle Montansier fut arrêtée sous la Terreur et sauvée par

Barras (le tombeur de Robespierre). En 1795, elle reprit son établissement, qui connut plusieurs noms, dont ceux de ***La Montagne,*** puis des ***Variétés.*** En 1807, trop proche de la Comédie-Française pour Napoléon, il dut déménager sur les Grands Boulevards (où il se trouve toujours sous le même nom). À sa place revint un théâtre de marionnettes, puis une salle de chiens savants, un café-concert, puis un théâtre traditionnel à nouveau sous le nom de théâtre du Palais-Royal. Salut, Jean Poiret !

LA GALERIE DE BEAUJOLAIS

Parallèle à la rue de Beaujolais, elle débute au niveau du restaurant *Le Grand Véfour.*

– ***Nos 79 à 82 :*** ce fut d'abord le ***café de Chartres*** (le nom y figure encore) qui devint ensuite ***Le Grand Véfour.*** Au-dessus du café, l'appartement de Mlle Montansier, où elle tenait salon. Une fois, elle reçut le même soir Barras, Hébert, Robespierre, Danton, Marat, le duc de Lauzun et le duc d'Orléans, excusez du peu. On imagine sans mal la qualité de la conversation ! Barras habitait d'ailleurs au 2e étage. D'autres jours vinrent Camille Desmoulins, Fabre d'Églantine, Marie-Joseph Chénier, Tallien, Couthon, Bonaparte... Au ***no 83*** mourut ***Fragonard,*** le 22 août 1806, en dégustant une glace chez lui !

– ***No 88 :*** on y trouvait les ***Trois Frères Provençaux,*** un restaurant fondé en 1786. En fait, 3 Marseillais pas frères pour un sou mais qui avaient épousé 3 sœurs. Bien entendu, c'était la cantine de Barras, qui y soupait avec Bonaparte. C'est peut-être pour cette raison que Blücher, un des vainqueurs de Waterloo, y venait souvent.

– ***Nos 89 à 92 :*** là aussi un café célèbre, ***Le Caveau,*** fondé en 1784. Renommé pour ses débats pour une fois non politiques. En effet, s'affrontaient ici durement, peu avant la Révolution, ***gluckistes*** et ***piccinnistes,*** partisans déclarés de Gluck et Piccinni (opéra français contre opéra italien). Ville et cour étaient divisées en 2 camps irréductibles ! Tout ce beau monde trouva d'autres sujets de querelle sous la Révolution, mais le café continua à recevoir les artistes célèbres : David, Méhul, Talma, Boieldieu... En 1793, on y lança une souscription pour offrir une médaille aux frères Montgolfier. En dessous sévissait ***Le Caveau du Sauvage,*** qui offrit des spectacles érotiques pendant toute la Révolution. À l'étage, on trouvait un petit ***canon*** (minuscule même) qui tonnait à 12h tous les jours, ce qui ne manquait pas d'attirer la clientèle.

LE CANON DES BEAUX JOURS

Au milieu de la pelouse se tient un minicanon offert en 1786 par un certain Rousseau, horloger dans la galerie avoisinante. Placé sur le méridien de Paris, il tonnait à 12h pile grâce au soleil et à une loupe qui ne fonctionnait que... lorsqu'il faisait beau. La détonation permettait de régler les horloges. Volé en 1998, il a été remplacé par une réplique, remise en fonction en 2011.

– ***Nos 103-104 :*** au sous-sol, succès assuré du ***café des Aveugles.*** Pendant la Révolution, les sans-culottes s'y pressaient en masse. À l'entrée, une pancarte précisait : « Ici, on s'honore du titre de citoyen, on se tutoie et l'on fume. » On aurait pu y ajouter... « et l'on y folâtre sécos » ! Fréquenté par une incroyable faune de provinciaux à la recherche de plaisirs licencieux, de prostituées et de leurs souteneurs, de curieux de tout poil. De nombreux petits box abritaient les ébats des « complaisants des 2 sexes », comme on disait à l'époque. 4 aveugles opportunément recrutés aux Quinze-Vingts assuraient la partie musicale. Bref, l'ancêtre des *back-rooms* ! Aujourd'hui, c'est la Croix-Rouge française !

LA GALERIE DE VALOIS

– ***N° 108 :*** lieu de réunion du ***club de 1789,*** fréquenté par Mirabeau et Condorcet entre autres.
– ***N° 113 : café Février,*** ouvert en 1784. L'une des rares activités commerciales du Palais-Royal qui aient subsisté aujourd'hui. C'est toujours un café-restaurant, *Le Restaurant du Palais Royal,* qui occupe les nos 107 à 113. C'est ici que, la veille de l'exécution de Louis XVI, Pâris, garde du corps du roi, assassina Le Peletier de Saint-Fargeau, conventionnel qui avait voté la mort du roi. À l'étage s'étendait sur 8 salles la plus grande maison de jeu du Palais-Royal. C'est là, dit-on, que Blücher, vainqueur de Waterloo, perdit en une nuit une colossale fortune à la roulette. Une pancarte s'y balança un moment : « Il est trois portes à cet antre, l'espoir, la folie et la mort. C'est par la première qu'on entre, et par les deux autres qu'on sort. »
– ***Nos 119 et 120 :*** ici, on trouva de 1784 à 1860 un ***théâtre d'ombres chinoises et de marionnettes.*** Au moment de la Révolution, la clientèle changea. Aux enfants et à leurs gouvernantes succédèrent les amateurs de jeux d'adultes encouragés par les salles obscures.
– À côté, au ***n° 121,*** un curieux « ***café Méchanique*** » créé en 1785. Pas de serveurs, la commande des plats se glissait dans un des pieds de la table, et les mets arrivaient par un monte-plats au milieu de la table. Nombreux étaient les badauds qui assistaient au spectacle. Ingénieux, mais le système ne survécut pas à la Révolution !
– Au ***n° 156*** se trouvait le ***Beauvilliers,*** l'un des restos les plus courus de la Révolution, qui fut pourtant ouvert par un ancien officier de bouche du comte de Provence en 1782. Il s'adapta, semble-t-il, sans problème à sa nouvelle clientèle de vedettes de la Révolution.
– ***N° 177 :*** c'était le siège de la ***coutellerie Badin.*** Le matin du 13 juillet 1793, Charlotte Corday y acheta le couteau de cuisine qui servit au meurtre de Marat (pour une description « croustillante » de ce célèbre assassinat, voir la balade n° 7 « La Révolution française au Quartier latin »). Les braves employés du ministère de la Culture qui travaillent là s'en doutent-ils un seul instant ? Bien, on va essayer de trouver un coutelier ailleurs.

Fin de la balade

Possibilité de continuer l'itinéraire Révolution française dans le quartier en suivant la balade n° 9 « La Révolution française autour du Louvre et des Tuileries ».

Où manger ? Où déguster une bonne pâtisserie ?

Important ! Voir aussi l'adresse sélectionnée pour la balade n° 3 « Le Paris médiéval : rive droite » : ***Le Stube*** *(plan,* ***3****).*

Au goûter

Muscade *(plan,* ***1****)* **:** *52, galerie Montpensier, 75001. Ⓜ Palais-Royal-Musée-du-Louvre. Mer-dim 11h-19h30 (19h dim). Compter 5-7 € pour un gâteau ou un jus de fruits.* C'est ici que se trouve la cuisine du resto *Muscade* (un peu plus loin, aux nos 66-67 de la galerie). Magnifiques paris-brest, choux à la crème... Jus de fruits frais pressés dans l'instant.

À table, au petit déj ou au goûter

Senoble *(plan,* ***2****)* **:** *11, rue des Petits-Champs, 75001. ☎ 01-42-21-94-19. Ⓜ Palais-Royal-Musée-du-Louvre. Tlj 11h (10h sam-dim)-20h. Formule plat du jour 15 € ; menus 19-24 €.* Cette maison presque centenaire, connue à l'origine pour ses fromages et autres produits laitiers, a installé dans ce bâtiment du XIXe s, à deux pas du jardin du Palais-Royal, ce salon de thé-restaurant. On a aimé les cheese-cakes nature que l'on peut accommoder à sa façon, les choux crémeux – un délice – et le super choix de crèmes glacées. Le bleu Majorelle, les tables en marbre et les fauteuils cosy donnent envie de se poser. Salle de resto également à l'étage.

LA RÉVOLUTION FRANÇAISE AUTOUR DU LOUVRE ET DES TUILERIES

• Plan *p. 102-103*

BALADE N° 9 : 3 à 4 km – 3h

DE L'IMAGINATION, ENCORE, DE L'IMAGINATION, TOUJOURS...

Pour effectuer une balade révolutionnaire dans le quartier du Louvre et des Tuileries, il va vous falloir faire preuve d'une bonne dose d'imagination. Quartier on ne peut plus important pour l'histoire de la Révolution, mais qui a quasiment disparu par la grâce de Napoléon, de la tourmente haussmannienne et des destructions lors de la Commune de Paris. Ce fut d'abord le vieux quartier de la rue Saint-Nicaise, liquidé par Bonaparte en 1800 (basse vengeance après l'attentat auquel il avait échappé rue Saint-Nicaise). Imbriqué entre le château des Tuileries, la longue galerie du Bord-de-l'Eau et le Louvre, il entourait la place du Carrousel. Il y avait, à l'époque, des maisons et des hôtels particuliers jusque dans la cour Napoléon. Le palais du Louvre abandonné pendant un siècle par la Cour, le quartier devint très populaire et agréable à vivre. Le percement de la rue de Rivoli acheva de faire disparaître les autres témoins de la Révolution, notamment le ***Manège,*** siège de l'Assemblée nationale. Le ***palais des Tuileries*** brûla lors de la Commune de Paris. Quant au ***Louvre,*** il échappa heureusement aux vicissitudes de l'histoire, et la Révolution eut la bonne idée de le transformer en musée en 1791. Le 27 juillet 1793, un décret de l'Assemblée l'officialisa sous le nom de *Muséum central des arts,* et il fut alors ouvert au public. Et puis, à la réflexion, il subsiste quand même pas mal de témoignages avec une belle capacité d'évocation...

Départ

➢ *Partir du **métro Palais-Royal-Musée-du-Louvre** et prendre la rue Saint-Honoré, vers la Concorde. Compter 3-4 km (selon vos allées et venues dans le jardin des Tuileries).*

À voir

La rue Saint-Honoré : axe principal du quartier, importante voie commerciale, elle vaut son pesant d'histoire. Du fait de la proximité du Manège, épicentre de la vie politique également. De nombreux clubs, pour en être plus proches, élurent

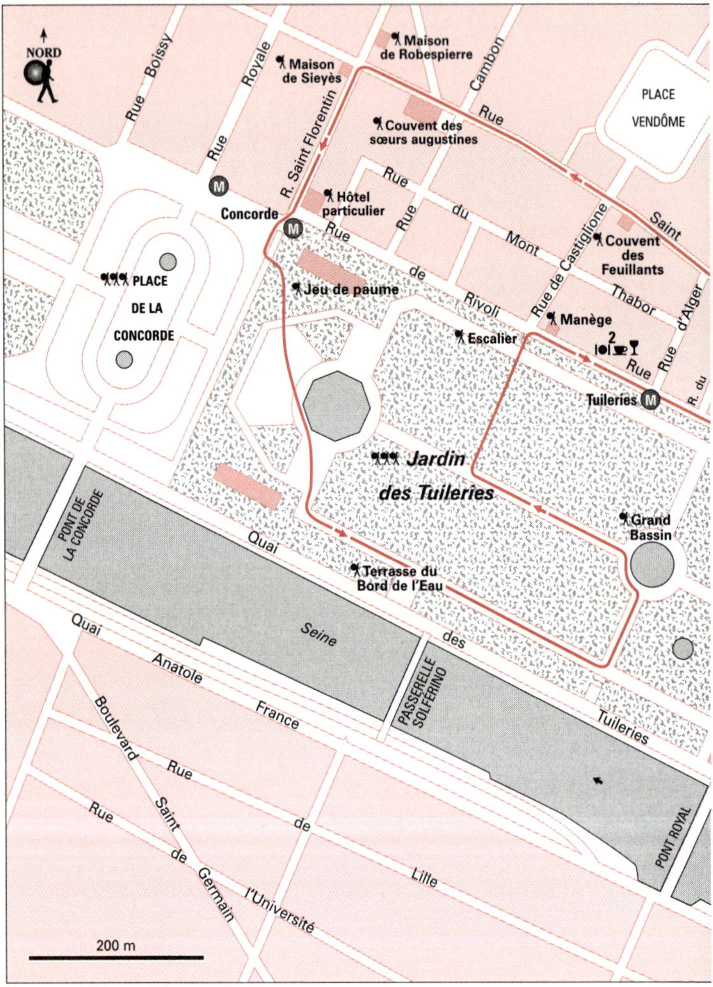

domicile dans ses environs immédiats. Au n° 82 (dans la portion de la rue entre le Palais-Royal et les Halles) habitait le capucin Chabot, inventeur de l'expression « sans-culotte » (et guillotiné en avril 1794). ***Barras*** aurait habité une maison au ***n° 194,*** au début de la Révolution (au coin de la rue des Bons-Enfants).

Une pasionaria de la Révolution : au n° 270 de la rue Saint-Honoré (et rue des Pyramides) habita ***Olympe de Gouges,*** l'une des figures les plus marquantes de l'époque. L'histoire parle relativement peu des femmes de la Révolution,

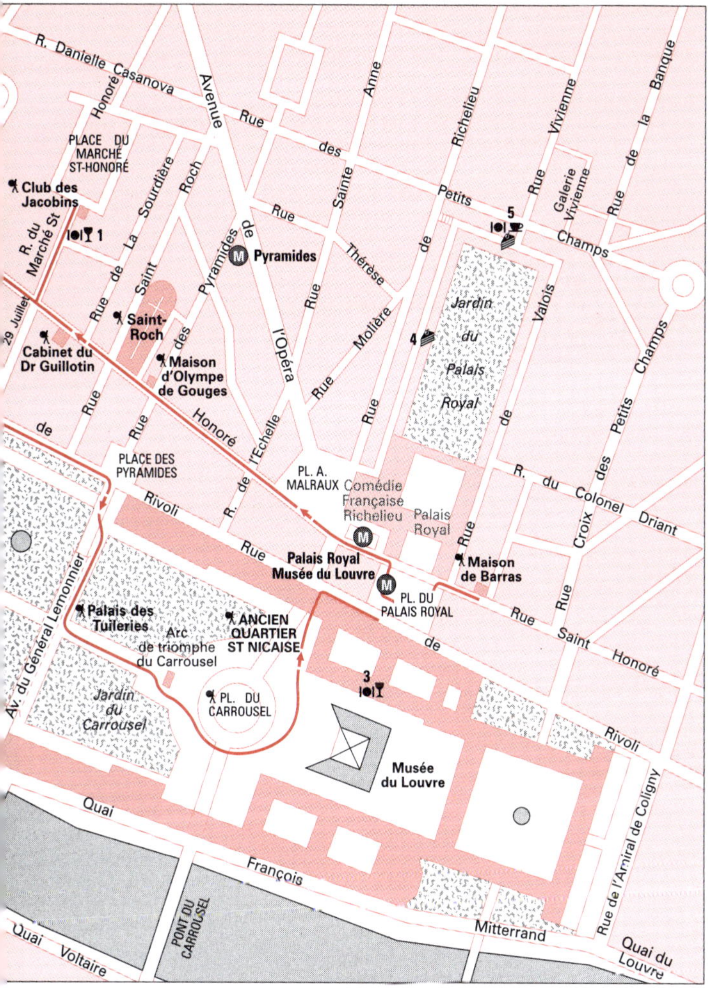

LA RÉVOLUTION FRANÇAISE AUTOUR DU LOUVRE ET DES TUILERIES

Où manger ?	**2** Angelina
Où boire un verre ?	**3** Le Café Marly
	4 Muscade
1 Le Rubis	**5** Senoble

mais il faut dire aussi que celle-ci ne leur laissa guère de place. Olympe était une belle femme, autodidacte, très cultivée, et qui écrivit également une œuvre théâtrale et poétique. Ardente militante des droits sociaux de l'homme puisqu'elle réclamait « des refuges pour les vieillards sans forces, les enfants sans appui et les veuves », elle pourfendait bien sûr l'esclavage et faisait montre d'un féminisme batailleur et chaleureux qui ne plut pas nécessairement à nombre de soi-disant révolutionnaires de l'époque ! En septembre 1791, elle publia la *Déclaration des Droits de la femme et de la citoyenne,* en défense, disait-elle, de « ce sexe autrefois méprisable et respecté et, depuis la Révolution, respectable et méprisé... » Installée là, toute proche de l'Assemblée, elle se trouvait donc aux 1res loges de tous les combats féministes, notamment celui de la représentation parlementaire et politique des femmes, quasi nulle à l'époque. On ne peut résister à l'envie de vous livrer cet extrait de l'un de ses discours : « Nul ne doit être inquiété pour ses opinions, même fondamentales. La femme a le droit de monter sur l'échafaud, elle doit avoir également le droit de monter à la tribune ! » Les machos, misos et autres phallos finirent bien par avoir sa peau. Jugée (sans avocat) pour offense à la souveraineté du peuple, elle fut guillotinée le 3 novembre 1793...

L'église Saint-Roch : *à l'angle des rues Saint-Roch et Saint-Honoré (nº 284).* Édifiée au XVIIe s, œuvre de Lemercier (l'architecte du Louvre), sa 1re pierre fut posée par Louis XIV en 1653. On y enterra du beau monde (le poète Pierre Corneille, le jardinier Le Nôtre, l'amiral Duguay-Trouin, Diderot, l'amiral de Grasse...). Façade mutilée à la Révolution. Un promoteur proposa de racheter l'église, de l'ouvrir côté chœur pour la transformer en rue commerçante avec, sur les bas-côtés, ses chapelles transformées en boutiques. Une idée intéressante, car Saint-Roch, avec ses 126 m, était l'une des églises les plus longues de Paris ; mais le projet n'aboutit point ! Le 5 octobre 1795, Barras chargea Bonaparte de réprimer une émeute royaliste menaçant la Convention. Le gros des réactionnaires était massé devant l'église Saint-Roch. Bonaparte fit tirer au canon (normal, pour un artilleur !), et après trois quarts d'heure de mitraille, 300 insurgés gisaient sur les marches de l'église et tout fut réglé. Bonaparte y gagna le surnom de « général vendémiaire ». Cette efficacité ne fut pas pour peu dans les importants commandements qui suivirent, socles de sa montée en puissance vers le pouvoir !

Le club des Jacobins : l'un des acteurs les plus importants de l'époque. L'entrée du couvent des Jacobins (les dominicains) qui l'hébergeait se situait à hauteur du nº 328 de la rue Saint-Honoré. À propos, les dominicains étaient appelés jacobins parce que leur maison mère était située rue Saint-Jacques. À la fermeture du couvent, le *club Breton* (qui regroupait les députés bretons et avait bien sûr suivi l'Assemblée, de Versailles à Paris) s'y installa et rapidement changea son nom en celui de *club des Amis de la Constitution,* puis, après l'occupation de l'église, en celui *des Jacobins* (Robespierre avait horreur de ce nom). En fait, c'est l'usage qui provoqua ce dernier changement, les gens ayant pris l'habitude de dire : « On va aux Jacobins »... Au début, les réunions étaient réservées aux seuls membres du club ; mais devant le succès d'affluence, elles furent ouvertes au public à partir de 1791. Celui-ci adorait venir écouter les ténors de la Révolution, Danton, Hébert et, surtout, Robespierre. Rapidement d'ailleurs, le club devint celui de Robespierre et des Montagnards, surtout après le 10 août 1792. Déjà, en 1791, son aile modérée (Barnave, La Fayette...) avait « scissionné » et fondé plus loin le *club des Feuillants.* Le club des Jacobins se révélait un formidable laboratoire pour tester les idées, roder les discours, chauffer le public, avant d'aller affronter l'Assemblée. Au plus fort de sa puissance, la vraie ligne politique de la Révolution, c'était bien celle des Jacobins qui, en outre, avaient réussi à essaimer plus de 1 200 clubs dans toute la France !
Hélas, pas de vestiges du club. Un panneau à l'entrée de la place du Marché-Saint-Honoré rappelle seulement sa présence et narre un bout d'histoire. Le bâtiment de verre au centre (de Ricardo Bofill), qui succéda à un marché couvert, s'élève exactement à l'emplacement de la chapelle où se tenaient les réunions du club.

Retour sur la rue Saint-Honoré : au n° 209, le **_docteur Guillotin_** ouvrit son **_cabinet_** après la Révolution (pas de plaque). Il y mourut en 1814. Quelle ironie quand même de s'être installé là, sur le parcours qu'empruntèrent précisément ceux et celles qui goûtèrent à sa « légère fraîcheur sur le cou » ! À côté, au n° 211, emplacement de l'ancien hôtel de Noailles, où se maria La Fayette à l'âge de 16 ans et qui fut sa résidence parisienne jusqu'en 1784. Pendant la Révolution, l'hôtel abrita divers comités révolutionnaires.

Le couvent des Feuillants : au n° 235 de la rue Saint-Honoré, plaque indiquant l'emplacement du couvent des Feuillants. Au n° 229, autre plaque précisant quelques éléments d'histoire. L'immeuble sur rue (de 1782) était une dépendance du couvent. L'église, fermée en 1790, accueillit l'année suivante le club des Feuillants, fondé par des dissidents modérés des jacobins (comme La Fayette). Le club ne survécut pas à l'insurrection du 10 août 1792. La famille royale y passa 3 nuits après la prise des Tuileries, sur des matelas à même le sol. Dans la cour du n° 229, à droite, vestige du chevet de l'église abbatiale (un haut mur arrondi). Celle-ci servit de buvette pour les députés qui siégèrent aux différentes assemblées du Manège. L'église fut également prêtée à David pour l'exécution de son tableau *Le Serment du Jeu de paume.* Tous les bâtiments conventuels furent démolis en 1804.

Des **_nos 237 à 251_** de la rue Saint-Honoré (le secteur délimité par les rues de Rivoli, du Mont-Thabor et de Castiglione) s'élevait le **_couvent des Capucins_** (démoli en 1804 aussi). Y était enterré le fameux père Joseph, conseiller occulte de Richelieu, surnommé l'Éminence grise et qui laissa l'expression dans l'histoire. Au **_n° 263 bis,_** face à la rue Duphot, se trouvait le **_couvent des sœurs augustines,_** dont il ne subsiste aujourd'hui que l'église à coupole (Notre-Dame-de-l'Assomption). Les obsèques de La Fayette (en 1834) et de Stendhal (en 1842) s'y déroulèrent.

La maison de Robespierre : *398, rue Saint-Honoré (plaque au mur), 75001.* L'Incorruptible quitta la rue de Saintonge par un curieux hasard. En 1791, marchant dans la rue, au retour d'une fête au Champ-de-Mars, il fut reconnu et ovationné par une foule enthousiaste. Pris de panique, il se réfugia ici chez le menuisier Duplay. Ils sympathisèrent tellement que Robespierre vint habiter chez lui en juillet 1791. Il occupait, sur le côté gauche de la cour, 2 petites pièces en étage, au-dessus de l'atelier de menuiserie. L'escalier que vous verrez à l'entrée menait aux appartements sur rue (habités par son frère cadet et sa sœur Charlotte). Au fond de la cour, le logement de Duplay. Il avait fait fabriquer un petit escalier privé pour Robespierre, afin de garantir sa tranquillité. Toujours sarcastique, Danton avait surnommé la maison « le temple du rabot et du ragot ». Bien que façade et bâtiments sur cour aient été surélevés depuis et que le petit escalier ait disparu, on peut ici imaginer et reconstituer sans peine (bien mieux que pour Danton et Marat) la rentrée tardive d'un Robespierre exténué venant chercher calme et réconfort dans le cocon rassurant de la famille Duplay (ne dit-on pas aussi qu'il y eut anguille sous roche avec une des filles Duplay ?).

Enfin, toujours rue Saint-Honoré, au **_n° 273_** habitait **_Sieyès_** lorsqu'il siégeait à la Convention. Il faudrait beaucoup d'imagination aujourd'hui pour reconstituer mentalement le cabaret **_Au Saint-Esprit_** qui se tenait à côté (au n° 275). Rendez-vous préféré de ceux qui ne rataient pas une charrette de condamnés sur le chemin de la guillotine, lorsqu'elle fonctionnait place de la Révolution. À l'étage vivait un certain Héron, révolutionnaire fanatique qui cacha Marat en 1790 après qu'il eut proféré quelques excès d'écrit et de langage envers l'Assemblée constituante (comme pendre quasiment tous les députés, jugés par lui trop mous !).

À l'angle des rues Rivoli et Saint-Florentin, bel **_hôtel particulier_** conçu par Gabriel. Il abrita en 1792 l'ambassade de la république de Venise, puis fut transformé en fabrique de salpêtre (Talleyrand l'acheta en 1812 et y mourut en 1838).

La place de la Concorde : aménagée en 1757 sur un terrain vague en l'honneur de Louis XV, dont elle portait alors le nom, elle fut inaugurée en 1763 et achevée en 1772. C'est l'architecte Gabriel qui gagna le concours devant 18 concurrents. Auteur également des 2 élégants édifices à colonnes de part et d'autre de la rue Royale (dont le garde-meuble de la Couronne). Aujourd'hui, les hôtels *Crillon* et *de la Marine.* La place était octogonale, entourée d'un fossé de 20 m de large que franchissaient 6 ponts de pierre. Quand la statue équestre de Louis XV fut placée, ce dernier n'était déjà plus le « Bien-Aimé ». Grincement annonciateur de la Révolution, on retrouva, un matin, une pancarte accrochée au cou du cheval : « Oh ! la belle statue ! Oh ! le beau piédestal ! Les Vertus sont à pied, le Vice est à cheval ! » En 1770, les festivités entourant le mariage de Louis et de Marie-Antoinette finirent en drame. Une fusée de feu d'artifice retomba sur le stock, provoquant un énorme incendie et une panique incroyable : des échafaudages surchargés s'effondrèrent, des gens furent piétinés rue Royale, d'autres étouffés sous l'avalanche de corps dans les fossés de la place. Bilan : 133 morts ! Le règne de Louis XVI commençait bien mal... En 1790, achèvement du pont de la Concorde (avec les pierres de la Bastille). En 1792, la place prend le nom de place de la Révolution. La statue de Louis XV (réalisée par Bouchardon) fut bien entendu détruite au lendemain du 10 août et remplacée par une Liberté en plâtre. En route vers l'échafaud, Mme Roland s'écria sur son passage : « Liberté, liberté, que de crimes on commet en ton nom ! » Cependant, on n'y guillotina pas de suite en masse : une 1re fois seulement, pour l'exécution des voleurs des bijoux de la Couronne (en octobre 1792), puis le 21 janvier 1793 pour celle de Louis XVI. Quand il quitta le Temple, toutes les rues menant à la place de la Révolution étaient bordées de plusieurs rangs de gardes nationaux, dans un lourd silence, rompu de temps à autre par les roulements de tambour. Autour de la place, plusieurs dizaines de milliers d'hommes de la garde nationale. Le roi protesta qu'on doive lui attacher les mains, et ses dernières paroles (« Peuple, je meurs innocent ! ») furent couvertes par les tambours. Puis Sanson, le bourreau, montra la tête à l'assistance. La guillotine ne s'y installera durablement que du 11 mai 1793 au 9 juin 1794. Elle partira ensuite place du Trône et ne reviendra que pour l'exécution de Robespierre et des derniers Montagnards. Sur les 2 498 personnes décapitées durant toute la Révolution, 1 119 le furent place de la Révolution. Quelques illustres personnages (outre Louis XVI) qui s'arrêtèrent à Concorde : Danton, Charlotte Corday, les Girondins, Hébert, Philippe Égalité, Lavoisier, Marie-Antoinette, Mme Roland, Mme Élisabeth, la Du Barry, Robespierre, Saint-Just, Couthon, Henriot...

Le jardin des Tuileries : *rens au ☎ 01-40-20-67-73. Jardin ouv dernier dim de mars-dernier sam de sept, tlj 7h-21h (23h juin-août) ; le reste de l'année, tlj 7h30-19h30. Avr-oct, visite guidée gratuite w-e et j. fériés à 15h30 ; rdv au pied de l'arc de triomphe du Carrousel ; durée : 1h15. Toilettes publiques entrée « Concorde » et entrée « 29-Juillet » (au niveau du métro Tuileries). Fête foraine juil-août.* De ce côté, on accède, dominant la place de la Concorde, à 2 terrasses. Sur celle accueillant le ***Jeu de paume,*** on trouvait un restaurant-buvette surnommé le *Cabaret de la Guillotine,* avec, bien sûr, vue privilégiée sur les exécutions. Au menu était même précisée la « fournée du jour » ! Longtemps, les députés se contentèrent de rester sur la terrasse des Feuillants, laissant celle du ***Bord-de-l'Eau*** à la famille royale. Vraiment attentifs, ils firent même creuser des bassins à canards et construire des volières pour son agrément. Cette situation consensuelle ne dura cependant pas. Un

DU RIFIFI AUX TUILERIES

C'est dans les ruelles de ce quartier que Marie-Antoinette se perdit, en juin 1791, alors qu'elle devait fuir Paris. Son retard lui fit manquer l'escorte du duc de Fersen et provoqua l'arrestation de toute la famille royale à Varennes.

ruban tricolore vint délimiter les 2 terrasses, celle de la Nation et... celle du roi, appelée Coblence, du nom de la ville allemande où s'était réfugiée une grande partie des émigrés hostiles à la République. Après le départ du roi pour le Temple, on fit pousser dans les jardins de la pomme de terre pour lutter contre la famine. Les jardins retrouvèrent une partie de leur lustre le 8 juin 1794, à l'occasion de la fête de l'Être Suprême (organisée par le peintre David). Allez au ***Grand Bassin*** rond (après le Carrousel), épicentre des événements culturels. Essayez d'imaginer, flottant sur le bassin, toutes les représentations des vices (l'égoïsme, la discorde, l'ambition, la fausse simplicité, etc.). Au milieu de tout cela, une pyramide de bois à laquelle Robespierre mit le feu, afin de faire émerger la sagesse. Puis un discours attendu de l'Incorruptible sur les vertus de l'Être Suprême, au pied du char de l'agriculture et de la culture, peint tout en rouge et transportant une représentation de la Liberté, une charrue, une presse à imprimer, des produits agricoles, etc. Tandis que s'élevèrent les voix de plus de 2 000 choristes, accompagnés de 1 000 musiciens... Quelle époque ! Ressortir côté Feuillants – la sortie des jardins vers le Manège (face à la rue de Castiglione) – se faisait par un ***escalier de 14 marches en pierre.*** Il y est encore. Possibilité de les grimper lentement en songeant à tous ceux, célèbres ou inconnus, qui les gravirent (le roi et sa famille fuyant l'émeute, 4 à 4 sûrement !). En méditant aussi au nombre de navettes chargées d'espoirs déçus qui s'y déroulèrent entre le roi et l'Assemblée, avant le 10 août 1792 et la rupture définitive avec le peuple !

Le Manège : il se tenait le long de la terrasse des Feuillants, à l'emplacement de la rue de Rivoli aujourd'hui, à la hauteur de la rue de Castiglione. Bâti en 1720 pour les leçons d'équitation du jeune roi Louis XV, il faisait 80 m de long sur 20 m de large. C'est là que s'installa, le 9 novembre 1789, l'Assemblée constituante. Face au n° 230 de la rue de Rivoli (l'hôtel *Meurice*), sur la grille (à l'emplacement précis du fauteuil du président de l'Assemblée), une inscription rappelle tous les grands événements qui se tinrent au Manège (l'Assemblée constituante, la législative à partir du 1er octobre 1791, puis l'instauration de la République et le début de la Convention le 21 septembre 1792, etc.). Le célèbre docteur Guillotin fut chargé de rendre la salle opérationnelle, mais les conditions de travail restèrent toujours très inconfortables : entassement des députés, acoustique épouvantable, hivers glacials, étés étouffants, etc. Le peuple s'entassait dans les tribunes, bruyant et souvent exalté, mettant une pression permanente sur les députés, poussant souvent ces derniers à la démagogie. Les bureaux des commissions se répartissaient à côté, dans l'ancien couvent des Feuillants. On imagine aisément l'animation, les va-et-vient incessants dans le quartier à l'époque (d'autant plus que les fameuses galeries du Palais-Royal se trouvaient à deux pas), mon tout sur fond de rue Saint-Honoré, seul axe urbain, vertigineuse de foules, de bruits, de rumeurs et du grincement des roues cerclées des charrettes amenant les condamnés place de la Révolution...

➢ Longeons le jardin des Tuileries par la rue de Rivoli, puis prenons à droite l'avenue Lemmonier.

Le palais des Tuileries : construit à partir de 1564 par la reine Catherine de Médicis, remanié par Le Vau un siècle plus tard, il avait été littéralement squatté, après le départ de Louis XIV, par des nobles et des artistes de la Cour, qui en furent expulsés pour permettre l'installation de la famille royale. Le palais fut laissé dans un état épouvantable, si bien qu'avant les travaux de rénovation le roi dut quasiment y camper. Les gens venaient nombreux à l'entrée de la cour du palais pour tenter de l'apercevoir. L'année 1790 se passa d'ailleurs bien. En 1791, avec la fuite à Varennes, les relations avec les Parisiens tournèrent à l'aigre. Enfin, le peuple, excédé par la vie difficile et les veto royaux à tous les décrets de l'Assemblée, finit par envahir pacifiquement le palais le 20 juin 1792 et força le souverain à coiffer un bonnet phrygien et à boire un verre de vin à la santé de la nation. Le jour de l'insurrection du 10 août, il en fut autrement. Des coups de feu tirés du balcon provoquèrent de nombreux morts parmi les bataillons de fédérés (dont celui des Marseillais) qui avaient investi la cour du château. La réplique des insurgés se révéla sanglante également. Plusieurs centaines de gardes suisses furent massacrés. Le roi se réfugia au Manège, qui abritait l'Assemblée constituante, tout à côté. Le château fut ensuite entièrement pillé. La Convention s'y installa le 10 mai 1793, marquant on ne peut plus symboliquement la prise du pouvoir par le peuple. Encore plus symbolique, l'installation du Comité de salut public dans l'appartement de la reine. Les réunions où s'engageaient les discussions les plus rudes, d'où émanaient les plus redoutables décisions qui soient, se tenaient dans... sa chambre à coucher (quand même plutôt emblématique d'un certain raffinement par le décor, de légèreté pour le mode de vie). Pour le coup, on ne peut imaginer situation plus contrastée et ironique tout à la fois ! L'Assemblée, quant à elle, s'installa dans la « salle des Machines », un ancien théâtre. Les députés y siégèrent jusqu'au coup d'État de Bonaparte en 1799. Enfin, les Tuileries brûlèrent en 1871, lors de la Commune de Paris. Malgré un projet de Viollet-le-Duc, on renonça à le reconstruire, et les pierres furent vendues et éparpillées. Certaines furent acheminées jusqu'en Corse pour édifier le château d'un aristo. À propos, quelques vestiges du château subsistent. Entre autres, une des arcades du portique construit par Philibert de l'Orme et 2 colonnes du pavillon construit par Jean Bullant.

La place du Carrousel : nommée ainsi en souvenir d'un mémorable carrousel organisé par Louis XIV en 1662, elle commandait l'entrée du château. À la Révolution, elle prit le nom de place Fraternité et accueillit, à partir du 21 août 1792, la guillotine pendant 9 mois. Celle-ci ne la quitta qu'à 2 occasions, dont l'exécution du roi, le 21 janvier 1793.

Le quartier de la rue Saint-Nicaise : on imagine facilement la zizanie que créa, dans ce quartier tranquille, le retour du roi en octobre 1789. Sans compter qu'il fallut y loger plusieurs centaines de membres de la suite royale. Le treillis de ruelles et venelles y était si dense et sombre (à cause des hautes galeries du Louvre) que, le soir de la fuite à Varennes, le 20 juin 1791, Marie-Antoinette s'y égara et arriva en retard au rendez-vous. Ce contretemps, en perturbant le timing de la fuite, fut probablement fatal à la famille royale.

La chapelle expiatoire *(hors plan)* **:** enfin, pour ceux et celles se faisant la totale, fin du parcours à cette chapelle située square Louis-XVI (tiens, tiens !), au coin de la rue d'Anjou et du boulevard Haussmann. C'est là que se trouvait l'ancien cimetière de la Madeleine, où furent inhumées de nombreuses personnes guillotinées place de la Révolution, dont les gardes suisses massacrés le 10 août 1792, Louis XVI et Marie-Antoinette. À la suite de plaintes virulentes des riverains du cimetière, le reste des victimes (dont Robespierre) fut ensuite enterré sur un terrain moins urbanisé, près de la barrière de Monceau, le long du mur des Fermiers généraux (les *Errancis,* littéralement les « estropiés »). De retour au pouvoir, Louis XVIII fit exhumer les restes de Louis XVI et de Marie-Antoinette et les fit transférer solennellement à la basilique Saint-Denis... tandis que se construisait, à l'emplacement du cimetière de la Madeleine, une chapelle expiatoire des crimes de la Révolution française. Visite non obligatoire, bien sûr !

Fin de la balade

Les républicains purs et durs qui achèveront leur parcours à la ***Concorde*** reprendront le métro du même nom sans remords. Quant aux autres, ceux qui auront suivi cette saga jusqu'au bout, ils pourront reprendre le métro à ***Palais-Royal-Musée-du-Louvre*** ou enchaîner avec la balade n° 8 « La Révolution française au Palais-Royal » s'ils ne l'ont pas faite avant !

Où manger ? Où boire un verre ?

Important ! Voir aussi les adresses sélectionnées pour la balade n° 8 « La Révolution française au Palais-Royal » : ***Muscade*** *(plan, **4**)* et ***Senoble*** *(plan, **5**)*.

Avec un p'tit verre

Le Rubis *(plan, **1**) : 10, rue du Marché-Saint-Honoré, 75001. ☎ 01-42-61-03-34. Ⓜ Pyramides ou Tuileries. Tlj sauf dim et le soir des j. fériés 8h-2h ; service 12h-15h, 19h-23h. Congés : 2 sem en août. Plats du jour 17-24 € ; carte env 32 €.* Le voilà, le Paris canaille, avec ses joyeux sires, ses petits plats bien tradis et costauds, ses vins « en direct de la propriété » qu'on s'arrache... C'est la vie, la vraie, celle qu'on croyait disparue à jamais dans ce quartier huppé. En été, il y a tant de monde entassé sur les vieilles banquettes qu'on déguste dehors, accoudé aux tonneaux.

Dans un cadre chargé d'histoire

Angelina *(plan, **2**) : 226, rue de Rivoli, 75001. ☎ 01-42-60-82-00. Ⓜ Tuileries. Tlj 7h30 (8h30 w-e et j. fériés)-19h (19h30 w-e). Chocolat à l'ancienne servi en pot 8,20 € (quand même !) ; petits déj (tlj jusqu'à 18h30) 20-29,50 € ; brunch (tlj jusqu'à 18h30) 39,50 € ;* tea time *(15-18h30) 20 €.* C'est le resto-salon de thé emblématique du cœur de Paris ! Créé au début du siècle dernier par un confiseur autrichien qui l'a baptisé ainsi en l'honneur de sa petite-fille, il possède un beau décor avec fresques, moulures et petites tables rondes en marbre, à la fois chic et désuet. Touristes et gourmands y viennent pour le plus onctueux des chocolats, le « chocolat africain », noyé sous une aérienne crème Chantilly. Le breuvage est si réputé que les queues débordent sur le trottoir ! Autre must immuable, le traditionnel mont-blanc (meringue, crème de marron et chantilly) ou les gourmandises concoctées par Christophe Appert.

Le Café Marly *(plan, **3**) : 93, rue de Rivoli, 75001. ☎ 01-49-26-06-60. Ⓜ Palais-Royal-Musée-du-Louvre ou Louvre-Rivoli. Situé sur la pl. de la pyramide du Louvre. Tlj 8h-2h (cuisine jusqu'à 0h30). Pour déjeuner ou dîner, résa préférable. Café 5 €, sodas 6-8 €, apéritifs 8-20 € ;* club sandwich *env 15 €.* Le décor est somptueux (dorures et mobilier contemporain), mais ce qui motive vraiment la visite, c'est la vue imprenable sur la cour du Louvre depuis la terrasse sous la galerie. Profitez de ce lieu magique – aux 1ers ou aux derniers rayons du soleil surtout – pour boire un verre (en dehors des heures de repas) face à la pyramide !

LE PARIS ÉGYPTIEN

• Plan *p. 112-113*

BALADE N° 10 : environ 4 km (7 km pour les égyptomaniaques qui ont du temps !) – au moins 4h (et bien plus si l'on y intègre le Louvre)

Exotisme, spiritualité, sagesse, vie éternelle... autant de notions rattachées à l'Égypte et pourtant présentes dans les rues de Paris ! Alors, pour vous évader l'espace de quelques heures, nous vous proposons de dénicher ces héritages, leur signification, et de découvrir les traces de l'engouement pour une civilisation millénaire dont l'influence ne date pas d'hier.

UN PEU D'HISTOIRE

Dès le XVIe s, l'Orient et ses mystères fascinent ; les grandes entrées royales étaient l'occasion de décors égyptisants. L'architecte Carmontelle édifie une pyramide, en 1769, dans le jardin du cousin du roi, le duc de Chartres, actuel parc Monceau (8e), toujours visible aujourd'hui. Marie-Antoinette va, elle aussi, contribuer au développement de la mode égyptienne, tandis que la franc-maçonnerie revendique des sources égyptiennes, et notamment sa « sagesse ». Mais c'est, bien sûr, la campagne d'Égypte de Napoléon, en 1798, qui va déclencher un véritable engouement pour tout ce qui touche à l'Égypte. Napoléon Bonaparte entreprend cette campagne hasardeuse pour arrêter les Anglais dans leur progression vers les Indes. Militairement déplorable, politiquement sans lendemain, cette campagne jouit cependant d'une aura considérable et influence profondément la politique et l'art français. L'expédition d'Égypte s'inscrit dans la grande lignée des voyages d'exploration du XVIIIe s. Bonaparte se fait accompagner par de nombreux scientifiques : Monge, Berthollet, Fourier, le naturaliste Geoffroy Saint-Hilaire, le chimiste Conté, le graveur Vivant Denon, et bien d'autres encore. Dès la publication des écrits des savants et des chercheurs, Paris oublie les défaites et s'enthousiasme pour les récits des victoires, l'héroïsme des soldats, l'exotisme des lieux. Cet engouement influence architectes, peintres, sculpteurs, arts décoratifs... : le robuste néoclassicisme s'imprègne de sphinx, lions, obélisques, pyramides... L'égyptomania est née, et la mode de l'Égypte se répand dans toute l'Europe. Ce thème est l'un de ceux qui ont représenté à travers le monde ce que Paris apportait de plus novateur. Il participe très activement au prestige de notre capitale dans le domaine du développement des arts, tout en témoignant de la perfection du travail de ses artisans. En 1822, la découverte par Champollion de la lecture des hiéroglyphes, le développement de l'égyptologie (cette fois en tant que connaissance scientifique), les voyages et œuvres littéraires... ne feront que renforcer l'intérêt pour l'Égypte, civilisation millénaire, terre de savoir, de culture, de sagesse et de vie éternelle. Aujourd'hui encore, l'Égypte fascine par la splendeur et la démesure de ses temples, la grandeur de sa civilisation, son rapport aux dieux et à la mort.

Départ

➢ *De la pl. de la Concorde,* ***métro Concorde.*** *Compter 7 km et min 4h de balade si l'on veut tt faire. À notre avis, la partie la plus intéressante s'arrête rue du Caire, pour ceux qui ont moins de temps (et on le réduit de moitié !). Après, c'est vraiment pour exégètes ou « égyptoholics » !*

À voir

La place de la Concorde : en 1814, la place de la Concorde a retrouvé son nom royal, place Louis-XV. Mais, débarrassée de ses compromettantes statues royales et guillotines révolutionnaires, elle devait faire l'objet d'un réaménagement. De nombreux projets furent proposés, parmi lesquels celui de l'érection d'un ***obélisque*** revenait fréquemment. « Il ne rappelle aucun événement politique », remarque Rambuteau.

Le fait de vouloir acheminer une antiquité égyptienne (en pleine égyptomania) constituait de loin le projet le plus excitant. C'est ainsi que sous Charles X, sur les conseils et par l'intermédiaire de Champollion, les négociations commencèrent avec le pacha Méhémet Ali pour obtenir les obélisques de Louxor, datant du XIIIe s av. J.-C. !

Champollion, père fondateur de l'égyptologie et audacieux savant, avait déchiffré les hiéroglyphes grâce à la pierre de Rosette en 1822. On raconte que cette découverte lui fit un tel choc qu'il s'évanouit et ne se réveilla que 5 jours plus tard... Son rôle fut déterminant pour l'étude de cette civilisation, mais aussi dans les relations franco-égyptiennes. Enfin, Méhémet Ali offrit les 2 obélisques à Charles X – de même qu'il lui offrira... une girafe ! –, et c'est alors que débuta une longue et laborieuse aventure visant à faire voyager ces monolithes de 227 t chacun et hauts de 23 m.

Un bateau à fond plat, le *Louxor* (trois-mâts), fut spécialement construit et mis à l'eau le 26 juillet 1830. On abattit l'un des 2 monolithes. Mais l'expédition fut vite menacée par une épidémie de choléra qui toucha l'Égypte en 1830. Ça commençait mal ! Le retard de l'expédition s'accentua à cause de la crue qui empêcha le navire d'appareiller. Il arriva enfin à Paris le 23 décembre 1833. L'érection eut lieu le 25 octobre 1836. Entre-temps, d'autres emplacements avaient été envisagés. Après avoir longtemps tergiversé sur le lieu à lui attribuer (Cour carrée du Louvre, place de la Madeleine, place du Panthéon...), on conserva l'idée initiale : la Concorde ; c'est donc là que ce monolithe symbolisant un rayon de soleil solidifié fut érigé. Quant à l'autre obélisque, il est finalement resté à Louxor, tout seul devant le temple.

UN EXOTIQUE CADEAU DIPLOMATIQUE

Pour resserrer les liens diplomatiques qui l'unissent à la France, Méhémet Ali offre à Charles X une girafe qui enrichira la ménagerie du Jardin des Plantes. Un convoi exceptionnel s'ébranle en 1824 au Soudan, débutant ainsi un périple qui durera 3 ans ! Accueillie en grande pompe à son arrivée à Marseille en mai 1827, puis tout au long des 40 jours que durera son voyage vers Paris le long de la vallée du Rhône, Zarafa est l'objet de toutes les curiosités durant des années. C'est même une véritable giratomania qui s'empare du Tout-Paris, influant sur le mobilier, la vaisselle, les coiffures, les chansons... La fièvre retombée une poignée d'années plus tard, l'ongulé s'éteindra quant à lui paisiblement en 1845.

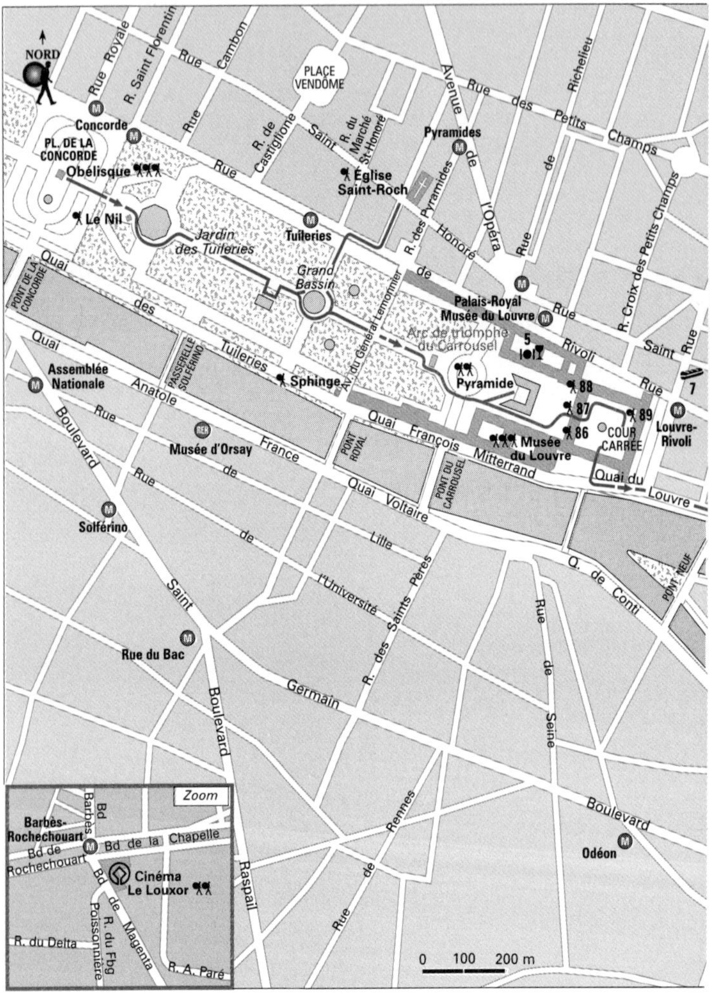

À voir

86 Le Nil (fronton)
87 Isis (fronton)
88 Cléopâtre (statue)
89 L'Archéologie (statue)

Où manger ?

1 L'As du Falafel

Hittorff se vit confier le reste de l'aménagement de la place : 2 fontaines monumentales, allégories de la navigation maritime et fluviale, 20 colonnes rostrales-lampadaires en fonte et, posées sur les guérites du XVIIIe s, les 8 célèbres statues des grandes villes de France (Nantes, Bordeaux, Lyon, Marseille, Brest, Rouen, Lille et Strasbourg).

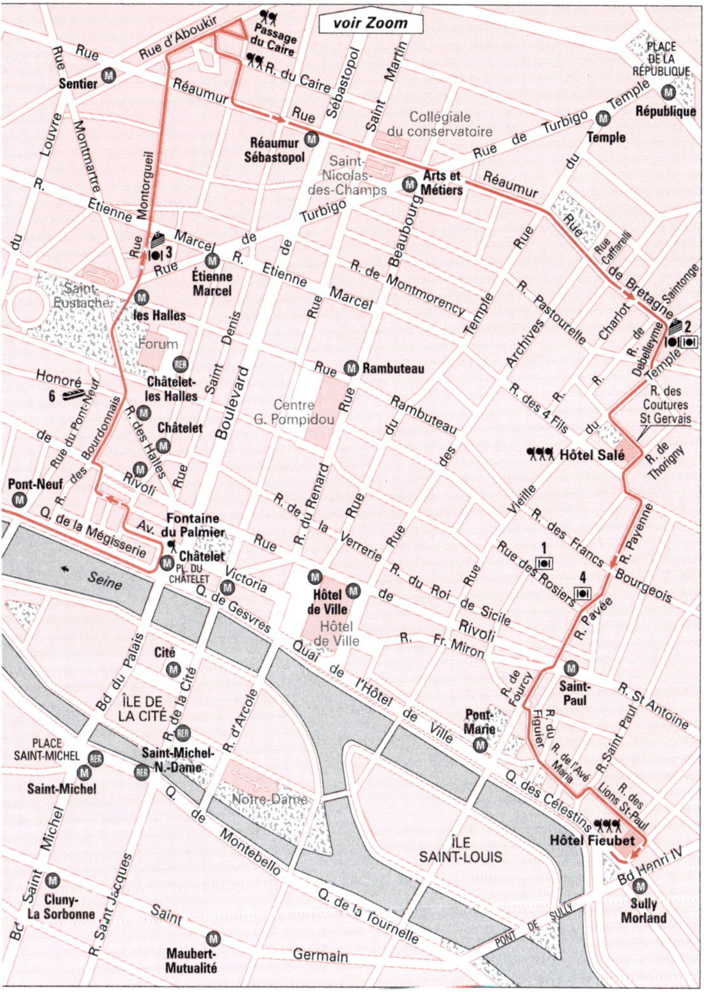

LE PARIS ÉGYPTIEN

2 Biglove Caffé	**5** Le Café Marly
3 Les Artizans	**6** Boulangerie Julien
4 Le Loir dans la Théière	**7** Boulangerie Gosselin

L'obélisque de Louxor, dressé au cœur d'une des plus belles places de Paris, symbolise donc les liens étroits qui unissent l'Égypte et la France depuis 2 siècles. Sur les bas-reliefs, on peut voir des représentations de Ramsès II (1276-1275 av. J.-C.) faisant des offrandes au dieu du Soleil Amon-Rê. Le socle actuel

(l'original est au Louvre) décrit les moyens utilisés pour son transport et son érection.
En 1998, sur l'insistance de la célèbre égyptologue Christiane Desroches-Noblecourt et après une longue controverse, l'obélisque est coiffé, comme à l'origine, d'un pyramidion en bronze recouvert de feuilles d'or. Quelques années auparavant, le 1er décembre 1993, un commando d'*Act Up* l'avait déjà recouvert d'un préservatif géant pour alerter sur l'urgence en matière de prévention du sida.

DES SINGES EXHIBITIONNISTES

De part et d'autre du socle original de l'obélisque, 4 singes se dressaient sur leurs pattes arrière, le sexe bien apparent. Quand Louis-Philippe découvrit ces animaux fiers de leurs attributs, il fit remiser le piédestal au musée du Louvre (Égyptologie, salle 11) et tailler un autre socle qui permit l'érection de l'obélisque sur la place de la Concorde.

Le jardin des Tuileries : en entrant, sur la droite à côté du bassin octogonal, on rencontre une copie (assez abîmée) du ***Nil,*** dont l'original est au Vatican et date de 1692. Le Nil est toujours représenté sous les traits d'un homme barbu, allongé, portant une corne d'abondance et s'appuyant sur un sphinx. Celui-ci est nonchalamment accoudé ; un crocodile et une ribambelle d'enfants jouent autour de lui. En empruntant l'allée centrale, au milieu des arbres de chaque côté, les 2 bassins mis en eau lors du réaménagement des jardins sont encadrés par des sphinges (corps de lion et buste de femme) assises, ailées, sculptées en 1799 par François Masson. Les experts estiment qu'elles ont certainement été inspirées du trône de marbre de l'époque romaine qui – hasard de l'histoire – était entré comme prise de guerre au Louvre en 1799. Ces sculptures prouvent que le développement de la mode égyptienne ne s'est pas fait de façon subite, mais parfois par le biais d'artistes voyageant en Italie ou copiant des œuvres antiques.

LE PLUS GRAND CADRAN SOLAIRE DU MONDE

En observant bien la place de la Concorde, on aperçoit quelques lignes jaunes aboutissant à de grands chiffres romains (ex. : sur le terre-plein central en direction de l'hôtel Crillon). Il s'agit bien d'un gigantesque cadran solaire avec l'obélisque comme gnomon (aiguille centrale).

L'avenue du Général-Lemonnier, angle quai des Tuileries : voici un bien curieux emplacement pour une ***sphinge*** coiffée du *némès* égyptien arrivée à Paris en 1855 avec le butin de guerre enlevé à Sébastopol (Crimée) par le général Pélissier. L'originalité du sphinx réside dans le fait qu'il n'y en a pas 2 identiques (ils se différencient surtout par leur forme, leur pose ou leur coiffure). Sa fonction première est de protéger un temple. Mais une confusion s'est opérée au cours des siècles pour le mélanger avec le sphinx grec, celui qui pose l'énigme à Œdipe. Il inspire la crainte par son expression à la fois de calme et de force contenue, par sa musculature puissante et par ses griffes longues et acérées, et surtout par le mélange étrange d'intelligence humaine et de force animale. Et observez sa base, qui porte encore la trace d'impacts de balles datant des combats pour la libération de Paris.

Faisons un petit détour par l'***église Saint-Roch,*** qui abrite, tout au fond derrière le chœur, un tabernacle en bois représentant l'arche de la Nouvelle Alliance, recouvert de plaques de plâtre doré et qui serait inspiré du mobilier du temple de Jérusalem. Décoré de personnages et de scènes (Christ en croix, Flagellation, Mise au tombeau...), dont certaines à l'égyptienne (personnages curieusement ailés !). Corneille, Diderot, Le Nôtre sont enterrés à Saint-Roch. C'est dans cette église qu'eut lieu en 1825 la 1re exécution de la messe solennelle de Berlioz, qui fit connaître le jeune compositeur aux Parisiens.

La ***pyramide du Louvre*** a fait couler beaucoup d'encre : c'est « la bataille de la pyramide ». L'architecte sino-américain Ieoh Ming Pei a toujours refusé toute filiation égyptienne à sa pyramide, en raison de son utilisation, de sa transparence, de son vide intérieur et de son absence de base. Malgré tout, les Parisiens – et le monde entier – l'ont immédiatement reconnue et adoptée comme égyptisante. Elle a d'ailleurs une pente très proche de celle de Gizeh, soit 54,74° d'inclinaison. Une pyramide qui a provisoirement disparu pendant quelques jours en 2016, grâce à l'intervention du *street artist* JR ; intéressant et résultat bluffant ! • *jr-art.net/fr* •

Le musée du Louvre *(section égyptienne)* **:** *tlj sauf mar et certains j. fériés 9h-18h ; pour des infos précises relatives aux éventuelles nocturnes (pas confirmées à l'heure où nous bouclons ce guide), consulter le site • louvre.fr/horaires-tarifs-acces • ; fermeture des caisses à 17h45 ; évacuation des salles 30 mn avt la fermeture. Entrée : 17 € (billet valable tte la journée mais tte sortie de la pyramide est définitive ; sous la pyramide, possibilité d'accéder 1 fois à chaque entrée – 3 entrées tolérées + expo) ; accès gratuit aux collections permanentes pour les moins de 26 ans, les pers handicapées, les chômeurs... et pour ts le 14 juil.* Un des plus riches et des plus grands départements d'art égyptien au monde. Pas moins de 30 salles (4 200 m²) ! Bien entendu, hors de question d'en énumérer tous les chefs-d'œuvre ! Remarquable travail de mise en scène et en lumière des œuvres. Disposition moderne offrant 2 niveaux de lecture pour capter le promeneur, qu'il soit archéologue ou élève de 6e. Pièces uniques : le ***Grand Sphinx de Tanis,*** un des plus séduisants par ses qualités plastiques, le ***Livre des morts de Hornedjitef*** (plus de 20 m de long !), les étonnantes vitrines de momies d'animaux, le ***poignard du Gebel el-Arak,*** le célèbre ***scribe accroupi,*** la ***statue de Karomana*** (le plus beau bronze égyptien), la galerie funéraire de l'Égypte romaine, les salles coptes, etc.

La Cour carrée du Louvre : plusieurs sculptures de la Cour carrée font référence à l'histoire et à la mythologie égyptiennes. Pour les lecteurs(-trices) féru(e)s d'égyptologie, ça vaut le coup d'en détailler les richesses.

La décoration de la façade ouest de la Cour carrée n'avait jamais été achevée : les sculptures restaient toutes à faire au début du XIXe s. Une représentation d'***Isis*** *(plan,* ***87****)* n'est, bien sûr, pas étonnante à cette époque, mais les connaissances n'étaient, à son sujet, ni vraiment historiques ni archéologiques. Voilà qui donne lieu à un curieux bas-relief juste à droite de la porte du pavillon de l'Horloge, en haut : attitudes gênées (emplacements trop resserrés), la représentation d'Isis est comprimée dans une étroite bande verticale, à peine visible du sol. Nue jusqu'à la ceinture, tête surmontée d'un globe et de cornes de vache (symbole des phases de la lune), ibis sur son épaule (oiseau sacré), elle tient un sistre dans la main droite et un lotus dans la gauche, et est assise sur un trône orné de caractères hiéroglyphiques. Elle porte un curieux costume : une sorte de jupe plissée ajustée à la taille et resserrée aux chevilles et, par-dessus, le pagne croisé des Égyptiens... Autant d'éléments plutôt fantaisistes.

La déesse égyptienne est sans doute la divinité la plus populaire du panthéon égyptien. Sa renommée tient au rôle essentiel qu'elle joua dans la légende d'Osiris. Une fois devenu roi à la place de son père Geb, Osiris enseigna aux hommes la culture, aidé par Thot et Isis ; mais il s'attira l'hostilité de son frère Seth, qui l'invita à un festin où se trouvait un coffre taillé aux mesures exactes d'Osiris. Seth, ayant proclamé qu'il en ferait don à celui qui le remplirait et Osiris s'y étant installé, referma le coffre et cloua le couvercle, faisant ainsi disparaître son frère. Isis se mit alors à la recherche du corps d'Osiris. Elle réussit à retrouver le coffre à Byblos, où il avait échoué. Elle revint en Égypte et se cacha dans le Delta oriental. Mais Seth découvrit sa retraite et s'empara du cadavre d'Osiris, le dépeça en 14 morceaux qu'il dispersa. Isis parvint à en rassembler 13, puis à faire renaître Osiris. Ainsi,

non seulement Isis est à l'origine de la résurrection du dieu Osiris, mais encore elle conçut de lui son fils Horus, qu'elle éleva en secret dans les marais du Delta. Après bien des péripéties, Horus réussit à venger son père. Isis est regardée comme une « femme rusée » dotée de connaissances magiques, avant tout au service de la protection des enfants. Elle est l'épouse fidèle et dévouée même après la mort de son mari ; elle est aussi la mère, ce qui explique sa grande popularité. À l'époque romaine, son culte se répandit dans tout le Bassin méditerranéen.
Une autre raison justifie la présence d'Isis sur l'un des frontons du Louvre. On retrouve cette déesse, en effet, dans les légendes sur les origines de Paris et on a découvert la trace d'un très ancien culte d'Isis à Paris. Un événement en soi tout à fait mineur semble avoir servi de révélateur à la légende : en 1514, Mgr Briçonnet ordonne que soit retirée de l'abbaye Saint-Germain-des-Prés, puis brisée, une statue que des vieilles femmes venaient vénérer : or il se serait agi d'une statue d'Isis. Dès lors, toute trace d'Isis à Paris sera perdue, mais une tradition fort ancienne veut que l'abbaye ait été construite sur l'emplacement d'un temple dédié à Isis. Ainsi, pour certains, Paris pouvait vouloir dire « Par Isis ». Bien que cette affirmation ne repose sur rien de précis ou de prouvé, le nom de la déesse se trouve néanmoins lié d'une manière indissociable à celui de la capitale.
En tout cas, la déesse va trouver sa place dans l'histoire de France en servant, bien malgré elle, des intérêts politiques. Elle sera un modèle pour les révolutionnaires qui cherchent à la fois à déchristianiser et à proposer de nouvelles valeurs, qui vont bientôt circuler à travers l'Europe et gagner les États-Unis. Nicolas de Bonneville, en 1791, dans son ouvrage *De l'esprit des religions,* décrit Isis comme une « déesse primordiale et pure » ; il oppose la religion isiaque aux cultes sectaires de l'époque contre lesquels il s'insurge ; selon lui, d'ailleurs, le christianisme a tout emprunté à la religion égyptienne. Puis c'est une Isis surtout politique qui apparaît sous l'Empire, comme en témoigne ce fronton du Louvre : ses nombreuses qualités sont ainsi associées à l'Empereur et contribuent à l'instauration de la légende napoléonienne.
Sur le fronton suivant figure, sculpté par Roland, le ***Nil*** *(plan,* ***86****)* accompagné du Tibre, d'Hercule et de Minerve (pyramide et crocodile l'accompagnent).
Centre de la façade sud : ne pas quitter le Louvre sans avoir jeté un coup d'œil au ***petit sphinx*** qui figure à l'extrémité gauche du fronton sculpté en 1811 par Jacques-Philippe Lesueur. Fronton consacré à *Minerve récompensant les Beaux-Arts et les Sciences.*
Le palais du Louvre continue, dans la 2de moitié du XIXe s, d'accueillir sculptures et décors évoquant l'Égypte antique :
- rez-de-chaussée de la cour, façade ouest, 2e niche en partant de la droite : ***Cléopâtre*** (1865) par François Fannière *(plan,* ***88****).* Noter l'inhabituelle froideur dans l'attitude (pour ne pas dire qu'elle a l'air revêche) ;
- rez-de-chaussée, façade est, 2e niche en partant de la gauche : ***L'Archéologie*** (1890-1891) par Horace Daillion *(plan,* ***89****)* tient une petite copie d'Akhenaton assis.
On trouve également 2 beaux sphinx, côté Seine, quai François-Mitterrand, dans les jardins à l'entrée de la galerie des Antiques.

Place du Châtelet, la ***fontaine du Palmier.*** Lors de sa construction d'après les dessins de François-Jean Bralle, entre 1806 et 1808, la fontaine dite « de l'Apport-Paris » n'avait encore ni le socle ni les sphinx que nous lui connaissons aujourd'hui : elle se composait simplement d'une colonne à chapiteaux égyptiens et de 5 statues sculptées par Boizot. C'est au chapiteau palmiforme que la fontaine doit son nom de fontaine du Palmier. La création, en 1858, de la place du Châtelet actuelle nécessita le déplacement de la fontaine ; on en profita pour remédier à son faible débit en lui ajoutant 4 sphinx crachant de l'eau. Comme quoi le sphinx peut réserver bien des surprises : animal du désert et de la soif, le voici transformé en fontaine !
Au début de l'Empire, l'eau est encore rare et chère à Paris. Napoléon décide de réglementer et d'améliorer sa distribution par le décret du 2 mai 1806 : « À dater du 1er juillet prochain, l'eau coulera dans toutes les fontaines de Paris le jour et la

nuit, de manière à pourvoir non seulement aux services particuliers et aux besoins du public, mais encore à rafraîchir l'atmosphère et à laver les rues. » L'eau devait aussi être gratuite et distribuée par 15 nouvelles fontaines, dont certaines portent la marque d'une inspiration égyptienne : les fontaines du Palais-des-Beaux-Arts (devant l'Institut), de l'Apport-Paris (Châtelet), du Fellah (rue de Sèvres), du Château-d'Eau (aujourd'hui à la Villette, côté porte de Pantin), de la Paix et des Arts (rue Bonaparte).

Le quartier du passage du Caire : par la ***rue d'Aboukir,*** dont le nom évoque la victoire de Bonaparte en juillet 1799 en Égypte et... non les défaites d'août 1798 et de mars 1801 ! Découvrez d'abord le magnifique mur végétal conçu par le botaniste Patrick Blanc en 2013, à l'angle des rues d'Aboukir et des Petits-Carreaux. Prenons à droite la ***rue d'Alexandrie*** : du nom de la cité d'Alexandre le Grand. Ce valeureux conquérant, élève d'Aristote, a fondé Alexandrie, célèbre pour son phare – l'une des 7 Merveilles du monde –, pour son école philosophique et pour sa bibliothèque, brûlée en partie par Jules César lors de l'annexion de l'Égypte. Puis traversons le ***passage du Caire*** *(lun-ven 7h-18h30 ; fermé sam-dim),* qui vous ramènera à la *rue du Caire.* L'ensemble formé par le passage du Caire et les rues alentour fut baptisé Foire du Caire en 1798. Ainsi entendait-on à la fois magnifier le fait d'armes de Bonaparte en Égypte et suggérer l'atmosphère du bazar oriental. C'est le passage le plus long et le plus étroit de Paris : 360 m. À l'intérieur, rien de palpitant pour les flâneurs. Les travées sont rythmées par des pilastres colossaux d'un ordre insolite alliant le dorique et l'égyptien.

La rue du Caire : baptisée ainsi en mémoire de l'entrée victorieuse des troupes françaises au Caire le 28 juillet 1798. Place du Caire, bel immeuble égyptien de 5 étages, au-dessus d'une des entrées du passage du même nom. Au rez-de-chaussée, des colonnes papyriformes rappellent l'importance du papyrus, végétal à usages multiples, dont le support de l'écriture. En égyptien, le nom *paperao,* signifiant probablement « matériau du pharaon », est la racine du français « papier » et de l'anglais *paper.* Au 2e étage, 3 énormes têtes d'Hathor sont surmontées de représentations de l'entrée d'une chapelle (reproduction assez fidèle de chapiteaux de Denderah, Philae ou Deir-el-Medineh). Au-dessus court une frise pseudo-égyptienne représentant des scènes de batailles. De nombreux éléments décoratifs sont empruntés à l'Égypte, dont la corniche, curieusement illustrée : le « hiéroglyphe » du centre représente Auguste Bouginier, que les artisans avaient pris comme tête de Turc en raison de l'importance de son appendice nasal. En revanche, les fenêtres des 3e, 4e et 5e étages sont une manifestation du style troubadour, lui aussi alors très à la mode. Curieuse cohabitation entre des éléments copiés sur des modèles rigoureusement exacts, d'autres (colonnes et frises) approximatifs, voire des « hiéroglyphes » totalement fantaisistes. Par son étrangeté, le décor de la façade semble jouer un rôle attractif, voire publicitaire, afin d'attirer le chaland dans le passage commercial.

➢ Direction rue Réaumur, jusqu'à la station de métro Réaumur-Sébastopol. Une fois n'est pas coutume, on vous propose de vous engouffrer dans le métro et de sauter dans la rame de la ligne 4, direction Porte de Clignancourt, arrêt Barbès-Rochechouart.

Le Louxor *(zoom)* ***:*** ce superbe cinéma, au style néo-égyptien – inscrit au Patrimoine mondial de l'Unesco depuis 1981 –, édifié en 1921, a rouvert ses portes – après 20 ans d'abandon et 3 ans de travaux de rénovation – et retrouvé sa fonction initiale de cinéma. Mais pas uniquement : les mosaïques multicolores de la façade ont, elles, retrouvé une 2de jeunesse. À l'intérieur, on peut à nouveau admirer la « pharaonique » salle 1, refaite à l'identique ; le plafond étoilé de la salle 2, comme ceux des tombes de la Vallée des Rois ; la voûte en anse de panier de la salle 3, en référence aux tombeaux égyptiens, et ses fauteuils club ; sans oublier quelques détails néo-égyptiens à découvrir çà et là. Une belle restauration qui vaut le coup de vous détourner un peu de l'itinéraire initial.

➢ Retour sur vos pas, ligne 4, direction Porte d'Orléans au métro Barbès-Rochechouart, jusqu'à la station Réaumur-Sébastopol. Puis prendre la rue Réaumur et la rue de Bretagne pour rejoindre, par les rues Debelleyme et du temple, l'hôtel Salé.

L'hôtel Salé (abrite le musée Picasso) **:** *5, rue de Thorigny, 75003.* Attention, la porte cochère étant « pleine », on ne voit plus rien une fois le musée fermé. Hôtel construit en 1659 pour Aubert de Fontenay, qui avait acheté la ferme de la gabelle (impôt sur le sel), d'où le nom de « salé » qui fut donné tout de suite à son hôtel. Les sphinx placés à l'entrée des maisons sont plus ou moins consciemment perçus comme étant chargés d'assurer un rôle de protection et d'accueil : leur hiératisme est ainsi devenu bonhomie et leur mystère, rassurant. C'est au milieu du XVIIe s que les sphinx décorant les hôtels particuliers apparaissent à Paris. L'hôtel Salé en voit les 1ers exemples en 1656 : de chaque côté de la cour, à hauteur de la balustrade, 2 sphinges surveillent les visiteurs. Elles ont la particularité de croiser leurs pattes avant l'une sur l'autre. Leurs flancs sont ornés de guirlandes, et leur *némès,* très anguleux, est surmonté de tours crénelées.

La rue Saint-Antoine : du nom du moine et théologien égyptien qui contribua à répandre la pensée chrétienne à l'aube de ses temps. Ermite tenté par le diable dans le désert, il a fondé des monastères au Fayoum et sur la mer Rouge. Artère parallèle à la Seine, la rue Saint-Antoine conduisait les souverains du château de Vincennes au Louvre. Elle précède de 8 siècles la rue de Rivoli, son prolongement occidental.

L'hôtel Fieubet : *2 bis, quai des Célestins, 75004.* Abrite aujourd'hui une école privée catholique, comme en témoignent les vitraux sur le côté droit. Les sphinx parisiens sont tous sensiblement de la même dimension, cependant ils offrent une grande variété de morphologie ; ils se féminisent, mais leur visage demeure souvent froid et impersonnel, voire lointain et hautain. 2 sphinges à la mode gardent l'entrée sur la rue depuis 1680. L'aspect hiératique des sphinx égyptiens est ici abandonné au profit d'une pose plus maniérée, tournant la tête vers le visiteur. Leur coiffure, dérivée du *némès,* qui reste néanmoins très reconnaissable, se termine en pointes sur les côtés. Le public fut très frappé, à l'époque, par ces étranges figures. Le maire s'en fit l'écho : « Au-dessus de la porte, l'on voit 2 monstres très bien travaillés : ils ont le visage d'une fille, le corps d'un chien, les griffes d'un lion et la queue d'un dragon. » Dommage qu'elles aient été si maladroitement restaurées. Que cela toutefois ne vous empêche pas d'admirer le reste de la façade.

Fin de la balade

Retour par le ***métro Sully-Morland*** ou ***Saint-Paul.*** Dur de quitter une si belle civilisation !

Où manger ?

Important ! Voir aussi les adresses sélectionnées :
– pour la balade n° 3 « Le Paris médiéval : rive droite » : ***Les Artizans*** *(plan, **3**)* ;
– pour la balade n° 6 « La prise de la Bastille et la Révolution dans le Marais » : ***Le Loir dans la Théière*** *(plan, **4**)* ;
– pour la balade n° 9 « La Révolution française autour du Louvre et des Tuileries » : ***Le Café Marly*** *(plan, **5**)* ;
– pour la balade n° 17 « Le Paris criminel, glauque et morbide : du Louvre au Marais » : ***Boulangerie Julien*** *(plan, **6**)* et ***Boulangerie Gosselin*** *(plan, **7**)*.

Sur un plateau

L'As du Falafel *(plan,* ***1****)* **:** *34, rue des Rosiers, 75004. ☎ 01-48-87-63-60. Ⓜ Saint-Paul. ♿ Tlj sauf sam 11h30-minuit (15h en hiver, 20h en* *été ven). À partir de 7 € (9 € en salle).* L'adresse incontournable pour déguster l'authentique falafel. Qu'est-ce qu'il met dedans, *L'As* ? C'est indiqué, suffit de lire : pois chiches, chou rouge et blanc, crème de sésame, aubergine, concombre, un chouia d'harissa. Vous aimez ? Sinon, bonnes assiettes aussi variées et colorées, et bon *shawarma* à l'agneau. Mais, mieux vaut le savoir : que ce soit à emporter ou pour s'attabler, presque à toute heure, il faut être prêt à faire la queue dehors en attendant son tour ! Comptoir de vente à emporter au n° 44 de la même rue (moins de monde).

Biglove Caffé *(plan* ***2****)* ***:*** *30, rue Debelleyme, 75003. ☎ 01-42-77-41-53. Ⓜ Filles-du-Calvaire ou Saint-Sébastien-Froissart. Tlj 12h-14h30 (10h-16h w-e), 18h-20h30. Pas de résa. Plats 13-18 €.* À voir les files d'attente qui s'allongent avant même l'ouverture, on devine que ce *caffè* archi-branché ne fait pas les choses à moitié. Il fleure bon le (ré)confort et la convivialité, et nous transporte quelque part, à mi-chemin entre trattoria napolitaine et épicerie d'un autre temps, grâce à un savant amoncellement de sachets d'épices, pots de légumes secs, conserves qui grimpent le long des murs et jambons de Parme en suspension. C'est beau mais c'est bon aussi, qu'il s'agisse des pâtes ou des belles pizzas sans gluten, pour suivre la tendance du moment. Jolie sélection de cafés torréfiés sur place dans une superbe machine Belle Époque. Service sympa.

LA COMMUNE DE PARIS À MONTMARTRE

• Plan *p. 122-123*

BALADE N° 11 : 4,5 km – 2h

UN PEU D'HISTOIRE

Quand l'armistice est signé le 28 janvier 1871, avec son cortège d'humiliations, la colère s'empare des Parisiens. L'Assemblée nationale, réfugiée à Bordeaux et à majorité conservatrice, veut punir la capitale rebelle et supprime la solde des gardes nationaux. Les Prussiens, dans le même temps, entrent dans Paris. L'exaspération des Parisiens est à son comble. Une France écrasée militairement par l'Allemagne, un gouvernement complètement déconsidéré (du général Trochu, chef de gouvernement au moment de la défaite, on disait qu'il était le participe passé du verbe « *trop-choir* »), un appareil d'État désorganisé et, surtout, un peuple parisien profondément républicain, ulcéré et révolté par la trahison des élites politiques (majoritairement royalistes). En outre, la guerre et le siège de Paris ont largement politisé les Parisiens. Par peur de ces derniers, ***Adolphe Thiers,*** nouveau chef de l'exécutif, préfère d'ailleurs installer l'Assemblée à Versailles, « sans craindre le Paris de l'émeute », précise-t-il à l'époque (mon œil !). C'est dans ce contexte, redoutant une révolte populaire, que Thiers tente un coup de force en voulant s'emparer des 170 canons de la garde nationale regroupés sur la butte Montmartre. Beaucoup avaient été fondus par souscription populaire par les villes et les quartiers. Le ***18 mars 1871*** à 3h du matin, c'est le coup de force à ***Montmartre.*** Les Montmartrois refusent de céder les canons, qu'ils considèrent comme les leurs. Les soldats chargés de la mission fraternisent finalement avec la population de la Butte et arrêtent leurs officiers. Thiers et la bourgeoisie s'enfuient à Versailles. Le général Lecomte, qui avait ordonné de tirer sur la foule, est arrêté, ainsi que le général Thomas, l'un des massacreurs de 1848, repéré en civil en train d'espionner !

Le comité central de la garde nationale organise des élections municipales et, le 28 mars, le conseil élu est mis en place à l'Hôtel de Ville et prend le nom de Commune de Paris. Ainsi naît, pour 2 mois, une commune des travailleurs prenant en main ses propres affaires et dont Marx dira plus tard qu'« elle sera célébrée à jamais comme le glorieux creuset d'une société nouvelle ».

La suite tout au long de l'itinéraire. Le 18e arrondissement fut donc l'un des hauts lieux de la Commune. À bien des égards, l'un des plus émouvants aussi...

Départ

➢ *Du **métro Blanche,** hommage à la barricade de la pl. Blanche ! 4,5 km. Compter 2h de balade. En fait, si l'on avait suivi la chronologie des événements, on aurait dû démarrer au Sacré-Cœur : c'était sur cet emplacement, nommé alors champs* *des Polonais, qu'étaient remisés les canons de Montmartre, sous la surveillance de la garde nationale. C'est bien là-haut que tt commença. Mais cela ne se révélait guère pratique (monter un bref instant pour redescendre à Blanche). Allons d'abord plutôt rendre hommage à une très grande dame...*

À voir

Visite chez Louise Michel : parmi ses diverses adresses dans le Nord parisien, elle habita un temps au ***n° 24 de la rue Houdon,*** mais la maison a disparu *(aujourd'hui à l'emplacement du n° 22).* Institutrice, membre du comité de vigilance du 18e (fondé par Clemenceau, maire de Montmartre, en septembre 1870). Avec la couturière Sophie Doctrinal et Anna Jaclard, d'origine russe, elle monta un corps d'ambulancières pour accompagner les fédérés au combat et fut à l'origine des revendications pour les femmes parmi les plus radicales : mesures pour faire disparaître la prostitution et donner du boulot aux citoyennes sans travail, vote pour la disparition immédiate des sœurs des prisons et hospices, etc. Le mardi 23 mai 1871, elle défendait encore la barricade de la place Blanche. Arrêtée, elle revendiqua d'être fusillée mais fut condamnée à la déportation en Nouvelle-Calédonie (où elle défendit les Canaques contre leur liquidation par la colonisation et fonda des écoles). Personne n'oubliera sa plaidoirie à son procès : « J'appartiens à la révolution sociale et je déclare accepter la responsabilité de tous mes actes. Puisqu'il semble que tout cœur qui bat pour la liberté n'a droit qu'à un peu de plomb, j'en réclame ma part ! » À son retour en France après l'amnistie de 1880, elle continua à militer dans le mouvement anarchiste et mourut à Marseille le 10 janvier 1905. Ses funérailles à Paris furent grandioses. Elle repose aujourd'hui au cimetière de Levallois et, suprême honneur, son nom a été donné à une station de métro et à une place à Montmartre (voir plus loin) !

Le square Jehan-Rictus : à cet emplacement se tenait l'ancienne mairie de Montmartre, devenue en 1860 celle du 18e arrondissement. Clemenceau, jeune médecin républicain, s'y fait les dents comme maire dès 1870, avant de se désolidariser de la Commune. Et à partir du 23 mai 1871, lorsque Montmartre est reprise par les troupes de Thiers, la mairie abrite en ses murs la cour de justice qui envoie les communards dans diverses prisons, ou devant le peloton d'exécution.

La rue Lepic : c'est à son intersection avec les rues Lepic et Joseph-de-Maistre, à la hauteur des 2 immeubles avec les rambardes de fenêtres en « X » 36-38, rue Lepic, que s'élevait l'***une des plus importantes barricades de Montmartre.*** Quasi intacte, cette portion de rue possède à l'évidence une excellente capacité d'évocation. Le 23 mai, une vingtaine de femmes viennent renforcer les derniers fédérés qui s'y battent. Une scène impressionna fort les témoins de l'époque : une femme debout sur la barricade, un drapeau rouge dans une main et tirant au revolver de l'autre. Quand la barricade fut prise par les versaillais, toutes les survivantes furent abattues.

Visite chez Jean-Baptiste Clément : continuons à grimper la ***rue Lepic,*** qui, à partir de là, tourne harmonieusement autour de la Butte. Au ***n° 53*** habita un temps (en 1885) le chanteur-poète Jean-Baptiste Clément, avant de s'installer au ***n° 110*** de 1885 à 1903. Dans les années 1870, il habitait cité du Midi, à quelques pas de la place Blanche. En 1871, Jean-Baptiste Clément fut élu maire, ainsi que membre du comité central de la Commune pour le 18e arrondissement. Responsable des ateliers de fabrication de munitions, il se battit jusqu'au bout sur l'une des dernières barricades (rue de la Fontaine-au-Roi) et ne fut pas pris. Condamné à mort par contumace, l'auteur de l'immortelle chanson du *Temps des cerises* est amnistié en 1879 et revient à Paris en 1880, toujours à Montmartre. Cette belle mélodie, composée en 1867 en Belgique et popularisée 10 ans après les terribles massacres perpétrés par les versaillais,

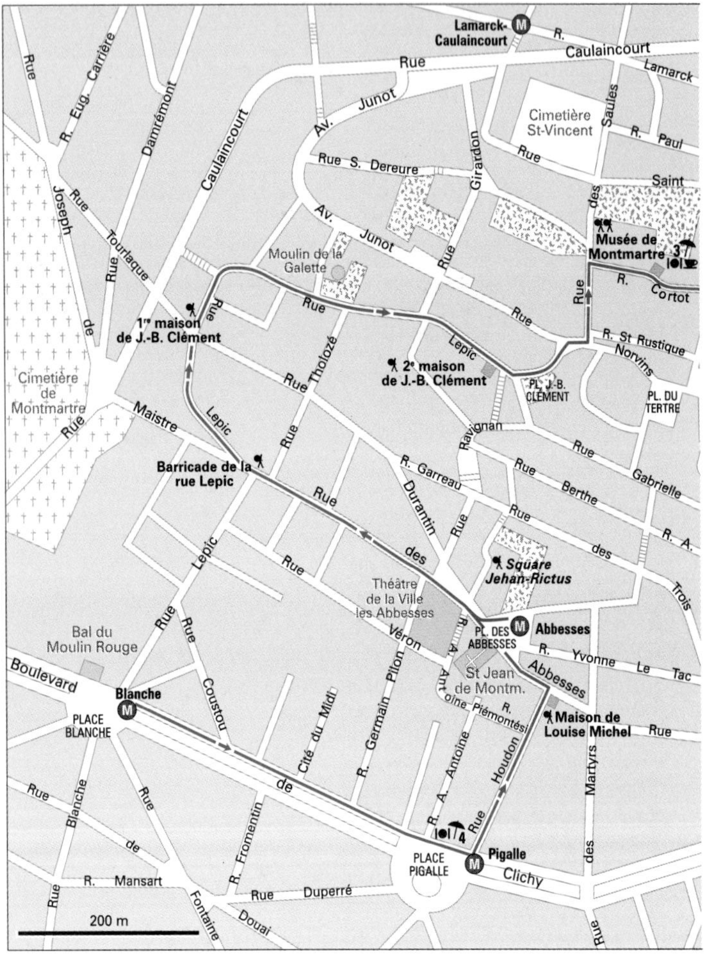

n'était probablement qu'une chanson d'amour à l'origine. Mais après le rôle de Jean-Baptiste Clément durant la Commune, tous, derrière les paroles anodines de la chanson, assimilèrent l'image des cerises au drapeau rouge et à l'espoir renaissant. On raconte que la chanson ne lui rapporta que 14 francs. Il la dédia en 1885 à « Louise », une femme dont il ne se souvenait que du prénom, côtoyée sur la barricade de la rue des Trois-Bornes. Autre de ses chansons célèbres, et directement inspirée de la Commune : *La Semaine sanglante.* À côté du n° 110, charmante place triangulaire à laquelle le poète donna son nom et où l'on planta un cerisier. Aujourd'hui, Jean-Baptiste Clément repose au Père-Lachaise, près du mur des Fédérés.

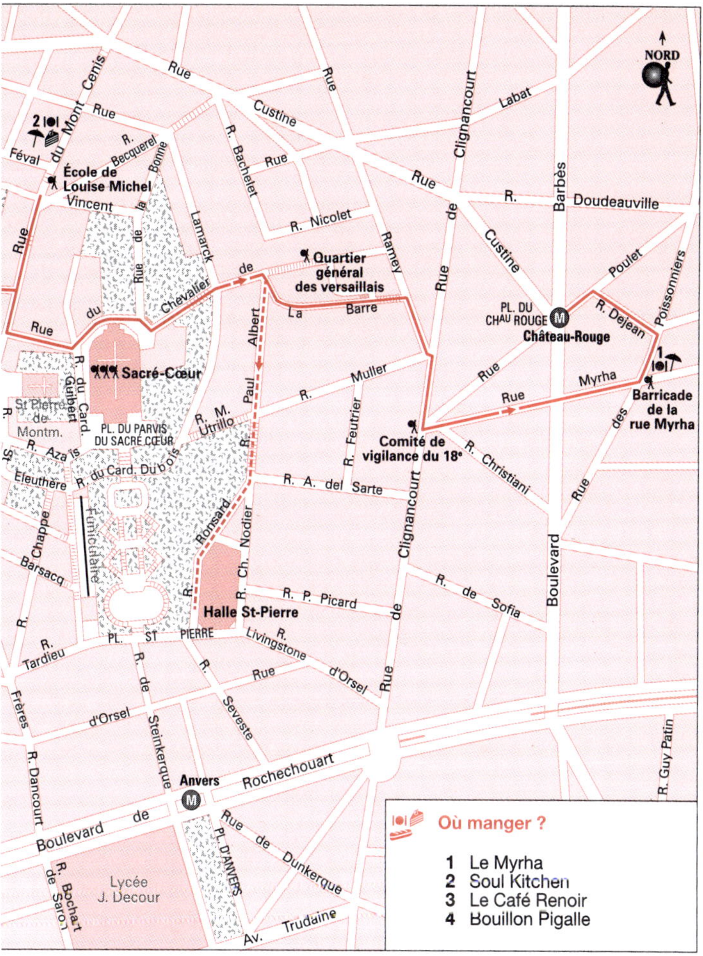

LA COMMUNE DE PARIS À MONTMARTRE

Le musée de Montmartre : *12, rue Cortot, 75018. ☎ 01-49-25-89-39. • museedemontmartre.fr • Ⓜ Lamarck-Caulaincourt. Tlj 10h-18h (19h avr-sept ; nocturne jusqu'à 22h mer en juil-août). Entrée : 13 € (17 € avec une boisson lors des nocturnes) ; réduc ; gratuit moins de 10 ans. Jardin seul : 5 €. Visite guidée dim à 14h : 19 €. Expos temporaires ainsi que des ateliers animés pour les enfants ; programme sur le site internet. Café sur place (voir plus loin « Où manger ? »).*
L'un des musées parisiens les plus charmants, une véritable pépite installée dans la maison du Bel-Air, pour la petite histoire l'une des plus anciennes de la Butte, datant du XVIIe s, entourée de 3 ravissants jardins reconstitués selon la palette impressionniste. Il surplombe les fameuses ***vignes du Clos-Montmartre*** et le

Lapin Agile. En 1876, Auguste Renoir loua une partie de cette maison de campagne en décrépitude et y peignit plusieurs de ses chefs-d'œuvre, dont le plus connu est *Le Bal du moulin de la Galette,* que l'on peut admirer au musée d'Orsay. Mais revenons à la Commune : grande maquette de Montmartre, collection de porcelaines du XVIIIe s, reconstitution d'un vieux bistrot et petite section consacrée à la Commune dans le 18e arrondissement. Buste de Louise Michel et témoignages divers. Entre autres, une gravure (un peu tendancieuse et partisane) racontant l'exécution des 2 généraux le 1er jour de l'insurrection. Intéressantes expos temporaires.

Tiens, puisque l'on ne cesse de croiser ***Louise Michel,*** descendons donc les 1res volées de marches de la rue du Mont-Cenis : là, à l'angle avec la rue Becquerel, elle tint une ***école,*** la bâtisse comme perchée au-dessus de l'escalier, avec un gros blason sculpté sur son flanc. Dans ses Mémoires, elle écrit : « J'aimais ces enfants de Montmartre, gentilles et franches, espiègles et bavardes comme de jeunes oiseaux... »

Le Sacré-Cœur : la construction de la basilique du Sacré-Cœur fut décidée en 1873 par l'archevêque de Paris, dans une lettre au ministère des Cultes. Il demandait que l'on édifiât sur la colline de Montmartre un sanctuaire... « destiné à affirmer l'inébranlable confiance de la patrie vaincue et mutilée dans la miséricorde infinie du cœur de Notre Seigneur Jésus-Christ ». Le rapporteur du projet à l'Assemblée nationale précisa qu'il s'agissait aussi d'exalter le souvenir des versaillais victimes de la Commune. De façon plus explicite, lors de la séance du 24 juillet, un député ajouta que « le Sacré-Cœur constituerait un grand acte d'expiation, une protestation éclatante contre les crimes de la Commune ». On ne pouvait être plus clair ! Comme disait Émile Zola, pour édifier « cette masse crayeuse, écrasante, dominant ce Paris d'où est partie la Révolution », on choisit le conformiste et pompeux Abadie, le plus mauvais architecte de l'époque. L'emplacement avait une valeur hautement symbolique aussi, puisque c'est à cet endroit précis que la Commune débuta. La construction de la pâtisserie, entièrement financée par des dons, fut particulièrement laborieuse et dura de 1875 à... 1914 (début d'une autre catastrophe, mondiale celle-là !). On choisit un style romano-byzantin qui rappelle la cathédrale de Périgueux, d'où l'architecte était originaire. La basilique fut édifiée avec de la pierre de Château-Landon – au sud-est de Paris –, qui blanchit sous l'effet conjoint de l'eau de pluie et du soleil !
Au pied du Sacré-Cœur, en bas des escaliers, du côté de la halle Saint-Pierre, on accède au ***square Louise-Michel*** – encore elle, mais c'est mérité –, inauguré en février 2004 et juste retour des choses puisque tout a commencé en haut. Cette femme de caractère, combattante acharnée et porte-drapeau de la révolution sociale pendant la Commune (voir en début de balade), a vécu et travaillé à Montmartre. Aujourd'hui, son nom au pied de la basilique du Sacré-Cœur, symbole de la victoire de la France cléricale en 1871 contre les communards, vient narguer les lieux.

La rue du Chevalier-de-la-Barre : alors nommée rue des Rosiers, elle est le théâtre de bien des événements durant cette période. Au no 36 se tient le comité local de la garde nationale. Ce 18 mars 1871, donc, la colère des soldats, des gardes nationaux et des Parisiens est à son maximum : les 2 généraux Lecomte et Thomas sont jugés de façon très expéditive, amenés au coin des rues de la Bonne et du Chevalier-de-la-Barre et fusillés par leurs propres soldats – l'un était en uniforme et voulait faire fusiller les soldats refusant de rendre les canons, l'autre, en civil, fut à juste titre pris pour un espion. L'armée gouvernementale reflue sur Versailles. La Commune de Paris peut commencer... Le dimanche 28 mai, Eugène Varlin, ouvrier-relieur, grand leader syndical et fondateur de coopératives sous l'Empire, élu à la Commune pour le 6e arrondissement, se bat encore sur la dernière barricade, rue Ramponeau. Il échappe au massacre, mais, reconnu et dénoncé rue Lafayette, il est emmené à Montmartre. Tout au long du chemin, les bourgeois l'insultent et le frappent. Avant même d'arriver au quartier général des versaillais, sa tête n'est plus qu'un hachis de chairs et l'œil pend hors de l'orbite. Mais il est encore livré à la foule avant d'être fusillé. On est rue des Rosiers, où les généraux Lecomte et Thomas furent exécutés. La symbolique du lieu n'aura échappé à personne ! Varlin eut encore la force de crier « Vive la Commune » sous les balles. Une rue honore aujourd'hui sa mémoire dans le 10e arrondissement. Son corps ne fut jamais retrouvé. Cela n'empêcha pas le conseil de guerre, le 30 novembre 1872, de... le condamner à mort par contumace !

Le quartier général des versaillais : *à l'emplacement du n° 10 de la rue du Chevalier-de-la-Barre.* L'occasion d'arpenter ce bout de Montmartre déjà beaucoup moins touristique. La rue ici se fait frondeuse : tantôt escalier, tantôt ouverte au trafic ou piétonne, pour finir en venelle étroite. Énormes pavés cernés d'herbes sauvages, peut-être certains d'entre eux servirent-ils aux barricades ? L'une des dernières de la Butte s'éleva rue Myrha. L'occasion d'évoquer le général Dombrowski, héros de la Commune.

Le comité de vigilance du 18e : *à l'emplacement du n° 41 de la rue de Clignancourt.* Créé par le jeune maire Clemenceau début septembre 1870 à la proclamation du gouvernement dit « de Défense nationale », le comité représente les citoyens de Montmartre. Hommes et femmes tiennent théoriquement 2 comités, dans lesquels se retrouvent... Louise Michel (encore elle) ou Théophile Ferré, qui deviendront de grands amis. Né en 1846, militant blanquiste (ce qui lui valut la prison à plusieurs reprises sous le Second Empire), Théophile est aussi garde national à Montmartre, puis élu du 18e arrondissement auprès du Conseil de la Commune, qui le nomme délégué à la Sûreté générale. Profondément convaincu, il soutient la création du Comité de salut public en mai, et vote pour l'exécution des otages, ce qui lui vaudra de grandes inimitiés. À 25 ans à peine, il est condamné à mort, puis exécuté en novembre 1871.

La barricade de la rue Myrha : *à l'angle de la rue des Poissonniers.* Défendue par Dombrowski, le meilleur chef militaire de la Commune. Peu avant, Thiers avait tenté de le corrompre par l'un de ses espions. Le général refusa l'argent et en référa à la Commune. Mais, en ce 23 mai 1871, dans le climat tendu de la défaite annoncée, Dombrowski est arrêté et sommé de s'expliquer à l'Hôtel de Ville, devant le Comité de salut public. Il n'a pas de mal à se disculper, mais le mal est fait. Libéré, c'est cependant le déshonneur, la perte de son commandement dans une situation militaire tragique pour la Commune. Malgré cela, il rejoint la barricade de la rue Myrha, qu'il défend jusqu'au bout. Grièvement blessé d'une balle en pleine poitrine, il est transporté dans une pharmacie toute proche (peut-être celle au coin de la rue des Poissonniers ?), puis à l'hôpital Lariboisière, à la limite des 10e et 18e arrondissements. Il y meurt, et dans un dernier souffle murmure : « Et ils disent que je les ai trahis ! » L'hôpital étant à deux doigts d'être pris par les versaillais, son corps est alors transporté à l'Hôtel de Ville pour un ultime hommage.
– Rue Saint-Bruno, pas loin de la rue Myrha, s'élève l'***église Saint-Bernard,*** inaugurée par le baron Haussmann et Viollet-le-Duc en 1861, pour marquer l'évangélisation des nouveaux quartiers intégrés à Paris. Bien proportionnée. Chevet néogothique et néo-Renaissance. Ravissant porche avec forêt de pinacles. En juste retour des choses, Louise Michel y anima le club révolutionnaire du quartier...

Fin de la balade

En guise de conclusion à cet émouvant itinéraire, un extrait du journal (plutôt favorable aux versaillais) *L'Écho français* du 27 mai 1871 : « À Montmartre, nos soldats, obligés de s'emparer à la baïonnette de chaque maison, étaient littéralement couverts d'une pluie de balles, les femmes, armées de chassepots et de

revolvers, tiraient sur nos troupes, et celles qui n'avaient pas d'armes versaient sur la tête des assaillants des torrents d'eau bouillante. »
Le ***métro*** Drapeau, pardon, ***Château-Rouge*** est à deux pas... En profiter pour rapporter un *capitaine* ou un *tilapia* du marché Dejean, l'un des plus délicieusement exotiques à Paris !

Où manger ?

Important ! Voir aussi l'adresse sélectionnée pour la balade n° 25 « Paris et le cinéma : Montmartre », jamais bien loin : ***Bouillon Pigalle*** *(plan, **4**).*

En terrasse

Le Myrha *(plan, **1**) : 70, rue Myrha, 75018. ☎ 09-73-21-78-43. Ⓜ Château-Rouge ou Barbès-Rochechouart. Tlj 9h-23h ; service 12h-14h30, 19h-21h. Fermé Jour de l'an et Noël. Plats du jour à partir de 8 € ; formules sur place ou à emporter à partir de 12-15 €.* Au cœur de la Goutte-d'Or, une sympathique adresse à prix mini qui joue les cantoches populaires. On opte pour des plats et desserts végétariens, végans ou sans gluten (que les viandards se rassurent, le poulet fermier entre dans quelques recettes), 100 % bio, concoctés avec des légumes de saison, des céréales, des œufs frais, et des épices pour rehausser le tout. On apprécie le cadre, lumineux et clair, avec ses tables en formica. Une adresse nature, de la déco à l'assiette.

Soul Kitchen *(plan, **2**) : 33, rue Lamarck, 75018. ☎ 01-71-37-99-95. Ⓜ Lamarck-Caulaincourt. Lun-ven 8h30-18h. Formule déj 14,50 €.* Ce petit *coffee shop* d'angle a bien une âme, celle d'une équipe qui décline avec talent et simplicité le beau, le bio et le bon ! *Pie,* scones, crumble, etc. Parfois sans gluten et à se damner ! Ambiance de caféт' californienne baignée de lumière et animée dès le matin. Formule du jour avec des plats « métis » ou végétariens et de bons desserts maison. La pause petit déj ou goûter est aussi une fête : muffin, *carrot cake, key lime pie,* etc. Parfois sans gluten et à se damner ! Un poil cher quand même (ingrédients bio obligent ?).

Le Café Renoir *(plan, **3**) : 12, rue Cortot, 75018. ☎ 01-49-25-89-39. À l'intérieur du musée de Montmartre (se reporter à la rubrique « À voir »). Accessible uniquement avec un billet d'entrée du musée. Mer et sam-dim 11h30-17h. Formule déj 17,50 €.* C'est le salon de thé du musée. Un havre de paix en plein Paname, avec sa belle et grande terrasse déroulée dans un jardin romantique. Parfait pour déjeuner (soupes, quiches...) ou pour goûter.

LE PARIS DES ÉCRIVAINS : LES QUARTIERS DU LUXEMBOURG ET DE L'ODÉON

• Plan *p. 128-129*

BALADE Nº 12 : 4 km – 2 à 3h

UN PEU D'HISTOIRE

Déjà, au siècle des Lumières, les ***encyclopédistes*** conspiraient dans les cafés de l'Odéon. Puis Victor Hugo et Flaubert hantèrent les jardins du Luxembourg, et les plus grands ***poètes*** de la fin du XIXe s (Verlaine, Rimbaud, Huysmans, Jarry) s'installèrent dans le triangle magique : Cluny – Saint-Sulpice – Luxembourg. Aujourd'hui, les rues du quartier portent des noms d'écrivains (Corneille, Racine, Huysmans, Sainte-Beuve, Claudel), les librairies y pullulent... et nombre d'***éditeurs*** y ont élu domicile, comme Flammarion (rue Racine), Stock (rue Cassette), La Table Ronde (rue Corneille), José Corti (rue de Médicis) et L'Âge d'Homme (rue Férou). La famille Prévert et le petit Jacques affectionnaient particulièrement ces quartiers puisqu'ils y déménagèrent et emménagèrent au moins 5 fois. Autant dire que ce pèlerinage est obligatoire quand on aime le parfum des livres, la poésie des lieux et les fantômes du passé.

Départ

➢ *Du **métro Odéon.** Env 4 km ; 2-3h de balade dépendant de l'âme vagabonde.*

À voir

La rue de l'Odéon : c'est la rue des libraires par excellence, bien connue des amateurs de livres anciens (à elle seule, la librairie *Monte Cristo* est une vitrine de Noël). De nombreux écrivains s'y sont installés, comme Régis Debray ou Olivier Rolin, l'auteur de *Port-Soudan*.

– Au ***nº 7,*** il y avait ***La Maison des Amis du Livre,*** une librairie créée en 1917 par une véritable passionnée, ardente défenseuse des lettres : ***Adrienne Monnier.*** Sa grande idée fut d'inviter les poètes à venir lire leurs textes. C'est ainsi qu'Apollinaire, André Gide, Paul Claudel, Paul Valéry, Paul Léautaud, Jules Romains et tant d'autres vinrent déclamer leurs vers au milieu des rayonnages surchargés. Léon-Paul Fargue y passait ses après-midi. Erik Satie et Valery Larbaud adoraient s'y rendre, et Prévert y fit ses débuts. André Breton y rencontra Aragon, avec qui il créera ensuite le mouvement surréaliste. C'est aussi ici même que fut fondé l'éminent Collège de pataphysique, en 1948. Carrefour intellectuel de l'après-guerre, cette maison bénie des dieux

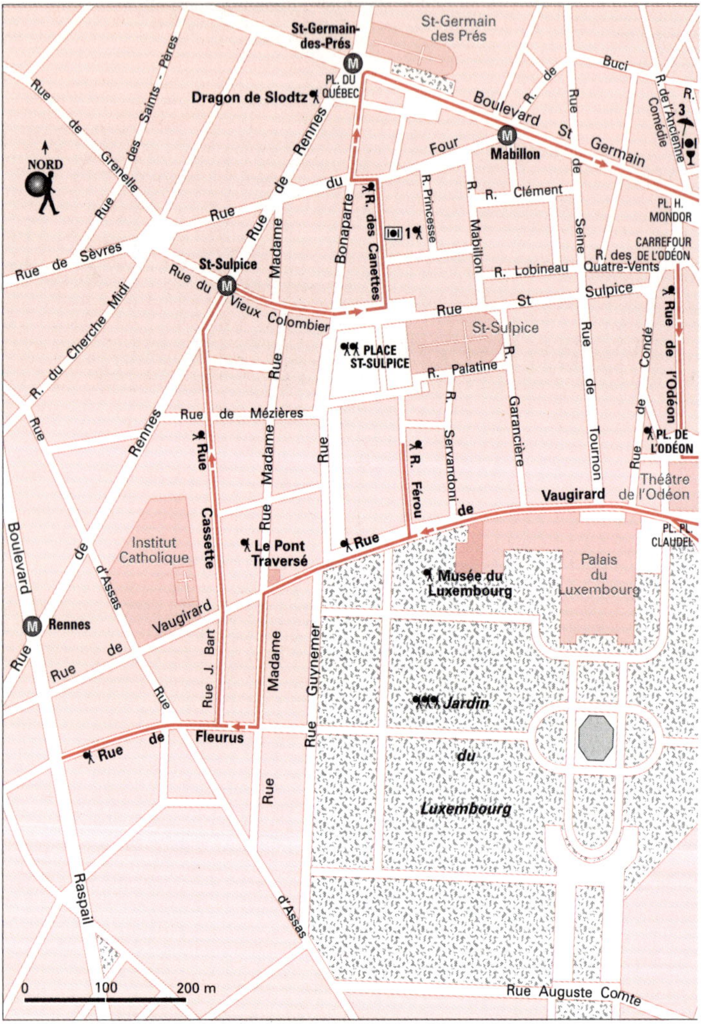

(grecs) a hélas disparu. Mais son souvenir demeure dans les livres de la plupart de ceux qui la fréquentèrent assidûment...

– Au ***n° 12*** se trouvait ***Shakespeare & Co.*** La 1re librairie anglaise de Paris, créée en 1919 par l'Américaine ***Sylvia Beach.*** De même que sa consœur, voisine et amie Adrienne Monnier, Sylvia Beach reçut ici les plus grands noms de la littérature anglo-saxonne : Hemingway, Francis Scott Fitzgerald, Gertrude Stein, Ezra Pound et James Joyce, qui y rencontra André Gide et Paul Valéry pour la 1re fois.

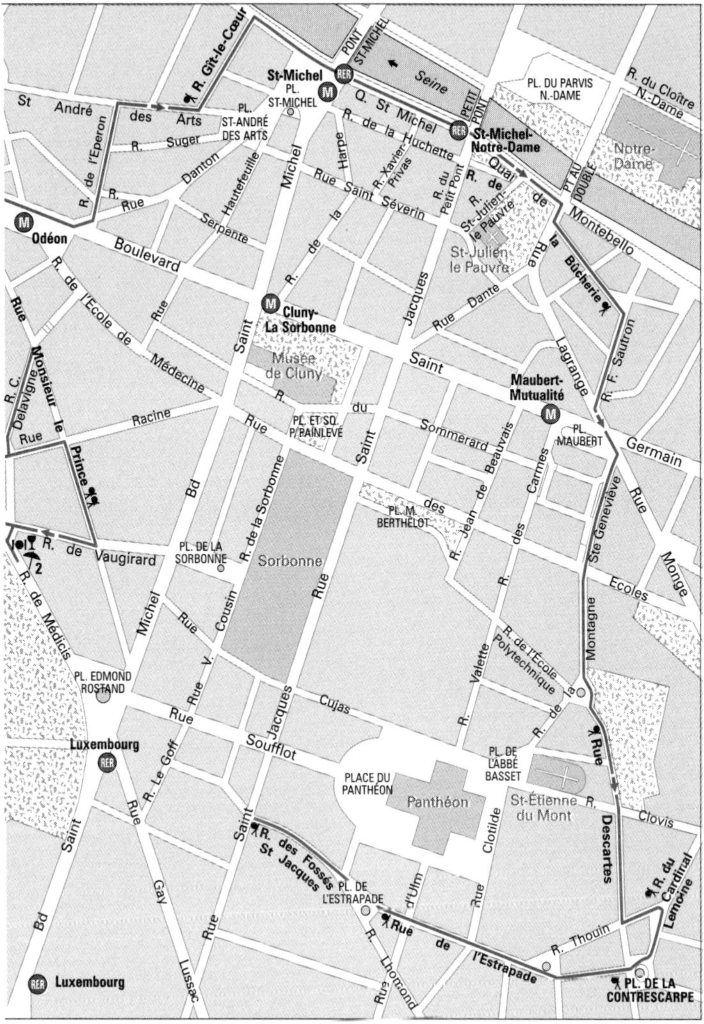

LE PARIS DES ÉCRIVAINS : LES QUARTIERS DU LUXEMBOURG ET DE L'ODÉON

Où manger ?	
1 Chez Georges	2 Au Petit Suisse
	3 Le Procope

Menacée de faillite dans les années 1930, la librairie fut sauvée par un comité d'écrivains français comprenant tous les plus grands noms de l'époque (Maurois, Paulhan, Morand...). Elle disparut finalement de la rue quelques années plus tard pour renaître face à Notre-Dame, reprise par un autre Américain (voir plus bas). Sur la façade, une plaque discrète indique que dans cette maison fut publié en 1922 le chef-d'œuvre de James Joyce : *Ulysse.*

– Au ***nº 18,*** au 5ᵉ étage, l'appartement qu'occupaient les libraires Sylvia Beach et Adrienne Monnier (voir plus haut). En juin 1928, elles invitèrent Francis Scott Fitzgerald et James Joyce autour d'un poulet. ***Hemingway*** vint y dîner plusieurs fois avec sa femme Hadley. Il revint le 25 août 1944, en jeep, accompagné de soldats américains, pour « libérer la rue ». Dans ses mémoires, Sylvia Beach raconte qu'Hemingway débarqua chez elle en tenue de commando, couvert de sang. Il l'embrassa, réclama à manger et alla tirer quelques coups de feu sur le toit, pour déloger un sniper nazi. Il annonça ensuite qu'il partait libérer les caves du *Ritz* (suite de cette rocambolesque aventure à la fin de ce chapitre) !

– Au ***nº 21*** ont vécu le philosophe ***Cioran*** (auteur du *Précis de décomposition* et d'*Histoire et Utopie*) et sa compagne Simone (dans un appartement au 6ᵉ étage sans ascenseur et avec des toilettes sur le palier)...

★ ***La place de l'Odéon :*** une charmante place construite autour de son vénérable théâtre. On se souvient que Jean-Louis Barrault en fut le directeur (il fut d'ailleurs quelque peu chahuté par les étudiants en mai-juin 1968, lors de l'occupation des lieux). Le plafond fut décoré par le peintre Masson à la demande de Malraux.

– Au ***nº 2, La Méditerranée.*** Ouvert en 1942 par un ami de Jean Cocteau (qui dessina l'enseigne), ce resto de poisson fut décoré de magnifiques fresques par les peintres Bérard et Vertés. Il vit défiler de nombreuses personnalités, parmi lesquelles Aragon, Ionesco, Orson Welles, Charlie Chaplin, Liz Taylor et la princesse Margaret.

– De l'autre côté de la place (entre les rues de l'Odéon et Casimir-Delavigne – anciennement rue Voltaire jusqu'en 1864), le ***Café Voltaire,*** décrit dans une nouvelle de Balzac, fut le lieu de rendez-vous des encyclopédistes (Voltaire, Rousseau), de Gauguin et des poètes symbolistes (Verlaine et Mallarmé, « chaussé de sabots sculptés »), puis des félibres, autour de Léon Daudet et Ferdinand Fabre. Hemingway, T. S. Eliot et Fitzgerald s'y arrêtaient souvent en sortant de la librairie *Shakespeare & Co.* Le *Café Voltaire* n'a hélas pas aussi bien résisté que le *Flore* ou *Le Procope.* On y trouve aujourd'hui les éditions Flammarion.

➢ Prenons la rue Racine ou la rue Casimir-Delavigne.

★★ ***La rue Monsieur-le-Prince :*** elle conserve un cachet digne des romans de Balzac, avec ses hautes façades, ses épais murs de pierre, ses portes cochères (remarquez le magnifique portail sculpté du nº 4) et ses minuscules échoppes de quartier. Rimbaud y occupa une mansarde (« Je fumais ma pipe-marteau en crachant sur les tuiles »).

– Au ***nº 14,*** de 1948 à 1959, vécut le grand auteur noir américain ***Richard Wright.*** Né en 1908 à Natchez (Mississippi), mort à Paris en 1960. Petit-fils d'esclave, à l'enfance misérable, il écrivit en 1940 *Native Son,* qui connut un immense retentissement et fit de lui le 1ᵉʳ romancier afro-américain à succès. Il dut fuir le maccarthysme et se réfugier en France, où il devint ami de Sartre et Camus et épousa la cause des peuples luttant pour leur indépendance. Le courant existentialiste lui inspira *The Outsider,* son 2ᵉ roman... Dans ce même immeuble vécut le compositeur Camille Saint-Saëns (1877-1889). Remarquez aussi la belle façade sculptée.

– Au ***nº 41, Polidor,*** le restaurant cher aux routards, fut le lieu de sustentation des membres du Collège de pataphysique, parmi lesquels Raymond Queneau, Boris Vian, Max Ernst et Michel Leiris.

– Au ***nº 26*** vécut et mourut en 1938 ***Victor-Émile Michelet,*** écrivain et poète ésotérique (plaque).

– Au ***nº 54, Pascal,*** auteur à 11 ans d'un traité sur la propagation des sons, découvreur l'année suivante des 32 propositions d'Euclide et inventeur de la 1ʳᵉ machine à calculer, vécut ici de 1654 à sa mort en 1662, à l'âge de 39 ans (plaque)... Émouvant d'imaginer que c'est là qu'il écrivit aussi ses *Pensées.*

La rue de Vaugirard : la plus longue rue de Paris se devait d'accueillir de nombreux écrivains ! Surtout dans ses 1ers numéros, avec la proximité stratégique du Luxembourg, de la Sorbonne, des quais et des cafés...
– Au ***n° 4, l'hôtel de Luxembourg,*** ancienne demeure du XVIIe s, hébergea ***Verlaine*** de 1889 à 1894. L'endroit a conservé un romantique patio, avec fontaine au lion. Mais le confort de cet actuel 3-étoiles, plein d'élégance, ne devait pas être le même à l'époque du poète (fauché de surcroît)...
– Au ***n° 7,*** au 3e étage, l'un des appartements où ***Jacques Prévert*** transita avec sa famille. Il fréquenta l'école au n° 9.
– Au ***n° 8,*** une maison en grosse pierre, avec porche à colombages. Une plaque indique que le futur Prix Nobel de littérature 1920 ***Knut Hamsun*** vécut et écrivit ici de 1893 à 1895. On peut en déduire qu'il croisa son voisin Verlaine...
– Minidétour ***rue de Médicis,*** quelques pas sur la gauche, en face du *Luco*. Au ***n° 11*** se trouvait la petite maison d'édition ***José Corti.*** Toute sa vie, Julien Gracq refusa les ponts d'or des grosses maisons et lui resta fidèle ! Aujourd'hui, c'est devenu ***La Librairie des Éditeurs Associés*** *(mar-ven 11h-14h, 15h-19h ; sam 11h-19h),* mais les éditions Corti y sont toujours représentées.
– Au ***n° 42, hôtel Luxembourg-Parc,*** où ***William Faulkner*** (autre futur Prix Nobel) descendit en 1925. Il ne payait que 20 francs par jour pour une chambre avec vue sur les jardins du Luxembourg, où il rêvait en regardant jouer les enfants. Dans une lettre à un ami, il constate : « C'est merveilleux, cette manière qu'ont les Français d'aimer leurs bébés » (quand on lit ça, on ne regrette pas de ne pas être américain).
– Au ***n° 19, musée du Luxembourg.*** Hemingway venait y étudier les tableaux des impressionnistes quand il avait faim. Il adorait en particulier Monet et Cézanne : « Tous les tableaux étaient plus nets, plus clairs et plus beaux si vous aviez le ventre vide et vous sentiez creusé par la faim » (in *Paris est une fête*). Ne cherchez pas ces tableaux : le musée, géré par le Sénat, ne présente plus que des expos temporaires.
– Au ***n° 19 bis,*** l'une des entrées du ***jardin du Luxembourg.*** Décrit par Victor Hugo, Flaubert (dans *L'Éducation sentimentale*) et Jules Vallès (« s'il y avait des perroquets dans les arbres, ils parleraient latin »), le plus grand jardin de Paris a su remercier la littérature en l'honorant à travers une multitude de bustes d'écrivains, parmi lesquels ceux de Baudelaire, Stendhal, George Sand, Flaubert, Verlaine et Théodore de Banville (que Verlaine décrivait comme « le buste aux nichons »). De nos jours, étudiants romantiques et apprentis écrivains continuent d'y flâner ou d'y lire sur les chaises des allées... Les inconditionnels de François Truffaut sont ravis de revoir les petits voiliers du bassin, qui inspirèrent une séquence mémorable de *Domicile conjugal.*

AU DIABLE VAUVERT...

Du temps de Saint Louis s'élevait, au sud du jardin, une bâtisse maudite appelée le château de Vauvert. Repaire d'une bande de brigands, on y voyait d'étranges lumières et l'on disait le lieu hanté, évidemment. C'est ainsi que se forgea l'expression « aller au diable vauvert ». Quant à « tenter le diable », c'est autre chose... Pour exorciser les lieux, Saint Louis permit aux moines chartreux de s'y installer. Leur arrivée mit fin à la légende... Pas drôles, les chartreux !

➢ Ressortons du jardin par la rue de Vaugirard et traversons-la.

La rue Férou : discrète venelle pavée, au calme tout provincial.
– Au ***n° 6, hôtel de Luzy,*** élégant hôtel particulier gardé par des sphinges (sphinx à buste de femme). ***Hemingway*** et sa femme y occupèrent un appartement en 1927 et 1928. Est-ce en hommage à l'écrivain que Jean-Jacques Goldman a racheté l'immeuble ?

– Au ***n° 4,*** l'un des nombreux logements de ***Jacques Prévert*** et de sa famille. De 1908 à 1914, il ira à l'école du quartier.
– Au ***n° 2 bis,*** le vieil atelier encore intact fut celui de ***Man Ray*** (pas de plaque). C'est, paraît-il, ici même qu'Eugène Pottier, dans les locaux du journal révolutionnaire *L'Atelier,* écrivit *L'Internationale.* En tout cas, hommage émouvant et géant à la poésie : le poème *Le Bateau ivre* de Rimbaud a été recopié sur toute la longueur du mur... Il le déclama en 1871 de la fenêtre d'un ancien café de la place Saint-Sulpice. Le vent soufflant en direction de la rue Férou, c'est là que l'on immortalisa naturellement ses vers...

➢ Revenons sur nos pas et reprenons la rue de Vaugirard à droite.

La rue de Vaugirard (suite) : au ***n° 58*** (angle avec la rue Bonaparte), immeuble cossu, en pierre de taille et au monumental portail de bois. Il abrita l'appartement où ***Scott*** et ***Zelda Fitzgerald*** s'installèrent en 1928.
– Au ***n° 62*** (à l'angle de la rue Madame), l'étonnante boutique à la façade ornée d'une grille en fer et de têtes de bétail (une ancienne boucherie) est celle de la librairie ***Le Pont Traversé,*** véritable caverne d'Ali Baba pour les bibliophiles (livres anciens, éditions originales). La grosse grille d'origine rappelle que, lors des émeutes de la faim, les boucheries étaient attaquées les premières...

➢ Remontons la rue Madame.

La rue de Fleurus : au ***n° 27,*** la maison de ***Gertrude Stein,*** qui s'y installa de 1903 à 1938 avec sa secrétaire et amante. Elle y vivait entourée de tableaux (Cézanne, Matisse...), dont son portrait peint par Picasso (aujourd'hui au Metropolitan de New York). Elle y reçut ses amis Max Jacob, Erik Satie et Apollinaire, et, bien sûr, ses compatriotes Ezra Pound et Hemingway (qui lui consacra un chapitre assez féroce dans *Paris est une fête*). Elle apparaît notamment dans des scènes fascinantes du film de Woody Allen *Minuit à Paris.*

➢ Revenons sur nos pas, prenons à gauche la rue Jean-Bart et retraversons la rue de Vaugirard.

Dans la ***rue Cassette,*** noter, au ***n° 22,*** le bel hôtel particulier de l'Institut catholique de Droit canonique. Plus loin, au ***n° 7,*** vieil immeuble aux étages disproportionnés. Au « 2e étage et demi » vécut ***Alfred Jarry*** (pas de plaque, que fait le Collège de pataphysique ?), avec son fameux grand-bi et son chat. Le père du père Ubu et du docteur Faustroll. Il y reçut, entre autres, Paul Verlaine.

➢ Continuons la rue Cassette jusqu'à la rue de Rennes, puis prenons à droite la rue du Vieux-Colombier.

La place Saint-Sulpice : construite autour de l'église la plus « littéraire » de Paris après Notre-Dame. C'est ici que Victor Hugo se maria. Huysmans en fit l'éloge dans son roman *En route.* Henry Miller comparait (avec justesse) ses clochers à des beffrois. À l'intérieur, de merveilleuses, mais un poil sombres, peintures de Delacroix (1re chapelle à droite) et, selon les érudits versés dans l'ésotérisme, quantité de signes cabalistiques prouvant que ce fut un haut lieu des Rose-Croix : ils permettraient aux initiés de retrouver le trésor des Templiers (bon courage !). La place propose régulièrement une brocante aux livres ainsi que les vitrines de vénérables librairies (notamment *La Procure*). Catherine Deneuve habite, paraît-il, un appartement donnant sur la place. On y trouve aussi,

LE SEXE DU CENTAURE

À l'angle de la rue du Cherche-Midi et de la rue de Sèvres, vous ne pouvez pas manquer l'imposant centaure de César. L'animal, mi-homme mi-cheval, fut sculpté en souvenir de Picasso. Il a l'avantage d'avoir 2 sexes, un devant et un derrière, ce qui est effectivement bien pratique ! Quoique... Mais en tout cas, vraiment rien à voir avec celui des anges !

au coin de la rue des Canettes, le ***Café de la Mairie,*** lieu fréquenté de tout temps par les étudiants en lettres et les écrivains : Hemingway, Fitzgerald, Djuna Barnes, Beckett, Perec... Christian Vincent y tourna une scène de *La Discrète* (avec Fabrice Luchini).

La rue des Canettes : on y découvre, au n° 11, ***Chez Georges*** *(plan,* ***1****),* un lieu hautement emblématique de la vie littéraire germanopratine. Vénérable épicerie-buvette ouverte en 1951 par Georges Abbe (ami d'Antoine Blondin) et qui vit passer nombre d'écrivains et poètes venus écluser un gorgeon sur le vieux comptoir Art déco. Liste non exhaustive : Blondin, bien sûr, Guy Debord *(La Société du spectacle),* Jean-Michel Mension (cofondateur de l'Internationale lettriste avec Debord, auteur de la *Tribu* et du *Temps Gage*), Jean-Paul-Clebert *(Paris insolite),* Bob Giraud (auteur du *Vin des rues*), André de Richaud (dont le roman *La Douleur* suscita, dit-on, la vocation d'écrivain de Camus), le dessinateur politique Sacha Streitkof, Benoît Rey (*Les Égorgeurs* et *Il vaut mieux boire du rouge que broyer du noir*), plus une flopée de chanteurs et acteurs, Juliette Gréco, Michel Piccoli, Laurent Terzieff, Hubert Deschamps... Jean Castel venait en voisin. En 1960, dans la cave, le bon Georges crée son cabaret où vont se produire, pendant une trentaine d'années, nombre de poètes et de chanteurs à textes : Georges Chelon, Marc Ogeret, Anne Vanderlove, Allain Leprest, Francesca Soleville, les frères Jolivet, Hervé Christiani *(Il est libre Max)...* Tous n'eurent pas la notoriété de Brel ou de Brassens, mais leurs textes enchantèrent longtemps nombre de clients et leurs portraits ornent toujours les murs patinés du bistrot... Allez, un p'tit coup de nostalgie, et puis on y assure une honnête petite restauration rapide (voir plus loin).

Prenons maintenant la rue Bonaparte en direction de Saint-Germain-des-Prés, jusqu'à la place du Québec, et bifurquons sur la gauche. Au ***n° 50*** de la ***rue de Rennes,*** on trouve le bien nommé ***Dragon de Slodtz*** de 1732. Avant la Seconde Guerre mondiale se trouvait ici un passage, datant de l'époque de Louis XIV, qui donnait accès à la cour du Dragon. Un immense portail surplombé par la sculpture de Paul-Ambroise Slodtz marquait l'entrée. Aujourd'hui, ce passage n'est plus accessible, et son impressionnant dragon volant est soigneusement gardé dans l'une des réserves du musée du Louvre. Mais avant la démolition du portail, un moulage de la bête, identique à l'original, a été réalisé. La copie en place aujourd'hui reste l'un des derniers exemples de style rocaille exécuté pour une bâtisse parisienne.

➢ Reprenons le boulevard Saint-Germain en direction d'Odéon, puis à gauche la rue de l'Éperon, Saint-André-des-Arts à droite et la rue Gît-le-Cœur.

La rue Gît-le-Cœur : au ***n° 9*** se trouve le *Relais-hôtel du Vieux Paris,* surnommé ***Beat Hotel*** par les beatniks. Allen Ginsberg s'y installa en 1957 et y commença son poème *Kaddish,* suivi par Burroughs (qui y écrivit *Le Festin nu*) et Kerouac (qui trouva le titre). Tous les poètes de la *beat generation* (Gysin, Corso, Orlovsky...) s'y retrouvèrent (chambres n°s 15, 29, 32), jusqu'en 1964. Ils y inventèrent la technique du *cut-up,* en fumant du haschisch « tout comme, exactement un siècle avant [eux], l'avaient fait Baudelaire, puis Rimbaud et Verlaine ». De cette époque restent quelques photos aux murs, ainsi qu'un livre de souvenirs, que l'on peut consulter à la réception. Mais le prix des chambres n'a plus rien à voir avec celui des années 1950...

La rue de la Bûcherie : au ***n° 37,*** face à Notre-Dame, ***Shakespeare & Co.*** Héritière spirituelle de la librairie de la rue de l'Odéon, cette merveilleuse maison de style néomédiéval fut ouverte par ***George Whitman*** (1913-2011), petit-fils du grand poète américain Walt. Parmi ses 1ers clients, Henry Miller, qui écrivit à propos de l'endroit : « *A wonderland of books.* » Une des cartes postales les plus vendues le représente devant la librairie en 2008, en compagnie de ***Lawrence Ferlinghetti*** (le dernier survivant de la *beat generation* et patron de la célèbre librairie du même nom à San Francisco).

La rue Descartes : Verlaine est mort en janvier 1896 au ***n° 39*** de la rue (plaque). Il s'y était installé avec sa maîtresse qui, paraît-il, le battait pour qu'il noircisse du papier ! Dans *La Littérature à Paris,* Jean-Paul Clébert raconte que le poète, « pris entre la cirrhose et la jaunisse, passa ses derniers jours à dorer au pinceau avec de l'or liquide les meubles de sa chambre et jusqu'au pot de chambre ».

La rue du Cardinal-Lemoine : au 4e étage du ***n° 74*** se trouve le 1er appartement parisien d'***Hemingway*** et de sa femme, qu'ils louèrent de janvier 1922 à août 1923. L'écrivain décrira la rue dans *Les Neiges du Kilimandjaro.*

La place de la Contrescarpe : le ***café des Amateurs*** (aujourd'hui ***Le Delmas***) était l'un des favoris d'Hemingway, qui le décrivit dans *Paris est une fête* et *Le soleil se lève aussi.*

En prenant la rue Blainville en direction du jardin du Luxembourg, on entre dans la ***rue de l'Estrapade,*** où ***Denis Diderot*** vécut (plaque) au ***n° 3*** de 1747 à 1754, au moment de la rédaction de l'*Encyclopédie.* C'est à cet endroit que la police vint l'arrêter à la fin du mois de juillet 1749. Au ***n° 11*** habita de 1791 à 1795 l'écrivain pamphlétaire Paul-Louis Courier (plaque).

Continuons encore un peu en direction de la place de l'Estrapade : on entre dans la ***rue des Fossés-Saint-Jacques,*** où l'écrivain ***Charles Péguy*** élut domicile au ***n° 21.*** Fondateur (avec Romain-Rolland) des *Cahiers de la quinzaine* en 1900, revue destinée à publier ses propres œuvres ainsi que les nouveaux écrivains de l'époque comme Georges Sorel et Daniel Halévy. Charles Péguy s'y installa en 1897. Élève de Bergson à Normale Sup tout proche, dreyfusard militant, il mourut lors de la bataille de la Marne. On célébra en 2014 le centenaire de sa mort.

« QUI A VÉCU PAR L'ÉPÉE PÉRIRA PAR L'ÉPÉE ! »

Comme dans l'évangile de saint Matthieu, Paul-Louis Courier connut une fin biblique. Ce républicain anticlérical, journaliste sous l'Empire, indigné par les abus de la Restauration, n'avait de cesse de les dénoncer dans ses journaux. Il fut assassiné en 1825 d'un coup de fusil dont la bourre était constituée de... l'un de ses journaux hyper compressé !

Fin de la balade

Retour par le ***RER Luxembourg.*** Les mordus d'Hemingway reviendront sur leurs pas jusqu'au ***métro Jussieu,*** prendront la direction La Courneuve et s'arrêteront à ***Pyramides*** pour un pèlerinage obligatoire au *Ritz...*

Pour les mordus d'Hemingway

Le bar du Ritz : situé à l'arrière de l'hôtel, le bar était autrefois accessible depuis la rue Cambon. Il faut désormais passer par la place Vendôme. Pas de panique : avec une tenue correcte, on vous laisse entrer sans problème... et les prix des boissons sont presque raisonnables (pour un endroit pareil !). Marcel Proust passait ses soirées au *Ritz,* donnant ses

SACRÉMENT DISTRAIT

Quand Hemingway revint en 1956 à l'hôtel Ritz, le personnel lui apporta 2 malles qu'il avait oubliées depuis... 29 ans ! Il y retrouva des notes, des carnets et un manuscrit qui deviendra l'un de ses plus célèbres romans : Paris est une fête.

rendez-vous dans le hall, emmitouflé dans son manteau en peau de loutre, comme le racontera plus tard Colette. Hemingway a découvert le bar du palace grâce à Francis Scott Fitzgerald, qui intitulera l'une de ses nouvelles *Un diamant gros comme le Ritz.* Hemingway y viendra souvent, y rencontrera entre autres son compatriote J. D. Salinger (l'auteur de *L'Attrape-cœurs*) et ira jusqu'à « libérer » le bar le 25 août 1944 ! En fait de libération, Hemingway s'est contenté, selon son biographe, de débarquer avec une bande de copains en armes et de commander 50 Martini ! Il faut dire, à sa décharge, que le jour de la libération de Paris était aussi, ironie du sort, celui de son anniversaire... Aujourd'hui, le bar de l'hôtel a été rebaptisé *Bar Hemingway.* Des photos de l'écrivain ornent les murs, sa Remington trône entre ses livres, et la carte des cocktails est conçue comme un journal à sa gloire, avec des articles racontant les liens de l'écrivain avec l'histoire des lieux. C'est, par exemple, dans les caves du *Ritz* que l'on aurait retrouvé le manuscrit de *Paris est une fête,* oublié dans une malle pendant 29 ans. Autre anecdote qui nous a bien plu : un jour, alors qu'il devisait avec Hemingway, Francis Scott Fitzgerald vit passer dans le hall une superbe créature. Il lui fit porter des orchidées, qu'elle renvoya aussitôt. De dépit, Fitzgerald mangea les fleurs une à une ! La dame succomba finalement à ses avances. Preuve que les démonstrations d'amour sont parfois payantes.

Où manger ?

Important ! Voir aussi les adresses sélectionnées pour la balade n° 7 « La Révolution française au Quartier latin » : ***Au Petit Suisse*** *(plan,* ***2****)* et ***Le Procope*** *(plan,* ***3****).*

Sur un plateau

🍽 ***Chez Georges*** *(plan,* ***1****)* **:** *11, rue des Canettes, 75006. ☎ 01-43-26-79-15. Ⓜ Saint-Germain-des-Prés. Tlj 18h (15h sam)-2h. Congés : août et fin d'année. Bière en bouteille 5 € ; verre de vin 15 cl 4 €. Planches de fromages, de saucisses ou de pâtés-rillettes) à partir de 8 €.* Des générations de tabagiques et intellos fumeux ont patiné murs et plafond. Ancien cabaret où débutèrent bien des chanteurs (portraits aux murs), les lieux n'ont guère changé depuis plus de 60 ans, et on aime bien ce vieux comptoir Art déco de 1928 et le sourire de Nicolette derrière. Certains soirs, il peut se passer quelque chose, parfois trois fois rien, en fonction de la clientèle, de la proportion de touristes, des événements... Le week-end, c'est souvent plein comme un œuf de jeunes qui se ruent dans la vieille cave voûtée où crépite un feu aux 1ers frimas. On n'y refait plus trop le monde, mais ça reste joyeux, convivial et bruyant. Sympathiques expos temporaires.

LE PARIS COQUIN ET LIBERTIN : RIVE DROITE

• Plan *p. 137*

BALADE N° 13 : 4 km – 3h (sans compter les visites de musées)

« Jouis et fais jouir sans faire de mal ni à toi ni à personne ; voilà, je crois, toute la morale. »

Chamfort, 1790.

On évoquera ici certains lieux aujourd'hui disparus, ou ayant changé d'objet ou d'apparence. Le temps, l'évolution des mœurs, les promoteurs immobiliers ont fait leur œuvre... Nous aborderons aussi sans pruderie ni complaisance certains détours de la psyché humaine, faite de désir, d'amour, de souffrance consentie, et également soumise à de douloureuses contraintes. Nous allons essayer d'être légers et futiles... donc de nous intéresser à des choses essentielles.

Départ

➢ *Rdv au **métro Place-de-Clichy.** Remonter le bd de Clichy et la rue Caulaincourt (sur le pont), et descendre quelques marches un peu plus loin sur la droite.*

À voir

Le cimetière de Montmartre : *entrée av. Rachel, 75018. Tlj 8h (8h30 sam, 9h dim)-17h30 (18h de mi-mars à début nov). Munissez-vous d'un plan à l'entrée.*
Eh oui ! notre 1re halte est dans un cimetière. Ce n'est pas un hasard. En dehors des créatures éplorées largement dévêtues ou aux drapés de bronze suggestifs qui ne laissent pas de marbre, au moins 2 tombes méritent notre attention : celles d'Alphonsine Plessis et de Louise Weber.
– ***Alphonsine Plessis*** (1824-1847 ; division 15). Sa tombe, juste à côté de celle de Jean-Claude Brialy, est un peu différente des voisines, plus haute et comme une dernière petite demeure. Eh oui, devenue Marie Duplessis, « incarnation la plus absolue de la femme qui ait jamais existé » (Franz Liszt, l'un de ses nombreux amants), elle inspira Alexandre Dumas fils, qui en fit l'inoubliable *Dame aux camélias.* Transposée, sa vie fut mise en musique par Verdi dans *La Traviata* (« la dévoyée », en italien, ce qui ne l'empêcha pas de mourir, dans l'opéra, comme une sainte...).
– ***Louise Weber,*** dite « la Goulue » (1869-1929 ; division 31). Immortalisée par Toulouse-Lautrec et décédée dans la misère. Danseuse à l'*Élysée-Montmartre,* puis au *Bal du Moulin-Rouge,* les « provocantes saillies de son ventre », les

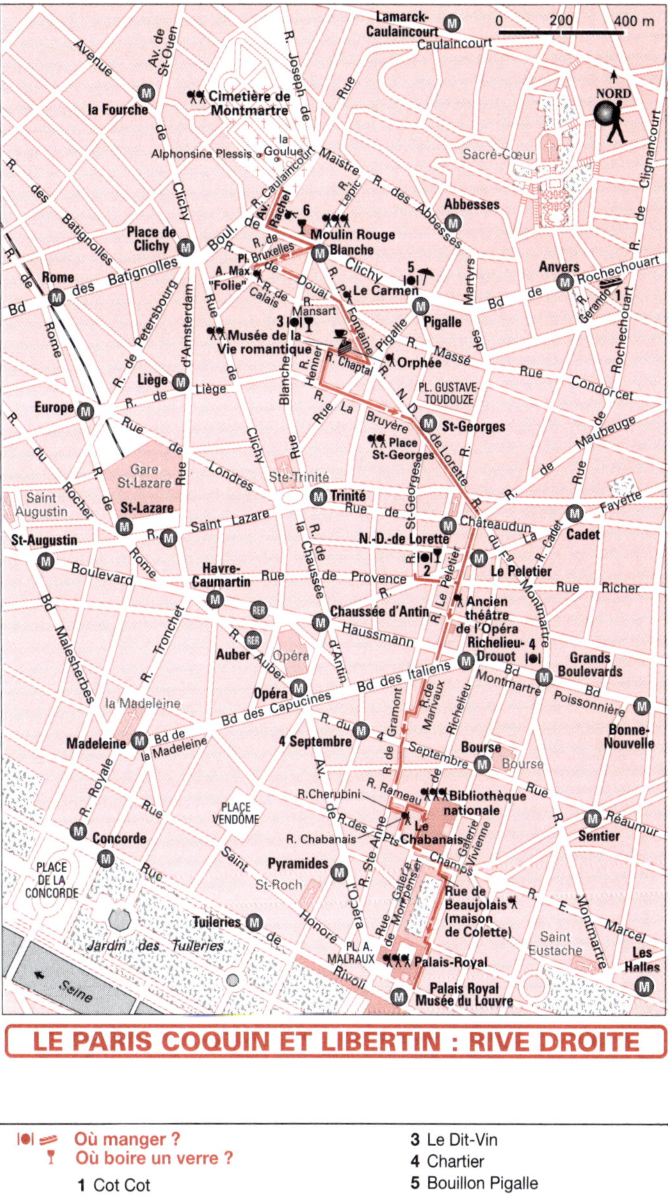

LE PARIS COQUIN ET LIBERTIN : RIVE DROITE

Où manger ?
Où boire un verre ?

1 Cot Cot
2 Le Cellier
3 Le Dit-Vin
4 Chartier
5 Bouillon Pigalle
6 Le Bar à Bulles

« déhanchements lascifs de ses reins » dévoilaient « un petit coin de VRAIE peau nue ». Un journal de l'époque (1891) évoquera même « l'acier en fusion » animé par cette « bacchante du ruisseau [...] troussée jusqu'au ventre »... C'est à elle que l'on doit le french cancan ! C'est d'ailleurs écrit sur sa tombe.

Quittons le cimetière par l'***avenue Rachel,*** du nom de la tragédienne Rachel Félix (1820-1858), grande amoureuse de l'amour aux répliques restées célèbres. À un prince qui lui envoya ce message : « Quand ? Où ? Combien ? », elle aurait répondu : « Demain. Chez moi. Pour rien... »

➢ Empruntons à gauche le ***boulevard de Clichy.***

Le Moulin-Rouge : *82, bd de Clichy, 75018.* Ce célèbre Moulin-Rouge n'est plus cependant celui de Nini Patte-en-l'Air, Grille d'Égout, Valentin le Désossé et... la Goulue : celui-là n'existe plus ! Hélas ! Rappelons que dans les bals, à la fin du XIXe s, les danses étaient provocantes, voire carrément obscènes. Chahut et cancan, menés de manière endiablée, étaient sans ambiguïté – le cancan surtout, dansé une jambe en l'air, l'index de la danseuse désignant, à l'insu du sergent de ville chargé de faire régner la décence (le « père la pudeur », ça ne s'invente pas), un entrejambe qui se laissait deviner...
– Sur la place Pigalle, à côté, avait lieu le marché aux modèles où les peintres venaient choisir leurs poseurs et poseuses. C'est ici que Manet découvrit son Olympia.

VADE RETRO SATANA !

Le french cancan, symbole de la folie parisienne, provoqua un véritable tollé de la part des défenseurs de la morale et de l'Église. Effectivement, les danseuses n'étaient pas des oies blanches et travaillaient parfois à l'horizontale vers Pigalle. D'ailleurs, on a oublié qu'au début leurs culottes étaient fendues.

Empruntons, de l'autre côté du boulevard, la rue de Bruxelles (en face du *Moulin-Rouge*) jusqu'à la ***place Adolphe-Max,*** où se dressait, au XVIIIe s, une folie (riche maison de plaisance), dans le jardin de laquelle le maréchal duc de Richelieu (petit-neveu du cardinal) fit construire une « petite maison ». Il y donnait des « dîners adamiques », c'est-à-dire où les convives des 2 sexes étaient en tenue d'Adam...

Longeons la rue de Douai. Au croisement avec la rue Duperré, bel ***hôtel particulier*** aux balcons de fer forgé et aux nombreuses têtes de faunes. Ici habita le compositeur ***Georges Bizet,*** amateur, sa correspondance en fait foi, de beautés ibériques. L'immeuble abrite aujourd'hui la boîte de nuit ***Le Carmen.*** À l'occasion, allez danser dans ce décor splendide, où moulures, lustres, plafonds peints et cage à l'entrée rappellent le passé sulfureux de l'endroit. Les toilettes, qui étaient alors des douches, ont même gardé leur carrelage d'époque. Quant à l'immortelle Carmen (celle de l'opéra), femme ardente et entière, elle n'a pas fini de nous séduire et de nous émouvoir. *Brava !*

Descendons la ***rue Pierre-Fontaine.*** Au n° 7, jetez un coup d'œil sur l'énigmatique plaque en laiton gravée d'un dessin de Jean Cocteau. On raconte que Jean Marais et son ami Jean Cocteau avaient établi ici leur garçonnière. Si les néons de l'ancien sauna aux tendances libertines brillent encore, l'immeuble abrite aujourd'hui l'un des bars les mieux planqués de Paris : *Orphée*. Poussez donc la porte de cet immeuble plein d'histoire pour plonger dans un Paris décomplexé !

➢ Tournons à droite rue Chaptal.

Le musée de la Vie romantique : *hôtel Scheffer-Renan, 16, rue Chaptal, 75009.* • *vie-romantique.paris.fr* • Ⓜ *Pigalle ou Saint-Georges.* ♿ *Tlj sauf lun et certains j. fériés 10h-18h. GRATUIT (expos temporaires payantes). Audioguide : 5 €.*

Le musée de la Vie romantique n'est pas un musée au sens académique. C'est une maison, c'est un jardin, c'est 150 ans de la vie d'une famille plongée dans le monde des arts et des lettres. En découvrant le passage bordé de robiniers centenaires et les pavés disjoints menant à un pavillon aux allures italiennes, on est tout de suite sous le charme. L'enclos Chaptal fut la demeure, dès 1830, du peintre et sculpteur d'origine hollandaise, Ary Scheffer, qui y installa 2 ateliers, l'un pour travailler et l'autre pour y recevoir ses voisins et amis artistes : Delacroix , Liszt, Dickens, Tourgueniev... mais aussi George Sand qui venait accompagnée de son amant du moment, un obscur pianiste polonais prénommé Frédéric. Chopin, bien sûr ! Voir les 2 tableaux qui représentent différents ateliers qu'occupa l'artiste ici et ailleurs.

Le pavillon central abrite les collections permanentes : le rez-de-chaussée est consacré à George Sand, la grande habituée des lieux. Bijoux personnels, bracelet cousu pour sa fille, aquarelles, mobilier provenant du château de Nohant, la propriété familiale de l'écrivaine dans le Berry... Dans le salon, reconstitué à l'image de celui de Nohant, le portrait le plus emblématique de George Sand par Auguste Charpentier. Dans le petit salon bleu, quelques dendrites (technique d'aquarelle) de sa main, ainsi que des dessins de ses enfants, Solange et Maurice. Mais la coquine George (drôle d'idée d'adopter un prénom masculin : elle se prénommait Aurore, pas mal non plus, mais ne dédaignait pas le port du pantalon, ô scandale !) a eu de nombreuses relations. De certaines a découlé une correspondance parfois ambiguë, spécialement avec Alfred de Musset, que la chasteté n'étouffait pas, comme le montre son long poème érotique *Gamiani* : il n'y est question que de voluptés, de caresses, d'excès de toutes sortes... le rouge nous vient au front rien que d'y penser. Sacré Alfred ! Au 1er étage, les salles présentent l'œuvre de Scheffer et de ses contemporains, proposant un panorama de la création à l'époque romantique.

D'intéressantes expositions temporaires sont organisées chaque année autour du romantisme. Pour prolonger le plaisir, une pause gourmande sera bienvenue.

Rose Bakery : *tlj sauf lun 10h-17h30.* Idéal pour un thé romantique, aux beaux jours, au milieu des massifs de dahlias, des rosiers et de la vigne, près de l'atelier-salon où, le vendredi, le peintre Ary Scheffer recevait ses invités. Dans la serre ou dans le jardin, on déguste de bons gâteaux.

Descendons la ***rue Henner.*** Signalons au passage que l'auteur des *Onze Mille Verges* (!), ***Guillaume Apollinaire*** lui-même, habita au n° 9. Tournons à gauche dans la rue La Bruyère. Nous arrivons sur la délicieuse ***place Saint-Georges.*** Au n° 28, splendide hôtel particulier en faux gothique Renaissance, habité par Thérèse Lachmann, salonnière et demi-mondaine, dite « la Païva » : « la paye y va », disait-on à l'époque. De l'autre côté de la place, l'hôtel d'Adolphe Thiers, massacreur de communards. Bon, nous, on préfère Élisabeth Venard, dite Céleste Mogador, pensionnaire de bordel à 15 ans, à son corps défendant, courtisane, maîtresse d'un duc, comtesse de Chabrillant par son mariage et... infirmière pendant la Commune. Chapeau !

Le coin des « lorettes » : descendons la rue Notre-Dame-de-Lorette, du nom de cette petite église qui évoquait à sa construction, en 1823, un « boudoir de jolie femme » et qui donna son nom à toutes les jeunes personnes aux ressources irrégulières, actrices, femmes galantes, grisettes, qui, à la question : « Où

LORETTES ET COCOTTES

Au XIXe s, derrière Notre-Dame-de-Lorette, vivaient ces demi-mondaines ou « lorettes », qui étaient entretenues par plusieurs amants (on disait à l'époque des Arthur !). Les cocottes, quant à elles, exerçaient le même métier mais dans le haut de gamme, comme Sarah Bernhardt. Elles avaient d'ailleurs les moyens d'abuser de parfums (d'où le verbe « cocotter »).

habitez-vous, ma jolie ? », répondaient invariablement : « Derrière Notre-Dame-de-Lorette. » Mais pourquoi donc ? Parce qu'elles avaient été attirées dans ce nouveau quartier par des loyers bas, les propriétaires voulant aussi s'attacher la clientèle de locataires économiquement plus fiables. Les « lorettes », on les avait aussi surnommées les « essuyeuses de plâtre »...

Continuons, après quelques pas sur la rue du Faubourg-Montmartre, jusqu'à la rue Le Peletier, que nous emprunterons jusqu'aux Grands Boulevards. Une fois arrivé à hauteur de la rue de Provence, on peut faire un petit détour en allant sur la droite, pour rejoindre le bas de la rue Saint-Georges. Au niveau de l'actuel ***nº 4*** de la ***rue Saint-Georges,*** il y avait un hôtel particulier, où ***Marguerite Durand*** installa les bureaux du journal ***La Fronde.*** Créé en 1897, le quotidien, révolutionnaire pour l'époque, réussit l'exploit de n'être dirigé que par des femmes. Il reste aujourd'hui, avec sa directrice, associé à de grandes avancées sur la question du travail des femmes.

Retour sur la ***rue Le Peletier.*** Plus bas, sur la droite, à l'angle avec la rue Rossini, le restaurant *Le Petit Riche* et ses salons particuliers... Au nº 12 (qui n'existe plus) se dressait l'entrée du **théâtre de l'Opéra de la rue Le Peletier,** qui devait brûler en 1873. 2 fois par semaine, durant la période du Carnaval (de la Saint-Martin, en novembre, au Mardi gras), s'y déroulait un bal masqué, à l'entrée payante, fréquenté par une foule déguisée, dans un déchaînement de frénésie sensuelle. Les dames du monde, les vraies et celles qui étaient à tout le monde (mot affreux), se mêlaient aux modistes en quête de galants, de protecteurs ou... de maris. Nombre de poètes firent rimer ce bal, et Édouard Manet l'immortalisa en 1873, année de l'incendie, dans son tableau *Bal masqué à l'Opéra.*

LA RÉPUBLIQUE EST RANCUNIÈRE

Charles Garnier ne fut pas invité à l'inauguration de l'Opéra, en 1875, en présence de Mac-Mahon. Il dut acheter sa place et celle de sa femme. Le prix à payer pour son attachement à Napoléon III, mort 2 ans plus tôt sans voir l'achèvement de son théâtre impérial.

Allez, on continue. Traversée des boulevards Haussmann et des Italiens. Rue Marivaux (tiens donc...), prendre à droite et tourner rue de Gramont à gauche. Un bout de la rue Sainte-Anne, à gauche dans la minuscule rue Cherubini, et la ***rue Chabanais,*** qui a gardé un vague souvenir des activités qui s'y livraient avant guerre. Au nº 12 se trouvait la plus fameuse maison close de France et des colonies : ***Le Chabanais.*** Décoré avec une inventivité et un luxe incroyable, cet « établissement » abritait une chambre mauresque, un boudoir Louis XVI, un salon pompéien, une chambre japonaise (primée à l'Exposition universelle de 1900 !). Les médaillons étaient d'un habitué : Toulouse-Lautrec. Détails d'une chambre (vue seulement en photo !) : très vaste lit entouré de cygnes, surmonté d'une créature dévêtue, mobilier doré, comme à Versailles, stuc et moulures, miroirs immenses aux murs et au plafond. Tiens donc, pourquoi au plafond ? Fréquenté par des ministres et des présidents, *Le Chabanais* faisait partie du circuit des chefs d'État étrangers : c'était la « visite au président du Sénat »...

Bon, fascination, excitation et amusement aujourd'hui ne sauraient faire oublier que « travailler en maison », quand bien même luxueuse, n'était pas de tout repos, loin de là. Pour la majorité des pensionnaires, les conditions d'existence étaient épouvantables. Elles étaient dans la dépendance financière et matérielle des maquerelles (sous-maîtresses, rabatteurs et autres parasites), et soumises à l'arbitraire des autorités souvent hypocrites. Quant aux clients, sympathiques étudiants, turbulents militaires, notaires, bon bourgeois ou... curés, en bande et joyeux ou en cachette et solitaires, peu leur importait, tant qu'ils n'attrapaient pas de maladies vénériennes...

➢ On emprunte la rue Rameau en appréciant le groupe sculpté de la fontaine du square Louvois (allons, restons calmes, il ne s'agit que d'une allégorie des 4 grands fleuves de France !). Tiens, en lieu et place de ce square se dressait, au début du XIXe s, une salle qui abrita elle aussi le mémorable bal de l'Opéra.

RENTRER À L'ŒIL !

Du temps des maisons closes, les flics de la brigade mondaine avaient choisi, comme symbole de leur fonction, l'œil mythique arboré par les détectives privés américains de l'agence Pinkerton. *Ils portaient donc une épinglette en forme d'œil au revers de la veste pour entrer discrètement dans ces lieux de débauche et observer ce qui s'y passait. De là est née l'expression « rentrer à l'œil » !*

La Bibliothèque nationale de France, site Richelieu : *58, rue de Richelieu, 75002. ☎ 01-53-79-59-59. • bnf.fr • Tlj sauf dim 9h-19h30 (18h30 sam). Fermé 1 sem en sept. GRATUIT. Visite guidée sam à 17h30 ; sur résa au ☎ 01-53-79-49-49 ou • visites@bnf.fr • ; 3 € ; durée : 1h30.* ***Bibliothèques ouvertes seulement aux chercheurs et étudiants accrédités.***
Rouvert après des années de rénovation, le site est le berceau historique de la Bibliothèque nationale de France, installée là depuis le début du XVIIIe s. Depuis le transfert des imprimés sur le site François-Mitterrand (dans le 13e arrondissement), ***seules les prestigieuses collections spécialisées demeurent à Richelieu*** : 530 000 manuscrits occidentaux et orientaux, 12 millions d'estampes et photographies, les monnaies et médailles (530 000 pièces), plus de 2 millions de pièces, recueils et partitions de musique. La bibliothèque de l'INHA (Institut national d'histoire de l'art) et celle de l'ENC (École nationale des Chartes) s'y sont aussi installées. Un trésor formidable !
Pour bien en profiter, l'idéal est de se joindre à la visite guidée. On peut cependant visiter librement certains des espaces rénovés, comme la Rotonde des arts du spectacle (espace muséal qui préfigure le musée de la BnF), ou accéder à l'entrée de la superbe salle de lecture Labrouste. Celle-ci mérite le détour pour découvrir une prodigieuse superstructure constituée de 9 coupoles de verre soutenues par de minces colonnes de fer, le tout élégamment rehaussé de fresques, d'ors, et avec cette fascinante pénombre de travail, c'est sûrement la plus belle bibli de Paris ! À l'issue des travaux, prévue fin 2021, le site Richelieu pourra être traversé comme un passage parisien ouvrant sur la ville et la prestigieuse salle Ovale sera ouverte à tous.
Nous y retrouvons Guillaume Apollinaire, qui écrivit, en 1913, un ouvrage intitulé *L'Enfer de la BN. Bibliographie méthodique et critique.* Les livres licencieux, pornographiques ou jugés tels par l'autorité, regroupés pour être mis à l'abri des innocents et des curieux, portaient des titres à double sens (*La France foutue,* par exemple) ou à prétention pédagogique pour mieux dissimuler leur objet, mais pas toujours. Aujourd'hui, bien sûr, ces livres sont dans toutes les bonnes librairies...

Empruntons la rue des Petits-Champs sur la gauche, puis la ***rue de Beaujolais.*** Au ***n° 9,*** soit pile-poil au débouché de la rue Vivienne, habita une femme qui fut célèbre pour sa beauté, son talent d'écrivain et son... tempérament d'amoureuse. Celle qui entretint une longue liaison fougueuse avec Mathilde de Morny, sa bien-aimée et protectrice Missy, celle qui n'hésita pas à séduire et initier le jeune fils d'Henri de Jouvenel, l'un de ses maris : ***Colette,*** c'est elle. Elle avait 47 ans, lui 16. Transposé en littérature, ce fut *Le Blé en herbe.* Scandale chez les bien-pensants (et ce n'est ni le premier ni le dernier qu'elle suscita...).

Le Palais-Royal : pénétrons maintenant dans les jardins du Palais-Royal. Que ce soit pendant la Régence, où Philippe et sa fille, complice, la duchesse de Berry, organisaient des parties fines (voir l'inoubliable film *Que la fête commence !,* de Bertrand Tavernier), dans l'effervescence prérévolutionnaire (voir la balade nº 8 « La Révolution française au Palais-Royal »), malgré l'ascétisme revendiqué lors de la Terreur, ou pendant les débauches du Directoire, ce lieu abritera la « licence ». Jusqu'à 2 000 « filles d'amour et de joie » y exerceront, à ciel ouvert, dans les bosquets, les cabarets et les boutiques. Nicolas Restif de La Bretonne (1734-1806), arpenteur des nuits de Paris et « amateur instruit », décrira « les filles de l'allée des soupirs » par le menu : Bouton de Rose, Mélanie, Bienfaite, Chouchou, Coquine... rien ne nous est celé de leurs charmes, de leurs imperfections non plus. En 1791, un « *Almanach des adresses des demoiselles de Paris de tout genre et de toutes les classes, ou Calendrier du plaisir, contenant leurs noms, demeures, âges, portraits, caractères, talents, et le prix de leurs charmes, enrichi de notes curieuses et anecdotes intéressantes* » (pas moins !) circule ouvertement. On (à savoir ces demoiselles) pétitionnera à l'Assemblée nationale pour obtenir compensation des « pertes causées par la Révolution » et l'absence des « bons amis » aristocrates, les « billets de caisse » ne valant pas l'or... Après la Terreur, le relâchement des mœurs du Directoire provoquera un nouvel afflux. La mode découvre les gorges, les robes sont de mousseline transparente. Le Palais-Royal est un vaste lupanar. À la licence succède la réaction, bourgeoise et toujours hypocrite. Les galeries de bois sont détruites, les filles chassées, le commerce honnête et les immeubles de rapport peuvent prospérer. Les maisons closes, elles, ne tardent pas à proliférer, ailleurs...

Fin de la balade

Notre itinéraire, lui, s'achève ici : le ***métro Palais-Royal-Musée-du-Louvre*** n'est pas loin.

Où manger ? Où boire un verre ?

Important ! Voir aussi les adresses sélectionnées pour la balade nº 25 « Paris et le cinéma : Montmartre » : ***Bouillon Pigalle*** *(plan,* ***5****)* et ***Le Bar à Bulles*** *(plan,* ***6****)*.

Sur le pouce

Cot Cot *(plan,* ***1****)* **:** *21, rue Gérando, 75009. ☎ 01-42-40-72-62. Ⓜ Anvers ou Barbès-Rochechouart. Tlj 12h-15h, 19h-22h30 (sam-dim en continu). Compter env 11 € pour 6 pièces et une portion de frites.* Un petit snack qui réconciliera les amateurs de *junk food* et de bonne chère. Ici, nuggets et *chicken wings* sont faits avec du poulet fermier, bien nourri, bien élevé donc, cuit et frit à la demande. Forcément, question goût, ça change tout... Jusqu'aux bonnes frites maison ! Quelques tabourets pour grignoter sur place.

Avec un p'tit verre

Le Cellier *(plan,* ***2****)* **:** *23, rue de la Victoire, 75009. ☎ 01-48-74-61-03. Ⓜ Le Peletier ou Notre-Dame-de-Lorette. Lun-ven 12h-14h30, 18h-23h. Congés : août. Formules déj 17-33 €. Digestif offert sur présentation de ce guide.* Le Cellier est un genre de bar à vins où la restauration sur le pouce fait la part belle aux produits, bien évidemment triés sur le volet mais avec une identité bretonne bien assumée par le chef, Stéphane Pitré. Une carte des vins ludique et évolutive. Très sympa pour un déjeuner minuté dans le quartier, mais tout autant pour l'apéro à la sortie du bureau.

Le Dit-Vin *(plan,* ***3****)* **:** *68, rue Blanche, 75009. ☎ 01-45-26-27-37. Ⓜ Blanche. Tlj sauf sam-dim 12h-15h, 18h-22h30. Congés : août et Noël-Nouvel An. Résa conseillée. Assiettes composées « buffet des saveurs » 8-20 € ; formules déj 18-26 € ; le soir, carte 20-25 €. Vins au verre 5-8 €.* Une jolie vitrine, une atmosphère agréable et rassurante. On peut choisir sa bouteille dans le coin boutique pour l'emporter à sa table, avec un droit de bouchon de 8 €. Restauration

BALADE Nº 13

savoureuse, qu'on apprécie encore plus le soir, en prenant son temps : on déguste, on commente, on en redemande... Terrasse en été.

Dans un cadre chargé d'histoire

Chartier *(plan,* ***4****)* **:** *7, rue du Faubourg-Montmartre, 75009. ☎ 01-47-70-86-29. Ⓜ Grands-Boulevards. ♿ Tlj 11h30-minuit. Pas de résa. Carte 15-20 €.* Poussez la grosse porte à tambour pour découvrir cet immense bouillon du XIXe s, inscrit à l'inventaire des Monuments historiques. Hauts plafonds, mezzanines, chromes et cuivres, casiers à serviettes des habitués (autrefois !) : depuis 120 ans, le décor est intact. Toujours bourré de fidèles, d'étudiants et de touristes. On n'y vient pas tant pour la cuisine que pour se dire qu'on a mangé au moins une fois dans ce lieu mythique et supporté le bruit assourdissant des 325 places, 16 serveurs et 1 200 couverts par jour !

LE PARIS COQUIN ET LIBERTIN : DES TUILERIES À MONTPARNASSE

• Plan *p. 145*

BALADE N° 14 : 4 km – 3h

**« Que personne ne prenne la liberté d'entrer ici
S'il n'a l'âme véritablement généreuse,
S'il ne renonce aux opinions du vulgaire,
Et s'il n'aime les plaisirs de l'Amour. »**

Charles Sorel.

Départ

➢ *Départ du **métro Tuileries.** Compter 3,5 km et 2h30-3h de balade.*

À voir

Le jardin des Tuileries : retrouvons-nous, sans autre préliminaire, dans le jardin des Tuileries. Ah, les Tuileries ! En 1664, Le Nôtre dessine les jardins à la française, considérés comme « le rendez-vous du beau monde et des galanteries ». Les allées isolées, les bosquets, la pâle lueur de la lune, suscitaient déjà le désir et l'amour. Une intense « activité » nocturne s'y est développée et, au milieu des familles bourgeoises qui viennent faire leur balade dominicale, les œillades s'échangent toujours. Dans les années 1910, marlous et gigolettes, ouvriers en casquette et blanchisseuses allaient s'embrasser dans l'herbe accueillante (et plus si affinités...). Aujourd'hui, on y drague encore – principalement des garçons – du côté de la terrasse du Bord-de-l'Eau. En contournant le grand bassin rond, ne vous privez pas du sublime point de vue sur le Louvre et, en face, de l'autre côté de la Seine, sur le musée d'Orsay. Un panorama grandiose qui transporte même les plus blasés. Pour une étreinte fougueuse, inspirez-vous de la réplique du *Baiser* de Rodin, située devant l'Orangerie !

Les jardins du Carrousel : poursuivons plus avant dans ces jardins, qui tirent leur nom des somptueuses fêtes équestres que Louis XIV donna en 1662 pour la naissance de son 1er enfant « légitime ». Il en eut bien d'autres, avec un nombre considérable de maîtresses et de protégées. Ce jour-là, la favorite s'appelait Louise de La Baume Le Blanc, future duchesse de La Vallière... Sacré Louis ! Remarquons, au détour des bosquets d'ifs taillés, les femmes nues aux formes épanouies, très sensuelles, du sculpteur Maillol. Après un passage sous l'Arc de triomphe, on se retrouve cour Napoléon.

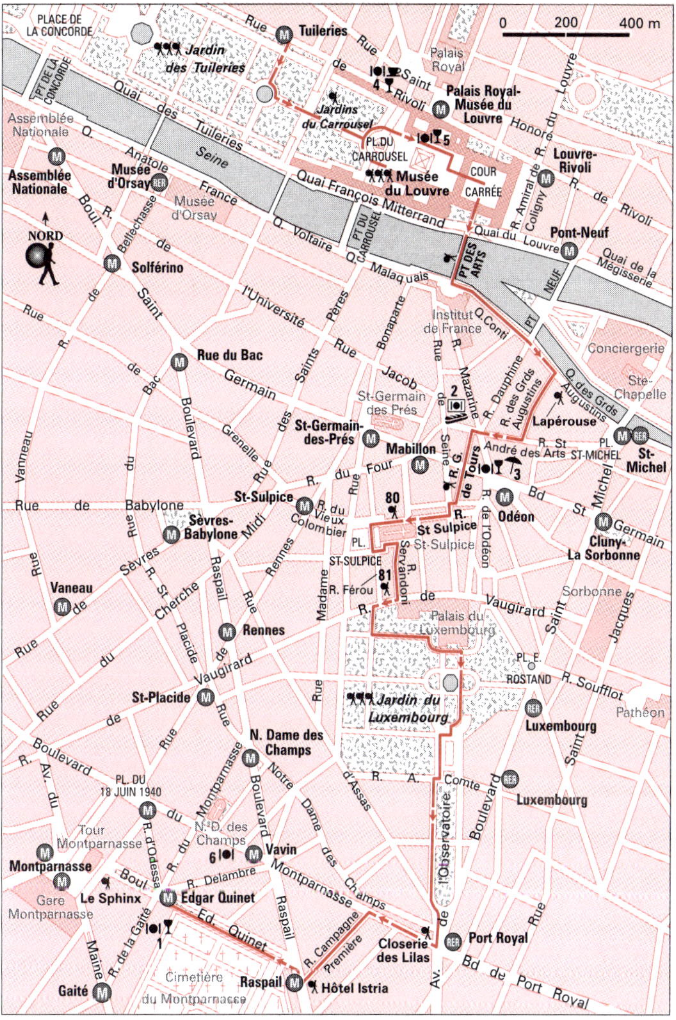

LE PARIS COQUIN ET LIBERTIN : DES TUILERIES À MONTPARNASSE

À voir

80 Rue Saint-Sulpice
81 Maison d'Olympe de Gouges

Où manger ?
Où boire un verre ?

1 Le Plomb du Cantal
2 Cosi
3 Le Procope
4 Angelina
5 Le Café Marly
6 La Coupole

Le musée du Louvre : traversons la cour Napoléon et sa pyramide de verre. Signalons en passant que le musée du Louvre qui nous entoure abrite un certain nombre d'œuvres de toutes les époques, du Boucher le plus suggestif à la peinture orgiaque de Delacroix – *La Mort de Sardanapale,* tout de même, quelle indécence ! –, qui ont l'amour – et ses nombreuses perversions – pour thème, inspirées de sujets historiques ou mythologiques. Obsessions de l'artiste, voyeurisme du visiteur ? Les deux, non ? Pour l'écrivain Michel Leiris, qui ne s'y trompait pas, « rien ne [...] paraît ressembler autant à un bordel qu'un musée ». Admirons au passage la somptueuse Cour carrée, et sortons par le *jardin de l'Infante.* Évoquons ici un accessoire de mode contemporain de Catherine de Médicis, qui fit construire le palais des Tuileries : le *vertugadin,* armature d'osier qui donnait de l'ampleur aux robes de ces dames de la Cour. Difficile de s'asseoir et de passer les portes avec. En dehors de l'allure majestueuse qu'il donnait, il mettait surtout les femmes qui le portaient à l'abri d'un troussage leste (est-il besoin de préciser que le « pantalon », sorte de caleçon long porté, ou pas d'ailleurs, sous la robe, était largement fendu ?).

Nous arrivons sur le ***pont des Arts,*** aussi romantique le jour que la nuit. La vue y est tout simplement sublime. Rien d'étonnant que les amoureux s'y embrassent. Soyons amoureux, ventre-saint-gris ! Le juron favori d'Henri IV nous rappelle que nous sommes face au square du Vert-Galant, dont nous apercevons la statue équestre. Vert-Galant ? Un surnom dû à l'ardeur du roi, qui aurait essaimé les rejetons ! Une fougue tardive, d'après ses révélations : « Jusqu'à mon mariage, j'ai cru que c'était un os. » On se demande bien de quoi il parlait ! En tout cas, pour entretenir les royales ardeurs, Gabrielle d'Estrées mitonnait des filets de loup aux écrevisses à son amant. Celui-ci, mais c'est dans tous les livres d'histoire, croquait de l'ail, aphrodisiaque bien connu depuis l'Antiquité...

La tour de Nesle : la Seine traversée (rappelons qu'au XIXe s et encore au début du XXe s'y trouvaient de nombreux bains publics flottants et que l'on ne faisait pas que s'y laver...), nous voici, quai de Conti, devant l'Institut de France, à l'emplacement de la fameuse tour de Nesle. Que s'y est-il passé vraiment ? Dumas, qui prenait des libertés avec l'Histoire, entretint la légende, tout comme Maurice Druon dans l'histoire romancée *Les Rois maudits.* Ce que l'on sait, c'est que 3 princesses de Bourgogne, Marguerite, Blanche et Jeanne, mariées aux derniers Capétiens, furent dénoncées, en 1314, par leur belle-sœur, la fille de Philippe le Bel : elles auraient eu des relations coupables avec certains jeunes gentilshommes de la Cour. Les princesses emprisonnées, les amants ne furent pas épargnés : torturés, châtrés, écorchés vifs, décapités, pendus par les aisselles, on en passe... Survivante, Jeanne s'en vint habiter ce qui était devenu l'hôtel de Nesle. Veuve d'un roi de France, il n'est pas impossible qu'elle ait accordé ses faveurs, dans la tour, à un certain Buridan, qui allait devenir recteur de l'Université. Plus tard, au XVIe s, la réputation de vie galante de l'hôtel de Nevers (la tour était démolie) fut entretenue par Henriette de Clèves et, au XVIIe s, par Marie-Louise de Gonzague, qui pleurèrent toutes deux, dans la même chambre, la fin tragique de leurs amants respectifs, décapités pour complot : Coconnas et Cinq-Mars. La pièce de Dumas a remplacé dans l'inconscient collectif les faits historiques, qui n'étaient pourtant pas tristes... En tout cas, c'est l'occasion de déambuler dans ces ruelles étroites aux noms si évocateurs, rues de Nevers, de Nesle...

Le restaurant Lapérouse : longeons la Seine, en flânant le long des échoppes des bouquinistes et en surplomb du square du Vert-Galant, jusqu'au no 51 du quai des Grands-Augustins, pour découvrir le restaurant *Lapérouse.* Installé dans ses murs à la fin du XVIIIe s, il a la particularité d'abriter, encore aujourd'hui (mais on ne visite qu'en y mangeant, et ce n'est pas donné), de fameux salons particuliers pourvus naguère encore de confortables banquettes de velours rouge. Il faut savoir que, pour être reconnu, l'adultère devait avoir été commis au domicile conjugal. Une loge d'opéra, la chambre d'un bordel, le cabinet particulier d'un restaurant élégant : autant d'endroits où il était possible de s'ébattre en toute discrétion et impunité.

Par les rues des Grands-Augustins et Saint-André-des-Arts, rejoignons la ***rue Grégoire-de-Tours,*** où, avant la guerre, se trouvaient quelques hôtels de passe, dont *Chez Suzy* (au n° 7), chez qui le photographe Brassaï avait pris pension, dans les années 1930, pour y faire d'extraordinaires photos, ni racoleuses ni moralistes.

LES DIAMANTS SONT ÉTERNELS !

Le personnel du restaurant Lapérouse *savait fermer les yeux sur les activités pratiquées dans ses salons. Témoignage de ces folles soirées, les cocottes, demi-mondaines et autres horizontales qui « cédaient » aux avances de ces messieurs rayaient les miroirs avec les diamants que l'on venait de leur offrir, afin d'en vérifier l'authenticité...*

La rue Saint-Sulpice *(plan,* ***80****)* **:** traversons le boulevard Saint-Germain et continuons tout droit, puis à droite, rue des Quatre-Vents, au bout de la rue à gauche, rue de Seine, et à droite, rue Saint-Sulpice, longtemps bastion des magasins religieux. Au n° 36 (belle façade) se trouvait pourtant une curieuse institution (parmi quelques autres du quartier). Il semblerait, d'après les témoignages, qu'il s'agissait d'une « maison » fréquentée par une clientèle de prélats qui venaient y satisfaire quelque besoin impérieux en compagnie de jeunes personnes expertes à leur confesser leurs turpitudes... La chair est faible, le vœu de chasteté bien lourd à porter... Tolérés par l'Église, ces établissements « spécialisés » lui rendaient service, en évitant peut-être à tel ou tel catéchumène des caresses trop appuyées, voire un passage à l'acte ; un scandale assurément. Tournons la page, paix à l'âme de Mgr Daniélou, trop tôt arraché à l'affection de ses fidèles pécheresses... et un petit hommage à Alphonse Boudard, qui sut si bien parler de tout cela dans *L'Âge d'or des maisons closes* (éd. Albin Michel, 1990).

Le jardin du Luxembourg **:** empruntons la rue Servandoni, où, au ***n° 18*** *(plan,* ***81****),* habita ***Olympe de Gouges,*** courtisane peut-être, mais auteure de la prémonitoire *Déclaration des Droits de la femme et de la citoyenne.* Nous arrivons au jardin du Luxembourg, lieu bien connu des amoureux qui prennent des poses lascives autour de la célèbre fontaine de Médicis, où un dieu jaloux épie des amants alanguis par les baisers et les caresses. Aux beaux jours, les belles lectrices esseulées sont abordées par des poètes plus ou moins maudits, des célibataires plus ou moins en veine de confidences, voire des hommes mariés plus ou moins frustrés (temps moyen avant le 1er abordage, constat d'huissier à l'appui : 5 mn et 30 s). Bref, au Luxembourg, on drague, à l'ombre des statues. Il faut dire que l'endroit était, au XIXe s, autrement étendu, sauvage encore par endroits, et servait déjà d'abri à toutes sortes de rendez-vous galants.

Sortons par la grille royale, rue Auguste-Comte, et empruntons les jardins de l'avenue de l'Observatoire, à l'emplacement de cette pépinière du Luxembourg sacrifiée par Napoléon III aux promoteurs et à leurs maisons de rapport. Admirons au passage la belle fontaine des Quatre-Parties-du-Monde, avec ses chevaux de bronze cabrés, ses tortues exotiques crachant des jets d'eau et ses jeunes femmes (symbolisant les différentes parties du monde) soutenant le globe... Nous arrivons à ***La Closerie des Lilas,*** qui ne ressemble en rien au bal qui pouvait, à la fin du XIXe s, accueillir jusqu'à 3 000 danseurs, dans une ferveur que l'on a du mal à imaginer. Allez, on imagine très bien ! Les rues n'étant pas éclairées, le boulevard pas encore entièrement loti, on concluait pour ainsi dire sur place les rencontres d'une soirée...

Par le boulevard du Montparnasse, à droite, empruntons la rue Campagne-Première (deuxième à gauche), jusqu'au n° 29, où se trouve l'***hôtel Istria,*** qui abrita toutes sortes d'amours plus ou moins légitimes, d'Aragon et Elsa Triolet à

Nancy Cunard, riche héritière et grande amoureuse de l'amour, qui n'y venait jamais seule, ou encore Raymond Radiguet, qui n'hésitait pas à y tromper Cocteau avec... une femme. Mais, aussi, Man Ray (photographe), Moïse Kisling (peintre), Erik Satie (compositeur), Kiki de Montparnasse (modèle et égérie)...

Nos lecteurs à l'imagination fertile traverseront le boulevard Raspail et s'arrêteront au 31, boulevard Edgar-Quinet, où se trouvait ***Le Sphinx,*** une maison close de luxe. Malheureusement, il n'en reste rien aujourd'hui qu'un vilain immeuble abritant au rez-de-chaussée la Banque populaire. Cet établissement à l'architecture néo-égyptienne était fréquenté par le Paris des lettres, du music-hall, du cinéma et de la politique pendant l'entre-deux-guerres. Maurice Chevalier, Mistinguett, Colette y passeront des soirées arrosées au champagne ; Michel Simon, grand érotomane devant l'Éternel, y prendra pension ; Albert Londres et Simenon s'y installeront pour écrire, mais pas seulement ; Henry Miller en rédigera la publicité contre quelques instants d'intimité avec l'une des très jolies pensionnaires, recrutées aux Folies-Bergère ou au Casino de Paris... Bar au rez-de-chaussée, dancing avec orchestre, salons, chambres plus luxueuses les unes que les autres : on est loin de la sordide maison d'abattage de la rue de Fourcy.

SACRÉE MARTHE RICHARD !

Résistante, espionne, conseillère municipale, Marthe Richard se dépensa sans compter pour fermer les 1 500 bordels qui prospéraient en France. Faut dire que bon nombre d'établissements gagnèrent très bien leur vie avec l'armée allemande. La loi fut votée en avril 1946. Elle exigea aussi la destruction des fiches de prostitution... notamment la sienne, rédigée en 1905 pour racolage notoire.

Fin de la balade

Allez, pour nous, la balade s'arrête là... Retour par le ***métro Edgar-Quinet*** tout proche.

Où manger ? Où boire un verre ?

Important ! Voir aussi les adresses sélectionnées :
- pour la balade n° 2 « Le Paris médiéval : île de la Cité et rive gauche » : ***Cosi*** *(plan,* ***2****)* ;
- pour la balade n° 7 « La Révolution française au Quartier latin » : ***Le Procope*** *(plan,* ***3****)* ;
- pour la balade n° 9 « La Révolution française autour du Louvre et des Tuileries » : ***Angelina*** *(plan,* ***4****)* et ***Le Café Marly*** *(plan,* ***5****)* ;
- pour la balade n° 19 « Le Paris de la bohème à Montparnasse » : ***La Coupole*** *(plan,* ***6****)*.

Avec un p'tit verre

Le Plomb du Cantal *(plan,* ***1****)* **:** *3, rue de la Gaîté, 75014.* *☎ 01-43-35-16-92. Ⓜ Edgar-Quinet ou Gaîté. Tlj sauf mar 7h-minuit (1h ven-sam) ; service 12h-minuit. Fermé à Noël. Petits déj 7-9 € ; carte 30-35 €.* Une petite envie de plats auvergnats ou une grosse faim tardive ? 2 bonnes raisons de venir au *Plomb,* un classique dans sa catégorie. Ici, on ne fait pas dans le light. Parmi les musts, les saucisses, les viandes et les pommes de terre, évidemment cuisinées en truffade ou en aligot (et présentées dans un poêlon en cuivre), font l'unanimité. Ambiance rugissante dans la salle rustique, surtout en fin de spectacles lorsque c'est plein à craquer (nombreuses salles alentour). Les affamés attendent leur tour jusque sur le trottoir !

LE PARIS DES PASSAGES LES PLUS INSOLITES ET MYSTÉRIEUX

• Plan *p. 151*

BALADE N° 15 : 3,5 km – 2h30 à 3h

Attention : pour cette balade, la plupart des passages sont fermés le week-end et le soir à partir de 18h ou 19h. Pour certains d'entre eux, nous indiquons les horaires d'ouverture lorsque ceux-ci sont fixes.

UN PEU D'HISTOIRE

Voici un itinéraire assez insolite qui vous mènera à travers un Paris curieux, surprenant, plein de clins d'œil et, surtout, intéressant les jours pluvieux... si on a oublié son parapluie ! Les passages se révèlent de 2 types : traditionnels, reliant 2 rues à travers un ou plusieurs immeubles, ou dédiés au commerce. Les premiers, bruts de forme, ne sont que de tortueuses voies de communication entre 2 rues, parfois difficiles à repérer. Les seconds furent créés et connurent leur âge d'or au XIXe s. En 1840, on en dénombrait plus de 130. Vous revivrez le temps pas forcément béni où Paris n'avait ni trottoirs ni électricité et où les gens étaient heureux de se réfugier dans les passages pour le lèche-vitrines, fuyant boue et fiacres.
Des spéculateurs avisés suivirent les traces du duc d'Orléans, le premier qui eut l'idée de lotir les jardins de son Palais-Royal pour toucher des loyers. On construisit donc des passages sur des terrains réquisitionnés à la Révolution. À l'époque, louer des boutiques et leur logement était le placement le plus rentable qui fût. On s'y bousculait, on s'y amusait bien et on y consommait beaucoup. C'était l'époque des 1ers restos dignes de ce nom, des cafés où l'on jouait aux dames et aux dominos, des bals, des théâtres, des estaminets où l'on buvait l'absinthe... Mélange de bourgeois, d'aristos désargentés, de poètes et théâtreux, d'employées de maison et de vraies laborieuses. Puis vint le déclin lié à l'essor des grands magasins et à l'importance grandissante de la voiture. Les gens marchant de moins en moins, ils en oublièrent les passages. Aujourd'hui, par un juste retour des choses, les embouteillages ont ramené les humains sur les trottoirs, et les passages vivent une 2de jeunesse.

Départ

➢ *Du **métro Château-d'Eau.** Compter 3,5 km et 2h30-3h de balade.*

À voir

Le passage du Désir : *entrée au n° 89 de la rue du Faubourg-Saint-Martin. Mer-lun env 11h-19h.* S'appelait auparavant passage du Puits. Il prit son nouveau nom d'une enseigne d'hôtel qui comptait d'autres activités lucratives. Construit pour abriter des boutiques d'artisans, dont de nombreuses devantures subsistent encore du côté Saint-Denis. Éventré au moment du percement du boulevard de Strasbourg, on le retrouve par chance de l'autre côté. Noter la belle inscription au-dessus de l'arcade d'entrée. Les urbanistes haussmanniens et leurs successeurs avaient obligation, lorsqu'un nouveau boulevard coupait un vieux passage, de le refaire démarrer par une élégante arcade (en général sous un immeuble de rapport). Portion de passage assez austère reconstruit ici en style Louis XIII et débouchant au n° 50 du boulevard de Strasbourg. Digicode non activé en journée la semaine (il suffit d'appuyer sur n'importe quelle touche pour ouvrir la porte) mais, en revanche, complètement fermé le soir et le week-end. Depuis 2006, il est privé ! À noter que le passage du Désir n'est guère loin de la ***rue de la Fidélité,*** qui elle-même conduit ***rue de Paradis*** (pour bonne conduite ?). Enfin (rêve d'adultère ?), la ***rue des Petits-Hôtels*** est à deux pas ! On ressort par la rue du faubourg Saint-Martin. Allons à droite, puis prenons un bout de la rue du Château-d'Eau pour rejoindre la rue Bouchardon. Au passage, jetez un œil au n° 39 de la rue du Château-d'Eau, ***la plus petite maison de Paris*** *(plan, 80)* – mais pas la plus jolie (!) : 1,20 m de large et 5 m de hauteur ! Coincée entre 2 immeubles, c'était anciennement un passage qui, à cause de querelles d'héritage, fut bouché par une maison...

AUX INNOCENTS LES MAINS PLEINES !

La rue Saint-Denis eut de tout temps vocation au commerce des charmes, le cimetière des Innocents étant l'un des lieux de prédilection pour le racolage. Les prostituées furent toujours un casse-tête pour les autorités. Charlemagne tenta en vain de les chasser. Saint Louis finalement les repoussa hors de l'enceinte de Philippe Auguste. De cette époque vient le mot « bordel ». En effet, les prostituées se construisirent extra-muros des baraques en « bords » (terme pour planches), et les clients ne tardèrent pas à appeler « bordes » ces maisons et « filles bordelières » celles qui y logeaient.

Le passage du Marché-Saint-Martin : de l'ancien marché Saint-Martin (1879) ne subsistent plus que les arcades de pierre qui, ultime remords du promoteur, ont été intégrées dans l'immeuble. Le passage du Marché-Saint-Martin permettait dans le temps de regagner, lourdement chargé, le faubourg plus rapidement. Aujourd'hui, il conserve toujours un certain caractère, avec son bout de rue évasé et ses terrasses sans voitures aux beaux jours. Débouche au 62, rue du Faubourg-Saint-Martin.

Le passage Brady : *43, rue du Faubourg-Saint-Martin, 75010. Tlj sans interruption.* Voie privée ouverte en 1828 par M. Brady, le propriétaire. Également coupé en deux par le percement du boulevard de Strasbourg. Dans la 1re partie, jolie placette pavée et quelques demeures anciennes. C'est ici que vous trouverez les meilleurs loueurs de costumes pour vos fêtes. Le 2d tronçon (couvert), débouchant au n° 46 de la rue du Faubourg-Saint-Denis, est devenu le ***Little India*** parisien. Le charme est là, ça sent bon les épices, et l'on aime croiser le sourire de ces Indiens qui tiennent les restaurants et les épiceries où trônent sacs de riz basmati et étalages de fruits exotiques. Le 1er resto s'y installa en 1973. Depuis, tous les magasins du passage sont indo-pakistanais (restos, coiffeurs, boutiques d'alimentation). Avec ses terrasses s'interpénétrant, ses clientèles au coude à coude, son animation permanente, ses effluves de currys parfumés, atmosphère comme là-bas garantie ! Le passage est surmonté d'une longue et grande verrière. Côté Faubourg-Saint-Denis, dans la dernière verrière, vestiges des glaces gravées d'origine sur le côté.

Le passage de l'Industrie : *42, rue du Faubourg-Saint-Denis, 75010.* Ouvert en 1827, amputé par le boulevard de Strasbourg, il perdit son tronçon côté

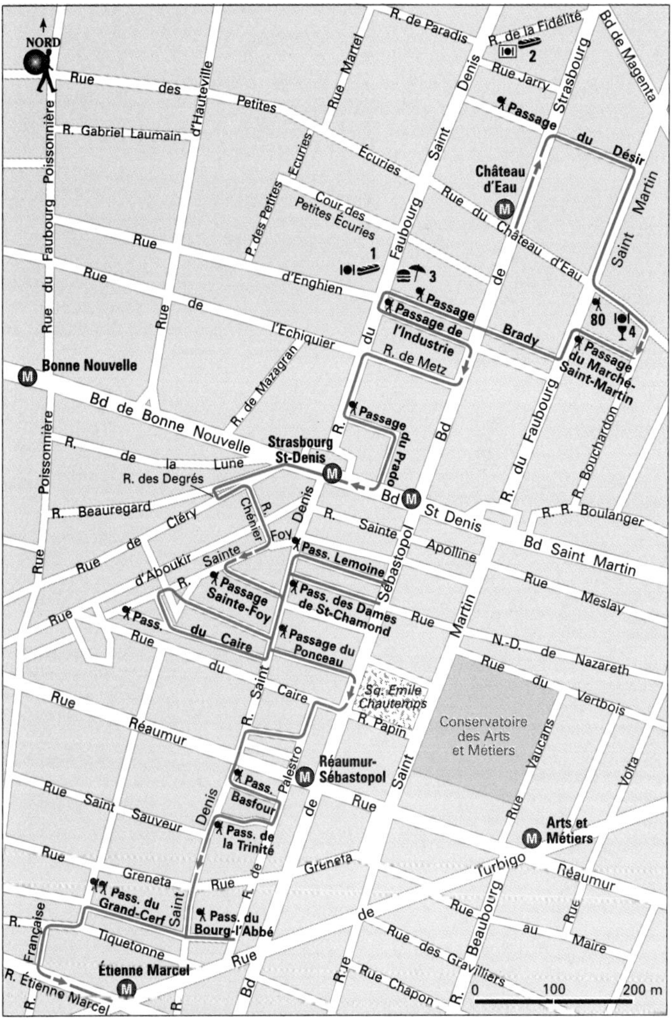

LE PARIS DES PASSAGES LES PLUS INSOLITES ET MYSTÉRIEUX

À voir	**2** Pont-Neuf
80 Plus petite maison de Paris	
Où manger ? **Où boire un verre ?**	**3** Paris-New York
1 Le Daily Syrien	**4** Le Réveil du Xe

Faubourg-Saint-Martin en 1936, lorsqu'il se transforma en rue Gustave-Goublier. Comme son nom l'indique, à l'époque destiné à la petite industrie. Les hautes voûtes à colonnes devaient faciliter le passage des charrettes. Aujourd'hui, les anciens ateliers abritent les grossistes pour coiffeurs.

Le passage du Prado : *16, rue du Faubourg-Saint-Denis, 75010. Tlj 9h30-19h (en principe 8h-20h en été).* Passage en angle droit ouvert en 1785. Il s'appela d'abord Bois-de-Boulogne, du nom d'un bal qui s'y tenait. Son nouveau propriétaire, amoureux du musée du Prado à Madrid, le rebaptisa en 1930, d'où son décor pur Art déco de cette époque. Bon, ce n'est pas le plus glamour ! Noter la technique dite « carton-pierre », une sorte de bouillie de sable et de carton qui se moule sur une armature en fer. À l'angle, une rotonde qui dut être élégante. Nombreux coiffeurs pakistanais *(coupe à moins de 10 €, imbattable !)* et restos. On débouche boulevard Saint-Denis. On admire à cette occasion la belle porte du même nom. En fait, ce n'est pas une ancienne porte de ville mais un arc de triomphe pour commémorer les 40 villes prises par Louis XIV lors de la bataille du Rhin.

LE 1ER FEU ROUGE

Il fut installé en France en 1923, à l'intersection des boulevards de Sébastopol et Saint-Denis. Il n'était effectivement que rouge et accompagné d'une sonnerie (pour les automobilistes aveugles ?). Il fallut attendre 10 ans avant que l'on ajoute le vert et l'orange.

➢ Rejoignons la rue Sainte-Foy par la pittoresque rue des Degrés (la plus courte de Paris).

Le passage Sainte-Foy : *14, rue Sainte-Foy, 75002. Ouvrir l'œil, on entre par une étroite porte d'immeuble. En principe lun-ven jusqu'à 19h.* Passage bizarre, mystérieux, étroit, dégradé, un peu défoncé même, avec ses détours, ses escaliers... Ancienne contrescarpe (défense avancée) du rempart de Charles V, ce qui explique les différences de niveau. Sortie au nº 261 de la rue Saint-Denis.

Le passage Lemoine : *232, rue Saint-Denis, 75002.* Date du XVIIe s. Là aussi, pas vraiment linéaire. À la sortie, au nº 135 du boulevard de Sébastopol, grosse grille et cartouche avec décor floral au-dessus du porche.

➢ Revenons sur nos pas pour accéder au passage suivant.

Le passage des Dames-de-Saint-Chamond : *226, rue Saint-Denis, 75002.* L'un des plus insolites. Sous le porche, traces d'enseignes peintes (anciennes fabriques de chapeaux). Plutôt une sorte de traboule horizontale (2 cours aux gros pavés) qu'un passage d'ailleurs, qui précède une vaste cour. Au fond, une surprise : un superbe *hôtel* du XVIIIe s, celui *des Dames de Saint-Chamond* justement. Un dernier étage intempestif lui fut ajouté ultérieurement, mais l'ensemble présente toujours un élégant portail sculpté, surmonté d'un balcon en fer forgé.

Le passage du Caire : *entrées au nº 239 de la rue Saint-Denis, rue d'Alexandrie, aux nos 16, 34 et 44 de la rue du Caire et pl. du Caire. Lun-ven 7h-18h30.*
Construit en 1798-1799 à l'emplacement du couvent des Filles-Dieu. Auparavant, c'est là que se tenait la célèbre ***cour des Miracles.*** Celle-ci devait son nom, on s'en doute, au fait qu'au soir venu « les aveugles voyaient clair... les estropiés retrouvaient l'usage de leurs jambes ». On y trouvait

À PROPOS DE MENDIANTS !

Connaissez-vous l'origine du mot « argot » ? Il vient d'un groupe de mendiants possédant son langage et ses propres lois, qui avait surnommé son chef « le Rajot » (d'où le mot « argot »). Chaque soir, on lui remettait un pourcentage sur la recette, et le reste était dépensé en ripailles et beuveries.

aussi des milliers de mendiants, tire-laine et « vendangeurs de coste » (les pick-pockets de l'époque), faux et vrais aveugles, faux paralytiques, soldats déserteurs, filles de joie... Tous ces gueux élisaient leur roi et leur reine. Il y avait une bassine devant une statue de saint, volée dans une église. Les gens qui passaient devant étaient obligés d'y jeter une pièce, d'où l'expression « cracher au bassinet ». Le 1er lieutenant de police, La Reynie, nettoya la cour des Miracles en 24h, promettant aux 6 derniers mendiants encore présents d'être pendus sur place. « Bonne nouvelle », s'écrièrent le voisinage et les braves gens (d'où, dit-on, le nom du quartier). C'est Bonaparte, de retour d'Égypte et fasciné par les souks du Caire, qui fut à l'origine du passage (description pour ceux que ça intéresse dans la balade n° 10 « Le Paris égyptien »). Entrée de la place du Caire surmontée de 3 têtes de la déesse Hathor et d'une frise de hiéroglyphes. Le dallage était constitué des pierres du cimetière du couvent. Le succès fut immédiat. Pour une des 1res fois, les clientes pouvaient flâner et effectuer leurs emplettes à l'abri des chevaux, des voitures, sans souiller robes et petons dans la boue, protégées de la pluie plus tard grâce aux verrières. Dans les 1ers temps, pas mal d'ateliers et de boutiques de lithos. Aujourd'hui, c'est l'antre de la fringue vendue en gros ; on est au cœur du Sentier.

Le passage du Ponceau : *212, rue Saint-Denis, 75002. Lun-ven 8h-19h.* Ouvert en 1826. Un peu plus haut que le passage, à l'angle de la rue Saint-Denis et de la rue de Tracy, regardons la sculpture dédiée à Jules Michelet, qui est né ici. Entrons dans la galerie. Haut passage et grandes fenêtres. Il donnait dans la partie de la rue du Ponceau emportée en 1854 par le boulevard de Sébastopol. Il tenait son nom d'un petit pont couvrant, au-dessus de la rue Saint-Denis, un égout à ciel ouvert. En 1413, ce petit pont s'appelait d'ailleurs le « ponceau Saint-Denis auprès des Nonnains (des Filles de Dieu) ». L'égout fut recouvert par François Miron, prévôt des marchands ; le nom resta. Aujourd'hui, on y trouve nippes et fast-food casher. On sort au n° 119 du boulevard de Sébastopol.

➢ Retour rue de Palestro croisant le dernier vestige de la rue du Ponceau, qui fut longtemps l'une des rues les plus chaudes du quartier. Un matin, on y retrouva le cadavre d'un archevêque d'une grande ville du Sud-Ouest (non, pas Daniélou, un autre !). Pas de plaque sur le mur.

Le passage Basfour : avant de pénétrer dans le passage, notons les 2 belles maisons à pignons au coin de la rue Saint-Denis (nos 174-176). Une voie existait déjà au Moyen Âge sous le nom de ruelle Sans-Chef, puis des Bas-Fours, ce dernier nom évoquant des fours à plâtre fonctionnant dans le secteur. Puis l'hôpital de la Trinité installa son cimetière en 1224 dans le coin (du n° 164 au n° 176 de la rue Saint-Denis). À l'angle de Basfour et Palestro, un carré caché par des palissades accueillit, de 1576 à la révocation de l'édit de Nantes (1685), les dépouilles de protestants. Une réglementation draconienne exigeait que les inhumations s'effectuent une demi-heure avant le lever du soleil et une demi-heure après son coucher.

Le passage de la Trinité : *21, rue de Palestro et 164, rue Saint-Denis, 75002.* L'un de nos préférés. Ouvert en 1827, il correspond à l'ancienne entrée de l'hôpital de la Trinité (ou hospice des Enfants-Bleus) et de son cimetière. Ce dernier ferma pour des raisons de salubrité publique en 1678. L'hospice et son église, quant à eux, fondés en 1201, accueillirent des orphelins à partir de 1535 (appelés enfants bleus à cause de leur uniforme). Supprimés à la Révolution, puis démolis en 1817. Ce passage se révèle donc l'ultime vestige de cette institution. Il ne manque pas de charme avec ses lampadaires et son décrochement. Depuis la suppression des vespasiennes, il sert d'urinoir aux promeneurs de la rue Saint-Denis. Heureusement, il possède encore son ruisseau axial. Plus bas, à droite, la vénérable *impasse Saint-Denis,* avec ses bornes de pierre « anticarosses », ses réverbères et quelques demeures médiévales aux façades légèrement ventrues...

Le passage du Bourg-l'Abbé : *120, rue Saint-Denis, 75002. Tlj sauf dim et j. fériés 7h30-19h30.* Doit sa dénomination à la rue du même nom située pas loin. Tombé un peu en douce décrépitude, mais on l'aime bien. Verrière en plein cintre, vieux baromètre et une pendule en grève qui s'observent avec lassitude. On y trouve encore un artisan menuisier et une petite entreprise du bâtiment dans une vieille boutique. Débouché au n° 3 de la rue de Palestro. Sur la gauche du couloir, enseigne rappelant une ancienne fabrique de pipes. Noter la belle arcade avec 2 statues symbolisant, à gauche, l'artisanat et la petite industrie (enclume, roue dentée), à droite, le commerce (ancre, ballot de marchandises).

Le passage du Grand-Cerf : *145, rue Saint-Denis, 75002. Tlj sauf dim 8h30-20h.* Ce fut d'abord une ruelle servant de débouché à la célèbre *hôtellerie du Grand-Cerf,* d'où partirent coches et diligences vers l'est de la France jusqu'à la Révolution. Couverte en 1835 et transformée en passage avec boutiques d'artisans. Peut-être le plus beau de tous ceux que l'on a parcourus jusqu'à présent. Très jolies passerelles et élégantes ferronneries évoquant les prisons de Piranèse. On a vu partir ses derniers artisans, remplacés aujourd'hui par des boutiques de luxe ou branchouilles (antiquaires, bijoux sophistiqués, arts africains, fringues, passementerie...). Atmosphère quelque peu aseptisée. Heureusement, à l'entrée, il y a toujours le vénérable *Café Royal* et ses belles céramiques. Une curiosité : les appartements en étage sont des... HLM ! Jusqu'où vont-ils se nicher, ces heureux locataires qui ne verront jamais leur « barre » s'effondrer sous 500 kg de dynamite ?

Fin de la balade

Fin de l'itinéraire. Tiens ! quelques gouttes, il est temps de s'engouffrer dans le ***métro Étienne-Marcel*** tout proche.

Où manger ? Où boire un verre ?

Sur le pouce

Le Daily Syrien (plan, **1**) **:** *55, rue du Faubourg-Saint-Denis, 75010. ☎ 09-54-11-75-35. Ⓜ Château-d'Eau ou Strasbourg-Saint-Denis. Lun-sam 11h-minuit, dim 10h-23h. Sandwichs 6-7 € ; assiettes de mezze 13-15 €.* Ce petit traiteur syrien se résume au comptoir et à une simple table d'hôtes où déguster son butin. Sur place ou à emporter donc, des sandwichs aux falafels confectionnés à la demande pour plus de saveurs ! Particulièrement frais et goûteux, houmous, caviar d'aubergine, feuilles de vignes, *mohamarra...* Les pâtisseries sont également à tomber. Un snack gourmand et dépaysant. Fort de son succès, le traiteur a ouvert un vrai grand **resto** *(12, rue des Petites-Écuries, 75010 ; tlj sauf dim).* C'est un chouia plus cher mais on y sert en plus des grillades... et surtout on est mieux installé !

Pont-Neuf (plan, **2**) **:** *5, rue de la Fidélité, 75010. ☎ 01-83-96-50-85. Ⓜ Château-d'Eau ou Gare-de-l'Est. Mer-dim 11h45-15h, 18h30-23h (1h ven-sam). Fermé lun-mar. Barquettes de frites 3-5 € selon taille ; formule 8,90 €.* La spécialité, ce sont les frites, sur place ou à emporter ; elles s'accompagnent de jambon, pastrami ou acras. Toutes fraîches, elles sont faites devant vous, dans la cuisine ouverte. 2 petits comptoirs avec tabourets hauts, si l'on veut se poser un peu au milieu de la balade !

Sur le pouce et en terrasse

Paris-New York (plan, **3**) **:** *50, rue du Faubourg-Saint-Denis, 75010. ☎ 01-47-70-15-24. Ⓜ Château-d'Eau ou Strasbourg-Saint-Denis. Tlj 12h-15h (16h w-e), 19h-23h30. Burgers 12,90-16 € ; formule déj 16 €.*

Une cantine à étage dans les tons noir, gris et alu sans grande originalité, mais pour de vrais hamburgers, c'est le bon spot ! Une poignée de créations originales (dont un *veggie*) que l'on peut compléter de frites de patate douce ou classiques (possibilité d'ajouter du cheddar fondu et du bacon sur les frites, pour les estomacs solides !). Viande excellente, pains maison, cheddar fondant, oignons frits sucrés et croustillants. À notre avis, un des meilleurs burgers de la capitale. En dessert, on craque pour l'onctueux cheese-cake ou pour le moelleux au chocolat et sa crème fraîche (amis de la légèreté, bonjour !). Petite terrasse aux beaux jours. *4 autres PNY : 96, rue Oberkampf (11e) ; 1, rue Perrée (3e), 24, rue Pierre-Fontaine (9e) et 120, rue du Faubourg-Saint-Antoine (12e).*

Avec un p'tit verre

|●| 🍷 ***Le Réveil du Xe*** *(plan, **4**) : 35, rue du Château-d'Eau, 75010. ☎ 01-42-41-77-59. Ⓜ Château-d'Eau, République ou Strasbourg-Saint-Denis. Tlj sauf dim et j. fériés 8h-0h30 (dernier service 22h30). Congés : août. Plat env 15 € ; carte env 20 €.* Bistrot typique bien dans son jus, qui résiste à la gentrification galopante du quartier. On y sert depuis toujours de savoureux petits plats du terroir : tripoux, truffade, confits et autres mets qui font honneur au (bon) gras, ainsi que de succulentes charcuteries et d'onctueux fromages d'Auvergne. Le midi, on peut se contenter d'une quiche ou d'une salade. Bravo pour la belle sélection de vins à tout petits prix ! Une de nos vieilles adresses, simple et authentique, qui ne s'endort pas sur la qualité.

LE PARIS CRIMINEL, GLAUQUE ET MORBIDE : DU SQUARE LOUVOIS À LA PLACE MAUBERT

• Plan *p. 157*

BALADE N° 16 : 3,5 km – 2h (frissons compris)

Cet itinéraire, déconseillé aux âmes sensibles, vous propose de retracer les grands crimes parisiens : régicides, brigands de tout poil, complots et châtiments, qui vous dévoileront un Paris parfois sombre, souvent caché et en tout cas inquiétant...

Départ

➢ *Départ de l'itinéraire au* ***métro Quatre-Septembre.*** *Compter 3,5 km et 2h de balade.*

À voir

Le square Louvois : voici un petit square charmant en apparence, avec sa fontaine centrale de Louis Visconti (1836-1839) ornée de 4 statues féminines de Jules Klagmann, qui personnifient les 4 grands fleuves : la Seine, la Loire, la Garonne et la Saône. Il tente, cependant, de faire oublier une histoire bien tourmentée en marquant l'emplacement d'un théâtre construit en 1792 pour accueillir la troupe, avant la construction du théâtre de l'Opéra par Garnier. C'est ici que furent notamment créées *La Flûte enchantée* de Mozart et *La Vestale* de Spontini. Mais c'est aussi ce théâtre qui a vu se tramer de sanglants complots, prouvant qu'il n'a pas toujours été sans risque d'aller y passer une soirée.
Ainsi, le 24 décembre 1800, Bonaparte a échappé de justesse à un attentat alors qu'il se rendait à l'Opéra du square Louvois. Georges Cadoudal, chef des brigands, ayant fait exploser sa « machine infernale » rue Saint-Nicaise (tonneau rempli d'explosifs et placé sur une charrette), sera arrêté 4 ans plus tard et enfermé au Temple. 20 ans après, c'est devant ce même Opéra qu'a eu lieu l'assassinat du duc de Berry par Louvel : le 13 février 1820, Louvel, ouvrier sellier de son état, tenta d'exterminer les Bourbons, qu'il déclara considérer comme les ennemis de la France, en frappant mortellement le duc d'un coup de couteau. Le duc de Berry, fils du futur Charles X, devait succéder à Louis XVIII. Mais ce meurtre fut inutile, puisque la duchesse de Berry mit au monde, le mois de septembre suivant, un fils posthume, « l'enfant du miracle », appelé duc de Bordeaux, puis comte de Chambord, et qui, héritier du trône, mourut en 1883 sans postérité. Après ces assassinats, on résolut de raser le théâtre maudit en 1830, et il en résulte aujourd'hui le seul havre de verdure du 2e arrondissement. Notons encore qu'en 1858 la

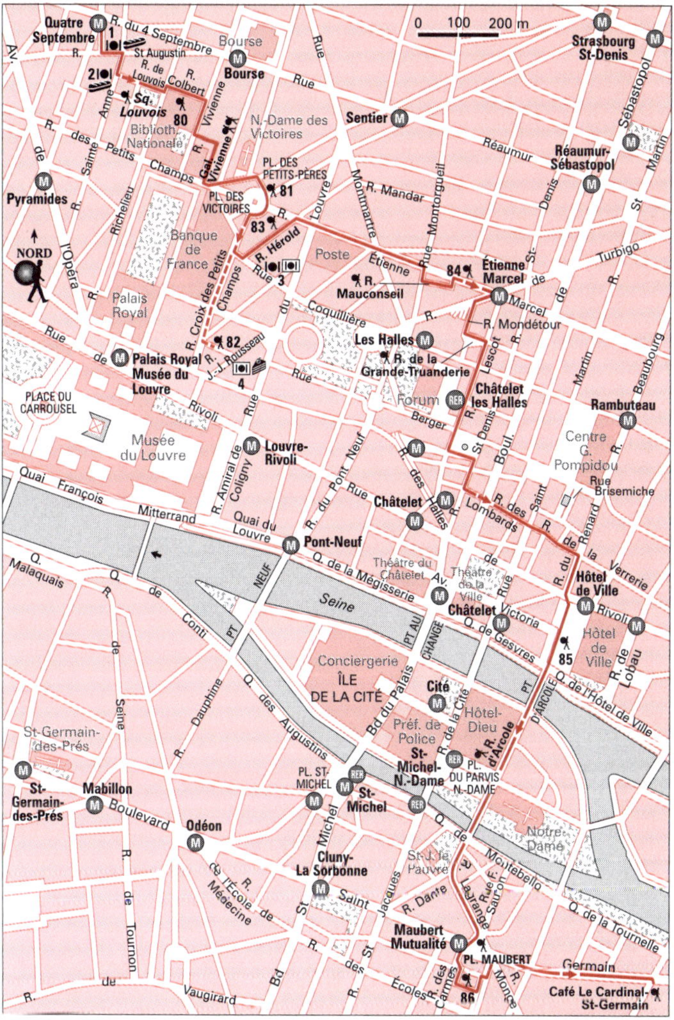

LE PARIS CRIMINEL, GLAUQUE ET MORBIDE : DU SQUARE LOUVOIS À LA PLACE MAUBERT

À voir

80 Galerie Colbert
81 Rue Vide-Gousset
82 Galerie Véro-Dodat
83 19, rue Hérold
84 Tour Jean-sans-Peur
85 Place de Grève
86 Musée de la Préfecture de police

Où manger ?

1 Les Bols de Jean
2 Happa Tei
3 La Guinguette d'Angèle
4 Claus, L'Épicerie du Petit Déjeuner

malédiction continua avec l'attentat d'Orsini contre Napoléon III. Il se déroula rue Le Peletier, où se situait alors la salle qui lui avait succédé.

La galerie Colbert *(plan,* ***80****)* **:** *tlj sans interruption.* Percée dans l'ancien hôtel du même nom, ancienne résidence du régent Philippe d'Orléans. Conçue pour rivaliser avec la galerie Vivienne, elle fut rachetée en 1974 par la Bibliothèque nationale pour en faire l'annexe de ses locaux. C'est dans ce décor pompéien de colonnes et d'arcades qu'est maintenant installé l'Institut national d'histoire de l'art.

La galerie Vivienne : *4, rue des Petits-Champs, 75002. On y entre également par la rue Vivienne (au nº 6) ou par la rue de la Banque (au nº 5). Tlj 7h30-20h30.* Construit en 1823 par l'architecte F.-J. Delannoy, commandé par le président de la Chambre des notaires, maître Marchoux, et inauguré en 1826, cet élégant passage (qu'on peut trouver aujourd'hui un peu guindé) a connu un succès immédiat. Il est long de 42 m. Les pilastres, arcs et corniches y furent associés aux symboles de la réussite (couronnes de lauriers, gerbe de blé et palmes), de la richesse (cornes d'abondance) et du commerce (caducée de Mercure), pour construire le plus beau des passages couverts de Paris. La mosaïque du sol est l'œuvre de Faccina. Au nº 13, un escalier en fer forgé du XVIIe s fut fréquenté par un brigand qui s'en est plutôt bien sorti : ***François Vidocq,*** grand habitué des prisons, mais aussi des évasions, qui évita le bagne en s'évadant à Lyon. Il proposa au chef de la police de débarrasser la ville de tous les criminels en échange d'un « laissez-libre ». Grâce à ses contacts avec les bagnards, il réussit son pari et monta à Paris. Emprisonné encore une fois, il proposa alors ses services au chef parisien de la police et créa la Sûreté, dont il se nomma directeur. En 5 ans, il arrêta 17 000 personnes, poussant les criminels qu'il envoyait au bagne à lui donner des indices contre de bonnes situations à leur sortie. Dans la galerie se trouvaient ses bureaux, où il avait installé une police privée pour défendre les commerçants des escrocs et d'où il a aidé beaucoup d'artistes et d'écrivains pauvres. Ami de Dumas et d'Appert (inventeur de la boîte de conserve), Vidocq fut paradoxalement l'un des hommes les plus intelligents et charitables du siècle ; il fut même qualifié par Balzac de « grand médecin des âmes ».

FUNESTE PRÉSAGE

La mystérieuse colonne cannelée qui s'élève sur le côté de la Bourse de commerce est le dernier vestige de l'hôtel de la Reine (démoli en 1748). Construite pour assouvir la passion astrologique de Catherine de Médicis, c'était l'observatoire de Ruggieri, son astronome. Aux deux tiers de la colonne, on peut même distinguer les lettres C et H (d'Henri II) entrelacées. Après la Saint-Barthélemy, paniquée par la sorcellerie et les prédictions de Ruggieri (« Vous mourrez près de Saint-Germain »), la reine s'installa à Saint-Eustache. Or, le 8 janvier 1589, enrhumée, elle fit venir son confesseur, lui demanda son nom avant de rendre son dernier soupir. Il s'appelait Julien... de Saint-Germain !

La rue Vide-Gousset *(plan,* ***81****)* **:** certains noms de rue incitent à la prudence en décrivant les dangers qu'on y court. Tel est le cas de la rue Vide-Gousset, mais de bien d'autres encore, que nous croiserons, comme les rues Mauconseil ou Mauvoisin (déformation de mauvais conseil ou mauvais voisin), Mal-Parole, de la Grande et de la Petite-Truanderie, des Mauvais-Garçons...

La galerie Véro-Dodat *(plan,* ***82****)* **:** *entre la rue Jean-Jacques-Rousseau et la rue du Bouloi. Tlj sauf dim et j. fériés 7h-22h.* Un peu à l'écart de la balade mais vaut le coup d'œil. On doit ce passage à des opérations immobilières spéculatives, caractéristiques de la Restauration. En 1826, le charcutier Benoît Véro et le financier Dodat, qui donnèrent leurs noms aux lieux, firent édifier ce passage, offrant un raccourci entre le Palais-Royal et les Halles. Cette galerie de style néoclassique, au pavé à compartiments de marbre et dont la structure allie subtilement verre, acier et bois, devait son animation à la présence des *Messageries Laffitte et Gaillard,* situées à l'entrée du passage. Les voyageurs qui y attendaient leurs diligences en profitaient pour flâner parmi les magasins à la mode. Les caricaturistes les plus célèbres de l'époque furent exposés dans la galerie d'estampes Aubert, éditeur du *Charivari* et de *La Caricature.*

19, rue Hérold *(plan,* ***83****)* **:** à cette adresse se trouvait l'hôtel d'où partit **Charlotte Corday** pour assassiner Marat. Arrière-arrière-petite-nièce de Corneille, celle que Lamartine appelle « l'Ange de l'assassinat » n'est pas royaliste mais indignée par les excès de la Terreur. « Je n'ai jamais haï qu'un seul être et j'ai fait voir avec quelle violence ; mais il en est mille que j'aime encore plus que je ne le haïssais. » Ne parvenant pas à rencontrer Marat après s'être présentée chez lui une 1re fois, au n° 20 de la rue de l'École-de-Médecine, dans la journée du 13 juillet, elle retourne à son hôtel et rédige sa célèbre *Adresse aux Français,* dans laquelle elle explique à ses compatriotes pourquoi il faut se débarrasser de la tyrannie de la Montagne. Puis elle retourne chez Marat, est admise et le poignarde dans son bain d'eau sulfureuse avec un couteau qu'elle a acheté au coutelier *Badin,* dans la galerie de Valois du Palais-Royal. Enfermée à la Conciergerie, jugée le 17 juillet et condamnée à mort, elle est conduite à la guillotine. Dans la charrette des condamnés, elle se penche pour mieux voir l'échafaud : « J'ai bien le droit d'être curieuse... je n'en ai jamais vu. » Sur Marat, voir aussi la balade n° 7 « La Révolution française au Quartier latin ».

BALADE N° 16

La rue Étienne-Marcel : entre les rues Mauconseil, Montorgueil, Tiquetonne et Saint-Denis se trouvait la résidence parisienne des ducs de Bourgogne, habitée en 1402 par le duc Jean de Bourgogne, dit ***Jean sans Peur.*** Au n° 20 de la rue Étienne-Marcel se trouve la ***tour*** *(plan,* ***84****)* que Jean sans Peur a fait construire au centre de son hôtel pour sa propre protection après l'assassinat sur ses ordres du duc d'Orléans, son cousin. Son hôtel était pourtant bien défendu par de solides murailles avec créneaux et mâchicoulis, mais le dernier étage de cette tour abritait « une forte chambre pour dormir », peu accessible et dans laquelle il pouvait se reposer sans crainte d'être assassiné. Cette tour rectangulaire est le seul spécimen de l'architecture militaire et féodale du Moyen Âge à Paris. Rappelons que cette précaution n'empêchera pas Jean sans Peur de mourir assassiné en 1419 mais... ailleurs, au pont de Montereau, par les chefs du parti des Armagnacs.

La rue de la Grande-Truanderie : 2 hypothèses expliquent l'origine du nom de cette rue du XIIIe s. La première vient du *truage* qui, à cette époque, désignait un impôt, tribut ; la seconde, du *truand* (fainéant, vaurien). Cette dernière possibilité est la plus probable, puisque le quartier de la Truanderie est situé au nord de Paris, le long du rempart de Philippe Auguste, qui était une véritable cour des Miracles. On y relate un nombre incalculable de délits, commis notamment par des bandes organisées. Au XVIIe s, ces bandes adoptaient même des uniformes (Grisons, Rougets, Manteaux rouges...) et semaient la terreur sur leur passage. Le pilori des Halles tentait de leur faire peur et fut dressé dans le quartier sous Saint Louis et maintenu jusqu'à la Révolution. Les condamnés y étaient attachés par la tête et les mains, et répartis autour d'un axe vertical. Il s'agissait, pour la plupart, de commerçants ayant utilisé de faux poids, de voleurs, de blasphémateurs, d'entremetteuses... qui y étaient exposés 2h par jour pendant 3 marchés consécutifs pour subir les regards et injures du public ; celui-ci pouvait leur jeter de la boue et des ordures, mais pas de pierres. De demi-heure en demi-heure, l'axe tournait de 90°, ce qui fait qu'après 2h d'exposition les condamnés avaient fait une pirouette d'un tour complet.

La place de Grève *(plan,* ***85****)* **:** jusqu'au XIIe s, la place de l'Hôtel-de-Ville n'était qu'un lieu désert, constitué par une grève descendant en pente douce vers la Seine, et ce nom lui restera jusqu'en 1830. Important lieu de rassemblement, elle fut le théâtre d'exécutions capitales jusqu'à la révolution de Juillet. Il est vrai que, jusqu'au XIXe s, on exécutait les criminels un peu partout à Paris, souvent à un carrefour et parfois même dans les rues. Ces exécutions faisaient l'objet de tout un cérémonial et s'accompagnaient de préliminaires d'une lenteur désespérante. Enfin, quelques minutes avant 4h, le condamné était hissé sur une charrette découverte et dirigé à travers la foule jusqu'à la place sinistre où il devait mourir. En place de Grève, du haut de l'échafaud tourné vers la Seine, il pouvait voir le Palais de justice et Notre-Dame.

La rue d'Arcole : alors que la section entre la rue d'Arcole et la rue de la Colombe s'appelait rue des Marmousets en 1387 (sous Charles V), et se prolongeait à l'époque jusqu'à la rue de la Cité (détruite par l'édification de l'Hôtel-Dieu) ; 2 commerçants voisins, un ***barbier*** et un ***pâtissier,*** avaient trouvé un drôle d'arrangement ! Le premier rasait gratis les étudiants du « chapitre de Notre-Dame » et leur tranchait la gorge. Au moyen d'une trappe, il faisait basculer les corps chez son voisin qui s'employait à hacher menu le cadavre et transformait la chair en pâtés en croûte. Tout le voisinage trouvait les pâtés fort bons, jusqu'à ce qu'un chien hurle à la mort des jours entiers devant l'échoppe du barbier, pleurant son maître et qu'un chanoine le reconnaisse comme étant celui d'un de ses élèves, justement absent aux cours. Les soupçons furent éveillés et les 2 commerçants finirent brûlés vifs en place de Grève.

La place Maubert : le nom de la place vient de la déformation du nom Jean Aubert, 2e abbé de Sainte-Geneviève en 1161. Le saint homme et sa place ne virent, jusqu'au XVIIe s, que des écoliers et des suppliciés. Lieu patibulaire : la potence, la roue, le bûcher y alternaient. Au XVIe s, c'est ici qu'on torturait les disciples de Luther. Sous les yeux des étudiants descendant de Sainte-Geneviève, on brûlait vifs ces « hérétiques » ou on leur perçait la langue avant de les étrangler. Il y avait aussi des exécutions ordinaires, et, dans le grand nombre, l'une d'elles est restée fameuse : celle d'un domestique de 20 ans, soupçonné d'avoir assassiné son maître. Pendu pendant quelque temps, son corps fut détaché par le bourreau, comme c'était la coutume, pour être porté au charnier du gibet de Montfaucon. Mais l'homme commença alors à s'agiter ; surpris, le bourreau voulut lui couper la gorge, mais les femmes, venues nombreuses au spectacle, crièrent au miracle et lui refusèrent ce plaisir légitime. Le garçon, à qui rien n'échappait, prétendit qu'il avait été bien « mort », mais, qu'ayant adressé une prière à Notre-Dame-de-la-Reconnaissance-des-Carmes avant de trépasser, sa requête avait été exaucée et qu'ainsi il ressuscita. Porté au couvent des Carmes, il y fut bien soigné et François Ier lui-même le gracia. Une enquête ultérieure, qui prouva que le maître avait été assassiné par sa femme, confirma le miracle.

Au XIXe s, toute la truanderie parisienne se réunissait en cet endroit qui était alors entouré de bouges et de salles de jeu. Aujourd'hui, c'est une place de quartier résidentiel très recherché. Certes, un peu bruyante à cause du flux de voitures du boulevard Saint-Germain, mais cependant ombragée et qui accueille un agréable petit marché.

Pour clore ce circuit, ne manquez pas de visiter, au 4, rue de la Montagne-Sainte-Geneviève (dans l'hôtel de police, au 3e étage), le ***musée de la Préfecture de police*** *(plan,* ***86*** *; ☎ 01-44-41-52-50 ; lun-ven 9h30-17h et certains sam – appeler avt ; GRATUIT ; visite guidée payante possible : • pp-cabinet-smac-accueil-musee@interieur.gouv.fr •).* Un musée méconnu qui comblera les passionnés d'histoire(s) et d'objets insolites... Une scénographie simple mais bien présentée, de façon thématique, et bourrée d'anecdotes, de l'Ancien Régime et la création de la préfecture de police jusqu'aux

DE LA TRAÇABILITÉ DU POULET

Mais pourquoi les flics sont surnommés les « poulets » ? En 1871, Jules Ferry installa la préfecture de police sur l'emplacement de l'ancien marché aux volailles de Paris.

débuts de la police scientifique, en passant par les grandes affaires criminelles françaises. Vous y découvrirez entre autres le registre d'écrou de Ravaillac, une vitrine consacrée à la Brinvilliers, l'empoisonneuse, des documents sur Vidocq, ou encore le joli viseur qui permettait au docteur Petiot de surveiller la cuisson de ses victimes.

Le café Le Cardinal Saint-Germain : *bd Saint-Germain, à l'angle de la rue du Cardinal-Lemoine.* Dans les années 1960, le bistrot s'appelait *Le Thélème.* C'est ici que furent assassinés les frères Zemmour. L'histoire de ces caïds d'Afrique du Nord fut immortalisée par le film d'Alexandre Arcady *Le Grand Pardon,* avec Roger Hanin et Patrick Bruel.

Fin de la balade

Fin de l'itinéraire au ***métro Maubert-Mutualité.***

Où manger ?

Important ! Voir aussi les adresses sélectionnées pour la balade n° 3 « Le Paris médiéval : rive droite » : ***La Guinguette d'Angèle*** *(plan,* ***3****)* et ***Claus, L'Épicerie du Petit Déjeuner*** *(plan,* ***4****).*

Sur le pouce

Les Bols de Jean *(plan,* ***1****)* **:** *2, rue de Choiseul, 75002. ☎ 01-44-76-00-58. Ⓜ Quatre-Septembre. Lun-ven 11h30-15h30, plus mer-ven 19h-21h30 ; sam 11h30-17h, 19h-21h30. Fermé dim. Bols 9-14 €.* Jean Imbert, qui tient un resto gastronomique dans le 16e *(L'Acajou),* s'est associé avec le fameux boulanger Kayser pour créer un pain surprise à sa façon. Lorsqu'on soulève le chapeau, on découvre la garniture du jour, qui évolue au gré des saisons : bœuf, risotto, veau en blanquette... Quant au pain, moelleux à souhait, on le dévore avec les doigts à la fin du repas. Très ludique ! En revanche, les quelques places assises façon snack sont vite prises d'assaut aux heures de pointe.

Happa Tei *(plan,* ***2****)* **:** *64, rue Sainte-Anne, 75002. ☎ 01-42-96-60-40. Ⓜ Quatre-Septembre. Tlj 12h-14h30 (15h sam-dim), 18h30-22h. Menus 15-20 €. Happa Tei* veut dire « 64 » en japonais. La spécialité, c'est le *takoyaki,* qu'on déguste dans la petite salle à l'étage. Petites boules à base de farine de blé, œuf, bouillon de poisson, ciboulette, gingembre et poulpe. Le tout façonné pour obtenir un rond par un chef maître en la matière et qui cuisine ces petites merveilles – dorées à l'extérieur et fondantes dedans, un délice ! – depuis longtemps (il vient d'Osaka). Plusieurs types de sauces en accompagnement. Le soir, c'est tapas à la japonaise : ça permet de goûter plusieurs choses.

LE PARIS CRIMINEL, GLAUQUE ET MORBIDE : DU LOUVRE AU MARAIS

• Plan *p. 164-165*

BALADE N° 17 : 3 km – 2h

Départ

➢ *Départ du* ***métro Louvre-Rivoli.*** *Compter 3 km et 2h de balade.*

À voir

La rue de l'Arbre-Sec : le carrefour des rues Saint-Honoré et de l'Arbre-Sec fut longtemps appelé la place de la Croix-du-Trahoir. Celle-ci fut un lieu patibulaire jusqu'en 1737. On y coupait plus spécialement les oreilles des serviteurs indélicats. Une potence (l'arbre sec) et la roue y furent longtemps dressées. Bien sûr, des potences s'élevaient dans tous les quartiers de la ville, porteuses presque chaque jour de belles grappes de pendus ! Mais ici, à proximité du grand marché, on trouvait une de ces croix qui côtoient les potences et dont les degrés étaient loués comme étals à des bouchers et des marchands de légumes !

L'impasse des Bourdonnais : on y procédait à des exécutions de sorcières et de faux-monnayeurs (avant appelée impasse de la Fosse-aux-Chiens).

La rue Courtalon : dans une maison de la rue Courtalon s'est déroulée une étrange affaire. Dans le courant de l'année 1684, 26 jeunes disparurent. Les bruits coururent qu'une princesse avait besoin de prendre des bains de sang humain pour soigner une maladie incurable. Finalement, la police arrêta une bande de malfaiteurs. Parmi ceux-ci, une jeune femme se faisait passer pour la fille d'un prince polonais. Par sa grande beauté, elle attirait les jeunes hommes dans une demeure de la rue Courtalon. Là, des complices les assassinaient. Desséchées et embaumées, les têtes étaient emmenées en Allemagne pour servir à des recherches phrénologiques. Afin que rien ne se perde, les corps étaient vendus à des étudiants en médecine. La fausse princesse de la rue Courtalon et ses complices furent jugés et pendus.

La rue de la Ferronnerie *(plan,* ***80****)* ***:*** d'abord appelée rue de la Charronnerie, la rue de la Ferronnerie tient son nom d'une autorisation donnée par Saint Louis aux ferrons (marchands de fer) de dresser leurs éventaires près du charnier des Innocents. Cette activité attira des boutiques, puis de nouvelles constructions qui rendirent la rue très étroite.
C'est donc l'effervescence et l'étroitesse de la rue qui facilitèrent la tâche de ***Ravaillac.*** Le 14 mai 1610, vers 16h, ***Henri IV*** quitta le Louvre pour se rendre à l'Arsenal voir Sully, qui était souffrant. Il traversa sans trop de mal la rue

Saint-Honoré et la rue de la Croix-du-Trahoir mais, en arrivant rue de la Ferronnerie, son carrosse fut stoppé devant les échoppes par un chariot de vin et une charrette de foin. Les valets et l'escorte royale, afin de gagner du temps, coupèrent par le cimetière des Innocents, pour attendre le cortège dans la rue Saint-Denis. C'est de ce moment que profita Ravaillac, posté près de la boutique du *Cœur couronné d'une flèche,* à la hauteur du ***nº 11.*** Il monta sur une borne, puis sur une roue de carrosse et frappa le roi de 3 coups d'un couteau qu'il avait dérobé à l'*Auberge des Trois-Pigeons,* en face de l'église Saint-Roch. Ravaillac fut écartelé en place de Grève.

IL S'APPELAIT RAVAILLAC

Ce pauvre Henri IV n'eut pas de chance : cela faisait 50 ans que son prédécesseur avait commandé l'élargissement de la rue de la Ferronnerie, mais les travaux ne furent jamais réalisés. Résultat : le carrosse royal bloqué par les embouteillages, Ravaillac passa à l'acte. Curieux personnage que ce Ravaillac : ultra-catholique, il considérait que la politique d'Henri IV n'était qu'une attaque contre le pape.

Ce n'est qu'en 1669 qu'un édit royal ordonna de démolir « les petites maisons, boutiques et échoppes qui sont adossées contre les murs du charnier, et de porter la largeur de la rue à 30 pieds ». Le directeur des musées à Saint-Denis, Lenoir, raconta à Alexandre Dumas que, pendant la Révolution, le corps d'Henri IV, toujours intact, fut exhumé de la basilique de Saint-Denis et giflé par un travailleur ; hanté par le fantôme du roi qu'il ne cessait de voir la nuit, il délira et mourut 3 jours après.

La rue des Innocents *(plan,* ***81****)* ***et le cimetière des Saints-Innocents :*** la vieille règle romaine d'inhumer les morts à l'extérieur des villes et de dresser des tombeaux en bordure des grandes voies d'accès à celles-ci étant encore en usage au Xᵉ s, c'est le long du chemin qui conduisait à Saint-Denis que l'on a ouvert à cette époque, hors de Paris, le grand cimetière qui devenait nécessaire à l'agglomération parisienne. Son importance fut considérable, puisqu'il fut le cimetière de toutes les paroisses de Paris qui n'en comptaient pas (soit près de 22 églises) et, pendant longtemps, avant qu'ils ne soient inhumés au cimetière de Clamart, celui des morts de l'Hôtel-Dieu, celui des pestiférés (50 000 décès en 5 semaines en 1418), et celui des inconnus de la morgue et des personnes trouvées mortes sur la voie publique (pour ces 2 dernières catégories, il y avait une plate-bande à part, non bénite, parallèle à la rue de la Lingerie). Les inhumations avaient lieu dans une vaste fosse commune pouvant contenir 1 500 corps superposés ; lorsqu'elle était pleine, on en creusait une autre à côté. Une légende voulait que la terre de ce cimetière « soit excellente et mange son cadavre en 9 jours » ; aussi des évêques, inhumés, eux, dans les églises, demandèrent-ils qu'on mette dans leur cercueil un peu de terre du cimetière des Innocents.

La rue Aubry-le-Boucher : dans cette rue s'est déroulée une affaire qui illustre les aléas de la justice à une époque pourtant toute proche. ***Liabeuf*** était recherché pour proxénétisme (il était alors officiellement ouvrier cordonnier). Mais il résistait à la police qui tentait de l'appréhender dans cette rue, tout en ne cessant de clamer son innocence. Un policier est tué, 6 autres blessés. Aux assises, il affirma qu'il n'était pas souteneur et déclara même préférer la guillotine (qu'on réserve aux assassins) plutôt qu'une condamnation pour proxénétisme qu'il trouvait ignoble. Liabeuf fut guillotiné le 2 juillet 1910.
Une autre anecdote, médiévale celle-là : traversant un jour la rue Aubry, le ***cardinal Eusèbe*** croisa un condamné à mort en route vers son lieu d'exécution. Une coutume voulait que, lorsqu'une telle rencontre était fortuite, la grâce puisse être accordée au criminel. Ce fut le cas, et le cabaret au coin de la rue Saint-Martin, pour honorer cette générosité, s'orna d'un chapeau de cardinal... qui ne disparut qu'en 1910 !

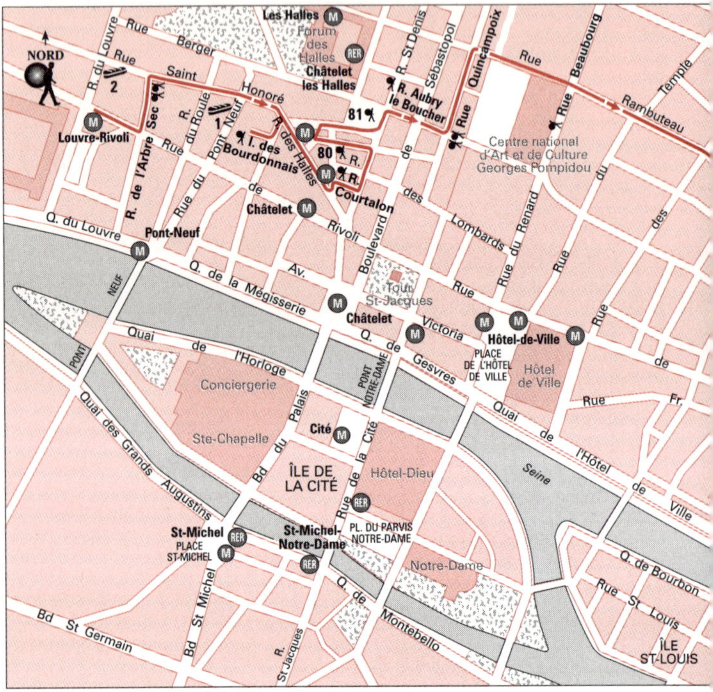

Dans *Les Misérables*, **Gavroche** tombe d'ailleurs à l'angle des rues Saint-Martin et Aubry-le-Boucher en chantant : « C'est la faute à Voltaire... c'est la faute à Rousseau. »

La rue Quincampoix : il s'en passa des choses dans cette rue mais, pour mieux encore s'imprégner de l'ambiance de ces quartiers, il faut peut-être rappeler la configuration du Paris médiéval. Jusqu'au milieu du XIXe s, ces lieux n'étaient souvent qu'un entrelacs de ruelles sombres, boueuses, sans trottoirs ni pavés. Noires d'ordures et suintantes d'humidité, ils avaient l'aspect de basses-cours : toutes les bêtes de la ferme s'y donnaient rendez-vous en toute liberté. Ces caractéristiques donnaient lieu à des noms de rue bien évocateurs. Dans un registre fleuri et truculent, on pouvait trouver la rue Brenneuse (autrement dit pleine de « boue »), l'Orde-Rue (parsemée d'ordures), les carrefours du Trou-Punais, du Pet-au-Diable, de la Fosse-aux-Chiens et autres charmants qualificatifs ! On comprendra que ces rues aient été débaptisées depuis...

– ***Le cabaret de l'Épée de Bois :*** *dans la rue Quincampoix, à la hauteur de l'actuelle rue de Venise.* *L'Épée de Bois* reste lié au meurtre de Lacroix perpétré par le comte de Horn. La victime s'était enrichie dans les manipulations financières en rapport avec le « système » de Law. Le scandale fut considérable en raison de la personnalité du comte Antoine de Horn, frère d'un prince allemand et surtout parent du régent Philippe d'Orléans, qui gouvernait la France. Vendredi saint, le

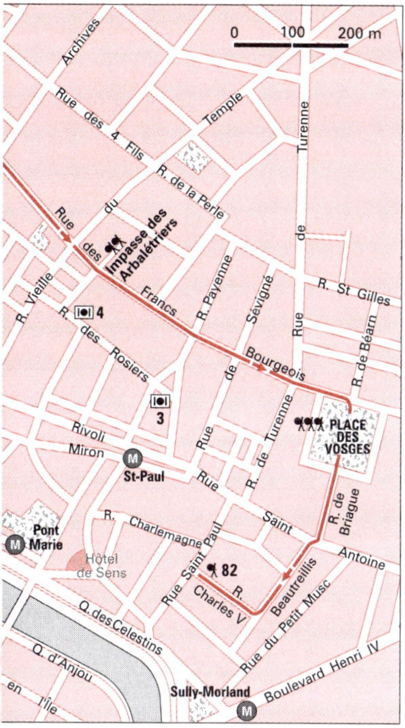

À voir

- **80** Rue de la Ferronnerie
- **81** Rue des Innocents
- **82** Hôtel de la marquise de Brinvilliers

Où manger ?

- **1** Boulangerie Julien
- **2** Boulangerie Gosselin
- **3** Le Loir dans la Théière
- **4** L'As du Falafel

LE PARIS CRIMINEL, GLAUQUE ET MORBIDE : DU LOUVRE AU MARAIS

20 mars 1720 : Horn, accompagné d'un gentilhomme piémontais dénommé Demiles, y rencontra Lacroix, soi-disant pour parler affaires. Les 3 hommes s'installèrent au 1er étage, tandis qu'un comparse faisait le guet dans la rue. Horn et Demiles tuèrent Lacroix. Un valet alerta la garde, qui les arrêta. Des nobles tentèrent d'influencer Philippe d'Orléans quant au jugement. Ce dernier répondit : « Quand j'ai du mauvais sang, je me le fais tirer. » Horn et Demiles furent roués le 26 mars 1720 en place de Grève.

La rue Beaubourg : auparavant appelée rue Transnonnain (inscription « Trousse-Nonnain » encore gravée au n° 79), puis Trace-Putain pour décrire certaines activités du quartier. Le 13 avril 1834 fut une journée insurrectionnelle et témoin d'un (joli) massacre. D'une fenêtre, un insurgé tua un soldat blessé qu'on emmenait sur une civière ; à la suite de quoi, les habitants de cette maison furent tués un à un, étage par étage.

L'impasse des Arbalétriers : pavés disjoints, bornes, encorbellements... tous les attributs (ou presque) de la rue médiévale sont réunis dans la pittoresque impasse des Arbalétriers. Il s'agit de l'ancienne entrée secondaire de l'*hôtel Barbette,* aujourd'hui disparu, qui était la résidence de la reine Isabeau de Bavière au début du XIVe s. L'impasse (il s'agissait alors d'une allée) menait à un champ où s'entraînaient les arbalétriers. Les historiens pensent que c'est en ce lieu précis, le 23 novembre 1407, que Louis d'Orléans, frère du roi Charles VI et grand rival de

Jean sans Peur, duc de Bourgogne, fut assassiné sur les ordres de Jean, alors qu'il s'en retournait d'une visite à la reine Isabeau de Bavière. L'impasse mène à une vaste cour elle-même reliée à la rue Vieille-du-Temple, mais il est maintenant impossible de traverser par cette cour devenue privée et fermée par un portail.

La place des Vosges : elle se situe à l'emplacement du magnifique palais des Tournelles, résidence royale bâtie en 1388. C'est en 1559, à l'occasion du mariage d'Élisabeth de France avec Philippe II d'Espagne, que le roi ***Henri II*** fut mortellement blessé. De grandes fêtes avaient été organisées à Paris et un tournoi avait lieu à proximité du palais, où Henri participait aux joutes, portant les couleurs de sa maîtresse, Diane de Poitiers, qui était assise à côté de la reine Catherine de Médicis. Montgomery, le capitaine qui blessa mortellement le roi lors du tournoi, fut enfermé puis libéré, après quoi il alla se réfugier en Angleterre. Revenant en France aux côtés des huguenots, il fut capturé sur les ordres de Catherine de Médicis et décapité sur la place de Grève en 1574. Catherine de Médicis fit détruire le palais des Tournelles en 1563. C'est Henri IV qui décida de créer la place Royale, dont il ne verra pas l'inauguration, en 1612, ayant été assassiné 2 ans plus tôt. Comme ironisa Victor Hugo : « C'est le coup de lance de Montgomery qui créa la place des Vosges. » Elle reçut son nom actuel en 1800, en hommage au 1er département à avoir payé ses impôts en totalité.

PAS LE COMPAS DANS L'ŒIL !

Le grand tournoi fut organisé le 30 juin 1559, rue Saint-Antoine. Au cours de celui-ci, Henri II voulut combattre Montgomery, le capitaine de sa garde. Et ce fut la tragédie. La lance brisée de ce dernier ne lui pénétra pas dans le buffet (Henri II !) mais dans l'œil. Bien que soigné par le célèbre Ambroise Paré, Henri II mourut le 10 juillet, après 10 jours d'agonie à l'hôtel des Tournelles ; agonie durant laquelle on se hâta de décapiter tous les condamnés à mort pour récupérer leur tête et effectuer des expériences qui auraient pu servir à soigner le roi !

L'hôtel de la marquise de Brinvilliers *(plan,* ***82****)* **:** *12, rue Charles-V.*
Dit aussi *hôtel d'Aubray,* cet hôtel, construit en 1620, fut habité par la ***célèbre empoisonneuse*** Marie-Madeleine de Dreux d'Aubray, après qu'elle eut épousé, à 21 ans, en 1651, Antoine Gobelin, marquis de Brinvilliers, militaire de son état. Marie-Madeleine avait reçu une bonne éducation et une bonne instruction, mais elle n'eut jamais une bonne moralité ; elle nous a appris elle-même qu'elle avait été « dévergondée » à 7 ans. En 1659, elle devint la maîtresse du chevalier Godin, dit « de Sainte-Croix », qui l'initia à la confection des poisons. Dame de charité ayant ses entrées à l'Hôtel-Dieu, elle expérimenta sur les malades différents dosages du poison étudié par Godin, soit un mélange de venin de crapaud, d'arsenic et de vitriol. Le dosage trouvé, elle empoisonna son père, en 1666, mais dut recommencer 10 fois avant de réussir. En 1670, elle empoisonna son frère aîné, fit une tentative sur sa belle-sœur puis, 7 mois après, ce fut au tour de son frère cadet ; elle tenta aussi, mais vainement, d'empoisonner son mari, car Godin, craignant d'être obligé d'épouser la marquise si elle devenait veuve, donnait un contre-poison au marquis chaque fois que la marquise l'empoisonnait ! En juillet 1672, Godin de Sainte-Croix mourut subitement – et naturellement. La marquise, aussitôt informée, voulut retirer du domicile de son amant une certaine cassette ; son insistance la rendit suspecte, aussi s'enfuit-elle vite à l'étranger. La police ouvrit la cassette le 18 août et y trouva 34 lettres de la marquise traitant de ses crimes, 27 recettes intitulées « secrets curieux » et de nombreux échantillons de poisons divers. Colbert demanda à l'Angleterre son extradition. Prévenue à temps, la marquise se réfugia aux Pays-Bas dans un couvent, mais un habile agent du lieutenant de police de La Reynie, nommé Desgrais, réussit à s'emparer d'elle au printemps de 1676. Ramenée à Paris, elle fut condamnée, en sus de la question ordinaire et

extraordinaire, à faire amende honorable devant Notre-Dame, pieds nus, la corde au cou, une torche ardente à la main, et à être décapitée en place de Grève, son corps devant ensuite être brûlé et les cendres jetées au vent. Le jour de son exécution, il y eut tant de monde place de Grève que les théâtres ne jouèrent point.
La marquise de Brinvilliers laissa des adeptes. Dès 1667, les empoisonnements se multiplièrent, au point que le roi dut sévir et créer, à l'Arsenal, en janvier 1680, une « chambre ardente » chargée de juger les empoisonneurs. De ceux-ci, la veuve Monvoisin, dite « ***la Voisin*** », fut la plus célèbre. Ancienne sage-femme, avorteuse, cartomancienne, elle commença par vendre des secrets pour conserver la jeunesse et gagner au jeu, puis des philtres d'amour et, enfin, ce qu'on appelait la « poudre de succession ». Arrêtée et torturée, elle accusa tant de personnes de la Cour d'être en correspondance avec elle qu'on coupa court à ses accusations en la condamnant à être brûlée vive. L'***affaire des Poisons*** entraîna 442 arrestations. De celles-ci, 218 furent maintenues et se terminèrent par 36 exécutions, 5 envois aux galères et 23 bannissements.

Fin de la balade

Retour par les ***métros Saint-Paul*** ou ***Sully-Morland.***

Où manger ?

Important ! Voir aussi les adresses sélectionnées :
– pour la balade n° 6 « La prise de la Bastille et la Révolution dans le Marais » : ***Le Loir dans la Théière*** *(plan, **3**)* ;
– pour la balade n° 10 « Le Paris égyptien » : ***L'As du Falafel*** *(plan, **4**)*.

Sur le pouce

Boulangerie Julien *(plan, **1**) : 75, rue Saint-Honoré, 75001. ☎ 01-42-36-24-83. Ⓜ Louvre-Rivoli ou Les Halles. Tlj sauf dim et j. fériés 7h-20h. Congés : 3 dernières sem de juil. Sandwichs, tartes salées, salades et formules sandwich, pâtisserie et boisson... compter 5-15 €.* Une adresse célèbre qui mène les dames (et les messieurs) des Halles à la baguette. Dense et croûteuse, comme disent les spécialistes. Pain des villes, mais aussi pain des champs, à l'abricot et aux noisettes. Venez tôt si vous n'avez pas envie d'être pris dans la ruée de la clientèle de bureaux du voisinage à l'heure du déjeuner. On se sert et on part aussitôt, pour laisser la place... et en trouver une pour « casse-croûter » en paix, dans le jardin de l'église Saint-Eustache.

Boulangerie Gosselin *(plan, **2**) : 123-125, rue Saint-Honoré, 75001. ☎ 01-45-08-03-59. Ⓜ Louvre-Rivoli. Tlj sauf sam 7h-20h.* Une baguette dont la mie moelleuse et la croûte craquante sont désormais célèbres. La meilleure de Paris selon Patricia Wells et Jacques Chirac, des connaisseurs (la 1re est critique gastronomique, le 2d était un ancien maire de Paris et... président). Cakes et brioches à se damner ; mais aussi le « mac macaron », un gros macaron qui a l'apparence d'un *Big Mac* !

LE PARIS EXISTENTIALISTE : SAINT-GERMAIN-DES-PRÉS

• Plan *p. 169*

BALADE N° 18 : 3 à 4 km – 4h pour bien s'imprégner de l'atmosphère du quartier

UN PEU D'HISTOIRE

Dans *Le Piéton de Paris,* Léon-Paul Fargue comparait Saint-Germain à « des terrasses qui gazouillent comme un four à frites ». C'était vrai au début du XXe s, c'est encore vrai aujourd'hui, avec la persistance de ces hauts lieux intellectuels et littéraires que sont le ***Café de Flore, Les Deux Magots*** et la ***Brasserie Lipp.*** On a une fâcheuse tendance à oublier que les membres de l'Action française (Maurras, Barrès, Bainville) avaient l'habitude de se réunir au *Flore* à cette époque. En effet, le quartier fut surtout un repaire d'intellectuels de droite jusqu'à la Seconde Guerre mondiale. Puis les zazous s'y distinguèrent pendant l'Occupation, ainsi que le groupe Octobre et son animateur Jacques Prévert, considéré comme le précurseur de la vogue germanopratine. Rendu célèbre par les répliques des films de Carné et les poèmes de *Paroles* (1945), le « vrai père » (surnom de Prévert) devient le chef de file de la jeunesse d'après-guerre, qui se presse dans les cafés de Saint-Germain pour le rencontrer.

La proximité du siège des principales ***maisons d'édition*** (la trilogie Gallimard, Grasset, Le Seuil) fit le reste : les écrivains venaient travailler dans les cafés du boulevard, mieux chauffés que les logements de l'époque. En plus – luxe suprême ! –, on y servait des œufs au plat. Parmi eux, un couple qui reste indissociable de la mythologie rive gauche, les piliers du carrefour Saint-Germain : ***Jean-Paul Sartre*** et ***Simone de Beauvoir.*** En 1943 parut *L'Être et le Néant,* somme dans laquelle Sartre affirmait la primauté de l'existence sur l'essence et la métaphysique de la liberté. En 1945, il lançait la revue *Temps modernes,* avec Aron, Beauvoir, Merleau-Ponty, Leiris et Paulhan. En 1946, « Jean Sol Partre » (comme l'appellera Vian) publiait *L'existentialisme est un humanisme,* qui vulgarisait ses thèses sur le sujet. L'Église et la presse de droite l'accablèrent de tous les maux, contribuant à le rendre à la mode.
Parallèlement, la folie du ***jazz,*** arrivé dans les malles des libérateurs, s'emparait des caves du quartier à la suite du succès du *Tabou,* du *Lorientais* ou encore du *Club Saint-Germain.* La presse à sensation eut vite fait d'amalgamer l'existentialisme sartrien et le « mouvement existentialiste », à savoir les jeunes branchés de l'époque, amateurs d'alcool, de danse et de be-bop, en quête de liberté et de nouveauté. On les a appelés les « rats des caves » ou encore les « troglodytes ». Le plus célèbre d'entre eux, ***Boris Vian,*** alias Bison Ravi, alias Vernon Sullivan, écrivit un *Manuel de Saint-Germain-des-Prés* pour rétablir la vérité. À vrai dire, ce manuel a été peu lu (beaucoup d'invendus). Ce sont les éditions du Chêne, en 1974, qui ont décidé de le rééditer. L'***existentialisme*** devint un véritable phénomène de

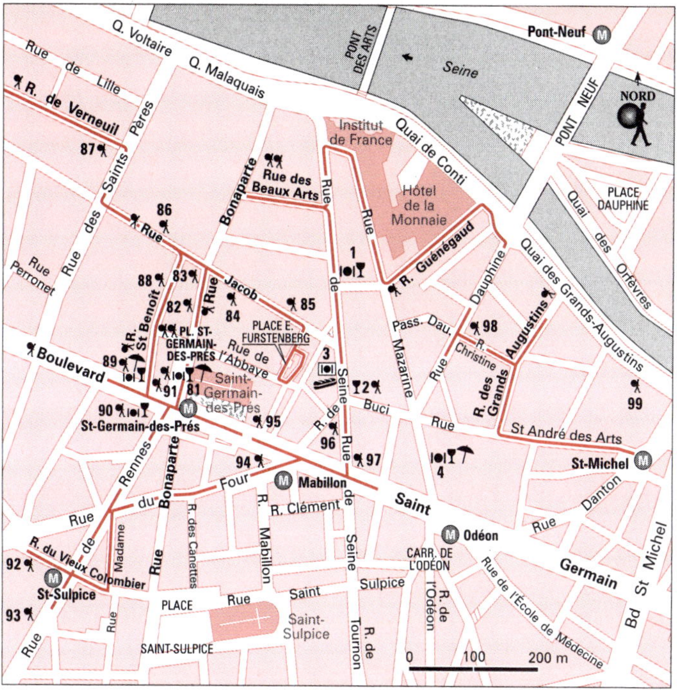

LE PARIS EXISTENTIALISTE : SAINT-GERMAIN-DES-PRÉS

À voir

2	Le Bar du Marché
81	Les Deux Magots
82	Hôtel Saint-Germain-des-Prés
83	Le Pré aux Clercs
84	Hôtel du Balcon
85	Bar Vert
86	Hôtel d'Angleterre
87	Maison de Serge Gainsbourg
88	Le Petit Saint-Benoît
89	Café de Flore
90	Brasserie Lipp
91	L'Écume des Pages
92	Le Vieux Colombier
93	La Rose Rouge
94	Palace Hôtel
95	La Rhumerie
96	Le Mondrian
97	Hôtel La Louisiane
98	Le Tabou
99	L'Écluse

Où manger ?
Où boire un verre ?

1	La Palette
2	Le Bar du Marché
3	Cosi
4	Le Procope
81	Les Deux Magots
89	Le Café de Flore
90	Brasserie Lipp

société à partir de 1946 et perdura jusqu'en 1955 environ (mais Vian avait déjà fui les lieux en 1952 pour retrouver Prévert à Montmartre). En 1960, Gréco chantait : « Il n'y a plus d'après, à Saint-Germain-des-Prés »... Pendant toutes ces années, le quartier fut surtout un formidable vivier artistique. Ses cabarets, caves, clubs et cafés-théâtres servirent de tremplins à pléthore de chanteurs, acteurs, musiciens et metteurs en scène : Gréco, bien sûr, mais aussi Brel, Gainsbourg,

Ferré, Brassens, Montand, Moustaki, Henri Salvador, Allain Leprest, sans oublier Catherine Sauvage, Philippe Clay, Roland Petit, Jean Vilar, Alexandre Astruc, Yves Allégret, Rosy Varte, les Frères Jacques, Yves Robert, Gérard Philipe, Maria Casarès, Mouloudji... N'oublions pas non plus qu'une ribambelle de peintres et dessinateurs y ont flâné ou travaillé (Giacometti, Nicolas de Staël, Siné) ; qu'un nombre impressionnant d'écrivains y ont traîné (entre autres, Genet, Camus, Queneau, Cocteau et Duras – qui elle aussi adorait écrire dans les cafés) et que la *Série noire* y est née (le titre fut trouvé par Prévert).
Aujourd'hui, malgré l'invasion des touristes, la prolifération des boutiques de fringues et le prix exorbitant des loyers, le quartier tente de garder, tant bien que mal, son éternel côté « intellectuel », grâce à ses cafés mythiques. Mais les librairies et les cinémas disparaissent peu à peu. Il faut pas mal d'imagination pour apercevoir les fantômes des artistes et des écrivains errer dans Saint-Germain. Mais de ce côté-là, on fait confiance à nos lecteurs.

Départ

➢ *Départ du circuit à l'église Saint-Germain-des-Prés,* ***métro Saint-Germain-des-Prés.*** *Compter 3-4 km et 4h de balade.*

À voir

🚶🚶 ***La place Saint-Germain-des-Prés :*** une partie de la place, côté église, a été rebaptisée place Sartre-Beauvoir. L'église, l'une des plus vieilles de Paris, mérite évidemment une visite. Comme son atmosphère de recueillement contraste avec l'agitation du boulevard ! Dans le square Louis-Prache jouxtant l'église, beau buste de Picasso en hommage à Apollinaire.
– À l'angle de la place et du boulevard : ***Les Deux Magots*** *(plan,* ***81****),* surnommé le « café des deux mégots » par les habitués. Parmi eux : Giraudoux, Faulkner, Cossery, et bien évidemment les indéboulonnables Sartre et Beauvoir, qui s'y réfugiaient quand ils ne voulaient pas être dérangés au *Flore...* Pendant la guerre, ils arrivaient tôt le matin pour profiter des meilleures places... à côté du poêle. D'ailleurs, leurs places sont signalées aujourd'hui par des plaques de cuivre. Le café décerne un prix littéraire chaque année en janvier, depuis 1933. Ce prix fut, paraît-il, créé pour honorer Raymond Queneau, qui fut le premier à l'obtenir. « Un établissement assez prétentieux et solennel où chaque consommateur représente pour son voisin un littérateur », écrivait déjà Léon-Paul Fargue en 1939 dans *Le Piéton de Paris...*
– À côté, le ***Club Saint-Germain,*** aujourd'hui disparu, créé en 1948 par Boris Vian et une bande de copains. Cette cave à musique avait l'originalité de faire à la fois bar, librairie et salle de concerts. Les plus grands jazzmen y défilèrent : Duke Ellington, Charlie Parker, Max Roach, Kenny Clarke... C'est ici que débuta Claude Luter. C'est ici aussi que le be-bop fut introduit et que Juliette Gréco et Anne-Marie Cazalis furent sacrées reines de la nuit germanopratine. On y lança les 1res « nuits » : du cinéma, de l'innocence, etc. En réaction, les concurrents du *Tabou* créèrent la « nuit du vice » !
– Située 16-18, rue de l'Abbaye (angle rue Bonaparte), ***La Hune,*** l'une des librairies mythiques du quartier. Retournement ironique de l'histoire ou coïncidence ? Il y eut longtemps à cet endroit ***Le Divan,*** une autre librairie mythique (exilée rue de la Convention, dans le 15e arrondissement). Remplacée par une boutique *Dior,* ce qui confirmait l'inéluctable agonie littéraire du quartier. En 2012, coup de théâtre : *La Hune,* quittant le boulevard Saint-Germain, a remplacé... *Dior,* rue de l'Abbaye. À notre avis, clin d'œil furtif de l'histoire, par retournement...

🚶 ***La rue Bonaparte :*** à l'angle de la place Saint-Germain et de la rue, le ***café Bonaparte.*** Sartre y recevait les auteurs des *Temps modernes.* Le philosophe habitait juste au-dessus, au ***n° 42.*** Son appartement fut plastiqué par l'OAS en 1960. Le *café Bonaparte,* appelé aussi le « *Bona* » à l'époque, fut l'un des refuges de la jeunesse germanopratine des années 1950. PC des héros de Marcel Carné dans son film *Les Tricheurs* en 1958 (l'un des 1ers films de Belmondo, Laurent Terzieff...).

– L'écrivain américain ***Henry Miller*** vécut au ***n° 36,*** à l'***hôtel Saint-Germain-des-Prés*** *(plan, **82**).* Il écrivait alors : « J'adore cet endroit. J'aimerais y vivre pour toujours. Les rues chantent, les pierres parlent, les maisons suintent l'histoire, la gloire et la romance. » ***Auguste Comte,*** le père du positivisme, y vécut aussi de 1818 à 1822. Maintenant, l'hôtel a délaissé quelque peu les intellectuels de la rive gauche pour accueillir à bras ouverts les touristes américains et japonais.

– Au ***n° 24,*** un hôtel disparu avait également accueilli Henry Miller à son arrivée à Paris. Aujourd'hui c'est une résidence Crous.

– À l'angle de la rue Bonaparte et de la rue Jacob, ***Le Pré aux Clercs*** *(plan, **83**),* bar à vins que fréquenta beaucoup ***Hemingway*** quand il arriva à Paris. La bouteille de vin ne coûtait que 60 centimes à l'époque ! Les temps ont bien changé ! Mais la petite terrasse, bien agréable aux beaux jours, est restée la même.

La rue Jacob : l'une des plus fréquentées pendant l'âge d'or de Saint-Germain. C'est peut-être celle qui a le mieux conservé l'esprit de l'époque. Le livre y survit, la fringue se fait discrète. On respire.

– Au ***n° 27,*** les ***éditions du Seuil*** se sont à leur tour exilées. Heureusement, échec de la fringue, une autre maison d'édition-librairie leur a succédé (régulièrement lectures et événements littéraires). L'immeuble abritait auparavant l'***hôtel du Balcon*** *(plan, **84**),* où résidèrent Paul Léautaud et l'inénarrable baron Jean Mollet, secrétaire d'Apollinaire et vice-curateur du Collège de pataphysique (qui prit son essor dans les années 1950 et dont firent partie Queneau, Prévert, Boris Vian et François Caradec).

– Au ***n° 17,*** les ***éditions JC Lattès.*** Quant à la ***Librairie d'Outremer,*** spécialisée dans les ouvrages maritimes, elle a été remplacée par ***Métamorphoses*** (une boutique de livres anciens et photos). Ouf, elle a pu cependant se réfugier juste en face.

– Au ***n° 14,*** une plaque posée sur une modeste et vieille maison indique qu'ici vécut ***Wagner,*** de 1841 à 1842.

– Au ***n° 10,*** le ***Bar Vert*** *(plan, **85**),* aujourd'hui disparu, lancé par Prévert, qui y prenait son café au lait. Puis vinrent Artaud, Matta, Vailland, Queneau, Merleau-Ponty, Tavernier... C'est ici qu'Isidore Isou inventa le lettrisme. C'est maintenant une galerie d'art.

– À côté, on trouvait autrefois le resto ***Cheramy*** (célèbre pour ses pièces de théâtre et ses lectures de poésie, Prévert y mangeait à crédit) et ***L'Échelle de Jacob,*** haut lieu de l'existentialisme nocturne. C'est ici que Jacques Douai, chanteur, créa pour la 1re fois *Les Feuilles mortes* de Jacques Prévert et de Joseph Kosma. On se réunissait aussi autour de Léo Ferré et de son piano pour écouter ses chansons poétiques.

– Au fond à droite, la rue donne sur l'adorable et romantique ***place de Furstenberg,*** îlot de calme grand comme un mouchoir de poche. Juste 4 arbres et un lampadaire : l'essentiel.

➢ Revenons sur nos pas pour parcourir l'autre tronçon de la rue Jacob.

– Au ***n° 40,*** le resto ***Aux Assassins*** (remplacé depuis par un bar à vins). Ferré y jouait du piano (encore !), Henri Salvador y chantait, Gréco y passait... et jusqu'à la fin Maurice Dulac sévissait avec sa guitare et ses chansons grivoises.

– Juste à côté, au ***n° 44,*** l'***hôtel d'Angleterre*** *(plan, **86**)* fut longtemps le préféré des journalistes et des écrivains américains, parmi lesquels Hemingway et Djuna Barnes. Avec son petit patio et sa jolie fontaine, il reste l'un des plus agréables 3-étoiles du quartier.

➢ Poursuivons jusqu'à la rue des Saints-Pères, prenons-la à droite, puis tournons à gauche.

La rue de Verneuil : au ***nº 5 bis,*** mystérieuse demeure aux allures d'hôtel particulier pour poète, avec terrasse et jardin. C'est la maison de ***Serge Gainsbourg*** *(plan,* ***87****)*. Ses murs aux graffitis libertaires, aux poèmes, aux petits mots doux laissés à l'intention du chanteur, sont actuellement recouverts de tags certes colorés à souhait, mais qui n'ont plus grand-chose à voir avec l'artiste. Dommage ! De 1967 jusqu'à sa mort en 1991, « l'homme à la tête de chou » resta fidèle au quartier qui le vit démarrer sa carrière, d'abord d'auteur (*Le Poinçonneur des Lilas, La Chanson de Prévert* pour Gréco), puis de chanteur, au cabaret *Milord l'Arsouille* (situé juste de l'autre côté de la Seine, près du Palais-Royal). La révélation fut un concert de Boris Vian. L'endroit abrita les amours du chanteur avec Birkin puis Bambou, sans compter les nombreux potes de la bande à Gainsbarre qui débarquaient quand il leur plaisait : Dutronc, Deneuve, Eddy Mitchell... Ce que l'on sait moins, c'est que le Maître y recevait ses admirateurs (surtout admiratrices) en toute simplicité ; il suffisait de sonner à sa porte. Son salon noir et or était encombré de souvenirs : une photo de Jane et B.B. nues dans un lit, une autre de Charlotte en chemise de nuit, la « une » de *Libé* titrant « Je t'aime moi non plus », des dessins d'artistes (dont un Dalí), le piano sur lequel il composait ses mélodies... Ses héritiers ont prévu (en collaboration avec la Mairie de Paris) d'en faire un musée, un jour peut-être.

➢ Reprenons la rue des Saints-Pères et la rue Jacob, puis tournons à droite.

La rue Saint-Benoît : au ***nº 4, Le Petit Saint-Benoît*** *(plan,* ***88****)* est un resto familial très simple, fondé en 1901 et encore en activité. Les artistes fauchés l'ont beaucoup fréquenté. Aux murs, des portraits laissés par des caricaturistes. Les habitués, comme Gainsbourg, Duras et Prévert, avaient coutume de laisser leur rond de serviette... coutume qui perdure encore. À côté, on trouvait *Stéphan,* le marchand de journaux le plus populaire de la rive gauche. Aujourd'hui, une librairie lui a succédé. On y rencontrait nombre d'auteurs et artistes du quartier : Cabu, Wolinski, Topor, Marguerite qui habitait en face, au nº 5 (plaque).
– Au ***nº 13*** se trouvait ***Le Bilboquet,*** l'une des plus anciennes salles de jazz du quartier, créée par Boris Vian en 1947.
– Plus loin, au ***nº 28,*** le ***bar Montana,*** l'un des plus fréquentés à l'époque des existentialistes, est toujours debout, mais la déco « japoniaise » n'a plus grand-chose à voir avec celle des années 1950. Prévert vécut un temps, en 1935, au 7ᵉ étage de l'*hôtel Montana.*

Le boulevard Saint-Germain : comme le boulevard Montparnasse à... Montparnasse, le boulevard Saint-Germain est l'artère vitale de Saint-Germain. C'est logiquement autour de l'église qui donna son nom au quartier que l'on trouve la Sainte-Trinité germanopratine : *Lipp-Flore-Deux Magots.* D'ailleurs, le poète Léon-Paul Fargue disait de la place qu'« elle respire, palpite et dort par la vertu de 3 cafés aussi célèbres aujourd'hui que des institutions d'État : *Les Deux Magots,* le *Café de Flore* et la *Brasserie Lipp* ».
– À l'angle de la rue Saint-Benoît et du boulevard trône en effet le ***Café de Flore*** *(plan,* ***89****)*. On ne compte plus les écrivains qui fréquentèrent ce frère ennemi des *Deux Magots* : Apollinaire, Breton, Audiberti, Prévert, Camus... Sartre et Beauvoir s'installaient au fond de la salle en été, aux fenêtres en hiver. Étienne Daho écrivit une chanson en hommage à cette époque révolue. Le café a même ouvert la *boutique du Flore,* tout à côté. On y vend des produits de bouche de luxe (à des prix exorbitants) qui attirent les nombreux touristes en goguette dans le quartier.
– ***La Brasserie Lipp*** *(plan,* ***90****)* **:** impossible d'énumérer toutes les personnalités des lettres et de la politique qui se sont sustentées d'une choucroute dans ce « lieu de mémoire » : Saint-Ex et André Gide, Léon Blum et Pompidou... Mitterrand, alors jeune clerc débarqué de sa Charente natale, y rencontra l'écrivain Jacques

Chardonne. Hemingway, qui raffolait des pommes de terre à l'huile (et de la bière), y écrivit *L'Adieu aux armes.* Pour un véritable lippien, il est inconcevable de monter au 1er étage. Plutôt attendre le temps qu'il faut pour avoir sa table à l'une des salles du rez-de-chaussée !

– ***L'Écume des Pages*** *(plan,* ***91****)* **:** *sur le bd Saint-Germain, à côté du* Flore. Demeure l'un des derniers bastions « historiques » des bibliophiles, bibliomanes, papivores et autres érudits (mais pour combien de temps encore ?). Quant à ***La Hune,*** elle a déménagé à l'angle de la rue de l'Abbaye et de la rue Bonaparte, remplacée par le « centre culturel » d'un fabricant de valises...

➢ Prenons la rue de Rennes et remontons-la jusqu'à la 4e rue à droite.

La rue du Vieux-Colombier : au ***n° 21, Le Vieux Colombier*** *(plan,* ***92****),* théâtre populaire d'avant-garde fondé en 1913 par Jacques Copeau (cofondateur de la *NRF*), où s'illustra notamment Louis Jouvet. En 1928, Prévert y gifla publiquement Cocteau. En 1944, on y joua *Huis clos,* de Sartre. Puis le « Vieux Co » devint un haut lieu de l'existentialisme en accueillant dans son sous-sol des musiciens de jazz comme Sidney Bechet. Pour y inviter le public à boire et à manger, Boris Vian, son ami Claude Luter et d'autres « zèbres » publièrent un faire-part de deuil des chemises à carreaux, « perte compensée par le port obligatoire de la chemise rayée » ! Le théâtre ferma ses portes en 1977. Classé aux Monuments historiques en 1978, il fut racheté par l'État en 1986. Entièrement rénové, il fait partie depuis 1993 la 2e salle de la Comédie-Française. Après avoir déménagé de nombreuses fois, la famille Prévert s'installe au 4e étage du ***n° 7*** de la rue du Vieux-Colombier (juste à côté de la caserne de pompiers), de 1912 à 1946...

La rue de Rennes : au ***n° 76, La Rose Rouge*** *(plan,* ***93****),* aujourd'hui disparue. Cabaret situé en sous-sol et souvent fréquenté par Boris Vian. Fondé en 1948 par Nico Papatakis, on y jouait les *Exercices de style,* de Queneau (qui, paraît-il, riait plus fort que tous les spectateurs), interprétés par les Frères Jacques. C'est ici que le jeune Charles Aznavour apporte un soir une chanson à Juliette Gréco qui fera scandale : « Je hais les dimanches ». À côté, *L'Arlequin,* l'un des derniers cinémas d'art et d'essai du quartier. Inauguré en décembre 1934, il devient en 1978 le *Cosmos,* entièrement consacré au cinéma soviétique. Ce n'est qu'en janvier 1993 qu'il redevient, après quelques rénovations, *L'Arlequin.* Aujourd'hui, ce cinéma s'est modernisé tout en conservant sa décoration d'antan. Fidèle à sa tradition art et essai en version originale, il mêle anciens et nouveaux films d'auteur.

➢ Redescendons vers le boulevard Saint-Germain par la rue Madame et prenons à droite la rue du Four jusqu'à la hauteur du métro Mabillon.

Le Palace Hôtel *(plan,* ***94****)* **:** *à l'angle du bd Saint-Germain et de la rue du Four.* Aujourd'hui disparu. Le gratin littéraire s'y pressait avant guerre (Léon-Paul Fargue, Bertolt Brecht). Malraux, Gide et Aragon y retrouvaient les invités du *Congrès pour la défense de la culture* : Ivanov, Pasternak...

La Rhumerie *(plan,* ***95****)* **:** *166, bd Saint-Germain, 75006.* Ouvert en 1932 par Joseph Louville après le succès de l'Expo coloniale de 1931, ce bar-café fut le lieu de rendez-vous des membres du *Grand Jeu,* de Bataille, Artaud, Man Ray, Roger Vailland, Henri Salvador, Marcel Aymé, Michel Leiris et autres avant-gardistes (à l'époque, personne ne buvait de rhum !). Jacques Chirac adorait le lieu, qu'il fréquentait encore en 2012. Pour faire perdurer l'esprit Saint-Germain d'après-guerre, *La Rhumerie* proposait tous les dimanches à partir de 20h un concert de jazz, mais les intraitables censeurs de la nuit de la préfecture de police l'ont interdit (toujours le même prétexte : bruit et troubles de voisinage).

Le Mondrian *(plan,* ***96****)* **:** au 148, boulevard Saint-Germain, à l'angle de la rue de Seine, se trouvait *Le Mandarin,* rebaptisé *Café Mondrian* et fréquenté par l'intelligentsia rive gauche. On pouvait y croiser jusqu'en 2008 l'écrivain Albert Cossery, dont la silhouette de dandy jurait parmi la clientèle de touristes. Il adorait s'installer en terrasse et observer, avec un sourire malicieux, gens et ballet de la rue.

Rue de Seine, au ***nº 60, hôtel La Louisiane*** *(plan, **97**).* On ne compte plus les locataires célèbres de cet établissement. Simone de Beauvoir y emménage en octobre 1943. Sartre la suivra de peu mais prendra une chambre à part. Albert Cossery, écrivain égyptien, grand ami de Camus, Genêt, Roger Nimier, Louis Guilloux et Lawrence Durrell, y débarqua en 1945 et y resta jusqu'à sa mort en 2008 (chambre nº 58) ! Meilleur client de l'hôtel, il n'a changé qu'une fois de chambre. En face de la sienne, Gabriel Matzneff venait se réfugier pour écrire. L'actrice Eddie Miller *(Pas d'orchidées pour Miss Blandish)* dormait à *La Louisiane,* ainsi que la plupart des jazzmen américains de passage à Paris, qui aimaient s'y retrouver pour faire des bœufs : Miles Davis, John Coltrane, Charlie Parker... Juliette Gréco y avait ses habitudes à la chambre nº 10. Elle y fut d'ailleurs photographiée avec sa copine Annabelle Buffet (dans le même lit), sous une photo de Miles Davis. C'est également dans cette fameuse chambre nº 10 que Sartre a écrit *La Nausée.* En 1985, Bertrand Tavernier en fit son décor de film (une des dernières réalisations d'Alexandre Trauner) pour *Autour de minuit,* inspiré de l'histoire vraie d'un musicien de jazz (avec Dexter Gordon). D'autres réalisateurs – comme Louis Malle, Leos Carax et Quentin Tarentino – sont venus y puiser leur inspiration. Sinon, selon une légende persistante, Jim Morrison y serait mort, mais l'histoire est très controversée. Aujourd'hui encore, écrivains et cinéastes aiment venir séjourner en secret dans cet hôtel mythique qui a su garder le charme désuet des années 1950. Il n'est pas cher pour le quartier, et le patron refuse (c'est tout à son honneur) de travailler avec les agences de voyages pour le moment.

– Au ***nº 75,*** à l'angle avec la rue de Buci, ***Le Bar du Marché*** *(plan, **2**),* où Jacques Prévert aimait venir prendre un verre de sancerre. Ce sont aujourd'hui les bobos huppés et les étrangers qui ont investi l'agréable terrasse, servis par des garçons en salopette et casquette...

➢ Continuons la rue de Seine et prenons la 3e rue à gauche.

La rue des Beaux-Arts : au ***nº 13,*** l'hôtel (ancien ***hôtel d'Alsace***) conserve une jolie façade du XIXe s. Une plaque nous apprend qu'ici est mort Oscar Wilde, en novembre 1900 ; une autre, que Borges y séjourna à plusieurs reprises, de 1977 à 1984. Aucune n'indique que Proust vint rendre visite à Wilde, ni que Mistinguett et Cioran y séjournèrent eux aussi. Aujourd'hui, c'est un endroit totalement relooké par Jacques Garcia, rien à voir donc avec l'original, même s'il a tenté de refaire à l'identique la chambre nº 16, qu'Oscar Wilde occupait.

➢ Reprenons la rue de Seine jusqu'au bout, puis prenons à droite la rue Mazarine et remontons-la jusqu'à la 1re rue à gauche.

Au ***nº 10*** de la ***rue Guénégaud, Chez Moineau,*** le cabaret où Barbara a fait ses débuts. Elle logeait juste au-dessus. Aujourd'hui, c'est un bar à cocktails, *L'Arbane* *(ouv mar-sam à partir de 18h30).*

➢ Au bout de la rue Guénégaud, prenons à droite la rue Dauphine.

Rue Dauphine, à l'angle de la rue Christine, se trouvait ***Le Tabou*** *(plan, **98**).* Aujourd'hui remplacée par un hôtel de luxe *(L'Hôtel d'Aubusson),* cette discothèque fut longtemps le phare des nuits germanopratines, bien que située dans une cave. « C'est là que l'on rencontre ces demoiselles énervées [...] qui sont définitivement fâchées avec le peigne et le savon, mais qui dansent admirablement le boogie-woogie... », pouvait-on lire dans *La Presse* en 1947, à l'époque où Vadim et Gréco posaient pour les photographes à l'entrée de la cave. Queneau, Sartre et son Castor venaient y écouter leur ami Boris Vian jouer de la « trompinette ». Le patron du club foisonnait d'idées pour attirer les clients, organisant par exemple l'élection de « Miss Tabou », celle de « Miss Vice », etc.

La rue des Grands-Augustins : au ***n° 7,*** un bel hôtel particulier de style classique, où vécut ***Pablo Picasso*** de 1936 à 1955 (plaque). Il y peignit *Guernica* en 1937. Hasard de l'histoire, c'est à cette adresse précise que Balzac situe l'action de l'une de ses plus belles nouvelles : *Le Chef-d'œuvre inconnu* (qui inspira le film de Jacques Rivette *La Belle Noiseuse*). Ce que ne précise pas la plaque, c'est que l'hôtel de Savoie-Carignan servit aussi de repaire au groupe de l'Atelier, emmené par Jean-Louis Barrault. Prévert et le groupe Octobre y retrouvaient Bataille et les surréalistes, Mouloudji y fit ses 1ers pas d'acteur. Situé juste en face de l'atelier, ***Le Catalan,*** fameux resto de l'époque, lancé par Picasso et où les artistes le retrouvaient, n'existe plus.

Au ***n° 15*** du ***quai des Grands-Augustins,*** le cabaret ***L'Écluse*** *(plan,* ***99****)*, où Barbara, Léo Ferré, Jacques Brel, le mime Marceau, Francis Lemarque et les Frères Ennemis se sont produits en 1951. Pour raisons financières, il a fermé ses portes en 1974. Transformé en bar à vins, il a changé de nom. Mais une plaque sur le côté droit en témoigne encore.

➢ Continuons jusqu'à la rue Saint-André-des-Arts et tournons à gauche.

Fin de la balade

Arrivée sur la place Saint-Michel, où vous attend le ***métro*** ou le ***RER Saint-Michel.*** D'un saint à l'autre, voici la boucle bouclée.

Où manger ? Où boire un verre ?

Important ! Voir aussi les adresses sélectionnées :
- pour la balade n° 2 « Le Paris médiéval : île de la Cité et rive gauche » : ***Cosi*** *(plan,* ***3****)* ;
- pour la balade n° 7 « La Révolution française au Quartier latin » : ***Le Procope*** *(plan,* ***4****)*.

Avec un p'tit verre

La Palette *(plan,* ***1****)* **:** *43, rue de Seine, 75006.* ☎ *01-43-26-68-15.* Ⓜ *Odéon. Tlj 8h (10h dim)-2h. Boisson env 6 €. Plats du jour à partir de 18 € ; pâtisserie 8 € ; brunch dim sur résa 25 €.* Un élitisme bon teint, composé de marchands d'art, d'artistes, de poètes, ou encore d'étudiants. Les affaires se concluent autour d'un verre de saint-émilion ou de brouilly en dégustant une « guillotine » (morceaux de jambon de pays sur pain Poilâne). Plafond tout stucs et moulures, grandes glaces, céramiques. Les tables sont installées dehors dès les 1ers rayons de soleil. Atmosphère animée, très parisienne, dans ce qui reste une institution du quartier depuis 1902.

Le Bar du Marché *(plan,* ***2****)* **:** *75, rue de Seine, 75006.* ☎ *01-43-26-55-15.* Ⓜ *Mabillon. À l'angle de la rue de Buci. Tlj 8h-2h. Café 1,20 € au comptoir, 2,40 € en salle ; demis à partir de 3 € au comptoir, 4,40 € en salle.* Les serveurs, casquette vissée et démarche canaille, se la jouent apaches de Ménilmuche. Avec l'aisance (et l'arrogance !) de vieux pros, ils zigzaguent entre les tables remplies d'une clientèle bigarrée incluant touristes et titis, posant mousse, cahoua, Viandox devant le solitaire en séance de matage à la terrasse (parfaite pour suivre l'animation du marché) ou devant une Américaine en corvée de cartes postales. Y a d'la joie, un peu à l'image de l'immense affiche des Frères Jacques scotchée sur la glace.

Dans un lieu chargé d'histoire

Les Deux Magots *(plan,* ***81****)* **:** *6, pl. Saint-Germain-des-Prés, 75006.* ☎ *01-45-48-55-25.* • *contact@lesdeuxmagots.fr* • Ⓜ *Saint-Germain-des-Prés ou Mabillon. Service continu tlj 7h30-1h. Café 4,90 € ; verres de vin à partir de 8,50 €. Salade env 19 € ;*

assiettes 19-30 € ; formule déj 34 € ; carte env 55 €. Son nom, *Les Deux Magots,* a pour origine l'enseigne d'un magasin de nouveautés qui occupait le même emplacement au XIXe s. Le café qui lui succède conserve son nom, la décoration et les statues, les fameux magots. Au XXe s, *Les Deux Magots* deviennent un des QG emblématiques de l'intelligentsia germanopratine. Il faut dire que la position privilégiée de sa terrasse-jardin, ouverte de mars à novembre, en face de l'église Saint-Germain, en fait un lieu éminemment stratégique pour côtoyer le monde des arts, des lettres, de la mode, du spectacle et de la politique. Nul besoin de rappeler que Jean-Paul Sartre, Simone de Beauvoir et bien d'autres y avaient leur table. Le prix littéraire des Deux Magots y est décerné depuis 1933. Nombreux sont ceux qui viennent y prendre un petit déj tout à fait parisien, avec un chocolat chaud à l'ancienne. Pour déjeuner, carte de brasserie assez classique et semainier ; l'après-midi, pâtisseries, certaines signées Pierre Hermé, et le soir, carte qui se renouvelle au gré des saisons. Groupes de jazz les jeudis soir. Lire aussi la rubrique « À voir ».

Le Café de Flore *(plan, **89**) : 172, bd Saint-Germain, 75006. ☎ 01-45-48-55-26. Ⓜ Saint-Germain-des-Prés. Tlj 7h30-1h30. Café 4,90 €, bières à partir de 10 €, verres de vin à partir de 10 €. Restauration à la carte 19-38 €.* Un autre grand café chargé d'histoire ! Sur ses tables vénérables s'est accoudé plus d'un illustre personnage. Tout a commencé en 1890. Depuis, poètes, éditeurs, écrivains, intellectuels et artistes de tout poil se côtoient et se succèdent. Lire aussi la rubrique « À voir ».

Brasserie Lipp *(plan, **90**) : 151, bd Saint-Germain, 75006. ☎ 01-45-48-53-91. Ⓜ Saint-Germain-des-Prés. Tlj 9h-1h (dernière commande à 0h45). Fermé 25 déc. Résa conseillée. Choucroute env 25 € ; carte env 55 €.* Presque une légende. Le vieux décor (grands miroirs, jolis panneaux en céramique, fresques qui s'estompent), sorti tout droit des années 1900, est classé Monument historique et Lieu de mémoire, excusez du peu ! L'atmosphère est plutôt relax, et les acteurs, auteurs, vedettes de la chanson font naturellement partie du paysage. Les plats immuables sont parfois décevants, et malheureusement le prix de la bière maison est assez prohibitif. L'accueil, quant à lui, est inégal, typiquement parisien ! Lire aussi la rubrique « À voir ».

BALADE N° 18

LE PARIS DE LA BOHÈME À MONTPARNASSE

• Plan *p. 178-179*

« **Mais tel était le Paris de notre jeunesse, au temps où nous étions très pauvres et très heureux.** »

Ernest Hemingway, *Paris est une fête*

BALADE N° 19 : 4-5 km – 2h minimum

UN PEU D'HISTOIRE

> **LA SÉDUCTION SELON JARRY**
>
> *Un jour, las d'être ignoré par une très jolie femme assise à ses côtés, Jarry se lève, dégaine son revolver, tire et fracasse un miroir. Puis il s'adresse à la belle : « Mademoiselle, puisque la glace est à présent rompue, nous pouvons causer. »*

Selon Sartre, c'est la construction de la ligne de métro Nord-Sud qui fut à l'origine de l'« émigration » des artistes ***de Montmartre vers Montparnasse...*** Même si Henri Rousseau (dit le Douanier), retraité de l'octroi, s'était déjà installé en 1895 avenue du Maine, où il hébergeait Alfred Jarry, la bohème de Montparnasse commence vers 1900, avec l'arrivée d'Apollinaire, de Blaise Cendrars, de Cocteau, de Max Jacob... Comme pour Montmartre, ce sont les ***peintres*** (essentiellement étrangers) qui lancent le quartier, entraînant les ***poètes*** dans leur sillage. Breton et les compagnons de route du surréalisme (Picasso, Man Ray, Aragon, Fernand Léger...) fréquentent assidûment ces lieux où règne alors « l'esprit parisien », qui a fui Montmartre pour se transporter ensuite à Saint-Germain-des-Prés. L'âge d'or de « ce lieu béni de l'extraterritorialité qu'était encore le Montparnasse des années 1930 » (Brassaï) dure des Années folles jusqu'à la guerre d'Espagne. À cette époque, ***Kiki de Montparnasse*** devient le modèle favori des peintres (Kisling, Foujita, Derain, Picasso) et des photographes (Man Ray, Brassaï). Ce formidable brassage enfante l'***école de Paris*** (Modigliani, Chagall, Soutine, Foujita...), puis la « génération perdue », celle de ces ***écrivains américains*** qui débarquent à Paris après la Première Guerre mondiale, fuyant Greenwich Village et la Prohibition. Autre avantage pour ces artistes fauchés : le taux de change du dollar leur permet d'y vivre à peu de frais et de remplacer le mauvais whisky par du vin français. Leurs écrits expriment néanmoins le désenchantement de l'après-guerre, d'où le nom de *lost generation* (« génération perdue ») que leur attribue Gertrude Stein, cette grande amie de Picasso, d'Apollinaire, de Cocteau et de Satie. Celle que l'on a surnommée « la mère l'Oie de Montparnasse » lance Ernest Hemingway, le plus représentatif des « Américains à Paris », avec ses amis T. S. Eliot (Nobel en 1948), Francis Scott Fitzgerald (l'auteur de *Gatsby le Magnifique*), Ezra Pound (le rénovateur de la poésie américaine) et John Dos Passos (popularisé en France par Jean-Paul Sartre). Arrivé à Montparnasse en 1928, Henry Miller est la dernière grande figure américaine du quartier : il y mène une authentique vie de bohème, fréquentant poètes, peintres, prostituées

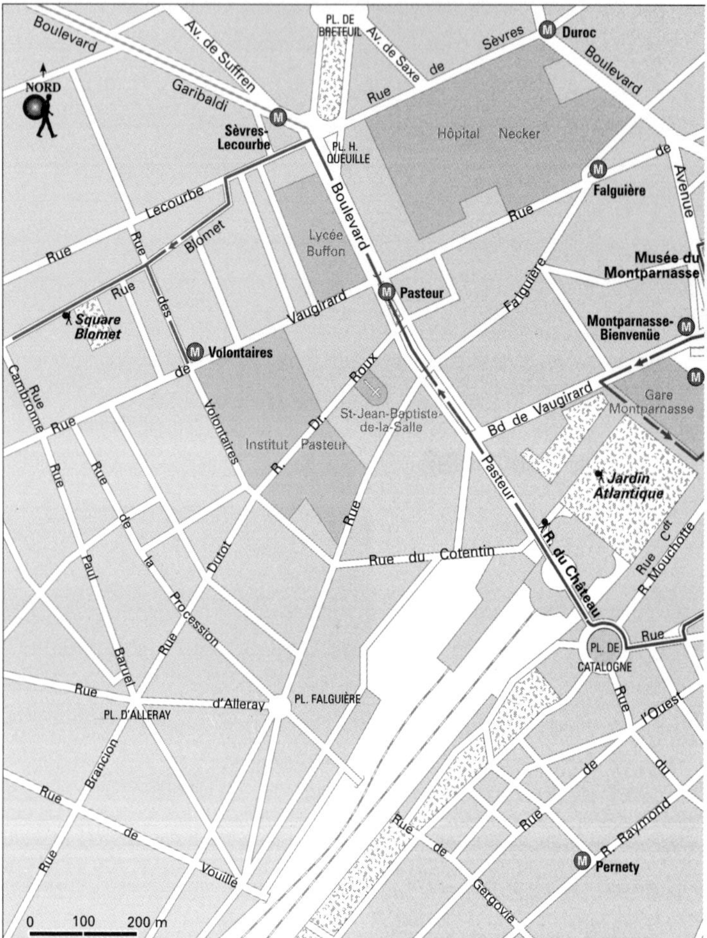

À voir		**81**	La Coupole
80	Balzac de Rodin	**82**	Le Dôme
		83	La Rotonde

et expatriés. Il y fait ses débuts littéraires, qu'il raconte dans *Tropique du Cancer,* livre qui fit scandale dans son pays. On comprend mieux pourquoi les cafés de Montparnasse sont aujourd'hui colonisés par autant de touristes américains ! Le déclenchement des hostilités en 1939 met fin à la vogue de Montparnasse. Après la guerre, c'est Saint-Germain-des-Prés qui reprend le flambeau. Mais ça, c'est une autre histoire...

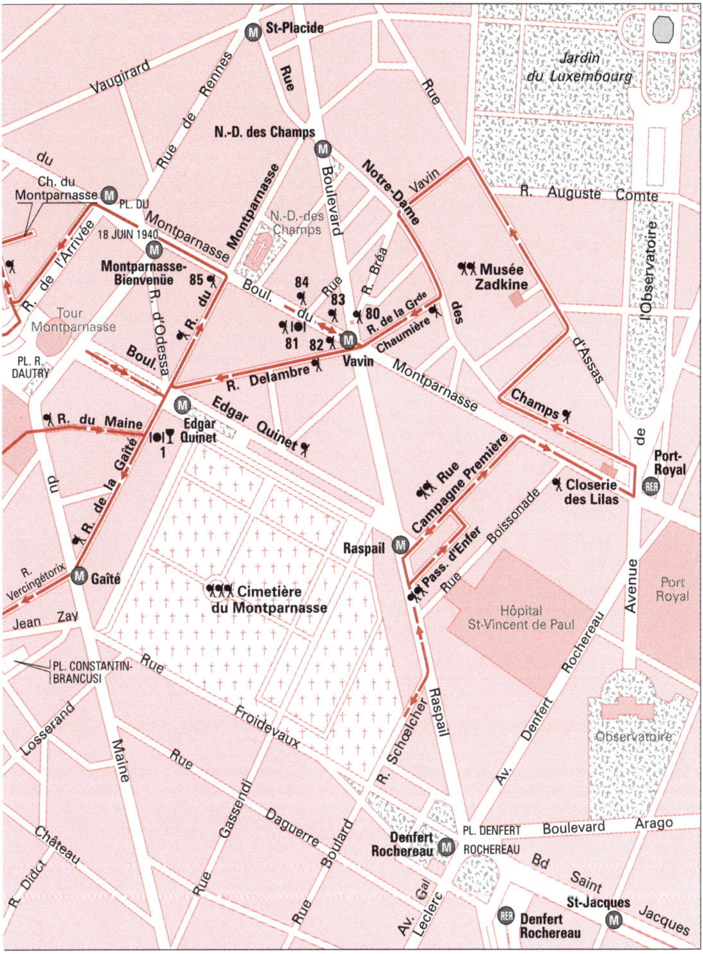

LE PARIS DE LA BOHÈME À MONTPARNASSE

84 Le Select **85** Le Falstaff	**Où manger ?** **1** Le Plomb du Cantal **81** La Coupole

Départ

➢ *Du **métro Raspail.** Compter bien 4-5 km, avec les A/R (difficile d'être linéaire !)... Quant à la durée, impossible de calculer un pas bohème ! De plus, si on compte le temps passé dans le cimetière du Montparnasse, ça peut aller du simple au double...*

À voir

– À la sortie du métro, en allant vers Denfert-Rochereau, en bordure du cimetière Montparnasse, s'ouvre sur la droite la ***rue Victor-Schœlcher.*** Au n° 5 bis, Picasso a occupé un appartement de 1913 à 1916. Son luxe faisait l'admiration et l'envie de ses amis. En 1915, la mort d'Éva Gouel, sa compagne, endeuillera ce lieu. La rue abrite aussi le logis où Anaïs Nin a vécu les 1res années de son retour à Paris. Alors toute jeune mariée, elle aime se réfugier dans une mansarde où elle peut à loisir laisser vagabonder ses pensées qu'elle note soigneusement dans son *Journal.* Quelques années plus tard, en 1955, c'est Simone de Beauvoir qui achète un studio dans la rue, au n° 11 bis. Elle y décéda le 14 avril 1986.

➢ Revenons sur nos pas par le côté droit du boulevard Raspail.

🎬🎬 ***Le passage d'Enfer :*** sur la droite, passons la grande grille et retrouvons, sans voitures, l'atmosphère quasi intacte du Paris d'antan, avec les vieilles façades de ses maisons populaires et son décor d'ancienne cité ouvrière rénovée et transformée en logements-ateliers (aujourd'hui classés)... Sapho a consacré une chanson à ce passage.

🎬🎬 ***La rue Campagne-Première :*** Rimbaud y occupe une chambre de bonne, puis Rilke s'installe dans un atelier de la rue en 1913. Il y reçoit notamment Stefan Zweig. En 1929, Aragon y rejoint régulièrement Elsa Triolet. 1 an plus tard, c'est au tour de Jean Paulhan de s'installer dans cette « rue des poètes ». Serait-ce en souvenir d'eux que Godard y fait mourir Belmondo dans *À bout de souffle* et que la regrettée Jean Seberg s'interroge : « C'est quoi *déguelasse* » ? La prendre à gauche en sortant du passage.
– Au ***n° 23,*** la ***Société de psychanalyse freudienne*** ne jure pas dans le décor.
– Au ***n° 29, hôtel Istria.*** Un lieu mythique ! Une plaque indique qu'il a hébergé Maïakovski, Rilke, Marcel Duchamp, Tzara, le peintre Kisling, Man Ray, Picabia, Erik Satie et Kiki de Montparnasse. Excusez du peu ! Ce que ne mentionne pas la plaque, c'est que Radiguet venait y tromper Cocteau avec... une femme !
– Au ***n° 31,*** ne pas manquer sur 4 étages la gigantesque ***façade en céramique*** due au céramiste Alexandre Bigot. Un brillant camaïeu d'ocre et de beige, ponctué de guirlandes et de cabochons, chef-d'œuvre de l'Art nouveau sur des plans de l'architecte André Arfvidson. Qui ne rêverait pas d'y posséder un atelier de peintre ? Miró, Calder, Giacometti, Max Ernst, Kandinsky et Elsa Triolet ont occupé les lieux. Man Ray y vivait avec le modèle Lee Miller.

➢ Revenons sur nos pas.

– Au ***n° 17 bis,*** restaurant ***Natacha,*** fréquenté par de nombreux artistes. On y a croisé Yves Simon, Higelin et des gens du cinéma.
– Au niveau du ***n° 17,*** impasse bordée de maisons et d'***ateliers d'artistes.***
– Au ***n° 11, La Rose de Java,*** une librairie d'occasion, bien fournie en ouvrages sur l'histoire du quartier.
– Derrière le portail du ***n° 9*** se cachent un grand nombre d'ateliers d'artistes construits avec des matériaux récupérés de l'Exposition universelle de 1889.

➢ Empruntons le boulevard du Montparnasse sur la droite.

🎬 En face de la station de RER Port-Royal, ***La Closerie des Lilas.*** Ancien bal champêtre où Paul Fort tenait ses assises tous les mardis soir en jouant aux échecs avec Lénine. En 1922, une dispute entre André Breton et Tristan Tzara met fin au mouvement Dada. En 1925, les surréalistes perturbent par un pugilat homérique un banquet en l'honneur de Saint-Pol-Roux, symboliste et catho bon teint. Le poisson en sauce et les injures volent bas. Michel Leiris hurle à la fenêtre : « Vive l'Allemagne ! » Il est à moitié lynché.
C'était aussi le point de chute préféré d'Hemingway, qui adorait contempler la statue du maréchal Ney depuis la terrasse (il l'appelait « mon vieil ami »).

À propos de Ney, amusez-vous à détailler, sur les 4 côtés du socle, toutes les batailles auxquelles il a participé (quasiment toutes ! quand donc était-il chez lui ?). Le bel Ernest retrouve ses compatriotes Dos Passos et Fitzgerald, et y croise Blaise Cendrars et l'occultiste Aleister Crowley (« l'homme le plus méchant du monde »).
De nos jours, *La Closerie* est l'un des rares cafés littéraires de Paris à avoir conservé son ambiance intello. La fréquentation de Sollers, peut-être... Le chanteur Renaud y eut longtemps ses habitudes...
Plus loin, si vous redescendez l'avenue de l'Observatoire sur la gauche, vous arriverez au jardin Marco-Polo. Vous verrez la ***fontaine des Quatre-Parties-du-Monde,*** sculptée en 1873 par Jean-Baptiste Carpeaux et, à sa gauche, l'Institut d'art et d'archéologie, extravagant édifice de style néomauresque et néoroman construit par Paul Bigot entre 1925 et 1930.

Empruntons la ***rue Notre-Dame-des-Champs,*** juste à gauche après *La Closerie*. ***Hemingway*** habita au ***n° 113*** (aujourd'hui les n°s 115-115 bis) à partir de 1924. C'est là qu'il écrivit *Paris est une fête*. Rasée, la maison a été remplacée par l'affreux immeuble de la fac de droit. Son ami ***Ezra Pound*** (poète et admirateur de Mussolini) habitait au n° 70. Il corrigeait les textes d'Hemingway en échange de leçons de boxe ! Pour la petite histoire, la femme de Pound s'appelait Shakespear et, à partir de 1922, ils formèrent un ménage à trois avec la violoniste Olga Rudge. L'historien des lettres Jean-Paul Clébert raconte que Pound lisait ses poèmes tout nu à sa fenêtre, une bougie à la main.

➢ Petit détour par la rue d'Assas.

Le musée Zadkine : *100 bis, rue d'Assas, 75006. ☎ 01-55-42-77-20. • zadkine.paris.fr • Tlj sauf lun et j. fériés 10h-18h. GRATUIT sauf expos temporaires. Audioguide : 5 € ; livret d'accompagnement à la visite gratuit. Pour les visites guidées (individuels, groupes et malvoyants), résa nécessaire par e-mail auprès du musée : • action-culturelle.bourdelle-zadkine@paris.fr •* Au fond d'une impasse confidentielle, dans un charmant petit jardin, les bronzes d'Ossip Zadkine accueillent le visiteur, entre une maison de campagne inattendue et l'atelier du sculpteur. Né en Russie en 1889, l'artiste arrive à Paris en 1909. Élève et ami de Rodin, il se dégage de son influence en découvrant l'art primitif. Il s'installe en 1928, avec son épouse Valentine Prax, elle-même peintre, dans « sa folie d'Assas », jusqu'à sa mort, en 1967. Zadkine a été une figure célèbre du Montparnasse des années 1920, ami d'Apollinaire, de Blaise Cendrars, de Max Jacob, et côtoya Braque, Chagall, Kessel...

➢ Retour rue Notre-Dame-des-Champs, par la rue Vavin, en passant devant le n° 70, où vivait ***Ezra Pound,*** ami d'Hemingway (voir plus haut), puis tournons à droite.

La rue de la Grande-Chaumière : au ***n° 8,*** Gauguin et Modigliani avaient leurs ateliers (et Gauguin y avait une chambre). Plus loin, au ***n° 14,*** survit toujours l'***académie de la Grande Chaumière (peinture et sculpture),*** fondée en 1904 par la Suissesse Martha Settler et d'autres maîtres. Elle joua un grand rôle et vit passer Bourdelle, Gauguin, Giacometti, Calder, Modigliani et Tamara de Lempicka... Au début du XXe s, cette institution a ouvert la voie vers un art indépendant, affranchi des contraintes de l'académisme, et pour lequel les artistes avaient l'entière liberté d'utiliser toutes les formes et les techniques, en faisant œuvre de création pure.

Au bout de la rue, au passage, place Pablo-Picasso, profitons-en pour saluer le ***Balzac*** de ***Rodin*** *(plan, **80**)*, installé là en 1939.

Le ***carrefour Vavin*** a gardé ses cafés légendaires, hauts lieux de la vie parisienne de l'entre-deux-guerres et toujours aussi courus malgré l'inflation des tarifs et une proportion artistes-touristes qui n'est pas forcément à l'avantage des premiers. Des tonnes d'anecdotes croustillantes s'attachent à leur histoire.

LA SCANDALEUSE STATUE !

Sur le boulevard Raspail, entre le boulevard du Montparnasse et la rue Vavin, admirez cette fabuleuse statue de Balzac. Elle fut commandée à Rodin par Zola, président de la Société des gens de lettres. Il l'habilla en robe de chambre. Scandale ! Il fallut attendre 48 ans pour qu'on l'installât. Un bien moindre mal, puisque Rodin l'avait aussi sculpté... complètement nu !

– Au ***n° 102, La Coupole** (plan, 81),* ancien dépôt de bois et charbon et ouverte en 1927. Présents à l'inauguration : Cocteau, Man Ray et Blaise Cendrars ! Son style Art déco est légendaire : 32 artistes, dont Fernand Léger, ont participé à la décoration des colonnes. En 1929, Aragon y rencontre Elsa Triolet (au bar). Derain et Foujita y terminent leurs nuits en payant de généreuses tournées aux noctambules présents. Tout le gratin des arts, des lettres et du spectacle y défile : Joséphine Baker, Carlos Gardel, Kessel, Dalí, Buñuel, Man Ray, Picasso, Colette, Artaud, Miller et son ami Durrell, Simenon, puis Sartre et Beauvoir qui adoraient venir danser au sous-sol, Giacometti... En se rappelant la grande époque de la brasserie, Hemingway écrivait : « Les tables sont toujours pleines, des gens arrivent sans cesse et les portes dansent... » Racheté par le groupe *Flo* et rénové en 1988, le café a perdu sa glorieuse coupole pour laisser place à un immeuble sans grâce, ce qui a fait pleurer plus d'un fidèle. Mais l'intérieur a conservé colonnes, fresques et carrelage cubiste ! Dans la salle toujours bondée, la magie peut encore opérer.

BALADE N° 19

– Au ***n° 108, Le Dôme** (plan, 82).* Rendez-vous des Allemands de l'école de Munich, c'était aussi le lieu favori des Américains dans les années 1920. « Au *Dôme,* tout de suite, j'ai rencontré un tas de gens de mon espèce avec lesquels je pouvais enfin échanger une parole sensée », raconte Henry Miller. À l'intérieur du resto, galerie de photos (on reconnaît le beau profil d'aigle de Beckett) et petites plaques de cuivre aux noms des peintres qui y ont défilé : Foujita, Modigliani... Le cadre s'est nettement embourgeoisé, mais l'accueil est plus cordial que chez les concurrents d'en face (et les fruits de mer restent d'une très grande fraîcheur).

– Au ***n° 105*** (à l'angle du boulevard Raspail), ***La Rotonde** (plan, 83),* ouverte en 1911. Trotski y organise des réunions où on prépare le Grand Soir. Pendant la Grande Guerre, les artistes sans le sou y passent la journée, devant les poêles au charbon, le patron leur offrant une bonne soupe brûlante. Mais si on peut alors y danser sur les tables, il était interdit aux dames d'enlever leurs chapeaux ! Chaïm Soutine, le Lithuanien miséreux, y prend des cours de français contre un café-crème, pendant que son ami Modigliani séduit les femmes par son allure aristocratique. Foujita y est arrêté vêtu d'une robe rouge, avec un collier et des boucles d'oreilles. Une brunette piquante aux cheveux courts y fait ses débuts de chanteuse et de modèle avant de devenir la coqueluche du quartier sous le nom de Kiki de Montparnasse. C'est ici que le photographe Brassaï, débarqué de Hongrie en 1921, rencontre Tristan Tzara et Henri Michaux. Un dandy nommé Cocteau y distribue ses poèmes, Georges Simenon y travaille à ses *Maigret.* Pour les chroniqueurs de l'entre-deux-guerres, l'endroit est constamment enfumé, bondé et on y buvait plus que de raison, quand on ne dégustait pas la fameuse choucroute garnie.

– Au ***n° 99, Le Select** (plan, 84).* Inauguré en 1923, ce café devient vite à la mode. Quand il loge rue Notre-Dame-des-Champs, Hemingway y vient chaque matin sans toujours apprécier la clientèle particulière du café. C'est pourtant ici qu'il rencontre Miró pour la 1re fois et qu'il décide de partir en Espagne comme correspondant de guerre, après une soirée de discussion avec Robert Desnos. Autre figure légendaire des lieux : Isadora Duncan (muse de Rodin, et l'une des plus grandes danseuses du XXe s), qui invectiva des journalistes américains à propos de la condamnation à mort des anarchistes italiens Sacco et Vanzetti. Les clients du café s'en mêlèrent avec une telle passion que la police dut intervenir... Sur un mur, des coupures de presse présentent les dernières célébrités à avoir honoré *Le Select* : entre autres, l'écrivain américain Jim Harrison (fils spirituel d'Hemingway), qui y a rencontré Philippe Djian.

Revenons sur nos pas pour emprunter la ***rue Delambre*** : à l'écart de l'agitation du boulevard, cette petite rue populaire a attiré de nombreux artistes, comme en témoignent les noms des hôtels : *Modigliani* (au n° 13), *Apollinaire* (au n° 39)...
– Au ***n° 5,*** immeuble où vécut le peintre ***Foujita,*** de 1917 à 1924. Un charme tout parisien, avec sa cour de verdure.
– Au ***n° 10, Dingo*** (aujourd'hui *Auberge de Venise*), où Fitzgerald et Hemingway se rencontrent pour la 1re fois.
– Au ***n° 11 bis, Rosebud,*** bar de nuit plus discret que ceux du boulevard. Il a toujours attiré une clientèle d'artistes, d'écrivains et de journaleux. Sartre y venait souvent, ainsi que Romain Bouteille quand le *Café de la Gare* était passage d'Odessa. Resté authentique, le *Rosebud* conserve une clientèle de Parnassiens fidèles.
– Au ***n° 35, hôtel Delambre,*** où André Breton s'installe en 1921 (plaque à l'entrée), ainsi que Man Ray, qui transforme sa chambre en labo (mais lui n'a pas de plaque, le comble pour un photographe !). Également résidence de Gauguin en 1891.

La rue du Montparnasse : Sainte-Beuve vécut dans cette petite rue tranquille, et l'éditeur Larousse s'y installa, de l'autre côté du boulevard. Au ***n° 42, Le Falstaff*** *(plan, **85**).* Hemingway venait boire un verre de temps en temps dans cet élégant bar à bières qui a conservé sa chaleureuse déco de bois. Pour la petite histoire, il y disputa un soir un combat de boxe avec Callaghan, un journaliste canadien. Francis Scott Fitzgerald faisait office d'arbitre, mais il avait tellement bu qu'il oublia de signaler la fin du combat. L'écrivain américain en ressortit complètement sonné.

Passons le carrefour Montparnasse-Bienvenüe, contournons la gare par la rue de l'Arrivée et empruntons l'avenue du Maine allant vers le nord. Au niveau du n° 21, sur la droite, on aperçoit une jolie voie pavée, le ***chemin du Montparnasse,*** dont les nombreux ateliers d'artistes lui ont valu le nom de Cité d'Artistes. C'est là qu'à partir de 1915 des fauchés tels que Braque, Matisse, Picasso, Léger, Modigliani, Max Jacob, Zadkine, Apollinaire, Soutine, Chagall, Gromaire et Blaise Cendrars... viennent se caler l'estomac à la cantine de Marie Vassilieff, une peintre et sculptrice russe, élève de Matisse et engagée volontaire dans la Croix-Rouge. La cantine meublée de bric et de broc prépare à manger pour 45 personnes sur un réchaud à gaz. Pour 65 centimes, les artistes ont droit à un bouillon, de la viande et quelques légumes, du café ou du thé, parfois du vin. C'est l'occasion de chanter, de danser... Au mur s'étalent les toiles de Chagall, Modigliani, des dessins de Picasso ou de Fernand Léger. Il faut dire que les artistes d'origine étrangère ne reçoivent plus d'argent de leur pays. La « vie de bohème » portait bien son nom !
Au milieu de la ruelle verdoyante, la ***Villa Vassilieff*** (anciennement ***musée du Montparnasse***) est l'ancien atelier de Marie Vassilieff. Aujourd'hui, c'est un lieu d'exposition où l'on peut voir le travail de jeunes artistes contemporains : *mer-sam 11h-19h ; programme au ☎ 01-43-25-88-32 et sur le site : • villavassilieff.net •*

Revenons maintenant en arrière pour emprunter la rue de l'Arrivée puis le boulevard de Vaugirard. À la hauteur des nos 25-27, on trouve des escalators qui montent vers le square Max-Hymans ; les emprunter, puis, en haut à gauche, des escaliers mènent au jardin 18 m plus haut ! C'est sur le ponton du ***Jardin atlantique*** que vous trouverez le plus bel espace de verdure, situé au-dessus des voies ferrées. Tiges de bambous, saules pleureurs, grande pelouse centrale et jets d'eau donnent à ce jardin suspendu un air frais et dépaysant. De quoi faire une pause pique-nique !

Quittons le jardin par l'escalier, à l'opposé de celui par lequel on est arrivé. Il descend le long des dernières voies de la gare et conduit à l'entrée côté rue du Commandant-Mouchotte et avenue du Maine, qu'il faut traverser pour rejoindre la rue du Maine.

La rue du Maine : à ne pas confondre avec l'avenue du même nom. Cette petite rue a gardé son aspect populaire. Au ***nº 1 bis, hôtel Central,*** flambant neuf, où habita Henry Miller (autrefois très modeste, avec une vénérable façade et enseigne d'époque en mosaïque de céramique, malheureusement disparues). Il y entame, le 8 mars 1932, chambre nº 40, une liaison avec Anaïs Nin après une nuit de discussions passionnées au café *Le Viking,* rue Vavin. En face de l'hôtel, square où trône une intéressante statue de Soutine par Blatas.

Le boulevard Edgar-Quinet : au ***nº 31*** se tenait ***Le Sphinx,*** aujourd'hui disparu (remplacé par la *Banque populaire* !). C'était le bordel le plus connu de Montparnasse, ouvert en 1930 et fréquenté par des personnalités comme Albert Londres ou Simenon. Henry Miller en rédige la plaquette publicitaire ! Il raconte dans *Tropique du Cancer* qu'il fut payé avec une bouteille de champagne et une partie de jambes en l'air gratuite dans l'une des chambres égyptiennes. Un peu plus loin, sur le côté gauche, au ***nº 58*** du boulevard Edgar-Quinet, le ***théâtre d'Edgar,*** l'ancêtre des cafés-théâtres, toujours vivant, tremplin de jeunes auteurs...

La rue de la Gaîté : autrefois, elle portait bien son nom, ses cabarets, guinguettes, théâtres et cafés-concerts ayant fait danser des générations de Parisiens depuis le XIXe s. Au coin du carrefour avec le boulevard Edgar-Quinet, café *La Liberté.* On y trouve une fresque nostalgique et des photos de Willy Ronis. Sartre, qui habitait à côté, venait y tremper son croissant.

– Quelques vestiges de la Belle Époque subsistent encore, au milieu de quelques horreurs sans nom, comme au ***nº 6,*** le ***théâtre Rive-Gauche*** avec sa fresque sur la devanture, fondé par Alain Mallet.

– Au ***nº 17,*** un peu plus loin sur la gauche, façade colorée réjouissante de la ***Comédie italienne*** (Goldoni, bien sûr, mais parfois Molière aussi).

– Au ***nº 20, Bobino*** doit son nom à un clown-magicien du début du XIXe s. Temple de la chanson populaire où se sont produits Joséphine Baker, Chevalier, Fréhel, Colette Renard et Piaf. Juste après Mai 68, Léo Ferré y donna en 1969 un concert d'anthologie dans une atmosphère hyper politisée (« Marcellin, s..., le peuple aura ta peau ! »). Sacrée époque ! Menacé par une luxueuse opération immobilière, Bobino a cependant rouvert, mais la déco n'est vraiment plus ce qu'elle était...

– Plus loin, au ***nº 26, théâtre de la Gaîté-Montparnasse,*** à la façade également ouvragée. Au-dessus du niveau supérieur, qui s'ouvre par 6 baies ornées de clés en forme de masques, court une guirlande végétale. La salle de forme elliptique, qui peut accueillir plus de 400 spectateurs, a été aménagée en 1873. En 1945, le théâtre devient une scène d'art dramatique où sont jouées des pièces d'Alphonse Allais, de Courteline (pas très innovantes), mais aussi de Prévert, de Cocteau et d'Audiberti.

– De l'autre côté de la rue, au ***nº 29, théâtre Montparnasse*** (face à la rue Vandamme). Entre les baies en anse de panier et les masques grimaçants se dressent 2 cariatides qui soutiennent le fronton à volutes, orné d'une frise de mosaïques et d'un médaillon représentant le comédien La Rochelle. De 1930 à 1943, il fut dirigé par Gaston Baty, qui prônait un « théâtre total », et porta même le nom de théâtre Montparnasse – Gaston-Baty. En 1926, avec Jouvet, Dullin et Pitoëff, Baty fonde le *Quartel des Quatre.* Nettement influencé par l'expressionnisme allemand, il y monte *Phèdre, Lorenzaccio, Les Caprices de Marianne* et *L'Opéra de quat'sous* dans des mises en scène résolument modernes.

– Les sex-shops ont fleuri dans la rue. Pas d'une franche gaieté, tout ça. À tout prendre, on préfère le cimetière... Heureusement qu'il subsiste dans le coin encore ces 6 théâtres et les salles de spectacle.

À deux pas, le ***cimetière du Montparnasse*** : *entrée bd Edgar-Quinet, sortie rue Froidevaux (et av. du Maine). ☎ 01-44-10-86-50. Tlj 8h (8h30 sam, 9h dim et j. fériés)-17h30 (18h de mi-mars à début nov). Bureau d'information ouv lun-ven 8h30-12h30, 14h-17h.* Nécropole littéraire et artistique par excellence, très fréquentée, où reposent au milieu de beaucoup d'autres célébrités, quelques membres de la saga des Montparnos : Soutine, Man Ray, Brancusi, Desnos, Tzara, Zadkine, Kessel...

➢ Traversons l'avenue du Maine, puis prenons la rue Vercingétorix jusqu'à la place de Catalogne et la rue du Château à droite.

La rue du Château : c'est au n° 54, dans une maison aujourd'hui disparue, que se réunissait dans les années 1920 le groupe de la rue du Château, autour de l'inséparable trio Yves Tanguy, Jacques Prévert et Marcel Duhamel (futur fondateur de la *Série noire*). On y trouvait des artistes comme Masson et Giacometti (son atelier du 46, rue Hippolyte-Maidron existe toujours), et la plupart des surréalistes : Breton, Queneau, Soupault, Aragon, Desnos, Leiris, Péret... Entre autres activités poétiques et ludiques, le groupe a inventé les « cadavres exquis » (sur une idée de Prévert), organisé des tables rondes sur la sexualité et lancé une pétition pour défendre Charlie Chaplin, accusé de cruauté mentale par sa femme.
– Fin de la balade, on est à deux pas du ***métro Gaîté*** ou ***Pernety.***

➢ Petite extension facultative (environ 2 km de plus) : si on est en jambes, de la place de Catalogne, on peut descendre le boulevard Pasteur jusqu'à la rue Lecourbe ; pour les paresseux, prendre le métro ligne 6 à la station Edgar-Quinet pour 2 arrêts, et prendre à gauche la rue Lecourbe, puis à gauche la rue Blomet.

Le square Blomet : les peintres André Masson et Joan Miró y installent leurs ateliers en 1922. Les surréalistes vont y défiler : Desnos, Artaud, Dubuffet, Gargallo, André Breton, Max Jacob... Un square les a désormais remplacés. Le Catalan a fait don à la ville d'une de ses œuvres, *Oiseau lunaire* ; elle surveille à présent les enfants qui jouent dans le bac à sable. Une autre œuvre « surréaliste », la ***Cordonnerie,*** au 64, rue Blomet, joyeux et poétique capharnaüm de chaussures amoncelées et d'objets insolites divers...
– Plus loin, au ***n° 33*** de la ***rue Blomet,*** demeure basse typique du XVIIIe s sur un étage, avec toit de petites tuiles patinées et moussues et lucarnes en « chien-assis ». Qui pourrait imaginer que ce vestige miraculeusement préservé de l'ancien village de Vaugirard abrita pendant des décennies les soirées les plus chaudes et les plus courues de la capitale ? Le ***Bal nègre*** (de son vrai nom *Bal colonial*), aujourd'hui ***Bal Blomet,*** connaît une vogue incroyable dès son ouverture dans l'arrière-salle d'un bistrot, en 1924. D'abord bal musette auvergnat, il se prolonge d'une vaste arrière-salle, probablement une ancienne grange, louée à l'occasion pour des noces, banquets ou bals de quartier. En 1924, un Martiniquais du nom de Jean Rézard des Wouves, candidat aux élections législatives, y organise des réunions auxquelles il convie les électeurs d'origine antillaise, qui vivent nombreux dans le quartier. Ces assemblées animées ne manquent pas de se terminer spontanément en soirées dansantes avec la contribution de compatriotes qui n'avaient pas oublié d'apporter leurs instruments de musique. On y danse la biguine, encore inconnue en métropole, et très vite le lieu attire tout à la fois les artistes du Montparnasse voisin, puis les fêtards noctambules et les touristes en quête de sensations fortes. Les femmes viennent s'y pendre au cou des beaux Antillais, et les bourgeois s'encanailler au milieu des artistes et des écrivains, qui sont nombreux à y passer leurs soirées : Cocteau

RÉCUPÉRATION PUBLICITAIRE

Pour l'anecdote, le chef d'orchestre du Bal nègre, *au début des années 1930, est Ernest Leardée, plus connu sous le nom d'Oncle Ben's : la publicité pour le riz, c'était lui.*

et sa bande, avides d'exotisme, en font aussi l'un de leurs repaires, de même que Fitzgerald, Miller, Man Ray, Foujita et son modèle Youki, André Gide et Paul Morand... Puis, en 1928, un fait divers défraie la chronique : Jane Weiler, fille d'un riche industriel, tue son mari de 3 coups de revolver au retour d'une folle nuit passée rue Blomet. L'affaire, jugée en 1929, fera la une de l'hebdomadaire *Détective,* qui étale la manchette : « Du *Bal nègre* aux assises ». Tout cela a fait un peu fuir les Antillais... On peut assister à des concerts certains soirs et profiter du resto par la même occasion.

Fin de la balade

On est là à deux pas du ***métro Volontaires.***

Où manger ?

Important ! Voir aussi l'adresse sélectionnée pour la balade nº 14 « Le Paris coquin et libertin : des Tuileries à Montparnasse » : ***Le Plomb du Cantal*** *(plan, **1**).*

Dans un lieu chargé d'histoire

|●| ***La Coupole*** *(plan, **81**)* **:** *102, bd du Montparnasse, 75014. ☎ 01-43-20-14-20. Ⓜ Vavin. Service voiturier le soir mar-dim (10 €). Tlj 8h-11h pour le petit déj ; pour la brasserie, commande à la carte 12h-minuit (23h dim-lun). Formules 19,50 € le midi, 29,50 € le soir ; carte 50-60 €.* C'est l'un des derniers dinosaures de Montparnasse, une institution, un mythe même ! Gigantesque « hall de gare » ; c'est le plus grand resto, en surface, de France. *La Coupole* a vu le jour en 1927 dans un dépôt de bois et de charbon. Dès sa naissance, l'endroit était fréquenté par les artistes ; impossible d'établir une liste exhaustive de tous ceux qui fréquentèrent *La Coupole* (lire le texte dans la rubrique « À voir »). La décoration n'a pas changé : style Art déco original, colonnes surmontées de fresques, carrelage cubiste. *La Coupole* est aujourd'hui l'une des plus grandes cantines parisiennes. Les 33 célèbres piliers ont retrouvé leur couleur verte d'origine à l'occasion du 80e anniversaire de ce lieu mythique (en 2007). Le bar a également retrouvé sa place, dans l'axe de la salle. Quant à la cuisine... mais on n'est pas là pour parler gastronomie.

À TRAVERS L'ARCHITECTURE CONTEMPORAINE : AUTOUR DU BASSIN DE LA VILLETTE

• Plan *p. 189*

BALADE N° 20 : 5 km – 2h

Itinéraire

Cette promenade architecturale commence ***place du Colonel-Fabien*** et s'achève à ***Stalingrad.*** Les habitués de la fête de « l'Huma » auront reconnu les symboles toponymiques (mais oui, du grec *topos,* des noms de lieux...) de la culture communiste. Les autres, avec eux, se rappelleront que nous allons traverser des quartiers à forte densité populaire, bouleversés dans leur tissu urbain et social par des modifications profondes, qui en ont affecté la physionomie, dans certains endroits de manière irréversible. Il y aura parfois de quoi désespérer... des décideurs, des urbanistes, des architectes aussi ; il y aura aussi de belles surprises. Une promenade urbaine à réserver aux fondus d'architecture industrialo-citadine.

N'EN FAISONS PAS TOUT UN CIRQUE !

Avant de se nommer « Colonel-Fabien » en mémoire de l'honorable résistant communiste français, la place s'appelait « Combat », et ce, en raison des combats d'animaux en tout genre qui s'y déroulaient : vache contre lévrier, mulet contre lion... Le préfet mit un terme en 1843 à tout ce bazar, il est vrai, plutôt glauque...

Départ

➢ *Du **métro Colonel-Fabien.** Compter env 5 km pour l'ensemble de la balade et 2 bonnes heures de trek urbain.*

À voir

Le siège du Parti communiste français : *2, pl. du Colonel-Fabien, 75019.* Au début, donc, étaient les lendemains qui chantent... Symbole audacieux de son enracinement dans la société, avec sa vaste façade « transparente » et la salle futuriste, à demi enterrée, de son comité central d'alors, le siège du PCF a été construit, de 1965 à 1971, par l'architecte Oscar Niemeyer, concepteur de la ville nouvelle de Brasilia. Le bâtiment a une incontestable allure, avec son mur-rideau tout en lignes courbes et le large espace sur le devant qui contribue à sa mise en valeur. Architectes de tous les pays : unissez-vous !

Le conservatoire municipal Jacques-Ibert *(plan,* ***81****)* **:** remontons le boulevard de la Villette jusqu'au métro Jaurès et tournons à droite, avenue Jean-Jaurès d'abord, rue Armand-Carrel ensuite. Aux n°s 81-83, dû à Fernand Pouillon, ce conservatoire aux formes théâtrales, datant de 1987.
Plus loin, sur le même trottoir, immeuble d'habitation dû à Christian de Portzamparc, qui intègre une surprenante construction, au n° 6 de la rue Jean-Nohain (au fond de l'impasse) : il s'agit en fait de la ***synagogue Michkenot-Israël*** *(plan,* ***82****),* à la structure métallique et dont les éléments de façade allient l'acier blanc, l'inox et le granit (1993, architectes Dubosc et Landowsky). Façade reproduisant les Tables de la Loi...

Non loin de là, du ***64*** au ***64 ter, rue de Meaux*** *(plan,* ***83****),* se trouve une réussite de l'***habitat social contemporain.*** Passez la grille (soyez discret, n'est-ce pas ?) et notez l'harmonie du jardin intérieur planté de bouleaux et des constructions à la façade « allégée » par une couverture en panneaux ocre rouge découpés par de fines lignes grises. Mais quel est l'architecte qui a ainsi réussi, en 1991, à concilier les exigences de qualité et d'économie, de fonctionnalité et d'esthétique ? Renzo Piano ! Oui, LE Renzo Piano du Centre Pompidou...

Continuons ***rue de Meaux*** en traversant la rue Armand-Carrel. Au n° ***66 bis*** *(plan,* ***84****)* se trouve ce bâtiment très réussi de 1989, dû aux architectes Francis Soler et Jérôme Lauth, qui combine, sur chacune de ses façades, une alliance heureuse de différents matériaux, et principalement du verre, offrant une rare visibilité sur l'intérieur.

Poursuivons plus avant, dans la rue de Meaux. Laissons de côté, au n° 80, ***Notre-Dame-de-l'Assomption des Buttes-Chaumont,*** étonnante église en béton bâtie en 1968. Noter, également, l'élégant édifice sur sa gauche, dont la façade de côté révèle joliment les lignes de l'escalier intérieur.

Tournons à gauche, passage de la Moselle, où nous nargue un chalet en bois qui n'a rien à faire dans notre promenade – mais qui pique notre curiosité. Nous arrivons ***avenue Jean-Jaurès,*** où se dresse, au n° 67, l'immeuble de la ***Caisse d'allocations familiales*** (1984, architecte Michel Hébert ; *plan,* ***85***). « Hautes verticales » et « poids du béton » : tout cela semble inversement proportionnel au montant des fameuses allocs... Sur sa droite, un porche monumental, surmonté d'un flamboyant blason.

Continuons dans l'avenue jusqu'au métro Laumière pour jeter un coup d'œil, au n° 87, à un gymnase, tout en brique, qui fut moderne... dans les années 1930. Revenons sur nos pas et tournons dans la ***rue Euryale-Dehaynin.*** Aux n°s 14-16, due à Henri Gaudin, l'extension du ***collège Tandou*** (1987), mélange de géométrie droite et de géométrie courbe, et intéressant travail sur les surfaces, malgré le sentiment de grisaille qui s'en dégage.

Tournons à gauche, puis empruntons la ***passerelle*** *(plan,* ***87****),* sur le canal. Point de vue exceptionnel, avec, à droite, au loin, la ***Cité des Sciences*** et, plus proches, des entrepôts jumeaux, dont l'un a été remplacé par un bâtiment décoiffant (dû au cabinet Chaix et Morel, 2008). Il abrite un hôtel et une auberge de jeunesse. On aime aussi l'entrepôt de droite et sa terrasse flottante. On le croirait presque affublé d'une mantille de métal. À gauche, on aperçoit au loin la ***rotonde*** de Claude Nicolas Ledoux (1736-1806) – sacrément moderne, n'est-ce pas ? –, bien mise en valeur par les aménagements de Bernard Huet (en 1989).

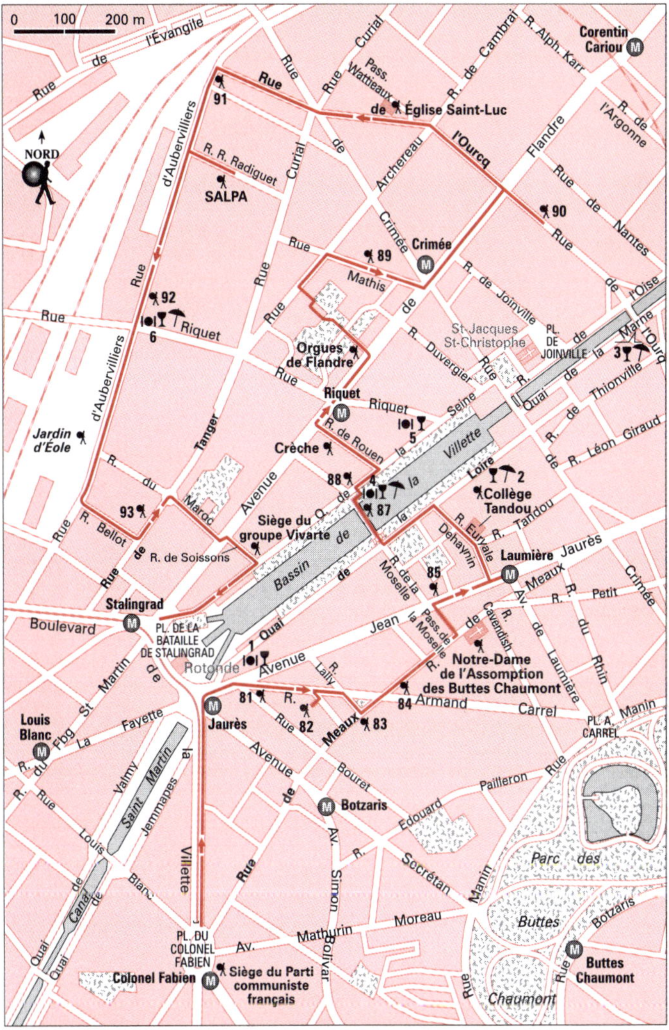

À TRAVERS L'ARCHITECTURE CONTEMPORAINE : AUTOUR DU BASSIN DE LA VILLETTE

À voir

- **81** Conservatoire municipal Jacques-Ibert
- **82** Synagogue Michkenot-Israël
- **83** 64-64 ter, rue de Meaux
- **84** 66 bis, rue de Meaux
- **85** Caisse d'allocations familiales
- **87** Passerelle
- **88** Passage de Flandre
- **89** 18-20, rue Mathis
- **90** 46, rue de l'Ourcq
- **91** 135-145, rue de l'Ourcq
- **92** 104, rue d'Aubervilliers
- **93** 21, rue de Tanger

Où manger ? Où boire un verre ?

- **1** Au Rendez-vous de la Marine
- **2** Le Pavillon des Canaux
- **3** L'Atalante
- **4** Péniche Antipode
- **5** Le Bastringue
- **6** Le Café Caché

De l'autre côté du canal, faisant l'angle avec le ***passage de Flandre*** *(plan,* ***88****)*, l'immeuble au nº 47 du quai de la Seine est dû à Yves Lion. Construit en 1991, il abrite des ateliers d'artistes, des logements et un foyer de personnes âgées. Pensé « de l'intérieur », il a su éviter le tout-béton (« Les Parisiens n'en veulent pas », dixit l'architecte – il n'a pas tort, non ?) et est recouvert de pierre de Rome. L'idée fut de créer des escaliers et passerelles intérieurs reliant les différents petits bâtiments, offrant ainsi une respiration à l'ensemble.

Tournons à gauche dans la ***rue de Rouen.*** Aux ***nos 5-7,*** bâtiment intéressant (hauteur des fenêtres différente à chaque étape et corniche qui ondule). Aux ***nos 13 et 13 bis,*** due à Pierre Granveaud et Pablo Katz, une **crèche** (construite en 1991) recouverte de pierre noire, beaucoup moins massive qu'elle ne le laisse paraître, tire parti avec habileté de son peu d'espace grâce à sa façade en lame de couteau.

Sur la droite, du côté impair de l'***avenue de Flandre,*** spectaculaires constructions dues à Martin S. Van Treek. On pénètre dans les ***Orgues de Flandre*** par la porte de la cité des Flamands, au nº 79. Bien qu'elles aient été construites (de 1973 à 1980) selon des normes de hauteur aujourd'hui dépassées, l'impression qui se dégage n'est pourtant pas écrasante – sûrement en raison de la disposition des encorbellements. Ceux qui connaissent La Grande-Motte, près de Montpellier, auront une impression de déjà-vu. Sortie de l'autre côté, dans la rue Archereau, où l'on peut aussi voir ce que, justement, on aimerait ne plus voir...

Tournons à droite dans la ***rue Mathis.*** Au passage, aux ***nos 18-20*** *(plan,* ***89****)*, Jean-Pierre Buffi a conçu, ainsi que l'école attenante, cet immeuble de logements sociaux en 1982. Intéressante utilisation du carrelage en façade.

BALADE Nº 20

Prenons à gauche dans l'avenue de Flandre, puis à droite dans la ***rue de l'Ourcq.*** Au ***nº 46*** *(plan,* ***90****)*, proposition réussie de Philippe Gazeau (1993), qui a utilisé de la brique noire et de l'acier peint, en noir également, pour ces logements avec loggias-paliers. Revenons sur nos pas dans la rue de l'Ourcq. Après la rue Archereau, déjà arpentée, nous voyons sur notre droite l'***église Saint-Luc,*** à la fine et élégante croix de métal. Original, non ? Poursuivons rue de l'Ourcq. Beaucoup de constructions récentes mais peu de réalisations convaincantes. Aux ***nos 135-145*** *(plan,* ***91****)*, une transformation pleinement réussie d'un ancien entrepôt de meubles, due à Christian Maisonhaute (1980). La meulière en façade et la pierre blanche s'allient parfaitement avec les poutres métalliques peintes en rouge. L'espace est totalement habité par les locataires, qui ont su le préserver des dégradations de toutes sortes.

SALPA : tournons dans la rue d'Aubervilliers, à gauche, et empruntons la ***rue Raymond-Radiguet.*** Au ***nº 17,*** cet immeuble est l'une des plus belles réussites de l'architecture industrielle contemporaine parisienne (1988). Fait de verre collé (sans montants métalliques, donc) et d'acier galvanisé, il est l'œuvre du génial Renzo Piano, une fois de plus hors concours. Les locaux sont utilisés par une section de la direction du Patrimoine et de l'Architecture, rien d'étonnant !

Revenons sur nos pas. Le ***104, rue d'Aubervilliers*** *(plan,* ***92****)*, dévolu aux arts plastiques, à la musique et à la danse, ancien service municipal des pompes funèbres, lui-même construit à l'emplacement d'anciens abattoirs, a été entièrement rénové par l'Atelier Novembre (Jacques Pajot et Marc Iseppi). Livré en 2008, le 104 est une belle réussite qui a su composer avec les contraintes techniques et patrimoniales, un lieu respectueux de son histoire, à la fois vivant et ouvert sur son environnement. Tout ce qu'on aime dans l'architecture en général, contemporaine en particulier...

Dans le prolongement de la rue d'Aubervilliers, sur la droite, la vue se dégage sur une autre réussite d'aménagement urbain : le ***jardin d'Éole,*** dû au paysagiste Michel Corajoud, qui a brillamment tiré profit d'un espace de 4 ha libéré par la SNCF (livré en 2006). Offrez-vous une pause au vert dans cet itinéraire urbain.

Prenons à gauche la rue Bellot puis, encore à gauche, la ***rue de Tanger.*** Au ***n° 21*** *(plan, **93**),* Christophe Lab a comblé une « dent creuse » avec un petit bâtiment séduisant (achevé en 2000) qui abrite une... agence d'architecture et UN logement (il y en a qui ont de la chance !). L'utilisation judicieuse du verre, transparent ou dépoli, mérite des compliments, n'est-ce pas ?

Tournons à droite dans la ***rue du Maroc.*** En se dirigeant vers l'avenue de Flandre, sur la gauche, audacieuse construction rouge, en aplomb, avec escalier extérieur et terrasse supérieure. Traversons l'***avenue de Flandre.*** À la hauteur du ***n° 26,*** l'immeuble contemporain aux balcons de fer forgé est de Dominique Perrault, l'architecte de la Grande Bibliothèque de France. Rejoignons les quais de Seine par la rue de Soissons. À l'angle, au ***n° 29*** du ***quai de Seine,*** construit par Stanislas Fiszer, ***siège social du groupe Vivarte,*** ex-André (« le chausseur sachant chausser... », à dire à toute vitesse, bien sûr), dont la façade massive longe le quai de la Seine, alliance de béton, de fonte d'aluminium et de verre.

Le cinéma MK2 Quai de Seine : il est temps de souffler un peu, non ? La terrasse du cinéma nous tend les bras (il ne pleut quand même pas ?). Profitons-en pour admirer les courbes élégantes, de l'autre côté du canal, de l'immeuble qui a abrité, entre autres, la filiale multimédia du journal *Le Monde,* ainsi que le bâtiment tout en longueur du *MK2 Quai de Loire.* Avant de reprendre notre métro à Stalingrad, une petite toile ?

Fin de la balade

Engouffrons-nous dans le ***métro Stalingrad.***

Où manger ? Où boire un verre ?

Au Rendez-vous de la Marine *(plan, **1**) :* *14, quai de la Loire, 75019. ☎ 01-42-49-33-40. Jaurès. Tlj sauf dim-lun midi et soir. Plats 16-21 €.* On se presse dans ce charmant bistrot, un ancien bougnat vieux de plus d'un siècle. Affiches de cinéma et photos de vedettes, et hop, ça emballe tout le monde ! Ambiance bruyante, surtout le midi. Aux beaux jours, tables en terrasse, avec vue sur le bassin de la Villette. Plats copieux et abordables, d'honnête facture.

Le Pavillon des Canaux *(plan, **2**) :* *39, quai de Loire, 75019. ☎ 01-73-71-82-90. Laumière ou Riquet. Tlj 10h-minuit (2h jeu-sam, 23h dim).* Traîner dans sa baignoire, inviter une dizaine de potes à dîner, buller en terrasse, boire un coup les pieds dans l'eau... Imaginez la vie à Paris, dans une grande maison de famille ! Planté au bord du bassin de la Villette, *Le Pavillon,* c'est chez vous mais en plus grand. Chambres, salons, cuisine et même salle de bains, chaque pièce est ouverte aux Parisiens en manque d'espace. Mobilier vintage, papier peint coloré, abat-jour loufoques et céramiques à motifs plantent un décor rétro et convivial. Parfait pour le p'tit noir du matin, un thé dans l'aprèm ou quelques bières en soirée, accompagnées de tapas.

L'Atalante *(plan, **3**) :* *26, quai de la Marne, 75019. ☎ 01-45-26-13-82. Crimée ou Ourcq. Tlj 16h (12h le w-e)-1h30.* Un grand bar à bières ouvert sur le canal de l'Ourcq, qui installe sa superbe terrasse à une enjambée de l'eau. Quand le ciel fait grise mine, on se rapatrie dans la vaste salle au style indus' un peu dénudé. Au comptoir, une vingtaine de pompes à bières, pour trouver et déguster sa mousse préférée, de la *pilsner* à la *stout* en passant par les *IPA* ou les *cask ales* à l'anglaise. Elles sont sélectionnées au gré des saisons et des coups de cœur de la maison.

Péniche Antipode *(plan, **4**) :* *face au 55, quai de la Seine, 75019. 06-69-09-55-10. Riquet. Tlj 12h-2h. Attention, la péniche lève l'ancre* *pdt Paris Plage (juil-août) ; se renseigner pour savoir où elle accoste. Menus 9-11 € ; tapas le w-e env 4,50 €.* Bienvenue à bord de la péniche « polyvaillante », comme on aime dire ici ! Salle de concert, de cinéma, de spectacle pour enfants ou lieu de rencontres associatif, les loupiottes multicolores de l'embarcation attirent les oiseaux de nuit à l'heure de l'apéro et les curieux en journée. On sirote ici des bières artisanales ou des thés glacés maison. Petite carte, à prix serrés, de soupes et tartines concoctées avec des produits issus de circuits courts. Ça rigole fort sur le pont, comme un petit bistrot de quartier mais les pieds dans l'eau !

Le Bastringue *(plan, **5**)* **:** *67, quai de la Seine, 75019. ☎ 01-42-09-89-27. Ⓜ Riquet. Tlj 8h (9h w-e)-2h. Formules déj en sem 13,50-16 € ; plats 11-18 € le soir.* Face au canal, ce bistrot fraternel a tout pour plaire : un cadre de troquet parisien à l'ancienne mode (parquet usé, comptoir patiné, mobilier vintage...), une équipe dynamique et tout sourire au service, et des petits plats sans esbroufe qui mettent tout le monde d'accord. Évidemment, avec des produits frais et une ardoise qui change tous les jours, on comprend mieux pourquoi la maison tourne à plein régime. Mieux vaut prévoir de boire l'apéro au comptoir en attendant sa table !

Le Café Caché *(plan, **6**)* **:** *104, rue d'Aubervilliers, 75019. ☎ 01-42-05-38-40. Ⓜ Riquet. Entrée bien cachée (c'est pas de la blague !) à l'intérieur du 104, côté rue d'Aubervilliers. Mar-sam 12h-19h, dim 11h-19h. Fermé lun. Repas 12-18 €.* Directement inspirée du design scandinave des années 1950-1960, cette cantine bobo arbore un mélange de bois brut et laqué de noir qui lui donne une petite touche presque chic. On s'y sustente d'une carte simple mais variée, axée sur de bons produits. Plats de brasserie (genre cheeseburger-frites maison, croque-monsieur...). Aux beaux jours, belle terrasse dans la cour pavée.

À TRAVERS L'ARCHITECTURE CONTEMPORAINE : CITÉ DES SCIENCES – PARC DE LA VILLETTE – ARCHIVES DE PARIS

• Plan *p. 195*

BALADE N° 21 : 2,5 km – 1h30

Itinéraire

De la Cité des Sciences aux Archives de Paris, nous allons, au cours de cette balade, admirer les plus belles réussites de l'architecture contemporaine à Paris. Spectaculaires, esthétiques, fonctionnelles, ces réalisations – la Cité des Sciences, le parc de la Villette, le Conservatoire national de musique et de danse, la Cité de la Musique-Philharmonie de Paris, le Zénith, la Géode, entre autres – marquent de leur empreinte cette partie de l'arrondissement, attirant visiteurs, badauds ou spectateurs. Ajoutons-y quelques routards pedibus. Ceux-ci ne le regretteront pas...

Départ

➢ *Du **métro Porte-de-la-Villette.***

À voir

La Cité des Sciences et de l'Industrie : *30, av. Corentin-Cariou, 75019. Tlj sauf lun 10h-18h (19h dim). Fermé 1er janv, 1er mai et 25 déc. Entrée aux expos permanentes, temporaires et au planétarium : 12 € ; réduc 3 ou 9 € selon âge ; gratuit moins de 2 ans. Possibilité d'acheter les billets couplés expositions + 1 expo enfants : 16 € ; pass annuel individuel : 30 €, famille : 95 €. Ateliers et stages « sans parents » proposés pdt vac scol et certains w-e, sur résa.*
Sortons du métro Porte-de-la-Villette. Après avoir traversé un immeuble peu gracieux, dirigeons-nous vers la Cité des Sciences et de l'Industrie, dans laquelle nous pénétrons par l'entrée principale. Rappelons qu'auparavant, à cet endroit, se trouvaient les abattoirs de la Villette, construction vétuste du XIXe s faite de nombreux pavillons et de plusieurs halles, dédiées à la vente des bestiaux. « Faut qu'ça saigne ! », chantait Boris Vian dans *Les Joyeux Bouchers.* Entreprise à la fin des

années 1960, la construction de gigantesques nouveaux abattoirs fut interrompue dès 1974, les installations étant obsolètes avant même d'avoir été utilisées. Gros scandale. Mais le béton était coulé. Vint Giscard, qui eut l'idée de réaffecter les bâtiments inutilisés à la construction d'un musée des sciences et de l'industrie.
Confié à Adrien Fainsilber, livré en 1986, sous Mitterrand donc, le bâtiment ne cesse d'étonner par le parti intelligent qui a été tiré des volumes existants. L'utilisation du verre et de l'acier a contribué à alléger l'effet de masse. Les espaces dévolus aux expositions et les volumes dialoguent fructueusement. Cité des Enfants, planétarium, aquarium, ateliers ludiques, expos temporaires... la Science avec un grand « S » s'expose ici sous forme interactive. Une belle découverte pour petits et grands.
Après avoir écumé les différents espaces, dirigeons-nous vers le parc, pour enjamber les douves de ce château futuriste.

BOIRE DU SANG AUX ABATTOIRS

Jusque dans les années 1920, et dans toutes les couches sociales, on avait l'habitude d'emmener les enfants un peu pâlots aux abattoirs pour leur faire avaler du sang de veau. On le servait encore chaud, à température de la bête récemment abattue. Et puis, on découvrit les vitamines, ouf !

La Géode : *malheureusement* ***fermée pour travaux à l'heure où nous bouclons ces pages,*** *mais on peut toujours l'admirer de l'extérieur.* Cette grosse boule d'acier poli, qui abrite un cinéma à écran hémisphérique, doit son nom aux pierres qui renferment des cristaux – d'améthyste, par exemple. Sa forme sphérique parfaite, authentique prouesse technique, outre qu'elle évoque notre planète, rappelle l'architecture utopique de Claude Nicolas Ledoux, dont la rotonde conclut le bassin de la Villette.

Le parc de la Villette : conçu par Bernard Tschumi (entre 1984 et 1997), le plus vaste parc de Paris (55 ha, dont 33 d'espaces verts) mérite à lui seul la visite. Ponctué d'une trentaine de « folies », cubes de métal rouge de 10 m de côté dédiés à différentes activités, il est traversé par le canal de l'Ourcq qu'enjambent 2 passerelles. Celle de gauche permet de se rapprocher du ***Zénith,*** salle de spectacle conçue comme un chapiteau, à savoir une toile de polyester tendue sur une charpente métallique de 70 m de portée. Dû à Philippe Chaix, il fut inauguré en 1983.
– Si l'on emprunte la passerelle de droite, on longera la ***Grande Halle,*** ancienne halle aux bœufs (nous marchons d'ailleurs dans l'avenue du Charollais !) transformée en espace culturel polyvalent par 2 architectes spécialistes du XIXe s, Reichen et Robert. Splendide, elle ferait pâlir d'envie les plus beaux marchés de France.
Arrivé place de la Fontaine-aux-Lions, on se plaît à comparer les 2 constructions qui se font face dans une asymétrie délibérée, dues à l'un des plus talentueux architectes de sa génération, Christian de Portzamparc. Tout d'abord, dirigeons-nous vers la partie droite.

Le Conservatoire national de musique et de danse : inauguré le 21 juin 1990, lors de la fête de la Musique, cet ensemble de bâtiments dissymétriques, aux éléments multiples (incluant une salle d'art lyrique, une salle d'orgue et un espace interdisciplinaire) nettement différenciés, allie une incontestable réussite esthétique à un véritable confort pour ses utilisateurs : enseignants, étudiants, apprentis musiciens, spectateurs aussi. Toit ondoyant de tôle ondulée, piliers, lourdes vagues... L'architecte a parlé de « poétique quotidienne de la vie prévue dans un lieu » : au vu du résultat, on veut bien le croire !

La Cité de la Musique (achevée en 1994) – ***Philharmonie de Paris*** (achevée en janvier 2015) ***:*** complément harmonieux de son vis-à-vis, réalisé également par Christian de Portzamparc, dont la somptueuse originalité saute aux yeux,

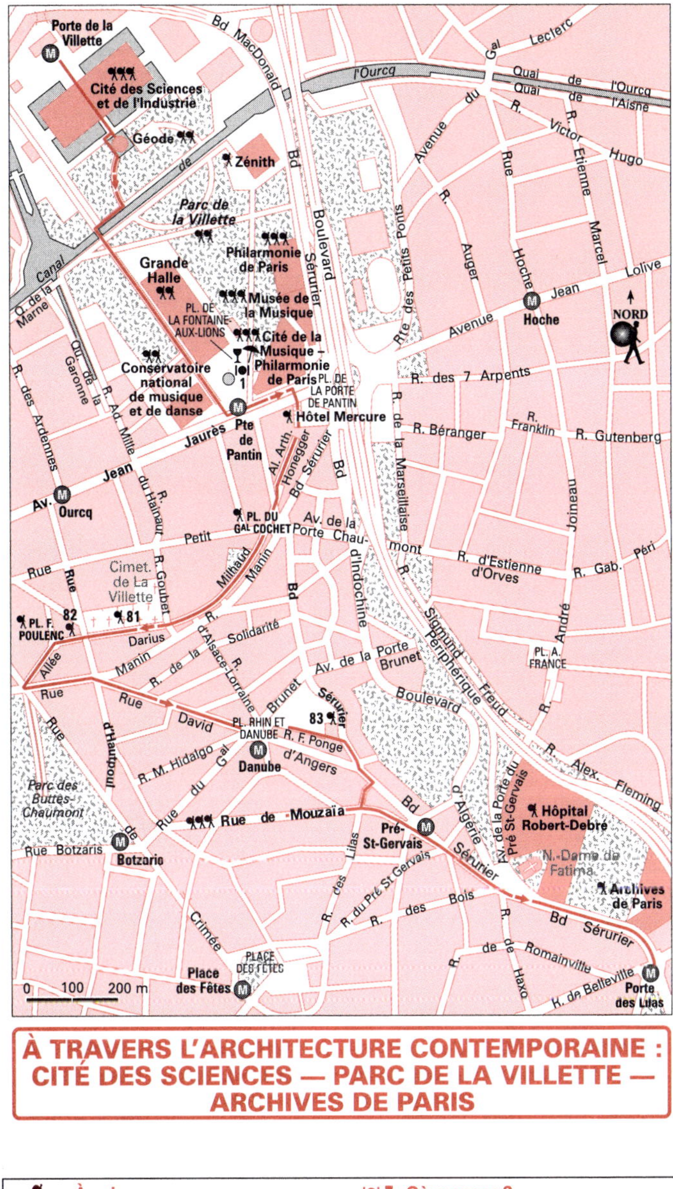

À TRAVERS L'ARCHITECTURE CONTEMPORAINE : CITÉ DES SCIENCES — PARC DE LA VILLETTE — ARCHIVES DE PARIS

À voir

81 ZAC Manin-Jaurès
82 Collège Georges-Brassens
83 123 bis, boulevard Sérurier

Où manger ? Où boire un verre ?

1 Le Café des Concerts

notamment avec l'énorme cylindre à dôme incliné de la salle de concerts. Le plan, triangulaire, est un assemblage de géométries diverses, avec une longue circulation en spirale venant s'enrouler autour de la grande salle de concerts modulable. Le nouveau bâtiment dont elle s'est dotée depuis 2015, la ***Philharmonie de Paris,*** signé Jean Nouvel, a, comme tout projet architectural d'envergure, fait couler beaucoup d'encre (sur la légitimité d'un tel projet, mais surtout sur la facture...). Pour faire court, pour les uns, c'est une réussite, pour les autres, non. Mais il est une chose certaine, la grande salle de concerts de 2 400 places possède une acoustique d'une perfection inouïe et se hisse parmi les plus belles du monde ! Principalement dédiée à la musique symphonique, elle est complétée par des salles de répétition, de nombreux espaces pédagogiques et éducatifs qui font d'elle un pôle culturel unique au monde, et, grâce à ses formations résidentes, ses artistes invités et son projet artistique innovant, elle favorise l'appropriation de la musique par tous les publics. Mais tout cela suffit-il à faire digérer aux Parisiens la note salée des travaux et le boycottage de la salle Pleyel, la Philharmonie étant dorénavant le lieu de résidence de l'Orchestre de Paris ?
Ce bâtiment abrite également le ***musée de la Musique*** , dont l'aménagement a été confié à l'architecte Frank Hammoutène. L'entrée est ponctuée par un portique de métal rouge, déclinaison des « folies » de Bernard Tschumi. Musée au demeurant passionnant, qui mérite une visite *(☎ 01-44-84-44-84 ; ♿ ; mar-ven 12h-18h, sam-dim 10h-20h ; fermé lun, 1er janv, 1er mai et 25 déc ; entrée avec audioguide : 8 €, réduc, gratuit moins de 26 ans ; parcours adapté pour les visiteurs handicapés – images en relief, boucles magnétiques ; visites guidées thématiques plutôt tt public et visites-ateliers à partir de 12 ans).*

Traversons maintenant l'avenue Jean-Jaurès. Au coin de la sente des Dorées s'élève l'imposant lycée technique d'Alembert : construction soignée, lignes tout à la fois sobres et élégantes, brique rouge dans la grande tradition des équipements scolaires des années 1930. Au ***nº 218,*** entrée de l'***hôtel Mercure*** (1993), s'intégrant dans un ensemble de bureaux conçu par Christian de Portzamparc, qui a eu ainsi la possibilité d'aménager tout un secteur aux portes de la capitale. En contrebas, l'étonnante église Sainte-Claire (André Le Donné, 1956), qui se donne comme des airs de planétarium avec son chœur en forme d'observatoire astronomique. Puis empruntons le grand passage sous l'immeuble et l'allée Arthur-Honegger, bordée d'ateliers d'artistes qui font aujourd'hui un peu grise mine. Croisons à nouveau la sente des Dorées, pour arriver ***place du Général-Cochet,*** où les bâtiments en vis-à-vis, dus à l'agence Pli Architecture, constituent les seuils d'accès à la ZAC Manin-Jaurès. Sur la place, vaste et étonnant portique en demi-cercle.

La ZAC Manin-Jaurès *(plan,* ***81****)* **:** coordonné par l'architecte Alain Sarfati, l'aménagement de la ZAC Manin-Jaurès, le long de l'allée Darius-Milhaud reliant le parc de la Villette aux Buttes-Chaumont, s'est étalé de 1989 à 1994. Comme une rue intérieure bordée d'intéressantes constructions. Signalons en particulier les fresques colorées réalisées par les mômes des centres de loisirs et la mise en valeur originale du vieux cimetière de la Villette dans le site, grâce à son mur ouvert laissant entrevoir ses tombes.

Le collège Georges-Brassens *(plan,* ***82****)* **:** *51-55, rue d'Hautpoul, mais donnant en fait sur l'allée Darius-Milhaud.* L'intéressant bâtiment, conçu par Manolo Nunez-Yanowsky (1994), vient s'insérer harmonieusement dans l'ensemble constitué par la promenade et la place Francis-Poulenc attenante. Beau jeu dynamique des fenêtres et diverses ouvertures. L'immense et aérienne poutre métallique qui couronne le bâtiment s'éclaire la nuit : « Il faut donner aux enfants des éléments pour rêver », a déclaré l'architecte. Brassens aurait sûrement été d'accord...

➢ Avançons jusqu'à la ***place Francis-Poulenc*** et empruntons maintenant les marches (en pensant à nous retourner pour mieux voir le collège, décidément pas si mal...). On aperçoit un coin des Buttes-Chaumont mais, pour l'heure, nous descendons la rue Manin sur notre gauche et prenons la ***rue David-d'Angers,*** sur la droite. Pente raide. Au coin de la rue de la Solidarité, bel exemple de l'architecture populaire des années 1930. Bel ensemble de logements aux harmonieuses façades de brique jaune et rouge rythmées de larges porches en demi-cercle. Arrivée place du Danube. Après la place, légèrement sur la gauche, prenons la rue Francis-Ponge, piétonne. Sur la droite, impressionnant ensemble du ***lycée technique Diderot.***

Les étranges immeubles arrondis que l'on aperçoit en face, au ***n° 123 bis*** du ***boulevard Sérurier*** *(plan,* ***83****),* sont dus au cabinet Jakob et MacFarlane. Immeubles d'habitation dévolus au personnel de l'Assistance publique.

En tournant à droite rue des Lilas (en escalier, hardi petit !), les amoureux de villas anciennes ne manqueront pas celles du ***quartier de la Mouzaïa,*** à deux pas. Un enchantement et une belle halte dans cette balade industrialo-urbaine.

L'hôpital Robert-Debré : *48, bd Sérurier, 75019.* Retrouvons le boulevard Sérurier, où bientôt, sur la gauche, derrière l'église Notre-Dame-de-Fatima-Marie-Médiatrice (c'est vraiment son nom !), on aperçoit l'hôpital pédiatrique Robert-Debré, imaginé par Pierre Riboulet (1988). Sa conception en terrasses épouse les flancs d'une colline, en tournant le dos au bruit du périphérique. Prolongement de la ville en son sein, une galerie publique dessert les différents services, une bibliothèque, une cafétéria et, surtout, un très réussi jardin d'hiver. Sculpture de Dubuffet sur la terrasse – avec vue sur la Villette – et toiles de Ben et d'Olivier Debré dans la galerie au-dessus du jardin d'hiver. Les parties publiques peuvent se visiter (principalement celles énumérées plus haut).

Les Archives de Paris : *18, bd Sérurier, 75019.* Dernière étape de notre balade, quelques dizaines de mètres plus loin, après une grande étendue gazonnée (qui n'abrite pas les archives, enterrées dans des conteneurs en béton de la mairie de Paris, mais tout simplement les réservoirs des Lilas), nous apercevons le Centre des archives de Paris, dû à Henri Gaudin (1989). Bâtiment très travaillé, ses volumes à la symétrie délibérément imparfaite renferment des silos de conservation, des locaux de travail et une salle de lecture. L'utilisation de différents matériaux et le jeu avec la lumière révèlent une grande maîtrise. Bravo ! En dehors du hall, l'accès est limité aux personnes effectuant des recherches.

Fin de la balade

Ici s'achève notre périple. Retour par le ***métro Porte-des-Lilas,*** tout proche.

Où manger ? Où boire un verre ?

En terrasse

Le Café des Concerts *(plan,* ***1****) : 213, av. Jean-Jaurès, 75019. ☎ 01-42-49-74-74. Ⓜ Porte-de-Pantin. Tlj 10h-minuit ; service en continu le w-e. Plats 8-18 €.* Le seul à portée de pas, situé dans l'enceinte même de la Cité de la Musique. Un style cantine chic avec ses banquettes et canapés. Grande terrasse bien ensoleillée, installée sur les pavés juste devant.

À TRAVERS L'ARCHITECTURE CONTEMPORAINE : OPÉRA-BASTILLE – BERCY – TOLBIAC – MASSÉNA

• Plan *p. 199*

BALADE N° 22 : 7 km – 5h

Itinéraire

Nous allons arpenter 2 arrondissements parisiens, les 12e et 13e, qui ont connu ces 20 dernières années d'importants changements urbains, et tout particulièrement la partie du 13e arrondissement comprise entre la gare d'Austerlitz et le boulevard Masséna. Spectaculaires, audacieux, aux volumes et aux formes surprenants, certains des bâtiments sortis de terre, dus aux plus grands architectes du moment, sont devenus de véritables monuments, à voir, à visiter, en dehors même de leur destination première. Un fil conducteur, cependant : de l'Opéra-Bastille à l'université Paris VII – Denis-Diderot en passant par la Cinémathèque française ou par la bibliothèque François-Mitterrand, la culture, dans le sens noble du terme, a investi l'Est parisien, trop longtemps délaissé, qui profite de ce nécessaire rééquilibrage urbain. Profitons-en à notre tour...

Départ

➢ *Du **métro Bastille.** Compter env 7 km pour l'ensemble de la balade et 5 bonnes heures de trek urbain.*

À voir

👁👁 ***L'Opéra-Bastille :*** *pl. de la Bastille, 75012.* C'est à la suite d'une décision de François Mitterrand, alors président en exercice, qu'un concours international d'architecture fut organisé afin de doter Paris d'un « opéra populaire ». Ce concours fut, à la surprise générale, remporté par l'architecte canado-uruguayen Carlos Ott. Inauguré le 13 juillet 1989, veille donc du 14 Juillet, l'ouvrage, hybride, bridé par les contraintes urbaines, patrimoniales ou techniques, ne suscite pas l'enthousiasme – sans parler des défauts de construction qui nécessitèrent la pose de disgracieux filets de protection. En revanche, la nuit, le bâtiment brille de ses

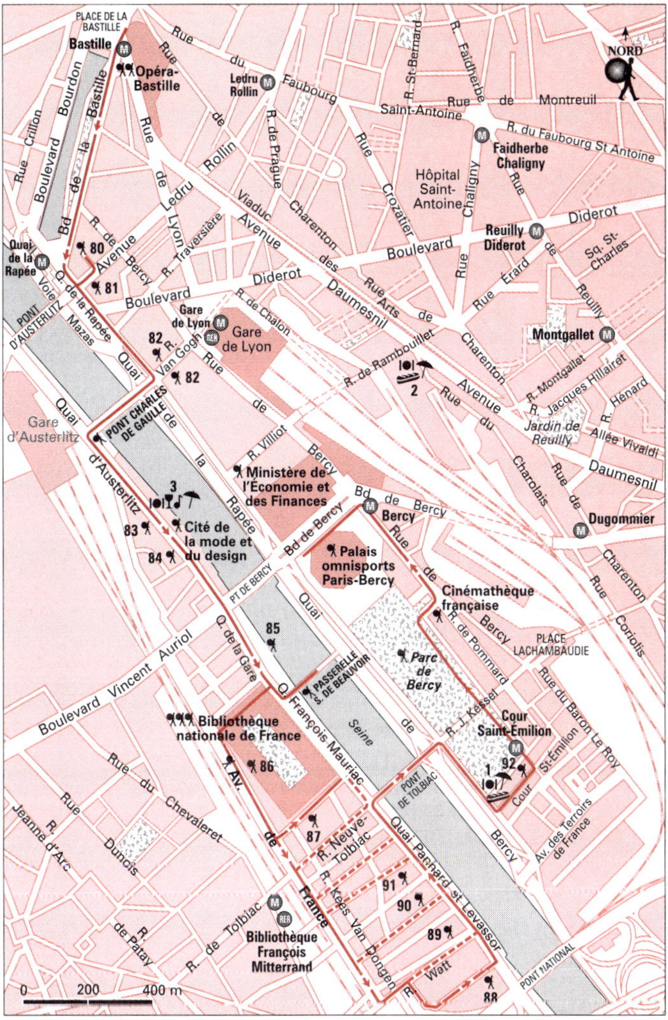

À TRAVERS L'ARCHITECTURE CONTEMPORAINE : OPÉRA-BASTILLE – BERCY – TOLBIAC – MASSÉNA

À voir

80 Maison rouge
81 Direction de l'Action sociale
82 Bâtiments SNCF, Natixis et RATP
83 Caisse des dépôts et consignations
84 Dragon émergent
85 Piscine Joséphine-Baker
86 Multiplexe MK2
87 Logements rue Émile-Durkheim
88 École d'architecture de Paris Val-de-Seine
89 UFR de physique
90 Halle aux farines
91 Grands Moulins de Paris
92 Bercy-Village

Où manger ?
Où boire un verre ?

1 Maison Kayser
2 Ground Control
3 Wanderlust

mille feux et ne manque pas d'allure. Quant à la salle (et ce n'est pas le moindre détail), elle peut contenir 2 700 places ; elle est en granit et en bois de chêne, et dotée d'un double équipement scénique, qui permet d'alterner les spectacles sans avoir à démonter les décors, grâce à 9 « aires de dégagement ». Pratique ! Elle réussit à satisfaire les mélomanes sur le plan acoustique et marie avec bonheur les matériaux et les couleurs chaleureuses, malgré une jauge impressionnante qui aurait pu la rendre glaciale. Ce ne sont pas là de minces détails. À l'intérieur, le grand hall blanc est décoré de sculptures d'artistes contemporains (Niki de Saint Phalle, Klein). Impression contrastée, donc...

Pour jouir d'une agréable vue sur le bassin de l'Arsenal et le port de plaisance, empruntons le ***boulevard de la Bastille.*** Au ***nº 10,*** moins spectaculaire que l'Opéra-Bastille, mais incontestable réussite d'une réhabilitation : la ***Maison rouge*** *(plan, **80**),* fondation artistique qui était présidée par Antoine de Galbert et qui est due à l'architecte Jean-Yves Clément, livrée en 2004, a malheureusement fermé définitivement ses portes en octobre 2018. L'architecte avait tiré parti, non sans un clin d'œil, des espaces d'une ancienne usine ainsi que d'une petite maison d'habitation.

Tournons à gauche boulevard Morland. Au coin de l'avenue Ledru-Rollin et du quai de la Rapée, difficile de manquer le bâtiment de la ***direction de l'Action sociale*** *(plan, **81**),* dû à Aymeric Zublena (1991). Son parvis concave, face à la Seine (et à l'institut médico-légal...), et sa façade plane, avenue Ledru-Rollin, dessinent une silhouette allégée, eu égard aux proportions massives du bâtiment.

Continuons plus loin quai de la Rapée, où, de part et d'autre de la rue Van-Gogh, encadrant le beffroi de la gare de Lyon, se dressent vers le ciel les sièges de la ***SNCF*** *(plan, **82**),* de ***Natixis*** *(plan, **82**)* ou de la ***RATP*** *(plan, **82**),* mini-Défense au bord de la Seine. Enjambant celle-ci avec l'élégance d'une aile d'avion en acier blanc, le ***pont Charles-de-Gaulle,*** conçu par Louis Arretche, a été livré en 1996, avec pour objectif de mieux desservir le nouveau quartier en devenir Austerlitz-Bibliothèque. Eh bien, justement, empruntons-le, en laissant sur notre gauche le ministère des Finances (nous y reviendrons) pour nous rapprocher de cette étonnante structure verte terriblement design...

Laissons sur la droite la gare d'Austerlitz et prenons l'étroit quai d'Austerlitz. Sur la droite, un ensemble de bureaux haut de gamme (livré en 2002), conçu par une équipe animée par Christian Hauvette, abrite, entre autres, la ***Caisse des dépôts et consignations*** *(plan, **83**).* Son élégante façade de verre, sa rue couverte, d'où les utilisateurs ont une superbe vue sur la Seine, la résolution habile des contraintes dues à la dénivelée avec l'avenue Pierre-Mendès-France en font, dans son genre, une incontestable réussite, non ?

Surplombant la Seine, les fameux nouveaux Docks en Seine abritent la ***Cité de la Mode et du Design.*** Bâtiment spectaculaire, inauguré en 2008, dû à l'imagination talentueuse du cabinet Jakob + MacFarlane, ses pieds reposent sur l'eau, alors que sa terrasse, ondulante, évoque le règne végétal. C'est sur la structure existante des Magasins généraux (1907) que les architectes ont installé une charpente tubulaire garnie de panneaux de verre sérigraphiés. Résultat saisissant, donc, pour un lieu infiniment branché, dédié à la formation (l'Institut français de la mode) et qui héberge des expositions et des manifestations, restauration et détente en prime.

Poursuivons sur les quais et au passage, sur la droite, place Augusta-Holmes, dans la rue Paul-Klee, ne manquons pas le ***Dragon émergent*** *(plan, **84**),* commande de la Ville de Paris à l'artiste chinois Chen Zhen, qui... émerge de l'usine souterraine d'Eau de Paris. Ensuite, à nouveau sur les quais, traversons sous le métro aérien, avant de descendre sur les bords de Seine, port de la Gare. Amarrée sur l'eau, la ***piscine Joséphine-Baker*** (inaugurée en juillet 2006 ; *plan, **85***) a remplacé la regrettée piscine Deligny. Audacieuse dans sa conception (elle est due à l'architecte Robert de Busni), elle a connu quelques... déboires avant de pouvoir recevoir régulièrement le public. Mais quelle bonne idée !

Plus avant, nous découvrons la ***passerelle Simone-de-Beauvoir,*** accolée à la bibliothèque François-Mitterrand, que nous apercevons en contre-plongée. Due à Dietmar Feichtinger, elle allie élégance, finesse et... prouesse technique, avec une portée libre de 180 m pour une longueur totale de 270 m. Son installation a été une véritable épopée fluviale. Le résultat est tout simplement génial. De sa partie supérieure, la vue sur Paris est époustouflante.

Abordons l'esplanade de la ***Bibliothèque nationale de France, site François-Mitterrand*** (c'est son nom de baptême), ou BNF, dont les 4 tours-livres aux noms symboliques (le Temps, les Lois, les Nombres, les Lettres) nous dominent sans nous écraser. Voulue par le président qui lui a laissé son nom (en 1996), elle est l'œuvre de Dominique Perrault, brillant architecte visionnaire, qui a disposé au milieu de l'espace, en contrebas, une (fragile) forêt de pins, allégorique du temps, de la matière, du repos. Ses marches aux arêtes vives, son esplanade inconfortable en hiver, dangereuse par temps de pluie, ses accès extérieurs difficiles – pour ne rien dire des problèmes techniques liés à la gestion ou à la consultation des ouvrages – ont entaché à l'usage une œuvre ambitieuse qui a pourtant embelli Paris.

L'ENFER DE LA BIBLIOTHÈQUE NATIONALE

Parmi les trésors conservés à la Réserve des livres rares, une cote a été créée, au XIXe s, pour distinguer les ouvrages jugés obscènes et pour rassembler les documents à conserver à l'abri des regards. C'est Apollinaire qui réalise, en 1913, un 1er inventaire bibliographique de ces ouvrages, jusque-là non consultables puisque n'apparaissant dans aucun catalogue de la BN. À la fin du XXe s viendront s'y ajouter les journaux et tracts clandestins des périodes sombres de l'histoire de France et, plus récemment, des livres interdits de publication, comme celui du docteur Gubler sur un certain patient nommé François Mitterrand.

Situé à l'arrière de la BNF, sur l'avenue de France, le bâtiment blanc tout en longueur abrite le ***multiplexe MK2*** *(plan, **86**).* Dû à Jean-Michel Wilmotte, il a été inauguré en 2003, et le succès a d'emblée été au rendez-vous. Peut-être un rien démesuré, le hall d'accueil est découpé en petites unités commerciales, les salles, belles et confortables (elles sont même dotées de fauteuils rouges à 2 places...), se répartissant à l'étage ou en sous-sol.

Difficile de ne pas être séduit par les ***logements*** conçus par Francis Soler, au ***11, rue Émile-Durkheim*** *(plan, **87**),* dont l'immeuble tire son originalité de l'emploi de la sérigraphie sur les parois vitrées de leur façade. Au passage, un coup de chapeau aux Frigos, sis rue de Tolbiac, bâtiment industriel resté dans son jus, îlot de résistance face au triomphe de la modernité... Le débat reste ouvert.

L'***avenue de France*** est l'axe autour duquel s'ordonne le nouveau quartier Seine rive gauche. Paul Andreu en a conçu l'ensemble, et les aménagements ont été confiés à Jean-Michel Wilmotte. Élément technique essentiel : la couverture des voies SNCF. Se succèdent ainsi des bâtiments rivalisant d'originalité, utilisant des matériaux d'avant-garde, permettant le recours à des formes inédites. La « virginité » du terreau urbain a permis toutes les audaces. La partie médiane de ce quartier en devenir, entre l'avenue de France et la Seine, est, quant à elle, plutôt dévolue au logement. Là aussi, audace, innovation, humour parfois, se côtoient, dialoguent. Une promenade d'architecture s'impose... Une esquisse permet déjà de découvrir les signatures du Bottin de l'architecture contemporaine sur des bâtiments bien souvent étonnants. Nos pas nous auront ainsi portés jusqu'à la rue Françoise-Dolto. Prenons ensuite à droite la rue Elsa-Morante, jusqu'à la rue Jean-Antoine-de-Baïf. Descendons celle-ci vers la Seine.

Sur la droite se trouve une réalisation de Frédéric Borel : le bâtiment de l'***école d'architecture de Paris Val-de-Seine*** *(plan,* ***88****),* mariage heureux de la brique, du métal et du verre, réhabilitation réussie (2006) d'une ancienne usine d'air comprimé.

Retour par les quais, après la rue Watt, le bâtiment aux façades en terre cuite, zinc et verre qui abrite l'***UFR de physique*** *(plan,* ***89****),* création récente (2006) du cabinet d'architectes Chaix et Morel, ne manque pas d'élégance.

Alignées le long de la Seine, sur le quai Panhard-et-Levassor, d'anciennes friches industrielles, spectaculairement réhabilitées, abritent les bâtiments de l'***université Paris VII – Denis-Diderot.*** L'architecte Nicolas Michelin a conservé l'intégralité du volume du bâtiment de l'ancienne ***Halle aux farines*** *(plan,* ***90****),* en le dotant d'un restaurant universitaire et d'une cafétéria. De l'autre côté de l'allée gazonnée, ce sont les anciens ***Grands Moulins de Paris*** *(plan,* ***91****)* qui ont fait l'objet d'une réhabilitation soigneuse, due à Rudy Ricciotti, avec, là aussi, conservation des volumes et percement de nombreuses ouvertures allégeant la sensation d'écrasement.

Traversons maintenant sur la droite le pont de Tolbiac, homonyme du pont de fer qui surplombait les voies ferrées, cher à Léo Malet, écrivain anar et surréaliste qui fréquenta ce quartier quand il était encore mal famé... Pénétrons dans le parc de Bercy sur la droite pour déboucher sur ***Bercy-Village*** *(plan,* ***92****),* heureuse entreprise de rénovation des anciens chais, auxquels les architectes Valode et Pistre ont adjoint des constructions plus récentes en harmonie, dont le très séduisant multiplexe *UGC.*

Traversons le ***parc de Bercy,*** aménagement totalement réussi des anciens entrepôts de vin, dû à l'architecte Bernard Leroy et aux paysagistes Ian Le Caisne et Philippe Raguin, qui ont parsemé leur création de « fabriques » à l'ancienne. À la différence des Halles, dont la destruction a été un monstrueux gâchis, ici, l'esprit du lieu a été préservé. Profitons-en pour admirer les (bien beaux) logements construits sous la supervision de Jean-Pierre Buffi (livrés en 1996), qui tirent leur unité de... leur diversité. Pierre blanche et aluminium noir laqué dialoguent avec élégance.

À la sortie du parc, sur la droite, l'étonnant bâtiment aux allures de décor de film expressionniste allemand abrite la ***Cinémathèque française.*** Brillante invention architecturale due au Canadien Frank O. Gehry, il avait été primitivement conçu (en 1994) pour loger l'*American Center,* qui ferma faute de moyens. Réaménagé (en 2005) par Dominique Brard, il a parfaitement trouvé sa vocation. Étrange intuition, en tout cas, où le fond et la forme se répondent... Tiens, on projette le *Metropolis* de Fritz Lang : le bâtiment a l'air de sortir tout droit du film !

UNE MATINÉE COMME UNE AUTRE À LA CINÉMATHÈQUE...

... jusqu'à ce que le facteur dépose un mystérieux colis. La secrétaire d'Henri Langlois ouvre la boîte et tombe illico dans les pommes... Langlois accourt, sort l'objet et, stupéfait, s'aperçoit que c'est encore un tour de sir Alfred Hitchcock. À l'intérieur, la tête de Mme Bates, terrifiante héroïne de Psychose ! Cet objet mythique est toujours l'un des objets culte des collections de la Cinémathèque française.

Tout à l'extrémité du parc, difficile de manquer la silhouette familière de pyramide aztèque du ***palais omnisports de Paris-Bercy*** (*AccorHotels Arena* désormais), à la fois monumental et rendu modeste par le gazon qui recouvre ses flancs.

Sa charpente métallique (livrée en 1983) a été conçue par l'ingénieur Jean Prouvé. De nombreux événements s'y déroulent régulièrement, principalement sportifs, dans une salle modulable aux vastes proportions.

Barrant la perspective, l'imposant ***ministère de l'Économie et des Finances,*** dû à Paul Chemetov et Borja Huidobro, a des allures de porte monumentale. Construit de 1982 à 1989, il n'a pas tout de suite fait l'unanimité. L'effet saisissant est accentué par la présence d'une (très futuriste) piste d'hélicoptère sur son toit et de (très médiévales) douves boulevard de Bercy. Un ouvrage massif et contrasté, matière à débat sur un sujet de réflexion inépuisable...

Fin de la balade

Prenons le ***métro Bercy*** (où l'architecture de la ligne 14 n'est pas sans rapport avec notre sujet...).

Où manger ? Où boire un verre ?

Sur le pouce et en terrasse

Dans Bercy-Village, la ***Maison Kayser*** *(plan, **1**)* propose petits déj (brunch très prisé le dimanche de 11h à 16h), sandwichs, salades, pâtisseries et même quelques plats chauds, à consommer sur place ou à emporter dans le parc voisin. Pratiques aussi avant ou après le ciné (juste en dessous !), et en terrasse aux beaux jours.

Ground Control *(plan, **2**) **:** 81, rue du Charolais, 75012. Ⓜ Gare-de-Lyon ou Reuilly-Diderot. Mer-dim 12h (11h sam-dim)-minuit (22h30 dim). Fermé lun-mar.* Cette vaste halle, installée dans d'anciens entrepôts de la SNCF, est le siège d'un formidable lieu culturel multifonctions où l'on peut tout aussi bien croquer un morceau, prendre un pot entre copains, faire du shopping, remplir son panier de produits bio, suivre des ateliers ou encore prendre des cours de yoga ! L'immense terrasse perchée de 1 500 m² est prise d'assaut aux beaux jours, en particulier les transats. Mais on n'est pas mal non plus à l'intérieur sur un siège d'avion ou à bord d'un wagon. Tous les soirs sauf le dimanche, un DJ chauffe le son dès 21h. Un espace libre et cosmopolite comme on aime.

Avec un p'tit verre

Wanderlust *(plan, **3**) **:** dans la Cité de la Mode et du Design, 32, quai d'Austerlitz, 75013. Ⓜ Austerlitz. Mai-sept, mar-dim 18h-6h ; oct-avr, jeu 22h-4h, ven-sam 23h-6h. Consos 5-12 €. Street food 8-15 €. Possibles changements selon programmation, voir le site • wanderlustparis.com •* La plus grande terrasse de Paris : 1 600 m² surplombant la Seine, au beau milieu de la Cité de la Mode et du Design, vaisseau de béton corseté de vert. Le *Wanderlust,* c'est l'endroit idéal pour profiter du soleil, assister à des concerts, danser au son de DJs house, hip hop ou *dancehall*. Également de nombreux événements et activités, comme des festivals de *street food* ou des projections. Bref, un lieu à fréquenter toute l'année, et encore plus en été.

LE PARIS ASIATIQUE : LE « CHINATOWN » DU 13e

• Plan *p. 205*

BALADE N° 23 : moins de 1 km – environ 1h (plus si vous en profitez pour faire vos courses)

La promenade que nous démarrons, peu étendue géographiquement, va néanmoins nous faire faire un véritable bond culturel. Bien sûr, nulle muraille de Chine, point de Cité interdite ou de temple du Ciel à l'horizon. En guise de monuments, juste les peu gracieuses tours des Olympiades... Et pourtant, en arpentant les rues du triangle constitué par les avenues de Choisy et d'Ivry et le boulevard Masséna, l'intense activité commerçante, avec sa succession de restaurants aux devantures colorées et d'échoppes innombrables, et la foule, particulièrement le samedi, aux abords des supermarchés, principalement constituée d'Asiatiques, donnent la sensation – fort agréable – d'être ailleurs. Bienvenue dans le plus ancien et le plus important « Chinatown » d'Europe !

UN PEU D'HISTOIRE

Oui, mais pourquoi dans cette partie du 13e ? Au début était un quartier très populaire, en mauvais état, à l'habitat insalubre et déglingué, constitué de maisons, petits immeubles, entrepôts et ateliers plus ou moins en déshérence, notamment les anciennes usines Panhard (dont une partie est toujours visible en bas de l'avenue d'Ivry). Les promoteurs, pas vraiment philanthropes, c'est connu, achetèrent à bas prix et bétonnèrent à tous crins... L'idée : construire 30 000 nouveaux logements pour la nouvelle génération de cadres. Projet trop ambitieux, quartier excentré et pas vraiment folichon, encore trop peu d'infrastructures, logements trop chers... Bref, rien pour plaire : les promoteurs restèrent avec leurs appartements sur les bras. Alors vinrent les Asiatiques de la diaspora : réfugiés des guerres d'Indochine, originaires du Vietnam, du Laos ou du Cambodge, Chinois fuyant la montée des régimes totalitaires, les pogroms dont ils étaient victimes dans certains pays d'Asie, émigrants économiques ou rescapés des boat people ayant fui le Vietnam après la chute de Saigon vinrent habiter en surnombre les appartements inoccupés. Reconstituant des structures familiales, faisant perdurer leurs traditions tout en intégrant, au fur et à mesure, de nouvelles strates d'immigration et de nouvelles générations nées en France, cohabitant dans une apparente harmonie, malgré ces origines fort disparates, la communauté asiatique du 13e représente aujourd'hui près de 30 % de la population de l'arrondissement, soit entre 20 000 et 40 000 âmes. La solidité des structures familiales a permis, pendant longtemps, de restreindre les problèmes de délinquance, les Asiatiques aspirant avant tout à la tranquillité de leur existence

> **ESPRIT, ES-TU LÀ ?**
>
> *Les coutumes sont toujours bien présentes dans ce quartier. Vous serez ainsi surpris de voir de nombreuses fenêtres ouvertes, même par temps froid. L'explication vient du fait que les esprits des ancêtres décédés doivent pouvoir entrer et sortir librement...*

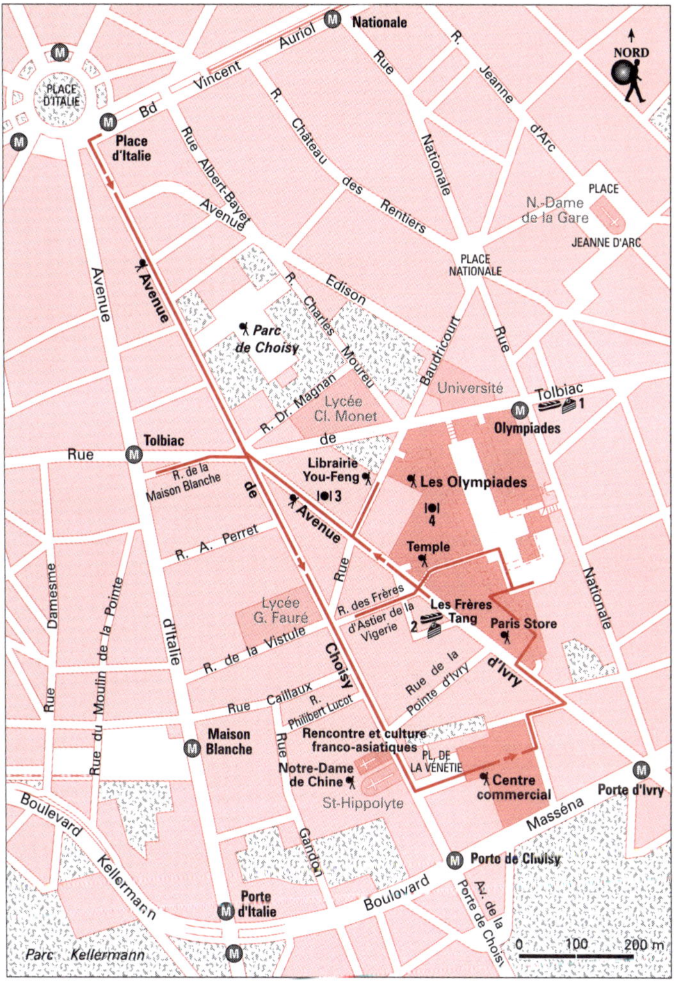

LE PARIS ASIATIQUE : LE « CHINATOWN » DU 13e

Où manger ?

1 Boulangerie L'Essentiel – Anthony Bosson
2 Pâtisserie de Saison
3 Lao Lane Xang
4 Chinatown Olympiades

après tant de tribulations. Aujourd'hui, on peut dire que la communauté a laissé libre cours à un étonnant dynamisme économique et commercial. Celui-ci a transfiguré le quartier, le rendant plus habitable, coloré, au point qu'on y déambule avec plaisir, et ce, en dépit de sa laideur originelle.

Départ

➢ *Point de départ : la* ***pl. d'Italie,*** *la mairie du 13e arrondissement (de l'autre côté de la place), son centre commercial – digne de l'architecture qui ravage actuellement Pékin, détruisant son habitat traditionnel multiséculaire, mais c'est une autre promenade... – et sa station de métro (sortie bd Vincent-Auriol). Compter env 1 km et 1h de balade.*

À voir

Empruntons l'***avenue de Choisy,*** sur la gauche. Déjà, entre les restaurants chinois ou vietnamiens, on dénombre une officine d'avocats, un comptoir « électric » (sic) ou un coiffeur arborant une plaque ou une enseigne comportant des idéogrammes. On longe, côté gauche, le ***parc de Choisy,*** le plus vaste espace vert du 13e, construit en 1936 sur le site d'anciennes usines à gaz et aujourd'hui lieu de promenade des étudiants (faculté de Tolbiac toute proche, collèges et lycées) et des familles du quartier. Avançons jusqu'au carrefour avec la rue de Tolbiac, où la densité des établissements asiatiques est très forte : échoppes et restos, magasins d'alimentation et, plus nouveau, instituts de beauté, poussent un peu partout. Autre nouveauté : les restos japonais qui fleurissent dans le coin, fait lié au rapprochement des ressortissants du Japon dans le quartier chinois et plus prosaïquement à un phénomène de mode. Car, ne nous y trompons pas, 70 % de ces restos sont tenus par des Chinois ! Dans les vitrines des restaurants, un petit animal (sorte de gri-gri), suspendu ou posé au pied d'un petit autel, représente l'année en cours du calendrier chinois : en 2021 l'année du buffle (sous l'élément du métal), en 2022 l'année du tigre (sous l'élément de l'eau) et en 2023 l'année du lapin, également sous l'élément de l'eau !

EXACTIONS OUBLIÉES

En septembre 1944, à l'Institut dentaire du 158, avenue de Choisy, des atrocités, tortures et crimes furent effectués sur des collabos et miliciens par des résistants, parfois de la dernière heure. Sans procès ni défense, comme à l'époque de la Gestapo. Comme quoi, l'histoire est toujours écrite par les vainqueurs.

Remontons un peu dans la rue de Tolbiac (vers l'avenue d'Italie), puis jetons un œil sur la rue de la Maison-Blanche, avant de revenir sur nos pas pour reprendre l'***avenue de Choisy,*** sur la droite, trottoir de gauche.

– Au ***nº 62, Banh Tân Tân,*** excellente pâtisserie vietnamienne : on y trouve les traditionnels gâteaux de lune, réalisés notamment pour la fête de la Lune en septembre, en version salée ou sucrée et fourrés d'un jaune d'œuf séché, des perles de coco, des galettes de *taro,* des *malaikos.* Un vrai délice ! Plus loin, commerces divers : boutiques de vêtements traditionnels, de vaisselle, antiquaires...

– À la hauteur de la rue des Malmaisons, sur le côté droit de l'avenue de Choisy, nous pouvons découvrir la grande fresque murale qui décore le coin de l'avenue, avec l'inscription de circonstance : « De tous pays viendront tes enfants. » « Saint-Hippo », comme on dit dans le quartier, est un lieu important de rencontres.

PETITE LEÇON D'ANTIQUI-THÉ

Les services à thé chinois sont composés de théières individuelles et de mini-gobelets en terre cuite. Les théières en fonte, japonaises, sont incassables et coûtent cher, contrairement à celles que l'on trouve à bon prix, en alliage cassant. Les grandes théières de plusieurs litres sont, elles, vietnamiennes et ont été créées pour les Occidentaux !

– Au *n° 29,* siège de l'association ***Rencontre et culture franco-asiatique.*** Celle-ci organise, dans le quartier, de nombreuses activités, dont des cours de français, de mandarin et de vietnamien, de kung-fu, de gymnastique chinoise (tai-chi-chuan) ou de calligraphie. Elle participe activement à l'organisation des festivités qui marquent le Nouvel An chinois dans les rues du quartier : somptueux défilé en musique, spectaculaire dragon animé... Les pétards sont en plus ! Une occasion à ne pas manquer, surtout avec les enfants. Chaque année étant assortie d'un élément (métal, eau, bois, terre, etc.), la combinaison du même signe et du même élément se répète seulement tous les 60 ans.
– Mais allons voir surtout, juste à côté, dans l'impasse, ***Notre-Dame-de-Chine*** *(messe en chinois dim 11h30-12h30).* Elle a été inaugurée en 2005 pour la communauté chinoise de Paris. Assidûment fréquentée par les fidèles, elle s'enorgueillit d'être la 1re église chinoise de France et de pouvoir accueillir jusqu'à 200 personnes assises !

Retraversons l'avenue de Choisy (encore une fois !), pour pénétrer dans le ***centre commercial Géant,*** à côté du restaurant *Chine Masséna.* Dans la galerie, mélange d'échoppes asiatiques et de magasins bon marché, supermarché traditionnel. Dehors, l'***avenue d'Ivry,*** avec la proximité des tours, a un petit côté Hong Kong ; un peu plus loin sur la gauche, une kitschissime boutique de décoration.

➢ Traversons l'avenue d'Ivry.

Marquée par 2 dragons, l'entrée du ***supermarché Paris Store.*** Au rez-de-chaussée, alimentation exotique, produits rares ou inconnus, épices de toutes sortes, assortiments de fruits asiatiques étonnants : longanes, mangues thaïes à la saveur d'avocat, durians (ce fruit interdit dans les transports en commun ou les chambres d'hôtel en Chine tant il sent mauvais !), *mashis* (sorte de poires), mangoustans, *pitayas* ou fruits du dragon, et aussi un très réputé rayon de poissons frais. Au 1er étage, véritable caverne de Marco Polo (celle d'Ali Baba, c'est un autre circuit) : objets décoratifs, ustensiles de cuisine, bâtonnets d'encens – il y en a pour tous les goûts.

➢ Sortons par les caisses, au 1er étage, ou empruntons l'escalator, depuis l'avenue, sur la droite après *Paris Store.*

Après la pharmacie, on pénètre dans les ***galeries marchandes des Olympiades,*** surnommées ainsi en hommage aux Jeux olympiques. D'où les noms de disciplines des rues alentour : rues du Disque et du Javelot, et ceux des tours (Oslo, Athènes), villes où ont eu lieu les J.O. À noter que c'est ici qu'ont été construits les 1ers escalators extérieurs dans Paris. Là, c'est le dépaysement assuré. Prenons tout droit et à droite jusqu'au bout de la galerie et revenons. Succession d'étonnantes boutiques de CD, vidéos, derniers imports DVD, karaokés, librairie asiatique, vêtements élégants pour femmes, tissus chinois et vietnamiens, et même des machines à coudre (y aurait-il des ateliers clandestins dans les tours ?).

➢ Revenons sur nos pas, dépassons la banque, prenons la galerie à droite et tout au fond, après le resto *Lao Douang Dy,* sortons à gauche.

À l'extérieur, 2 vasques aux sculptures dorées où brûlent les traditionnels bâtonnets d'encens : nous sommes devant le siège de l'***Amicale des Teochew*** (prononcer « chaochou ») de France. Originaires de Canton, correspondant avec des associations homologues dans le monde entier, dont le but est de « créer une mutualité favorisant l'intégration sociale en France de

SE MARIER À LA MAIRIE DU 13e

Jusqu'en 1860, il n'y avait que 12 arrondissements à Paris. À l'époque, dire d'un couple qu'« il s'était marié à la mairie du 13e arrondissement », c'était une façon ironique de dire qu'il vivait en concubinage. Napoléon III créa ensuite 8 nouveaux arrondissements, et l'expression disparut.

ses adhérents et de promouvoir l'identité culturelle de Teochew ». Des événements familiaux ou communautaires sont célébrés dans la salle des fêtes, au sous-sol. Beaucoup de mariages, notamment. On peut aussi se recueillir dans le petit ***temple bouddhique*** *(tlj 9h-18h ; rituel bouddhique ts les ap-m).* Quelques marches à droite ; on doit enlever ses chaussures. Fresques sculptées dans du marbre gris.

Sur la dalle, le dos à la galerie marchande (entrée Oslo), on voit les toits en pagode des boutiques et restaurants. Eh bien, ceux-ci, curieuse prémonition, ont été conçus bien avant l'arrivée des 1ers Chinois ! À gauche, sur la dalle, la 1re galerie, qui rejoint l'avenue d'Ivry, nous mène au 37, rue du Disque (à proximité du PMU très fréquenté : les Chinois adorent les paris), au siège de l'***Association des résidents en France d'origine indochinoise.*** Lanternes rouges, autel, tables de lecture, cours. Au sous-sol, musique certains jours, jeux, atmosphère enfumée : une vraie ambiance ! Poursuivons dans la galerie et sortons à gauche, sur l'avenue d'Ivry. Dans le parking attenant, large banderole portant l'inscription « Autel du culte de Bouddha », signalant donc la présence d'un ***temple bouddhique.*** Ici sont pratiquées les 3 grandes religions chinoises (confucianisme, taoïsme et bouddhisme). Accueil chaleureux. Il est d'usage de laisser une obole dans le tronc de l'autel en faisant un vœu. On peut prendre la sortie côté rue du Disque (face au 81, avenue d'Ivry).

Remontons à gauche jusqu'au ***supermarché Tang Frères*** *(tlj sauf dim 9h-20h).* Boutique-traiteur animée en permanence à l'entrée. Supermarché de produits alimentaires littéralement extraordinaires : pâtes, formes diverses de riz, légumes inconnus des tables européennes, fruits aux noms évocateurs (ramboutans, litchis, longanes, mangoustans, durians...), gâteaux de lune, conserves de coquillages, sauces exotiques... Ne pas hésiter à s'y attarder : il justifie à lui seul la balade. Beaucoup de ces fruits et légumes sont désormais cultivés en France. Ainsi des paysans bretons produisent-ils des petits choux chinois, et le soja pousserait-il par tonnes dans... de nombreuses caves du 13e (on n'a pas vu !). À la sortie, *Tang Frères* nous remercie de notre visite en chinois, en laotien, en vietnamien et en cambodgien !

Traversons l'avenue d'Ivry et remontons-la vers la droite. Pâtisseries étonnantes, boutiques de vêtements et d'objets de décoration. Également dans la rue piétonne des Frères-d'Astier-de-la-Vigerie. Un peu plus loin, mais de l'autre côté de l'avenue, au no 66 de la rue Baudricourt, la ***librairie You-Feng,*** bien fournie en ouvrages français et chinois, qui diffuse également les 2 quotidiens européens de langue chinoise, dont *Europe Journal* (qui a son siège pas loin, au no 8 de la rue Charles-Fourier).

Il est temps de regagner la place d'Italie, par le côté droit de l'***avenue de Choisy,*** où les commerces alimentaires (annexes de *Tang Frères* et autres), de bimbeloterie et les restaurants sino-vietnamiens encore une fois ne manquent pas.

Fin de la balade

Avant de reprendre le ***métro Tolbiac,*** laissez-nous, parmi d'innombrables félicités, vous souhaiter 1 000 ans de bonheur et de prospérité...

Où manger ?

Sur le pouce

Boulangerie L'Essentiel – Anthony Bosson *(plan,* ***1****) : 89 bis, rue de Tolbiac, 75013. ☎ 01-53-82-32-28. Ⓜ Tolbiac. Lun-ven 6h30-20h, sam 7h-19h. Fermé dim. Sandwichs, pizzas et salades 4-7 €, pâtisseries env 3-5 €.* Pains et pâtisseries y sont délicieux, alors les sandwichs...

Pâtisserie de Saison *(plan,* ***2****) : 65, av. d'Ivry, 75013. ☎ 01-45-84-37-70. Ⓜ Porte-d'Ivry. Tlj 10h30-19h. Fermé 1er janv, 1er mai et 14 juil.* Au cœur de Chinatown, cette boulangerie-pâtisserie confectionne sur place des gâteaux sucrés et salés, majoritairement chinois. Ses feuilletés fourrés (haricot rouge ou durian) sont frais et moelleux, comme les brioches fondantes (porc laqué, poulet farci pour le salé). Les sandwichs sont préparés sous vos yeux avec des ingrédients fraîchement émincés. Également quelques bons desserts, dont un fameux cake à la banane. Accueil chaleureux.

À table

À l'asiatique

Lao Lane Xang *(plan,* ***3****) : 102, av. d'Ivry, 75013. ☎ 01-58-89-00-00. Ⓜ Tolbiac. Tlj sauf mer et jeu midi ; service 12h-15h, 19h-23h. Plateau-repas 12,80 € le midi en sem, avec verre de vin, café ou eau ; carte env 30 €.* Les spécialités laotiennes servies ici sont réputées bien au-delà du 13e ! Laissez-vous charmer par cette cuisine parfumée et subtile où les herbes apportent toute leur fraîcheur. Le bœuf séché, la saucisse laotienne mais aussi le canard au basilic ou les brochettes à la citronnelle figurent parmi les musts. Le cadre moderne distingue l'adresse des cantines du quartier, tandis que les prix, eux, restent ultra-raisonnables.

Chinatown Olympiades *(plan,* ***4****) : 44, av. d'Ivry, 75013. ☎ 01-45-84-72-21. Ⓜ Porte-d'Ivry. ♿ À l'étage, dans le centre commercial, plusieurs salles accessibles par un escalier depuis la rue. Tlj ; service 12h-14h30, 19h-23h. Repas 20-30 €.* Un incontournable du quartier asiatique, pour s'initier aux subtilités de la cuisine cantonaise, en pointant sur l'interminable carte les numéros des *dim sum* fondants ou la salade de méduse, les pinces de crabe farcies et le délicat canard laqué accompagné de liserons d'eau. On y vient aussi pour une vraie séquence dépaysement avec le karaoké en semaine et l'orchestre le week-end, qui fait danser l'assistance en rang d'oignons sur des airs de crooners chinois. Service bien rodé et diligent.

MAI 68
AU QUARTIER LATIN

• Plan *p. 211*

BALADE N° 24 : 2,5 km – 1h30 à 2h

Tiens donc, un itinéraire Mai 68 ! Mais qu'est-ce qui leur prend, au *Routard,* de jouer aux anciens combattants au moment du triomphe d'Internet (on trouve même des pavés de Mai 68 mis aux enchères sur *eBay* !), du retour de l'individualisme et du repli sur soi ? Et puis comment peuvent-ils espérer retrouver des vestiges, voire des signes de cette époque ? Des plaques commémoratives sur les murs peut-être ? Et puis à quoi bon ressasser toutes ces vieilleries, au risque de se faire traiter de ringard, de soixante-huitard attardé et autres gentillesses ? Mais au fond, si on partait du principe que beaucoup de jeunes d'aujourd'hui ne connaissent guère, à part les grandes lignes, ce qui se passa à l'époque ? Et si on leur concoctait un parcours, en quelque sorte initiatique, des grands moments de Mai 68, sur le mode de l'humour, teinté d'une joyeuse et saine dérision ? En respectant bien entendu la qualité de l'info, la vérité des événements et des personnages, l'exactitude des lieux, des dates et des heures (enfin presque). Histoire de tirer une larme ou un sourire aux « anciens », histoire d'intéresser, voire d'amuser ceux qui à l'époque suçaient encore leur pouce ou n'étaient tout simplement pas nés ! Allez, embarquez avec nous dans cette croisière, à bord du bateau « Jouir sans entraves, vivre sans temps morts »... À l'heure YouTube, on pourra aussi faire la balade en écoutant *Paris mai,* de Nougaro, *Au printemps de quoi rêvais-tu,* de Jean Ferrat, *Le Temps de vivre,* de Moustaki ou bien *Le 22 mai,* d'Hubert-Félix Thiéfaine.

UN PEU D'HISTOIRE

Difficile de résumer en un paragraphe l'histoire de Mai 68. Mais bon, on va essayer quand même. Les événements ne surgirent pas comme ça, d'un coup, vous l'aviez compris. La France est, à l'époque, un cocktail explosif d'archaïsme et de modernité. Modernité par l'effort considérable consenti par l'État pour démocratiser l'école : en 1950, 800 000 lycéens et 125 000 étudiants ; en 1968, 3,7 millions de lycéens et 600 000 étudiants (il s'est pratiquement ouvert une école par jour). Archaïque, car la société française l'est indéniablement dans ses rouages et composantes : pouvoir patriarcal dans la famille, machiste dans le couple, bureaucratique dans l'administration, autoritaire dans les entreprises, mandarinal à l'université. Cette dernière n'est pas adaptée aux temps modernes. Grande insatisfaction des étudiants, donc, par rapport à l'organisation de l'université : la centralisation excessive, le mandarinat, l'élitisme, les pesanteurs hiérarchiques, le contenu des cours, les règlements intérieurs obsolètes, etc. C'est ainsi que François Missoffe, ministre de la Jeunesse en visite à Nanterre, se fait interpeller par un étudiant, genre luron aux cheveux roux et à la verve ironique. C'est ***Daniel Cohn-Bendit,*** protestant contre un règlement vieillot et puritain interdisant aux garçons de rendre visite aux filles dans les résidences universitaires passé 22h.

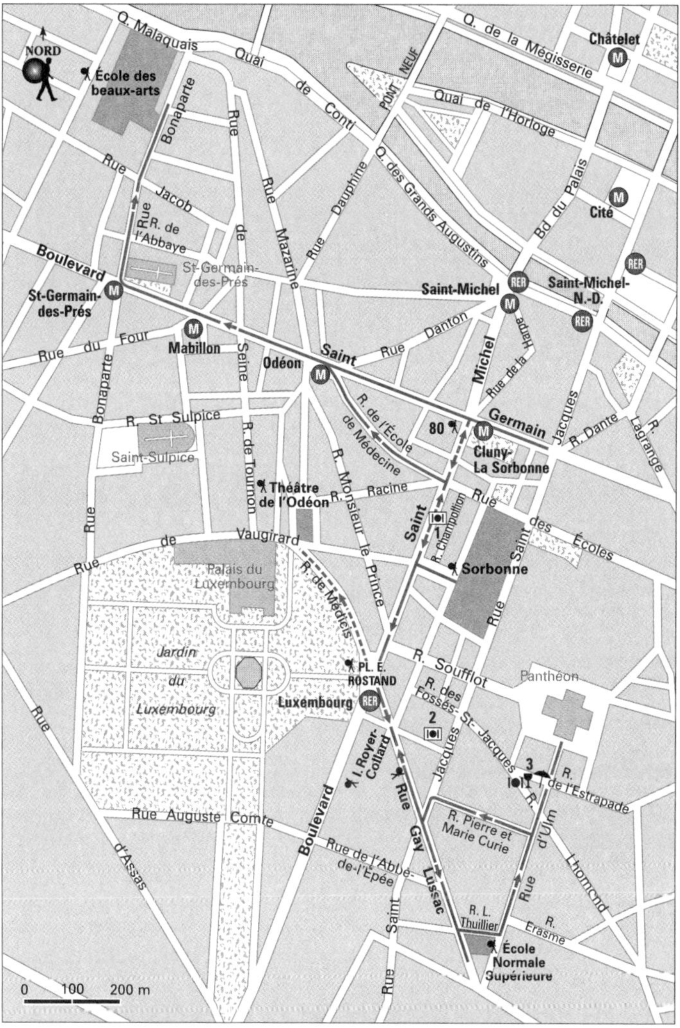

MAI 68 AU QUARTIER LATIN

À voir

80 Angle des boulevards Saint-Germain et Saint-Michel

Où manger ? Où boire un verre ?

1 Le Reflet
2 Le Pantalon
3 Café de la Nouvelle Mairie

Nanterre est l'archétype de la fac nouvelle en plein tumulte : architecture de béton, mal-être du milieu, inadaptation aux aspirations des étudiants, agitation politique importante. La nuit du 22 mars 1968, c'est l'occupation de la fac par une centaine d'étudiants radicaux. Y sont particulièrement actifs les militants de la ***JCR*** (Jeunesse communiste révolutionnaire d'Alain Krivine et Daniel Bensaïd), les militants du ***PSU*** (Parti socialiste unifié, dirigé alors par Michel Rocard), les anarchistes, les situationnistes qui influencent fortement le milieu étudiant, de nombreux inorganisés et... Cohn-Bendit. Création du ***mouvement du 22-Mars*** à la suite d'une nuit de discussions et de confrontations vives et fébriles, nouveau fer de lance unifié de la contestation à Nanterre. Et pendant ce temps, le pays semble ronronner, insensible à cette agitation primesautière. Le pays tourne bien économiquement (nous sommes encore dans les Trente Glorieuses, les années prospères d'après-guerre), l'État-providence garantit encore la majorité des droits sociaux, le taux de chômage est encore faible et angoisse peu de monde, les salariés se sentent protégés par des syndicats forts... Pierre Viansson-Ponté se fend même en avril 1968, dans *Le Monde,* d'un édito devenu célèbre : « La France s'ennuie ! » Personne ne voit le coup venir !
Et voilà que cette jeunesse veut montrer que la « France de papa » (de Gaulle, symbole typique du « père patrie ») et ses représentations (autorité et hiérarchie familiales, université pépère, société de consommation bien huilée, etc.), eh bien, tout cela, elle n'en veut plus. Le monde bouge, les nouveaux héros de la jeunesse sont Che Guevara, Ho Chi Minh, Angela Davis... et les peuples qui se libèrent. Pour résumer, l'histoire antérieure, ce sont les pères qui l'ont faite (la Résistance, la reconstruction de la France, la décolonisation, etc.). La jeunesse de 1968 veut s'émanciper et écrire sa propre histoire. Ça passe donc nécessairement par la prise en main de son propre destin, la mise au pouvoir de l'imagination, l'élaboration de nouvelles utopies, la construction de nouvelles solidarités. En particulier sur les questions internationales : guerre du Vietnam, soutien aux luttes anti-impérialistes et à la révolution cubaine, au mouvement des Black Panthers aux États-Unis, etc., à travers notamment des structures comme le *Comité Vietnam national* (animé par les trotskistes) et les *comités Vietnam de base* (dirigés par les maoïstes). Justement, fin avril 1968, des militants de la JCR, en solidarité avec le peuple vietnamien, attaquent la boutique de l'*American Express* à l'Opéra. Un militant, Xavier Langlade, est arrêté. Agitation pour réclamer sa libération. Le meeting de solidarité à la ***Sorbonne*** sera l'étincelle qui mettra le feu. Le grisou est déjà dans la galerie, les conditions de l'explosion sont réunies...

Départ

*➢ 1ers affrontements aux stations de **métro Cluny-La Sorbonne** et **Odéon** ou à celle du **RER B Luxembourg.** Durée : 1h30-2h. Comptez 2,5 km. Songez aux harassantes manifs étudiantes de l'époque, c'est pas ça qui va vous épuiser !*

À voir

La Sorbonne : *rue de la Sorbonne (ah bon ?), 75005.*
Avant d'entrer dans le vif de l'action, un petit mot sur le bâtiment lui-même. Le collège originel est fondé au XIIIe s par le théologien Robert de Sorbon. En 1469, on y installe à l'initiative de Louis XI la 1re imprimerie de France. En 1622, Richelieu, alors proviseur, reconstruit l'établissement et fait édifier la chapelle dont on peut toujours admirer la façade baroque depuis la place de la Sorbonne. Le célèbre cardinal en a d'ailleurs fait sa dernière demeure ! Les bâtiments du XVIIe s, devenus trop petits, furent remplacés et agrandis à la fin du XIXe s par ce chef-d'œuvre

impérissable de 20 000 m², développement de la scolarisation et de l'enseignement oblige. Ne subsiste que la grande chapelle édifiée selon la volonté de Richelieu dans le style classique (comme Saint-Paul-Saint-Louis, dans le Marais). À l'intérieur, superbe tombeau de Richelieu en marbre blanc, qui a survécu de justesse aux destructions révolutionnaires grâce à Alexandre Lenoir. La chapelle n'est ouverte qu'à certaines occasions (expos temporaires et Journées du patrimoine). On en profite pour doter cette nouvelle Sorbonne d'un magnifique amphithéâtre décoré d'une fresque de Puvis de Chavannes, qui sera en 1968, pendant l'occupation de la Sorbonne, le lieu de tous les débats, prises de parole, affrontements des tendances... Récemment restaurée, la fac est gardée par d'impitoyables cerbères, et il est impossible d'y pénétrer sans sa carte d'étudiant. La place de la Sorbonne est maintenant piétonne et dotée de fontaines. Bien agréable pour y boire un pot en retrait de l'agitation du boulevard Saint-Michel. La Sorbonne abrite également le rectorat de Paris, l'École des chartes et l'École pratique des hautes études.

POURQUOI L'EXPRESSION « LA FIN DES HARICOTS » ?

Autrefois, dans les collèges et universités, la nourriture était frugale. On mangeait surtout des haricots, le légume des pauvres et des nécessiteux. Quand on annonçait la fin des haricots, cela signifiait qu'il n'y avait plus rien à manger. Par extension, l'expression indique que c'est la fin de tout, rien ne va plus.

C'est là que, le 3 mai, tout commença au Quartier latin. Un meeting de protestation s'y tient dans l'après-midi pour réclamer la libération d'étudiants arrêtés lors de manifestations. Intervention de la police à l'intérieur de la Sorbonne. C'est un fait rarissime. En principe, il existe des franchises universitaires et la police est très rarement intervenue dans le milieu. En tout cas, à la Sorbonne, c'est la 1re fois (depuis, on en a pris l'habitude ; voir les occupations contre le CPE). Sa fermeture est ordonnée par Alain Peyrefitte, ministre de l'Éducation nationale. La réaction des étudiants se révèle bien sûr à la mesure de cette incroyable violation des libertés. Une grosse manif se met en route et se trouve rapidement confrontée à la police sur le boulevard Saint-Germain. Jets de poubelles, de chaises de bistrot, de pierres, enfin bref tout ce qui traîne à portée de main. 1ers blessés chez les flics, 1res charges policières, 1ers matraquages, 1res bavures, c'est parti !

L'angle des boulevards Saint-Germain et Saint-Michel (plan, **80**) **:** le 6 mai 1968, nouvelle manif étudiante, nouveaux sévères affrontements. Les pavés volent à nouveau. Plusieurs centaines de blessés, c'est le « Lundi rouge ». Le ministre de l'Éducation, Alain Peyrefitte, est entouré d'un staff totalement hors du coup. Le sociologue de son cabinet, un certain M. Bourricault (ça ne s'invente pas !), lui livre cette brillante analyse : « Les enragés ne sont qu'une poignée de trublions qu'un bon matraquage ramènera à la raison. À quelques jours des examens, ils ne seront pas suivis ! » Ce lundi, donc, le ministre persiste et déclare : « Si la police est intervenue, c'est pour protéger la grande masse des étudiants contre une poignée d'agitateurs... » Au même moment, 20 000 étudiants défilent aux cris de « Nous sommes tous des groupuscules ».

Le week-end des 11-12 mai, après la nuit des barricades, le 1er ministre Pompidou annonce que la Sorbonne est rouverte, les étudiants libérés. La police quitte le Quartier latin. La Commune étudiante a fait reculer le pouvoir. L'université va donc devenir ce foyer d'agitation permanente, cet extraordinaire lieu de parole que des milliers de gens de tous âges, de nombreux travailleurs, vont pénétrer et découvrir pour la 1re fois. La Sorbonne accueille également des marginaux de tout poil, venus soutenir le combat des étudiants. Leur look guerrier fait bien entendu les choux gras de la presse de droite, qui utilise de spectaculaires clichés pour manipuler l'opinion et tenter de déconsidérer le mouvement. On les appela les « Katangais », en référence à cette lointaine province sécessionniste du Congo. Longtemps, les étudiants eurent un comportement de complicité et de tolérance vis-à-vis de ces révoltés qui trouvaient une identité dans leur combat. À la fin, des tensions apparurent cependant à cause d'excès et de violences largement exploités par une certaine presse !

La place Edmond-Rostand : les étudiants ont manifesté pour ainsi dire toute la semaine (« Lundi rouge » le 6 mai, manif de 30 000 personnes le mardi 7 aux Champs-Élysées et *Internationale* chantée sous l'Arc de triomphe, etc.). Le pouvoir ne prend nullement conscience de la mobilisation qui s'amplifie de façon incroyable. Nouvelle manif appelée ce vendredi 10 mai à Denfert-Rochereau sur les mêmes revendications : libération des étudiants emprisonnés, amnistie des peines, réouverture de la Sorbonne. L'impatience gronde, une majorité de manifestants veut passer à un stade supérieur de la mobilisation. La manif est canalisée vers le Quartier latin par la police, qui préfère fixer la contestation dans le ghetto naturel des étudiants. Des rumeurs circulent que les négociations piétinent. La colère monte contre l'intransigeance du pouvoir. Place Edmond-Rostand, on déterre les 1ers pavés et on découvre du sable blond, comme sur une plage. L'un des plus célèbres slogans de 68 trouve là son origine. Des milliers d'étudiants, dans une extraordinaire fièvre et euphorie, font alors d'immenses chaînes pour se passer les pavés et édifier les 1res barricades dans les rues alentour. De nombreuses voitures sont également utilisées comme matériau de base. Sentiments de force, d'unité et de solidarité dans l'action (et qui se révèlent toujours les signes d'un profond mouvement de masse). C'est là que se situe un gag : le recteur Roche accepte à 22h de recevoir une délégation de 3 étudiants de l'***UNEF.*** L'oreille rivée à un transistor (c'est à ce moment qu'on mesura le rôle capital des radios périphériques dans les événements), Peyrefitte apprend avec fureur que Cohn-Bendit figure dans la délégation. Il appelle aussitôt le recteur au téléphone et s'instaure alors ce dialogue surréaliste : « Monsieur le recteur, il y a Cohn-Bendit avec vous ? – Je ne pense pas monsieur le ministre. – N'y a-t-il pas devant vous un étudiant roux au visage rond ? – Heu... oui !... » Le ministre donne l'ordre de cesser la négociation. Il est 1h du matin. Autour de la place Edmond-Rostand, 60 barricades de 2 m de haut couvrent le Quartier latin. En bas du boulevard Saint-Michel, la tension monte chez les CRS pressés d'en découdre et attendant les ordres... Une anecdote marrante : dans le même temps, le Quai d'Orsay proteste qu'on lui sabote les négociations sur le Vietnam (qui viennent de commencer à Paris), et les services de la Voirie rappellent que « les rues doivent être rendues à la circulation demain sans faute ».

Les barricades de la rue Gay-Lussac : l'épicentre de la mobilisation étudiante et... la preuve éclatante que ce ne sont pas des spécialistes de la guérilla urbaine qui les construisirent. Beaucoup de militants d'extrême gauche ou radicaux (Jeunesse communiste révolutionnaire, mouvement du 22-Mars, maoïstes et anarchistes de diverses obédiences...) participent, certes, au mouvement, mais ça n'en fait pas des spécialistes. Aucun stratège de la guérilla n'aurait élevé de barricades rue Gay-Lussac. Beaucoup trop large, rue haussmannienne typique, percée précisément à l'époque pour permettre les mouvements de troupes (et éventuellement tirer au canon !). En outre, barricades trop rapprochées, véritables nasses pour les manifestants (et quel gâchis de matériaux !). La barricade la plus stupide, tenue par la JCR (Jeunesse communiste révolutionnaire), se situait à l'entrée de l'***impasse Royer-Collard.*** Lors de l'attaque des CRS, il fallut l'abandonner rapidement, aucune possibilité de fuite n'existant bien sûr par l'arrière ! Pourtant, costaude et édifiée avec amour. L'auteur de ces misérables lignes en sait quelque chose, il en était !

Enfin, à 2h15, le pouvoir donne l'ordre de l'assaut. Les consignes avaient été claires : le moins possible de corps-à-corps, balayage maximal avec les gaz lacrymogènes. C'est ainsi que plus de 5 000 grenades tombèrent en 3h. Il y eut des scènes étonnantes. Pour fixer les gaz à terre, nécessité de projeter de l'eau dessus. Les honorables familles bourgeoises de la rue Gay-Lussac passèrent donc le restant de leur nuit à balancer de leur balcon des bassines d'eau dans la rue et... à se faire engueuler quand ça n'allait pas assez vite ! Quant aux voitures brûlées qui frappèrent tant les imaginations, si certaines furent incendiées intentionnellement pour ralentir la progression des CRS, la plupart le furent à cause de l'essence répandue par terre et mise à feu par l'explosion des grenades. La résistance des étudiants fut âpre, d'autant plus qu'ils reçurent les renforts de jeunes ouvriers des quartiers populaires (type 20e, 19e, 13e arrondissements) et banlieusards, important leurs propres méthodes de combat, comme les lance-pierres utilisant des roulements à billes (sacrément efficaces !). Les barricades des rues Le Goff, Lhomond, de l'Estrapade, Mouffetard édifiées dans des ruelles étroites furent plus longues à tomber. On y trouvait d'ailleurs pas mal de jeunes prolos (du bâtiment notamment, sondage sur le terrain). Une des plus grandes surprises pour les forces de l'ordre fut aussi les volées de projectiles qui tombèrent des toits. Des centaines d'étudiants s'y étaient réfugiés pour mieux canarder. À signaler qu'un des éléments importants qui donna du peps aux étudiants fut la rumeur, littéralement amplifiée et fantasmée, que 10 000 ouvriers se battaient à la porte Saint-Denis pour rejoindre le Quartier latin. Il n'en était rien, bien sûr, mais le courage se puise souvent dans ces sortes de fantasmes générateurs d'énergie... À la suite de cette nuit fantastique, le pouvoir reculait, les étudiants étaient libérés, la Sorbonne rouverte. Les syndicats appelaient pour le lundi 13 mai à la grève générale ; le 14, la 1re usine se mettait en grève... mais là, c'est déjà une autre histoire !

Normale Sup, dernier refuge : à 6h du matin, le 7 mai, la plupart des barricades ont été prises ou achèvent de brûler. S'engage alors une impitoyable chasse aux manifestants. Tout le Quartier latin est bouclé, les stations de métro périphériques filtrées. Certaines scènes rappellent la fin de la Commune de Paris (les 30 000 morts en moins, quand même !). Lorsqu'un jeune au look étudiant défait se fait interpeller, on lui demande : « Fais voir tes mains ! » Mains sales, vêtements maculés... il est alors embarqué sans ménagement. Lors de la Semaine sanglante de la Commune de Paris, les communards étaient immédiatement identifiés à leurs mains noires de poudre et fusillés sur-le-champ. Les versaillais d'aujourd'hui ne pouvaient pas décemment faire subir le même sort à leurs enfants ! Coincés dans le dédale des ruelles au petit matin, des milliers d'étudiants trouvèrent refuge à la fondation Curie, à l'École supérieure de chimie et surtout à Normale Sup, rue d'Ulm. Le pouvoir n'osa pas faire investir ces prestigieux établissements, d'autant plus que l'immense majorité des profs étaient sympathisants, voire acteurs du mouvement. Il y eut de grands moments de fraternisation, d'entraide, de solidarité et de belles histoires. Une jeune fille terrorisée trouva cette nuit-là refuge chez Hélène Langevin, femme du grand savant et professeur. Quelques années plus tard, elle devint sa fille adoptive...

Le théâtre de l'Odéon : *pl. de l'Odéon, 75006.* De style néoclassique, il fut édifié sous Louis XVI pour recevoir la troupe de la Comédie-Française, qui lui prêtera, en 1791, sous l'égide du grand comédien Talma, le théâtre du Palais-Royal. Il n'échappa pas, bien sûr, à la contestation ambiante. Le théâtre fut occupé à partir du 15 mai au nom de « l'imagination prend le pouvoir » et transformé en forum permanent sur ce qu'était un théâtre vraiment populaire, sur la place de l'acteur dans la société de consommation, du théâtre dans la révolution, de la création par rapport aux puissances de l'argent et toutes ces sortes de choses. Jean-Louis Barrault et maints autres monuments du théâtre furent chahutés sans ménagement par les jeunes loups de la profession. Un gag : la découverte des réserves de costumes apporta des couleurs supplémentaires à ce monstrueux happening culturel. On retrouva même des gens dans les manifs affublés de casques romains, vêtus de tenues excentriques...

L'École des beaux-arts : *rue Bonaparte ou quai Malaquais, 75006.* L'école est l'héritière de l'Académie royale de peinture fondée par Louis XIV. Elle occupe des bâtiments de différentes époques. On peut y pénétrer à l'occasion

des expos temporaires. L'École des beaux-arts fut également, bien entendu, l'un des piliers de la contestation au Quartier latin. Même type de débats fiévreux qu'au théâtre de l'Odéon : art et révolution, artistes au service du peuple, architecture populaire ou de classe... Surtout, siège de l'*atelier populaire* d'où sortirent des milliers d'affiches, véritables baromètres du mouvement, collant à l'actualité politique au jour le jour, au service de tous les fronts en lutte. On lui doit une des plus célèbres affiches de Mai 68, le CRS casqué avec la mention « SS » sur son bouclier. La mention « SS » ne figurait pas sur l'original du dessinateur Jacques Carelman, mais lui valut bien des ennuis par la suite. Slogans, graphismes, illustrations et toutes idées nouvelles étaient discutés collectivement. Il est arrivé que certaines propositions soient refusées pour radicalisme exacerbé, provocation outrancière, diffamation, etc. Certaines affiches, pourtant acceptées en comité de lecture, ne sortirent pas après impression, une nouvelle réflexion collective remettant en cause les choix antérieurs. En ce qui concerne le général de Gaulle, si la célèbre affiche « La chienlit, c'est lui ! » (comme suite à un discours où il traita le désordre des « manifs de chienlit ») fit l'unanimité, en revanche, l'affiche qui le présentait avec un masque d'Hitler ne fut quasiment pas diffusée, pour outrance politique !
À l'époque, si la plupart des militants collèrent scrupuleusement toutes leurs affiches, des petits malins spéculaient déjà sur leur valeur artistique. Ils s'en mirent quelques-unes de côté, subodorant qu'elles prendraient quelque valeur dans le futur. Ces intuitifs avaient raison, puisqu'on retrouva nombre de ces affiches mythiques dans les galeries (jusqu'à Londres, New York et Tokyo !) à des prix souvent élevés. Rançon du succès et de la spéculation, à l'occasion des différents anniversaires de 68 (les 10 ans, les 20 ans, les...), on assista même à la mise en circulation de faux, pourtant estampillés du fameux cachet « Atelier des Beaux-Arts » qui les validait à l'époque ! Rappelons aussi que c'est en 1968 que Malraux, alors ministre de la Culture, décida de séparer l'architecture, considérée comme le 1er des beaux-arts, des autres disciplines, en créant des unités pédagogiques d'architecture.

Fin de la balade

Fin de l'itinéraire, vous pouvez reprendre votre ***métro à Saint-Germain-des-Prés.*** Regardez sous vos petons. Fini les pavés. Après les révolutions de 1830, 1848, 1871 et 1968, ras-le-bol ! Le pouvoir a exorcisé définitivement ses frayeurs en noyant les pavés du Quartier latin sous 2 cm de bitume (sauf la rue de la Harpe, encore pavée et piétonne). Pourtant, pourtant, il nous a bien semblé que, de-ci, de-là, le goudron semblait s'user par endroits...
Si on veut continuer dans l'esprit de Mai 68, prenons le bus nº 21 rue Gay-Lussac pour le stade Charléty, un autre haut lieu des événements. C'est là que se rassemblèrent, le 27 mai, après les accords de Grenelle, entre 30 000 et 50 000 manifestants issus de la gauche non communiste. Jacques Sauvageot ouvre le meeting au nom de l'UNEF et Mendès France est acclamé par la foule. François Mitterrand a choisi de ne pas y participer.

Où manger ? Où boire un verre ?

Sur un plateau

🍽 ***Le Reflet*** *(plan,* ***1****)* **:** *6, rue Champollion, 75005. ☎ 01-43-29-97-27. Ⓜ Cluny-La Sorbonne. Lun-sam 11h-2h, dim 15h-minuit ; service 12h (18h dim)-22h45. Congés : 3 sem en août et 10 j. à Noël. Petits plats ou croques 7-10 €, plats du jour 9-13,50 €.* Dans un décor 7e art en attendant la prochaine séance, jeunes et moins jeunes cinéphiles, qui ont leurs habitudes dans les salles environnantes, dévorent quelques tartines, des entrées façon petits plats (pommes de terre farcies au fromage, croque avec salade verte) ou carrément un plat. Il n'est pas non plus interdit d'y refaire le film, au comptoir ou dans le gros canapé, après la dernière séance, sous l'œil bienveillant d'Orson Welles...

Le Pantalon *(plan,* ***2****) : 7, rue Royer-Collard, 75005. Ⓜ Cluny-La Sorbonne ; RER B : Luxembourg. Tlj 17h30-2h. CB refusées.* Ce repaire d'étudiants, fait de bric et de broc (et même d'un pantalon !), offre une déco conçue par le patron et des étudiants des Beaux-Arts comme une ruelle. Les plus observateurs iront faire un tour au fond : étonnant ! Bon à savoir, les bières sont moins chères quand on reste au comptoir à se faire des copains.

Avec un p'tit verre

Café de la Nouvelle Mairie *(plan,* ***3****) : 19, rue des Fossés-Saint-Jacques, 75005. ☎ 01-44-07-04-41. Ⓜ Cardinal-Lemoine ou Place-Monge ; RER B : Luxembourg. Tlj sauf sam-dim 8h-minuit ; service 12h-14h30, 19h-22h30 (apéros dînatoires ven). Congés : 3 sem en août et 1 sem à Noël. Plats 11-22 €. Vins au verre 4-8 €.* Ambiance néo-rétro pour ce bar à vins un peu jazzy avec vieux zinc et chaises de bistrot bien patinées dans des teintes sobres et élégantes, où se bouscule une clientèle de fidèles, heureux de boire un bon vin de pays choisi avec soin par le patron. Belle terrasse en été.

PARIS ET LE CINÉMA : MONTMARTRE

• Plan *p. 220-221*

BALADE N° 25 : 5 km – 3h

UN PEU D'HISTOIRE

« Paris est tout petit pour ceux qui s'aiment, comme nous, d'un aussi grand amour », disait Arletty à Pierre Brasseur dans *Les Enfants du paradis.* Mais ça, c'est du Prévert ! Quel que soit l'amour que l'on porte au 7e art, il nous a semblé, à nous, que Paris était un peu trop grand pour vous proposer un itinéraire cinéma traversant les 20 arrondissements de la capitale. Alors, il a fallu choisir un quartier. Pourquoi Montmartre ? Parce que la Butte porte fièrement les 2 facettes du cinéma que sont la peinture et le spectacle vivant. Elle a séduit bien des peintres : Renoir, Toulouse-Lautrec, Picasso, Suzanne Valadon et son fils Utrillo... Normal, elle est si pittoresque (de l'italien *pittore,* qui signifie justement... « peintre » !). Les cinéastes sont un peu les descendants des peintres, et, dans le cas de la famille Renoir, c'est au sens propre. La couleur, la lumière, la profondeur de champ sont des données qui comptent autant pour celui qui tient un pinceau que pour celui qui manie une caméra. D'ailleurs, la toile est autant le support de la peinture que celui de la projection cinématographique.
Montmartre a aussi été le foyer des 1ers cafés-concerts, les fameux caf'conc'. C'est cette ambiance qu'a voulu recréer Jean Renoir dans son film *French Cancan,* qu'il résumait lui-même comme « un hommage à notre métier, le métier du spectacle ». Le cinéma trouve ses racines dans le cabaret ; comme lui, il est affaire de rythme, de mouvement (*kinema,* en grec, justement...). Et n'oublions pas que les 1res projections, à la Belle Époque, ont été organisées dans des cafés-concerts, bientôt imités par d'autres établissements de variétés.
Enfin, la plus célèbre école de cinéma, la Fémis, a posé ses bobines dans cet arrondissement (au 6, rue Francœur exactement). Ici sont formés les professionnels des métiers de l'audiovisuel. Peut-être les plus grands réalisateurs de demain ? Bon, allez, en route, on va crapahuter !

Départ

➢ *Début de la promenade au* ***métro Place-de-Clichy.*** *Compter 5 km et 3h de balade.*

À voir

La place de Clichy *(plan,* ***80****)* **:** en sortant du métro, sur le terre-plein au milieu de la place, nous sommes exactement à l'endroit où Antoine Doinel, jeune héros des *400 Coups* de ***Truffaut,*** surprend sa mère en train d'embrasser un inconnu. Son œdipe déjà mal en point en prend un coup... Truffaut est un enfant de ce quartier populaire, en lisière de la Butte. Il a grandi non loin d'ici (voir en fin de balade) et repose désormais au cimetière de Montmartre. La place de Clichy inspira un autre grand cinéaste populaire : Julien Duvivier. En 1960, il y tourna *Boulevard,* avec Jean-Pierre Léaud, Magali Noël et Pierre Mondy. Juste derrière *Les 400 Coups,* Léaud y joue encore un ado abandonné par son père. Il vit dans une chambre de bonne donnant sur la place de Clichy et cherche l'affection de sa voisine, une strip-teaseuse (Magali Noël) qui a pour compagnon un boxeur déchu (Pierre Mondy). C'est l'occasion d'une belle carte postale du quartier, qui exprime un charme attachant et pathétique avec tout son petit peuple de gens humbles, de marginaux et d'acteurs de la vie de quartier.

FAIRE LES 400 COUPS !

En 1621, Louis XIII décida de soumettre Montauban, grande ville protestante. On raconte que, pour effrayer la population, le roi fit tirer 400 coups de canon simultanément. Les Montalbanais ne se rendirent pas et auraient même répondu à l'assaut en faisant bombance ! Cet épisode est à l'origine de la célèbre expression qui signifie toujours « faire la fête ».

Sur le boulevard de Clichy, la ***brasserie Wepler,*** ainsi que le ***cinéma Pathé Wepler*** *(plan, **81** ; 132 et 140, bd de Clichy).* Ces façades et toutes les rues alentour forment le décor très parisien et très daté années 1950 des *400 Coups.* Ah ! les bus à impériale, les DS et les Dauphine, les pissotières... Le *Pathé Wepler* a été inauguré en 1956. Grâce à sa salle de 1 700 places, il devait rivaliser avec son voisin géant, le *Gaumont Palace* (voir ci-après). En 1969, il a été coupé en deux : le *Wepler* et la *Caravelle* qui, à l'époque, offrait le top du top (on pouvait y boire et y fumer)... Aujourd'hui, en observant sa façade, on a du mal à se figurer le *Pathé Wepler* d'antan.

Au 1, rue Caulaincourt, actuellement un pâté de maisons occupé par *Castorama* et un hôtel *Ibis* (eh oui ! tout change...) : versons une petite larme sur le site du défunt ***Gaumont Palace*** *(plan, **82**).* Un mastodonte de 6 000 places, que ses promoteurs vantaient, à l'époque, comme « le plus grand cinéma du monde ». Il occupait l'ancien emplacement de l'hippodrome, élevé en 1900, place de Clichy (!). Rénové en 1931, il a symbolisé les fastes du cinéma-spectacle, avec ses attractions époustouflantes. Il a été démoli en 1972. C'est là que M. Doinel entraîne sa femme et son fiston, prénommé Antoine, un rare soir de connivence familiale. La petite famille sort rabibochée de la projection du film *Paris nous appartient.*

➢ Prenons le boulevard de Clichy en direction de la place Blanche, puis à gauche l'avenue Rachel.

Le cimetière de Montmartre : *on y entre par l'av. Rachel. Tlj 8h (8h30 sam, 9h dim)-18h. Munissez-vous du plan à l'entrée.* Une petite visite à la dernière demeure de ***François Truffaut*** (21e division). Son ultime adresse : avenue Cordier. Il avait une tendresse particulière pour ce cimetière, et son vœu le plus cher était d'y être enterré. Il racontait qu'un jour il avait dû y filmer clandestinement car l'administration lui avait refusé l'autorisation de tournage. Il y a aussi les tombes de ***Sacha Guitry*** (1re division), ***Alfred de Vigny*** (13e division), ***Émile Zola*** (19e division), ***Stendhal*** (30e division) et surtout ***Dalida,*** avec la grande statue à son effigie (18e division).

➢ Revenons sur nos pas et remontons la rue Caulaincourt.

La rue Caulaincourt : le pont par-dessus le cimetière. Souvenirs de Truffaut, encore... Dans *Les 400 Coups,* Antoine et son copain René déambulent ici, encombrés de la machine à écrire volée au bureau de M. Doinel. N'ayant pas réussi à refourguer la marchandise à un receleur, le jeune Antoine finit par rapporter

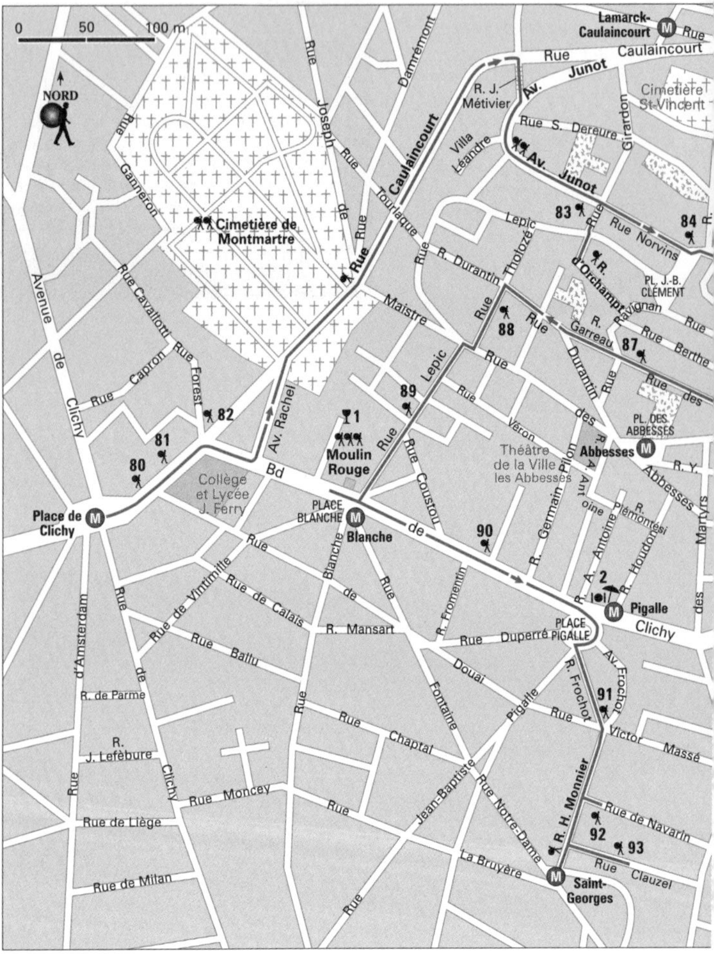

son lourd butin au bureau paternel. L'honnêteté ne paie pas toujours : il se fait pincer par le gardien et conduire au poste !

➢ Prenons à droite les escaliers de la rue Juste-Métivier pour rejoindre l'avenue Junot.

Avenue Junot, « y a une pension de famille. *Les Mimosas,* qu'elle s'appelle. C'est là qu'il habite, l'assassin. Au 21. » C'est par ces mots que Raymond Bussières indique au commissaire Pierre Fresnay l'endroit où se cache M. Durand, un mystérieux tueur en série. Il s'agit, vous l'aurez reconnu, du célèbre film d'***Henri-Georges Clouzot,*** *L'assassin habite au 21.* Mais ne cherchez pas le n° 21 dans

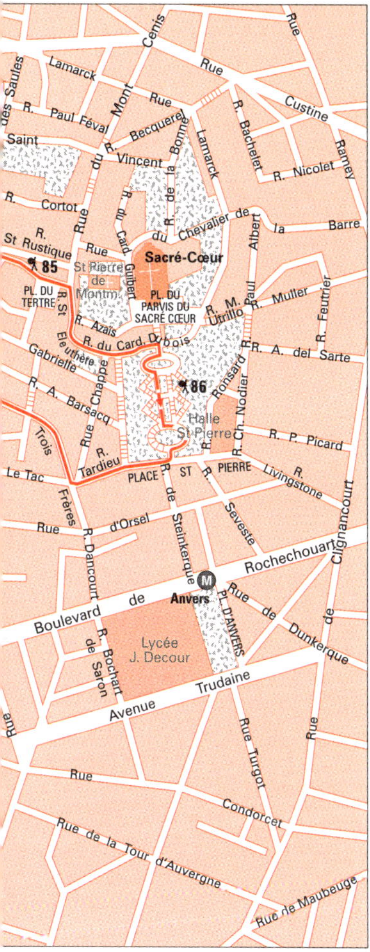

À voir

80 Place de Clichy
81 Brasserie Wepler et cinéma Pathé Wepler
82 Gaumont Palace
83 Ciné 13 Théâtre
84 Restaurant Le Consulat
85 Chez la Mère Catherine
86 Square Willette
87 Épicerie fine Chez Ali
88 Studio 28
89 Café-tabac des 2 Moulins
90 All-In live show table dance, Lapdance
91 Villa Frochot
92 Immeuble de Truffaut
93 École maternelle de Truffaut

Où manger ?
Où boire un verre ?

1 Le Bar à Bulles
2 Bouillon Pigalle

PARIS ET LE CINÉMA : MONTMARTRE

l'avenue : en fait, la numérotation passe directement du 23 au... 15 ! De toute façon, le film a été tourné en studio... Au passage, jetez un coup d'œil à la charmante Villa Léandre. Plus d'un réalisateur pourrait s'en servir comme toile de fond, romantique en diable !

Au nº 1 de l'avenue Junot, le ***Théâtre Lepic*** (ancien ***Ciné 13 Théâtre*** **;** *plan,* ***83***). 13 comme les Films 13, comme le nombre fétiche de Claude Lelouch, le propriétaire des lieux. C'est l'ancien théâtre du Moulin de la Galette, qui a été sauvé d'une probable destruction par la réhabilitation de Lelouch. Le cinéaste l'a racheté en pensant que le lieu pourrait servir comme décor de film. Et, en 1983, alors qu'il préparait *Édith et Marcel,* il a eu besoin de reconstituer le Club des 5, où s'étaient

rencontrés la Môme Piaf et le boxeur. Tout naturellement, c'est au *Ciné 13 Théâtre* que cette scène a été tournée. D'où l'actuelle déco, très style années 1940.
Aujourd'hui, repris par Salomé Lelouch (sa fille), c'est une salle de théâtre pas comme les autres, qui accueille tout à la fois des petits concerts, des spectacles musicaux, des spectacles pour enfants, des comédies ou des pièces plus classiques, des projections de courts-métrages... bref, un programme éclectique. Avant ou après le spectacle, on peut boire un verre au bar. Autre originalité : les 3 premiers rangs sont constitués de canapés profonds en cuir rouge. Pour en bénéficier, mieux vaut appeler au préalable pour réserver *(☎ 01-42-54-15-12).*

➢ Faisons un petit crochet sur la droite, rue Girardon, pour rejoindre la ***rue d'Orchampt.*** Regardez les trottoirs... ça ne vous dit rien ? « Je ne sais pas pourquoi on avait choisi la rue de Paris qui a le plus petit trottoir », se rappelle Xavier (Romain Duris) dans le film ***L'Auberge espagnole.*** Il évoque le 1er baiser (forcément maladroit) échangé avec sa copine Martine (Audrey Tautou) sur ce morceau de bitume riquiqui.
Pour l'anecdote, *Dalida* vécut 25 ans au nº 11 bis de cette rue. Elle mourut dans cette maison dans la nuit du 2 au 3 mai 1987 (mais cela n'a plus grand-chose à voir avec le cinéma !).

➢ Revenons sur nos pas pour continuer notre balade vers la rue Norvins.

Au nº 18 de la rue Norvins, ***restaurant Le Consulat*** *(plan,* ***84****).* Grâce à son emplacement privilégié, ce resto a attiré Woody Allen, qui y a tourné une scène de sa comédie musicale *Tout le monde dit I love you.* Asseyez-vous à une table, en pensant que Julia Roberts ou Goldie Hawn vous y ont peut-être précédé...

En haut de la rue, l'inévitable place du Tertre. Ici, la croûte semble l'emporter sur la toile... mais oubliez un instant les flots de touristes ! Direction le restaurant ***Chez la Mère Catherine*** *(plan,* ***85*** *; 6, pl. du Tertre ; ☎ 01-46-06-32-69).* Une maison fondée en 1793. Pour la petite histoire, c'est ici que serait née l'expression « bistro » pour désigner un troquet. En 1814, les Cosaques arrivés à Montmartre réclamaient à boire en scandant « *Bistro ! bistro !* » (en français : « Vite ! vite ! »). Leurs supérieurs, d'origine aristocratique, n'étaient d'ailleurs pas en reste et pas les derniers à venir s'encanailler dans les tripots. Sans parler du bon souvenir qu'ils laissèrent à leurs conquêtes (« l'amour à la cosaque » !)... Ernst Lubitsch s'en est peut-être souvenu lorsqu'il a tourné *Ninotchka,* avec Greta Garbo. Selon un procédé courant à Hollywood à l'époque, il s'est fait envoyer des photos d'un restaurant *typically parisian,* afin de reconstituer le décor en studio : *Chez la Mère Catherine* est donc devenu, dans le film, « Chez le Père Matthieu ». Mêmes rideaux de dentelle, mêmes nappes à carreaux. Aujourd'hui, *Chez la Mère Catherine* n'est pas franchement un rendez-vous du prolétariat urbain, plutôt un repaire de touristes. On peut toutefois y boire un verre en terrasse.

➢ Prenons la rue Saint-Éleuthère jusqu'à l'arrivée du funiculaire ; descendons par les escaliers du square Willette.

Le square Willette *(plan,* ***86****) :* impossible de ne pas faire halte sur les lieux devenus cultes qui ont servi de décor au film de Jean-Pierre Jeunet *Le Fabuleux Destin d'Amélie Poulain.* En contrebas du Sacré-Cœur, le square Willette offre une cascade d'espaces verts tout à fait photogéniques. C'est ici, sur le parvis où trône un carrousel, qu'Amélie

UN FUNICULAIRE SANS MOTEUR

En 1900, lors de son inauguration, les Parisiens eurent la surprise de constater qu'il fonctionnait à l'eau. On remplissait un réservoir de 5 m³ à chaque fois qu'il arrivait en haut, ce qui lui permettait de redescendre ensuite avec la gravité. En descendant, il entraînait l'autre cabine qui s'élevait en même temps. Ni bruit ni pollution. On installera toutefois un moteur en 1935.

fixe rendez-vous à Nino Quincampoix pour lui rendre son précieux album de photo(maton)s. La cabine téléphonique qui sert de point de départ au jeu de piste qu'elle lui a concocté a disparu, elle n'avait été posée là que pour les besoins du tournage. Mais le carrousel tourne toujours en rond, et les télescopes pointent encore l'horizon (même s'ils ont été changés). Pour 5 francs, Nino peut voir Amélie qui agite son album. Aujourd'hui, vous pourrez jouir de ce magnifique panorama ouvert sur les 2 rives de la Seine.
Petit aparté à l'intention des amoureux d'*Antoine (Doinel),* avec l'aimable autorisation des inconditionnels d'*Amélie (Poulain)* : la volée de marches au pied du Sacré-Cœur... c'est, c'est, c'est... *Les 400 Coups,* bien sûr ! Antoine et son copain René, en vadrouille, y croisent un curé en soutane. René l'apostrophe d'un insolent : « Bonjour, m'dame ! » À quoi l'homme en noir réplique par un haussement d'épaules en maugréant dans sa barbe.

➢ Prenons la rue Tardieu puis, à droite, la rue des Trois-Frères.

Rue des Trois-Frères, au n° 56, à l'angle de la rue Androuet, l'***épicerie fine Chez Ali*** *(plan,* ***87****)* est devenue la ***maison Collignon*** depuis le succès du *Fabuleux Destin d'Amélie Poulain.* C'est ici qu'officie l'inoubliable Lucien (Djamel Debbouze), souffre-douleur de l'infâme épicier Collignon, poète de l'endive et peintre à ses heures. Phénomène international, *Amélie* a aussi bouleversé quelque peu le quartier des Abbesses et, pour Abdel Moughdy, patron depuis plus de 30 ans de ce modeste primeur, elle a été la fée de la (bonne) fortune ! La devanture verte a été conservée en l'état et l'aspect général également. Une vitrine est tapissée d'articles de presse traitant du film et de l'épicerie. À défaut de plonger la main dans un sac de grains comme Amélimélo (Audrey Tautou), vous pourrez acheter ici de quoi vous désaltérer afin de poursuivre allègrement cet itinéraire.

➢ Continuons tout droit, rue Garreau puis rue Durantin, et tournons à gauche dans la rue Tholozé.

Le Studio 28 *(plan,* ***88****)* **:** *10, rue Tholozé, 75018.*
Alors là, attention : monument du 7e art ! Ce sympathique cinéma de quartier cache derrière sa façade sobre un pan essentiel de l'histoire du cinéma. Créé en 1928, il a été le 1er cinéma d'avant-garde. *Jean Cocteau, Luis Buñuel, Abel Gance* le fréquentèrent. En 1930, la salle projette *L'Âge d'or* de Buñuel. Scandale immédiat. Les représentants des ligues antisémites crient : « Mort aux juifs ! » Ils bombardent l'écran d'encre violette et d'œufs pourris, lacèrent les tableaux de Max Ernst et de Dalí. Après seulement 2 projections, le film est interdit. Il le restera jusqu'en... 1981.
Après la guerre, en 1948, le cinéma est repris par les frères *Roulleau.* L'un d'eux est le père du propriétaire actuel, Alain Roulleau.
À la même époque, Jean Cocteau et Abel Gance sont intronisés patrons du cinéma. Cocteau a d'ailleurs réalisé lui-même le décor de la salle. Ses appliques, qui se découpent sur la peinture bleu nuit des murs et du plafond, émerveillent encore aujourd'hui par leur finesse et leur originalité. Dans le hall, au-dessus de la porte de sortie, le poète a écrit : « La salle des chefs-d'œuvre, le chef-d'œuvre des salles. »
Depuis 1993, Alain Roulleau est donc aux manettes. Il se démène pour faire vivre sa salle, selon un credo qui tient en 3 mots : convivialité, accueil, qualité. Son pari : offrir la même qualité technique que les multiplexes avec, en plus, une programmation intelligente et une ambiance à échelle humaine.
Juin 2000. Le *Studio 28* est en effervescence car on y tourne un film. Lequel ? Un indice : « J'aime bien me retourner dans le noir et contempler les visages des autres spectateurs. » Alors ?... Bien sûr, c'est *Le Fabuleux Destin d'Amélie Poulain* avec Audrey Tautou ! Autre devinette. Savez-vous quel film est projeté sur l'écran lorsque Amélie fait ce commentaire ? Réponse : *Jules et Jim,* de François Truffaut. Tout un symbole...

➢ Continuons de descendre la rue Tholozé et, presque dans le prolongement, prenons la rue Lepic.

Rue Lepic, au nº 15, à l'angle de la rue Cauchois, ***Café-tabac des 2 Moulins** (plan, **89**).* N'y cherchez pas Mme Suzanne, la patronne au grand cœur qui échange les chefs-d'œuvre contre ses hors-d'œuvre dans *Le Fabuleux Destin d'Amélie Poulain...* Ne fantasmez pas non plus sur le néon rose indiquant les toilettes, où Georgette connaît un orgasme sismique avec Joseph, l'ex-amant de Gina, jaloux névrotique... Il a été remplacé par un panonceau plus sobre. C'est ici un café tranquille, où les habitués avalent un petit noir ou un petit blanc, selon l'heure et le goût. Les touristes et les curieux sont là aussi, venus plutôt pour palper l'ambiance et se souvenir d'Amélie, dont le sourire malicieux égaie la salle, sur une grande affiche du film collée au mur. Là encore vous pouvez vous poser pour vous désaltérer avant de poursuivre allègrement la suite de l'itinéraire *(lun-ven 7h30-2h, sam-dim 8h-2h).*

➢ Descendons la rue Lepic jusqu'à la place Blanche.

Le Moulin-Rouge : *pl. Blanche ou, plus précisément, 82, bd de Clichy, 75018.* On ne présente plus le célèbre cabaret, immortalisé par son client le plus fidèle et le plus génial, *Toulouse-Lautrec*. C'était au temps du cancan, de la Goulue et de Valentin le Désossé... Mais un lieu aussi photogénique ne pouvait qu'inspirer les cinéastes. *French Cancan* de Jean Renoir, *Moulin-Rouge* de John Huston et *Moulin-Rouge* de Baz Luhrmann (avec Nicole Kidman et Ewan McGregor). Aucun de ces 3 films n'a été tourné sur place : le premier aux studios de Billancourt, le deuxième à Hollywood, le troisième... à Sydney, en Australie ! Pour cause : la mythique salle a brûlé dans les années 1910. Baz Luhrmann est toutefois venu à Paris pour se documenter. Et c'est son épouse française, Catherine Martin, qui a supervisé les décors et les costumes. La bande-son pop-rock du film peut surprendre, mais le réalisateur a son explication : « Toulouse-Lautrec, c'est Andy Warhol ; Debussy et Satie, la musique pop ; Aristide Bruand, Eminem. » Dans ce cas, évidemment...

Au 50, boulevard de Clichy, ***All-In live show table dance, Lapdance** (plan, **90**).* La devanture rose défraîchie n'est pas franchement engageante... Mais c'est à cette adresse que, dans *Femme fatale,* de Brian De Palma, la belle Rebecca Romijn-Stamos vient acheter un flingue. On la voit pénétrer dans le hall louche, puis réapparaître à travers les stores d'une fenêtre du 1er étage, pour effectuer plus discrètement sa transaction illicite. À part ça, le reste du film se déroule dans un autre quartier populaire, Ménilmontant.

➢ Continuons jusqu'à la place Pigalle et descendons, à droite, la rue Frochot jusqu'au carrefour avec la rue Victor-Massé.

***La villa Frochot** (plan, **91**) :* avant de devenir le coin festif et touristique que l'on connaît aujourd'hui, le quartier de Pigalle a été un haut lieu de la pègre. On a tous vu ces films des années 1950, en noir et blanc, où des truands en costumes rayés faisaient la tournée nocturne de leurs tripots ou cabarets, relevant au passage les « compteurs » de leurs volailles emplumées... On pourrait en citer 10, on n'en a retenu qu'un seul : *Touchez pas au grisbi,* de Jacques Becker (1953). Un Gabin désabusé cherche à prendre une retraite bourgeoise après le vol de 96 kg d'or en barre que convoite une bande rivale. Le cabaret *Le Mystific,* dont les tauliers se nommaient Pierrot et Marinette, était situé en bas de la *rue Frochot,* sur la gauche. La porte d'entrée du *Mystific* n'est plus ; à sa place, un long et superbe vitrail d'inspiration Art nouveau, dans les tons grenat, pourpre, violet, bleu nuit... Essayons de jeter un œil à travers les grilles fermant la villa Frochot. Attention, digicode et gardiennage sévères...
C'est aussi dans cette villa Frochot que vécut *Jean Renoir*. À ce même carrefour, arrêtons-nous un instant devant le *B9,* café *Le Frochot* dans le film (*Touchez pas au grisbi* – voir plus haut), et le bar-tabac *Le Balto.*

La rue Henri-Monnier : *prolongement de la rue Frochot.*
Faisons une petite incartade dans le 9e arrondissement. Dans l'ouvrage *Truffaut par Truffaut,* paru aux éditions du Chêne, le cinéaste évoque son enfance : « J'habitais du côté de Pigalle, la rue Henri-Monnier, ce quartier un peu au-dessous de Montmartre et Pigalle, et je suis allé à l'école maternelle de la rue Clauzel et ensuite au lycée Rolin, dans les petites classes et ensuite dans différentes écoles communales. » Le grand cinéaste vécut en effet chez ses grands-parents, rue Henri-Monnier, avant de s'installer au ***33, rue de Navarin*** *(plan,* ***92****).* Une plaque rappelle que Truffaut vécut ici et tourna dans les rues alentour son célèbre film *Les 400 Coups.*
Rue Henri-Monnier, toujours, vivait ***Alphonse Boudard.*** Sans doute pour être proche des truands qu'il fréquenta dans sa jeunesse, avant de devenir un écrivain célèbre. En tout cas, le cinéma sut largement utiliser ses ouvrages, notamment avec *La Métamorphose des cloportes.*

➢ Pour finir comme on a commencé, avec ***Truffaut,*** rendons-nous rue Clauzel. Tournons à gauche après l'agréable place G.-Toudouze. L'école maternelle existe toujours ; elle est au ***n° 12*** *(plan,* ***93****).*

Fin de la balade

Le ***métro Saint-Georges,*** tout proche, se trouve en bas de la rue Henri-Monnier.

➢ Paris est un magnifique décor de cinéma qui n'a cessé d'inspirer les réalisateurs. Pour les cinéphiles, c'est une véritable caverne d'Ali Baba que Juliette Dubois, créatrice de cine-balade.com, peut vous faire découvrir. Elle propose des visites guidées sur les traces des grands films (et des moins grands), des lieux de tournages méconnus, des metteurs en scène et des stars qui ont foulé le pavé parisien. Le tout avec le regard d'une cinéphile. *Programme sur le site • cine-balade.com • ; compter 14-18 € pour une balade de 2h à 2h30.*

Où manger ? Où boire un verre ?

Le Bar à Bulles *(plan,* ***1****)* **:** *4 bis, cité Véron, 75018. ☎ 01-53-41-88-86. Ⓜ Blanche. Mar-dim dès 18h (11h le w-e). Fermé lun. Cocktails 8-14 €. Tapas 4-13 € ; brunch (sam-dim 12h-14h) 24 €.* Qui n'a jamais rêvé d'apercevoir les coulisses du Moulin-Rouge ? Caché derrière les ailes du plus célèbre moulin parisien, ce bar aux couleurs acidulées et au mobilier original offre une pause estivale dans un Paris qui fait parfois grise mine. Sous une belle collection d'abat-jour loufoques, le cadre rétro-bobo impose son style : chaises dépareillées, profonds fauteuils pimpants, carrelage à motifs et papier peint à damier noir et blanc. Mais la pépite, c'est cette superbe terrasse en hauteur, à l'abri du bruyant boulevard de Clichy. En été, on sirote son cocktail sous un parasol en piochant à la carte des tapas originales et fraîches (mais pas données). On se croirait à la campagne, sauf que ce moulin-là clignote !

Bouillon Pigalle *(plan,* ***2****)* **:** *22, bd de Clichy, 75018. ☎ 01-42-59-69-31. Ⓜ Pigalle. Tlj 12h-minuit en continu. Plats 9-14 € ; carte 16-20 €.* Les « bouillons » sont nés à Paris au XIXe s. Qualité des plats et addition douce ont fait leur succès, jamais démenti. Celui-ci reprend cette grande tradition. Sur 2 niveaux et avec à l'étage une terrasse chauffée ouverte sur la place Pigalle. Au menu, du simple, du concret, du bon : poireau vinaigrette, agneau de 7 heures, bœuf bourguignon... et le fameux œuf mayonnaise (champion du monde 2019) ! Que des plats qui font la réputation de notre cuisine. Quant aux desserts, on salive déjà avec la profiterole au chocolat ou le baba au rhum. Le tout fait maison. Pour le vin, c'est vous qui choisissez la quantité (on dit « à la verse »). Chapeau !

PETITS TRUCS ET ASTUCES POUR ÉVITER LES ABUS ET MAUVAISES SURPRISES

Un routard informé en vaut 2 ! Pour éviter les désagréments en tous genres, il est bon de les connaître. Voici un petit vade-mecum destiné à parer aux coûts et aux coups de bambous.

Bien sûr, nos enquêteurs veillent au grain, et les établissements qui ne répondent plus à nos critères ou abusent sont vite supprimés de nos guides. La réciproque est aussi valable. N'oublions pas que les hôteliers et restaurateurs font un métier difficile. S'ils se doivent de toujours garder le sourire, nous nous devons de les respecter en n'arrivant pas chez eux en terrain conquis.

À L'HÔTEL

1 – Arrhes ou acompte ? : au moment de réserver votre chambre par téléphone – par précaution, toujours confirmer par écrit (ou mail) –, il n'est pas rare que l'hôtelier vous demande de verser à l'avance une certaine somme, celle-ci faisant office de garantie. Il est d'usage de parler d'arrhes (et non d'acompte). Légalement, aucune règle n'en précise le montant. Toutefois, ne versez que des arrhes raisonnables : 25 à 30 % du prix total, sachant qu'***il s'agit d'un engagement définitif sur la réservation*** de la chambre. Cette somme ne pourra donc pas être remboursée en cas d'annulation de la réservation, sauf cas de force majeure qu'il vous faudra justifier (maladie ou accident) ou en accord avec l'hôtelier si l'annulation est faite dans des délais jugés raisonnables. Si, au contraire, l'annulation est le fait de l'hôtelier, il doit vous rembourser le double des arrhes versées. Si vous avez réservé une chambre (sans avoir rien versé) et que vous avez un empêchement, ***passez un coup de téléphone pour annuler,*** c'est la moindre des politesses.

2 – Subordination de vente : les hôteliers ont interdiction de pratiquer la subordination de vente. C'est-à-dire qu'***ils ne peuvent pas vous obliger à réserver plusieurs nuits d'hôtel si vous n'en souhaitez qu'une.*** Dans le même ordre d'idées, on ne peut vous obliger à prendre votre petit déjeuner ou vos repas dans l'hôtel ; ce principe, illégal, est cependant toléré en pratique, surtout en haute saison, dans les zones touristiques, où la demande est bien plus importante que l'offre !

3 – Les réservations en ligne : elles se sont généralisées. Mais voilà, si les centrales de réservation en ligne sont devenues incontournables, elles ne garantissent pas systématiquement de meilleurs prix qu'en direct. En outre, les promesses ne sont pas toujours tenues et l'on constate parfois des dérives, telles que promos bidons, descriptifs exagérés, avis d'internautes truqués... Les hôteliers s'estiment souvent étranglés par les commissions abusives prélevées au passage. ***N'hésitez pas à réserver directement auprès de l'hôtel.*** Aujourd'hui, la plupart alignent leurs prix sur ceux des sites commerciaux. Autre avantage, vous pouvez préciser le type de chambre souhaité (sur rue, sur jardin) et obtenir des renseignements fiables sur l'établissement.

4 – Responsabilité en cas de vol : un hôtelier ne peut en aucun cas dégager sa responsabilité pour des objets volés dans la chambre d'un de ses clients, même si ces objets n'ont pas été mis au coffre. En d'autres termes, les éventuels panonceaux dégageant la responsabilité de l'hôtelier n'ont aucun fondement juridique.

AU RESTO

1 – Les prix : ils sont libres, mais ***l'affichage est obligatoire*** à l'extérieur de l'établissement, de manière visible. Tous les menus doivent être affichés, même le moins cher. Ils doivent être identiques à ceux que l'on vous présente à l'intérieur.

2 – Formule ou menu ? Généralement, la formule est une proposition écourtée comprenant entrée + plat ou plat + dessert. Avec parfois un verre de vin et/ou le café. De fait, elle est moins chère que le menu, en principe complet (entrée + plat + dessert). Très souvent, les formules et les 1ers menus (les moins chers) ne sont ***servis qu'en semaine et/ou seulement au déjeuner,*** et plus rarement avant certaines heures (12h30 et 20h environ). C'est parfaitement légal, à condition toujours que ce soit clairement indiqué sur le panneau extérieur et sur le menu que l'on vous présente une fois installé. Il arrive qu'il disparaisse comme par enchantement (humm, mauvais signe…). Demandez-les, ça ne mange pas de pain.

3 – Attention aux suppléments. Certains menus imposent 3 suppléments pour 5 plats proposés. Cherchez l'erreur !

4 – Le « fait maison » : depuis que la législation existe, pour parer au sous-vide et tout congelé, et parallèlement valoriser le travail de restaurateurs scrupuleux, le « fait maison » (logo d'une casserole surmontée d'un toit de maison avec cheminée) apparaît comme un faire-valoir évident et rassurant. Même s'il ne garantit pas le 100 % maison (la loi est un peu tordue, et il n'y a pas de contrôle), ni la qualité du chef ! Cela dit, ***c'est un bon début.***

5 – La carte en dit long ! Voici, foi d'enquêteur, quelques trucs très simples pour analyser un menu : tout d'abord la ***brièveté de la carte*** est un bon gage de fraîcheur ; quand les produits sont locaux et de saison, c'est encore mieux ! On peut aussi questionner le serveur. Sa franchise (ou son embarras) vous en dira long. Autre indice : si la carte n'est composée que de plats passe-partout dont certains peuvent nécessiter des cuissons très longues (parmentier de canard, suprêmes de volaille en sauce, souris d'agneau, bourguignon...), ce n'est pas forcément bon signe, surtout s'ils sont servis trop rapidement. Même topo avec les desserts bistrotiers type tarte Tatin, mi-cuit ou mousse au chocolat, crème brûlée, panna cotta, tiramisù qui sortent soit du congélateur, soit d'une brique ! Tout comme les mignardises qui accompagnent le café gourmand souvent surfacturé, insipide… et certainement pas « maison ». Un bon chef n'est pas forcément un bon pâtissier. Et il a rarement le temps de préparer 36 desserts ! Enfin, en dehors des zones côtières, on évite les poissons et fruits de mer le lundi… les livraisons ayant rarement lieu le week-end !

6 – Commande jugée insuffisante : sachez qu'il est illégal de pousser le client à la consommation.

7 – *Doggy bag* : la lutte anti-gaspi a du bon ! Si la pratique du *doggy bag* est déjà bien répandue dans certains pays, en France on a longtemps traîné la patte. À partir de juillet 2021, les restaurateurs seront dans l'obligation de proposer à leurs clients ce qu'ils auront laissé dans leur assiette. Dans les faits, certains le pratiquent déjà. Alors, n'hésitez pas à le demander, même si cela n'est pas (encore) dans nos habitudes culturelles.

8 – Eau : une carafe d'***eau du robinet*** est ***gratuite*** à condition qu'elle accompagne un repas. On ne peut pas vous la refuser, sauf si elle est jugée impropre à la consommation par décret. Dans certains restos, on vous l'apporte d'office en guise de bienvenue. Un vrai bon point ! La bouteille d'***eau minérale*** doit, quant à elle, comme le vin, être ouverte devant vous. L'arnaque consiste parfois à proposer d'emblée une eau minérale, facturée au prix fort. À la question du serveur : « … et pour l'eau, plate ou gazeuse ? », vous pouvez répondre : « une carafe, s'il vous plaît ».

9 – Vins (et autres alcools) : la marge la plus importante des restaurateurs ! Et certains en abusent… Au-delà de 2 verres (gare aux prix exorbitants), il peut être plus intéressant de commander une bouteille, quitte à l'emporter en fin de repas si elle n'est pas terminée. Sinon, ne pas hésiter à demander un ***petit vin de pays en pichet,*** l'occasion de découvrir ainsi des petites cuvées locales et bon marché.

les ROUTARDS sur la FRANCE 2021-2022

(dates de parution sur • routard.com •)

Découpage de la FRANCE par le ROUTARD

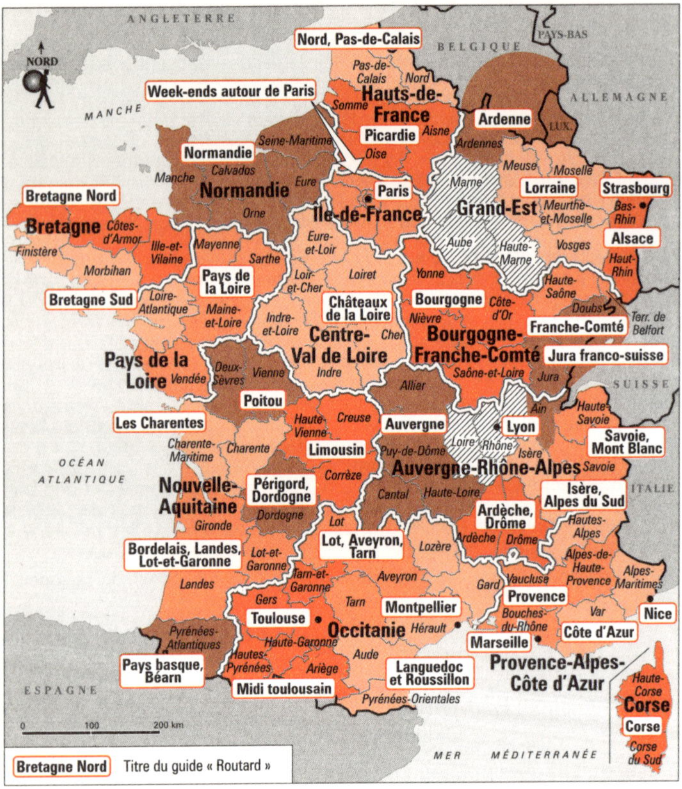

Autres guides sur la France

- Nos meilleurs campings en France
- Nos meilleures chambres d'hôtes en France

Autres guides sur Paris

- Paris
- Paris balades
- Restos et bistrots de Paris
- Le Routard des amoureux à Paris
- Week-ends autour de Paris

Le Routard à vélo

- EuroVelo6
- La Bourgogne du Sud à vélo
- La Flow Vélo
- La Loire à Vélo
- La Vélodyssée (Roscoff-Hendaye)
- Le Canal des 2 mers à vélo
- Paris Île-de-France à vélo
- ViaRhôna
- Les plus belles escapades à Vélo en France

les ROUTARDS sur l'ÉTRANGER 2021-2022

(dates de parution sur • **routard.com** •)

Découpage de l'ESPAGNE par le ROUTARD

Découpage de l'ITALIE par le ROUTARD

Autres pays européens

- Allemagne
- Angleterre, Pays de Galles
- Autriche
- Belgique
- Bulgarie
- Crète
- Croatie
- Danemark, Suède
- Écosse
- Finlande
- Grèce continentale
- Hongrie
- Îles grecques et Athènes
- Irlande
- Islande
- Madère
- Malte
- Norvège
- Pays baltes : Tallinn, Riga, Vilnius
- Pologne
- Portugal
- République tchèque, Slovaquie
- Roumanie
- Suisse

Villes européennes

- Amsterdam
- Berlin
- Bruxelles
- Budapest
- Copenhague
- Dublin
- Lisbonne
- Londres
- Moscou
- Naples
- Porto
- Prague
- Saint-Pétersbourg
- Stockholm
- Vienne

les ROUTARDS sur l'ÉTRANGER 2021-2022

(dates de parution sur • *routard.com* •)

Découpage des ÉTATS-UNIS par le ROUTARD

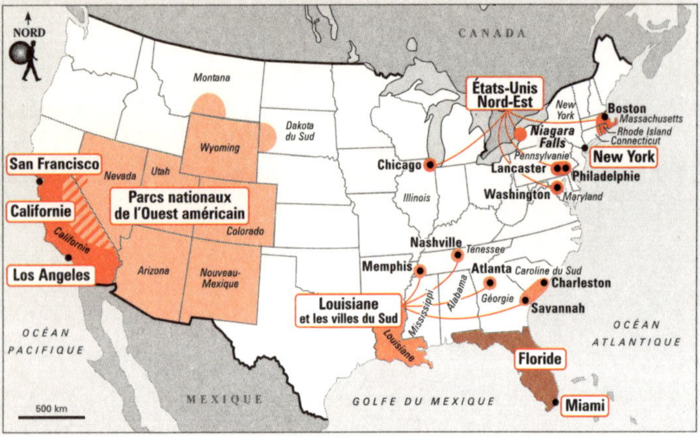

Autres pays d'Amérique

- Argentine
- Brésil
- Canada Ouest
- Chili et île de Pâques
- Colombie
- Costa Rica
- Équateur et les îles Galápagos
- Guatemala, Belize
- Mexique
- Montréal
- Pérou, Bolivie
- Québec et Ontario

Asie et Océanie

- Australie côtes est et nord + Red Centre
- Bali, Lombok
- Bangkok
- Birmanie (Myanmar)
- Cambodge, Laos
- Chine
- Hong Kong, Macao, Canton
- Inde du Nord
- Inde du Sud
- Israël et Palestine
- Istanbul
- Jordanie
- Malaisie, Singapour
- Népal
- Shanghai
- Sri Lanka (Ceylan)
- Thaïlande
- Tokyo, Kyoto et environs
- Turquie
- Vietnam

Afrique

- Afrique du Sud
- Égypte
- Kenya, Tanzanie et Zanzibar
- Maroc
- Marrakech
- Sénégal
- Tunisie

Îles Caraïbes et océan Indien

- Cuba
- Guadeloupe, Saint-Martin, Saint-Barth
- Île Maurice, Rodrigues
- Madagascar
- Martinique
- République dominicaine (Saint-Domingue)
- Réunion

Guides de conversation

- Allemand
- Anglais
- Arabe du Maghreb
- Arabe du Proche-Orient
- Chinois
- Croate
- Espagnol
- Grec
- Italien
- Japonais
- Portugais
- Russe
- G'palémo (conversation par l'image)

Livres-photos/Livres-cadeaux

- La France de Stéphane Bern (**nouveauté**)
- Voyages
- Voyages : États-Unis
- Voyages : France
- Voyages : Italie
- Road Trips Monde
- Road Trips en France (**nouveauté**)
- 120 coins secrets en Europe
- 50 voyages à faire dans sa vie
- 1 200 coups de cœur dans le monde
- 1 200 coups de cœur en France
- 52 week-ends dans les plus belles villes d'Europe
- 52 week-ends coups de cœur en France
- 52 escapades nature en France (**nouveauté**)
- Cahier de vacances du Routard

Nous tenons à remercier tout particulièrement Loup-Maëlle Besançon, Thierry Bessou, Gérard Bouchu, François Chauvin, Grégory Dalex, Fabrice Doumergue, Cédric Fischer, Carole Fouque, Nicolas George, Michelle Georget, David Giason, Claude Hervé-Bazin, Emmanuel Juste, Dimitri Lefèvre, Fabrice de Lestang, Romain Meynier, Éric Milet, Pierre Mitrano, Jean-Sébastien Petitdemange, Thomas Rivallain et Jean Tiffon pour leur collaboration régulière.

Brice Andlauer
Jean-Jacques Bordier-Chêne
Agnès Debiage
Coralie Delvigne
Jérôme Denoix
Tovi et Ahmet Diler
Clélie Dudon
Sophie Duval
Alain Fisch
Bérénice Glanger
Adrien et Clément Gloaguen
Sébastien Jauffret
Alexia Kaffès
Augustin Langlade
Jacques Lemoine
Aline Morand
Louis Nagot
Caroline Ollion
Martine Partrat
Odile Paugam et Didier Jehanno
Céline Ruaux
Prakit Saiporn
Nejma Tahri Hassani
Alice Tonasso
Caroline Vallano

Direction : Sidonie Chollet
Direction éditoriale : Élise Ernest
Édition : Matthieu Devaux, Olga Krokhina, Gia-Quy Tran, Julie Dupré, Emmanuelle Michon, Pauline Janssens, Amélie Ramond, Margaux Lefebvre, Julie Wood et Ionah Vasseur
Ont également collaboré : Magali Vidal, Florence Collin et Élisabeth Thebaud
Cartographie : Frédéric Clémençon et Aurélie Huot
Contrôle de gestion : Jérôme Boulingre et Yannis Villeneuve
Secrétariat : Catherine Maîtrepierre
Fabrication : Nathalie Lautout et Audrey Detournay
Relations presse : COM'PROD, Fred Papet. ☎ 01-70-69-04-69.
• *info@comprod.fr* •, Martine Levens (Belgique) et Maureen Browne (Suisse)
Illustration : Anne-Sophie de Précourt
Direction marketing : Stéphanie Parisot, Élodie Darty et Charlotte Brou
Couverture : le-bureau-des-affaires-graphiques.com
Silhouette du Routard : Clément Gloaguen (d'après Solé)
Maquette intérieure : le-bureau-des-affaires-graphiques.com, Thibault Reumaux et npeg.fr
Contact Partenariats : Jérôme Denoix • *jeromedenoix@gmail.com* •
Contact Partenariats et régie publicitaire : Florence Brunel-Jars
• *fbrunel@hachette-livre.fr* •

INDEX DES LIEUX ET DES PERSONNES

LISTE DES PLANS

Remarque importante aux hôteliers et restaurateurs

Les enquêteurs du *Routard* travaillent dans le plus strict anonymat. Aucune réduction, aucun avantage quelconque, aucune rétribution n'est jamais demandé en contrepartie. Face aux aigrefins, la loi autorise les hôteliers et restaurateurs à porter plainte.

Avis aux lecteurs

Le Routard, ce n'est pas comme le bon vin, il vieillit mal. On ne veut pas pousser à la consommation, mais évitez de partir avec une édition ancienne. Les modifications sont souvent importantes.

Les réductions accordées à nos lecteurs ne sont jamais demandées par nos rédacteurs afin de préserver leur indépendance. Les hôteliers et restaurateurs sont sollicités par une société de mailing, totalement indépendante de la rédaction, qui reste donc libre de ses choix. De même pour les autocollants et plaques émaillées.

Avec routard.com, choisissez, organisez, réservez et partagez vos voyages !

✓ Rejoignez la plus grande communauté francophone de voyageurs : **plusieurs millions d'internautes.**

✓ Échangez avec les routarnautes : forums, photos, avis d'hôtels.

✓ Retrouvez aussi toutes les informations actualisées pour choisir et préparer vos voyages : près de 300 guides destinations, une centaine de dossiers pratiques et un magazine en ligne pour découvrir tous les secrets de votre destination.

✓ Enfin, comparez les offres pour organiser et réserver votre voyage au meilleur prix.

Les **Routards** *parlent aux* **Routards**

Faites-nous part de vos expériences, de vos découvertes, de vos tuyaux et de vos coups de cœur. Aidez-nous à remettre l'ouvrage à jour. Indiquez-nous les renseignements périmés. Faites profiter les autres de vos adresses nouvelles, combines géniales... On adresse un exemplaire gratuit de la prochaine édition à ceux qui nous envoient les meilleurs courriers, pour la qualité et la pertinence des informations.

Quelques conseils cependant :

– Envoyez-nous votre courrier le plus tôt possible afin que l'on puisse insérer vos tuyaux sur la prochaine édition.

– N'oubliez pas de préciser l'ouvrage que vous désirez recevoir, ainsi que votre adresse postale.

– Vérifiez que vos remarques concernent l'édition en cours et notez les pages du guide concernées par vos observations.

– Quand vous indiquez des hôtels ou des restaurants, pensez à signaler leur adresse précise et, pour les grandes villes, les moyens de transport pour y aller. Si vous le pouvez, joignez la carte de visite de l'hôtel ou du resto décrit.

En tout état de cause, merci pour vos nombreux mails.

122, rue du Moulin-des-Prés, 75013 Paris

● *guide@routard.com* ● *routard.com* ●

Routard Assurance *2021*

Enrichie au fil des années par les retours des lecteurs, *Routard Assurance* reste l'assurance voyage référence des globe-trotters. Tout y est inclus, même la **Covid** : frais médicaux, assistance rapatriement, bagages, responsabilité civile... Avant votre départ, appelez *AVI* pour un conseil personnalisé. Besoin d'une **attestation Covid,** d'un avis médical, d'une prise en charge dans un hôpital ? Téléchargez l'appli mobile *AVI International* pour garder le contact avec *AVI Assistance* et disposer d'un vaste réseau médical à travers le monde. *AVI Assistance* est disponible 24h/24 pour une réponse en temps réel. De simples frais de santé en voyage ? Envoyez les factures à *AVI* dès votre retour, ils vous remboursent sous une semaine. *Le Colisée Gardens, 10 avenue de l'Arche, CS 70126, 92419 Courbevoie Cedex. ☎ 01-44-63-51-00. ● avi-international.com ● Ⓜ La Défense.*

Édité par Hachette Livre (58, rue Jean-Bleuzen, CS 70007, 92178 Vanves Cedex, France)
Photocomposé par Jouve (1, rue du Docteur-Sauvé, 53100 Mayenne, France)
Imprimé par Jouve Print (Quai n° 2, 733, rue Saint-Léonard, BP 3, 53101 Mayenne Cedex, France)
Achevé d'imprimer : avril 2021
Collection n° 15 - Édition n° 01
55/6829/1
I.S.B.N. 978-2-01-712963-9
Dépôt légal : mai 2021

PAPIER À BASE DE FIBRES CERTIFIÉES